## 멘토르 Mentor 는
그리스신화에 나오는 오디세우스의 친구입니다.

오디세우스는 트로이 전쟁에 출정하면서
아들 텔레마쿠스를 친구인 멘토르에게 맡깁니다.

이후 멘토르는 엄격한 스승이며 지혜로운 조언자,
때로는 아버지로서 필요한 충고와 지도를 하여
텔레마쿠스를 강인하고 현명한 왕으로 성장시켰습니다.

오늘날 멘토 또는 멘토르는
충실하고 현명한 조언자 또는 스승이라는 의미로
쓰이고 있습니다.

멘토르출판사는
독자 여러분의 인생에 좋은 길잡이가 되는 책을
만들고자 늘 노력하겠습니다.

소셜미디어 마케팅의 비밀

SECRETS OF SOCIAL MEDIA MARKETING
Copyright ⓒ 2009 by Paul Gillin
Published by arrangement with Books Crossing Borders, Inc.
All rights reserved.

Korean Translation Copyright ⓒ 2010 by Mentor, Inc.
Korean edition is published by arrangement with Books Crossing Borders, Inc.
through Imprima Korea Agency

이 책의 한국어판 저작권은 Imprima Korea Agency를 통해
Linden Publishing c/o Books Crossing Borders, Inc.와의 독점 계약으로 멘토르에 있습니다.
저작권법에 의해 한국 내에서 보호를 받는 저작물이므로
무단전재와 무단복제를 금합니다.

블로그·트위터·페이스북 등을
비즈니스에 이용하는 법

# 소셜미디어 마케팅의 비밀

폴 길린 지음 | **전병국** 감수 및 옮김 | **황선영** 옮김

SECRETS OF SOCIAL MEDIA MARKETING

감사의 말

# 여러분의 사랑과 지지에 감사드리며

2005년 11월부터 이 책의 집필을 위한 조사를 시작했다. 당시 나는 매사추세츠 기술리더십위원회 회의에 참석하고 있었다. 회의를 주관했던 (그리고《링크의 경제학_The New Influences_》에도 소개된) 댄 브릭클린은 회의 진행을 블로그에 올려줄 자원자를 찾고 있었다. 그때 나는 그의 부탁을 피할 수 없어 수락했다.

그런데 댄의 블로그에 있는 한 개의 링크로부터 받은 800명의 방문자가 나의 삶을 바꾸었다. 나는 시장에 미치는 영향력의 법칙이 바뀌었다는 점과 단 한 명의 블로거가 매스마케팅 캠페인에 상응하는 결과를 창출할 수 있다는 사실에 매료되었다.

그로부터 3년간 나는 너무나 많은 것을 배워서, 그 과정에서 내게 도움을 준 모든 사람들에게 감사의 표시를 하는 게 불가능할 정도이다. 그 중 나 같은 무명작가에게《링크의 경제학》을 쓸 수 있는 기회를 제공해준 퀼드라이브북스 출판사의 스티브 메티 씨에게 감사한다. 그는《링크의 경제학》의 속편 출판을 결정하는 데 단 1분도 망설이지 않았다.

안드레 라이트와 크리스틴 에르난데스는 홍보에 많은 도움을 주었다. 《링크의 경제학》을 홍보하기 위해 나는 캐서린 마렌하이를 채용하였는데, 그녀의 기술과 근면한 성격은 책의 성공에 적지 않은 공헌을 해주었다. 나의 대리인인 닐 샐킨드는 훌륭한 비즈니스 조언자이자 동시에 꾸준히 나를 지원해주는 팬의 역할을 해주었다.

이 책의 본문과 함께 제공된 보충 자료들을 제공해준 전문가, 매기 폭스, B. L. 오크먼, 타머 웨인버그에게 특별히 감사의 마음을 전하고 싶다. 특히 매기는 그녀의 경험을 공유할 수 있도록 도움을 주었을 뿐만 아니라 나의 초기 작업을 홍보하는 데도 많은 도움이 되었다. 오크먼은 3년 전 버짓 카 렌탈Budget Car Rental의 '버짓을 올려라Up Your Budget'라는 홍보를 통해 성공적인 홍보의 기법을 가장 먼저 설명해준 마케터였다.

《링크의 경제학》을 위한 조사 활동을 하던 중 나는 마케팅 셰르파에 올라와 있는 데이비드 미어먼 스콧의 프로필을 보게 되었고, 그와 인터뷰를 계기로 처음 만났다. 그는 《링크의 경제학》이 출간되고 한 달 후 바로 《온라인에서 팔아라The New Rules of Marketing and PR》라는 아주 훌륭한 책을 출판했고, 그후 우리는 여러 프로젝트를 함께 했다. 그는 뛰어난 작가로서 풍부한 지혜와 경험으로 나에게 측량할 수 없을 정도로 귀중한 도움을 제공했다.

래리 웨버는 미디어의 역할 변화와 이에 따른 마케팅의 변화에 대한 내 생각에 많은 영향력을 주었다. 지난 2년간 우리는 친밀한 관계를 맺어 왔고, 그의 독창성과 훌륭한 통찰력은 언제나 감탄의 대상이었다.

이 책에 나오는 사례들의 주인공이 된 분들 역시 그들의 시간과 노력을 아낌없이 제공해주었다. 마이클 알터, G. 코피 아난, 리차드 빈해머, 바비 칼튼, 제노 처치, 올리비아 커티타, 토드 데프런, 메릴 더브로우, 제이슨 폴스, 조지 폴크너, 모린 그레이, 프리츠 그로브, 리바 하스, 척 헤스터, 크리스틴 하이트, 하워드 코샨스키, 짐 네일, 댄 닐리, 로버트 피어슨, 벤 포큰, 그레그 피버릴콘티, 마이크 프로시노, 줄리 위츠 슈렉, 토니 시에, 스테판 볼츠, 데비 웨일, 조지 라이트에게 감사드린다.

로라 피튼은 트위터의 놀라운 세계를 나에게 소개해준 인물이다. 조디 드비어는 신디케이션syndication의 가치를 알려주었다. 운이 좋게도 나는 2년 전 그녀가 애스크패티AskPatty를 막 시작했을 때 그녀를 만났고 그녀의 비전이 얼마나 성공적으로 발전하는지를 지켜볼 수 있어 아주 기뻤다. 커뮤니스페이스사의 다이안 헤산과 질 밀러 그리고 리튬 테크놀로지의 카렌 오튼은 인터뷰를 위해 고객을 조사하는 과정에 큰 도움을 주었다. 단 프라이가 이 책에서 공식적인 역할을 맡은 것은 아니지만 그에게서 배운 글쓰기와 보고서 작성법은 이 책을 집필하는 데 많은 영감을 주었다.

《B2B 매거진》의 편집장 앨리스 부커는 내가 소셜미디어 분야의 경력이 없었던 시절, 2년이 넘도록 정기 칼럼을 연재할 수 있는 기회를 주었다. 그가 제시한 과제들 덕에 나는 내 이름을 알릴 수 있는 기회도 얻었고, 내가 좋아하는 분야에 대한 글을 쓰면서 돈도 버는 기쁨을 누렸다.

또한 존 갤런트는 그의 마케팅 고객들을 제치고 나에게 《네트워크 월드》 정기 칼럼을 허락했다. 왓이즈닷컴Whatis.com의 페기 라우스는 인터넷 전반에 대한 유용한 정보를 지속적으로 제공해주었다. 그녀의 관점은 언제나 독특하다. 데이비드 스트롬은 1년 이상 미디어블래더 팟캐스트를 나와 함께 공동진행하면서 흥미로운 사람들을 만나게 해주었고 이 분야에 대한 내 시각에 많은 영향력을 끼쳤다.

제니퍼 맥클루어는 끊임없는 헌신과 놀라운 열정을 가지고 비영리기관인 뉴커뮤니케이션 리서치협회를 운영하고 있다. 그녀가 하는 이 위대한 일에 조금이나마 기여를 했다는 것이 영광스럽다. 이 책에 있는 몇몇 사례들은 그녀의 그룹에서 시작한 리서치 프로젝트에서 인용한 것이기도 하다. SNCR 직원 중 도움을 주신 분들을 소개하자면, 노라 반스, 조셉 카라비스, 존 카스, 샐리 폴코우, 수잔 겟굿, 프랑코스 고시에유, 셸 이스라엘 그리고 케이티 페인 등이다.

또한 사람은 아니지만 감사의 마음을 표현하고 싶은 두 가지 대상이 더 있다. 하나는 '디고Diigo'라는 소셜북마킹 사이트이다. 디고 덕에 중요한 조사를 진행하면서 천여 개의 글들을 저장하고 주석을 달 수 있었다. 이 책에서는 '딜리셔스del.icio.us' 이야기를 더 자주 하지만, 실제로 많이 사용한 것은 디고였다.

또한 나는 뉘앙스 커뮤니케이션의 음성인식 프로그램인 드래곤 내추럴리 스피킹Dragon Naturally Speaking의 열성팬이다. 이 책의 많은 부분이 마이크에 대고 이야기하는 방식으로 쓰여졌기 때문에 많은 시간과 손목 통증을 줄일 수 있었다.

그 누구보다 나를 위해 아낌없는 지원을 보내주고 원본 원고를 세심하게 편집하는 데 많은 도움을 준 아내, 다나에게 감사의 말을 전하고 싶다. 그녀는 데드라인의 압박 속에서도 처음부터 끝까지 원고를 세심하게 읽어주었을 뿐만 아니라, 내가 미처 생각지 못했던 시각과 의견을 지적해주었다. 그녀의 사랑과 지원, 그리고 헌신이 없었다면 내가 쓴 두 권의 책은 세상에 나오지 못했을 것이다.

모든 이들에게 고개 숙여 감사를 보낸다.

추천사

# 우리 모두가 미디어이다

　폴 길린의 책 앞부분을 장식한다는 건 제게 영광스런 일입니다. 하지만 솔직히 다소 부담스럽기도 했습니다. 왜냐하면 추천사를 부탁받았을 때 제 상황이 복잡하던 때였으니까요. 제 자신이 소셜미디어 마케팅에 지치기 시작할 때라는 게 정확한 표현입니다. 과연 '마케팅의 미래'는 무엇일까? 이런 고민에 빠졌던 차에 바로 이 책《소셜미디어 마케팅의 비밀》과 만났습니다.
　스타벅스에서 4시간 동안 꼼짝도 않고 책의 마지막 장까지 다 읽고 나니, 이제 다시 싸움터로 뛰어들 기운을 차렸습니다. 만반의 준비를 마쳤다는 자신감이죠.
　아니 웬 싸움터? 의아하게 생각할 독자들도 있겠지만, 지금 이 시간에도 치열한 전쟁이 벌어지는 곳이 소셜미디어 세계의 현실입니다. 과거부터 이어진 올드미디어 그룹은 '끼어들기 마케팅 intrusion marketing(TV에서 불쑥 나타나는 광고)'이 커뮤니케이션 영역에서 언젠가는 무너지고 말 베를린 장벽과 같다는 사실을 인식하지 못한 채

초조해하며 해왔던 것들만 고수하려 합니다.

지금 시대는 어떻습니까? 세계를 여행하든, 웹을 서핑하든, 누구나 주인공이 될 수 있는 시대입니다. 한마디로 소셜미디어 세상은 자기 자신이 일으킨 파장의 아름다운 울림과 깊이를 충분히 느낄 수 있는 시대입니다.

우리 모두가 곧 미디어입니다. 이런 현상은 일시적인 유행이 아니라 플랫폼의 완전한 변화입니다. 대화와 콘텐츠 창조를 통한 새로운 마케팅은 일방적인 자극으로 가득한 이 땅에서 마법 같은 힘으로 커져갈 것입니다.

감성과 기술이 조화를 이루는 상황 속에서 웹은 경험과 대화, 상거래 쪽에서 한층 더 발전속도가 빨라질 것입니다. 월드와이드웹의 창시자로 그 공로를 인정받아 기사 작위를 수여받은 팀 버너스리 경의 말처럼, 궁극적으로 시맨틱 웹이 우리의 모든 상호작용을 바꿀 것입니다. 발전된 소셜네트워크에서 다루는 세분화된 주제들은 너무나 다양하고 광범위해서 공중파나 케이블 텔레비전과의 비교 자체가 무색해질 것입니다.

또한 머지않아 우리는 오랜 시간 지속되었던 방송의 시대를 뒤로하고, 새롭고 강력한 디지털 세계가 우리의 실생활과 더 밀접함을 경험할 테지요. 그리고 마케터들에게도 새로운 소셜 웹 혁신은 고객에 대한 감사, 대화, 상거래의 핵심이 될 것입니다.

마케팅은 실로 모든 것입니다. 이 책은 지난 시대를 마감하고, 마침내 '웹'과 '마케팅'이라는 단어까지 사라지게 만들 새로운 환경을 창조하는 데 큰 도움을 줄 겁니다.

미지의 세계에 대해 가장 먼저 지도를 그리는 것은 아주 어렵습니다. 당신이 폴 길린의 첫 번째 저서《링크의 경제학》을 통해 최초의 소셜미디어 지도를 받았다면, 이번에는 소셜 웹의 혁신에 대한 훌륭한 교훈과 발견 그리고 매우 실용적인 방법론을 배울 것입니다. 그는 고객과 대화하고 고객이 직접 제어하는 시대에서 기업이 성공할 수 있는 마스터 지도를 그렸으니까요.

좋은 친구처럼 편안하면서도 훌륭한 책을 접하기란 쉽지 않습니다. 그러나 내가 확신하는 건 이 책이 바로 '그런 책'이라는 사실입니다. 폴 길린은 이 책을 통해 머지않아 우리 삶에서 가장 중요한 커뮤니케이션 플랫폼이 될 새로운 환경에서 마케터들이 어떤 자세로 임해야 하는지, 명확하며 논리적인 설명을 곁들여 우리에게 깨우침을 전해줍니다.

늦여름, 케이프 코드에서
래리 웨버

**감사의 말** 여러분의 사랑과 지지에 감사드리며 • 007
**추천사** 우리 모두가 미디어이다 • 011
**들어가는 말** 소셜미디어 세상의 유일한 죄는 행동하지 않는 죄 • 018

## CHAPTER 01 | 소셜미디어에 뛰어들어라 29

변화를 수용하라 • 036   반대의견1: "부정적인 의견만 넘칠 거야" • 038   반대의견2: "비용대비 효과가 불분명하잖아" • 049   반대의견3: "일시적인 유행이야" • 051   B-to-B는 어떤가? • 058

## CHAPTER 02 | 최상의 매체를 선택하라 61

툴보다 중요한 것이 있다 • 065   소셜미디어가 만능열쇠는 아니다 • 068   작은 것이 여전히 아름답다 • 069   고객과 대화하라 • 071   직원에게 힘을 실어주어라 • 076   여유를 가져라 • 080   너무나 상식적인 소셜미디어 마케팅의 9가지 비결 • 082   고객의 소리를 들어라 • 084   소셜미디어와 델의 기업혁신 • 086

## CHAPTER 03 | 영향세력을 찾아라 89

영향세력이 열쇠다 • 093   뉴미디어의 홍수에서 살아남기 • 095   검색에서 출발하라 • 097   검색어로 범위를 좁혀라 • 101   지겨운 스팸! • 103   블로그로 검색하라 • 104   블로그란 무엇인가? • 106   검색 결과를 파헤쳐라 • 107   사진으로 찾아라 • 110   동영상과 오디오로 찾아라 • 111   태그의 세상에서도 찾아라 • 113   계속 찾아나서라 • 115   영향세력 찾기 도우미 툴 • 117

**CHAPTER 04 | 영향세력을 내 편으로 끌어들여라** 119

영향세력이 참여할 프로그램을 만들어라 • 126 　블로그가 검색엔진에 잘 나오는 이유 • 128 　영향력은 정말 중요한 것일까? • 129 　온라인 대화를 분석하는 서비스 • 132

**CHAPTER 05 | 블로그로 말하라** 137

기업 블로그: 온라인 발언대 • 142 　블로그가 비즈니스에 적합한가? • 144 　무기를 선택하라 • 147 　플랫폼 선택하기 • 157 　블로거를 후원해야 하는가? • 158 　성공의 비결 • 160 　팟캐스팅 • 164 　블로그와 팟캐스트 관련 자료 • 168 　**CEO 블로거 성공 사례** • 170

**CHAPTER 06 | 소셜네트워크의 속성을 이해하라** 175

소셜네트워크는 광고를 좋아하지 않는다 • 179 　소셜네트워크 구분하기 • 182 　공통적인 특징 • 188 　왜 소셜네트워크에 주목해야 하는가? • 195 　**소셜네트워크의 매력** • 197 　인간관계의 확장 • 198 　직장 이동과 경력 관리 • 201 　젊은층의 소셜네트워크 사용 • 202 　친구 만들기 • 204 　**장거리 레이스와 트위터** • 205 　경기를 중계해준 트위터 • 206

**CHAPTER 07 | 메가 네트워크를 공략하라** 209

마이스페이스 • 213 　페이스북 • 216 　링크드인 • 219 　유튜브 • 222 　플릭커 • 224 　트위터 • 227 　트위터의 독특한 매력 • 229 　딜리셔스 • 231 　딕 • 233 　세컨드라이프 • 236 　위키피디아 • 239

**CHAPTER 08 | 틈새 네트워크를 공략하라** 243

틈새를 공략하는 14개의 소셜네트워크 • 246 　**소셜네트워크로 유명인사가 되다** • 260 　리바 하스의 비결 • 263

### CHAPTER 9 | 고객들의 대화에서 배워라 265

리서치 혁명 • 271 온라인에서 얻는 통찰력 • 272 공개 커뮤니티와 비공개 커뮤니티 • 275 어떤 커뮤니티를 선택해야 하는가? • 279 소셜미디어 마케팅의 공공연한 4가지 비밀 • 284 고객이 참여하는 개발 • 293 **솔직한 대화에서 배우기** • 300 전문가의 도움 • 301 일대일 대화 • 302

### CHAPTER 10 | 소셜 콘텐츠의 기본에 충실하라 305

놓치기 쉬운 핵심 • 309 꼭 소셜미디어여야 하는가? • 310 어떤 목표를 갖고 있는가? • 311 바이러스 효과란? • 314 오래된 습관 • 316 홍보 욕심을 버려라 • 318 소셜미디어 콘텐츠의 기본 원칙 • 321 조셉 카라비스의 대화의 비결 • 331 비즈니스를 가치 있게 만드는 명분 • 332

### CHAPTER 11 | 콘텐츠의 포인트를 찾아라 335

콘텐츠를 만들 때 고려해야 할 5가지 • 338

### CHAPTER 12 | 글과 그림으로 이야기하라 351

이미지, 소리 없이 들리는 이야기 • 357 오디오, 진정한 대화 • 360 돈 안 드는 방송국 – 팟캐스팅 • 363 성공적인 팟캐스트 제작을 위한 6가지 비결 • 365 동영상, 설득력 있는 이야기 • 367

**CHAPTER 13 | 고객을 참여시켜라** 375

콘테스트 • 378　게임 • 381　리뷰 • 384　**멘토스와 콜라로 만든 환상적인 분수** • 386　엄청난 폭풍이 불다 • 388　코카콜라도 동참하다 • 390　**톱밥에서 찾은 황금** • 393　입소문의 성공비결 • 397

**CHAPTER 14 | 콘텐츠를 퍼뜨려라** 399

블로거 홍보 • 402　작은 노력, 큰 효과 • 407　영향세력과의 만남 • 408　온라인 홍보 • 413　온라인 홍보의 기초 • 415　온라인 홍보의 비결 • 416　블로그 상태 점검 테스트 • 417　위젯 마케팅은 어떤가? • 421　소셜미디어 보도자료 • 424　**성공적인 콘텐츠 배포** • 425

**CHAPTER 15 | 효과를 측정하라** 431

기본으로 돌아가라 • 436　진짜 성공이 무엇인지 생각하라 • 439　기본에 충실하라 • 441　개인적으로 선호하는 측정기준 • 446　새로운 측정방식의 부상 • 447　온라인 영향력을 측정하는 2가지 새로운 접근법 • 449

**CHAPTER 16 | 변화를 즐겨라** 451

규칙이 바뀌고 있다 • 455　마케팅은 고객관계로 이루어진다 • 457　변화는 결국 모두를 위한 것이다 • 459　행동하라, 그리고 변화를 즐겨라 • 461

**감수자의 말** 소셜미디어의 위기와 기회 앞에서 • 463
**용어정리** • 467

**들어가는 말**

# 소셜미디어 세상의 유일한 죄는
# 행동하지 않는 죄

- 메인 주의 작은 지방, 두 사람이 콜라병에 사탕을 넣어 멋진 거품분수를 연출한 동영상을 소셜미디어 매체에 올렸다. 그리고 한 달 후, 이들은 TV 방송프로그램인 〈데이비드 레터맨 쇼〉에 출연해 자신들의 분수 쇼를 선보였다.
- 시애틀의 한 부동산 중개인은 광고비를 한푼도 쓰지 않고 온라인 채널을 이용해 지역시장에 자신의 지식을 홍보하여 38억 원에 달하는 비즈니스 성과를 올렸다.
- 어떤 항공사의 CEO는 정책을 변경하기 전에 회사 블로그에서 정책 변화에 대한 고객들의 제안을 받아 고객관계에서 입게 될 심각한 타격을 방지했다.
- 애완동물용 사료회사는 온라인 대화를 분석하여 지금껏 발굴되지 않았던 새로운 시장을 찾아냈다.
- 주방용 믹서기를 제조하는 한 중소기업은 CEO가 자사의 믹서기로 일상용품을 갈아버리는 장면을 찍은 동영상 덕에 1년 만에 매출이

4배나 증가했다.
- 한 정부기관은 실무급 직원 5명을 선정하여 논란거리가 되는 일들에 대해 전 세계 청중들에게 설명하도록 했다.

이들은 이 책에서 소개한 여러 가지 사례 중 일부이다. 또한 이들은 온라인 대화의 혁명이 가시적이고 때때로 극적인 결과를 창출한다는 것을 직접 보여주는 숱한 증거 중 일부이다.

아직도 ROI(투자수익률)와 결과측정 기준에 대해 불평하는 기업인도 있지만, 많은 개인과 조직이 블로그와 온라인 동영상, 기업 커뮤니티, 공개 네트워크를 과감히 실험하고 있다. 그들은 새롭게 펼쳐지는 세상에서 살아가는 방법을 배우는 것이다. 우편과 전화메시지는 갈수록 효과가 줄어들고, 고객들의 직접 참여로 이전에는 상상조차 할 수 없었던 결과를 만들어내는 세상 말이다. 이런 개인과 조직들은 자신들이 직면한 변화를 받아들이면서 다음 시대의 마케팅 혁신을 선도해갈 준비를 하고 있다.

변화 수용만이 그 어느 때보다도 빠른 속도로 발전하는 비즈니스 세계에서 성공을 보장하는 유일한 전략이다. 정보기술 분야의 종사자들은 변화에 적응하지 못하면 대기업일지라도 빠른 속도로 무너진다는 걸 잘 알고 있다.

나는 이 책을 통해 현재 마케팅 세계를 휘젓고 있는 변화의 물결이 지금까지의 그 어떤 변화보다도 우수한 것임을 증명하려 한다. 이런 변화를 먼저 받아들여라. 이 같은 변화가 당신의 회사와 당신의 경력을 새로운 경지로 이끌 것이다. 만일 변화를 무시한다면, 당신은 지금까지 오랜 시간에 걸쳐 당신에게 많은 도움이 됐던 기술들이 아무짝에도 쓸모없는 것으로 점점 사라져버리는 광경을 목격하게 될 것이다.

## 변화에 대한 이야기

월드와이드웹을 처음으로 경험했을 때가 생생히 기억난다. 1994년 3월, 나는 유명 기술회사의 임원들과 벤처투자자들이 모인 PC 포럼에 참석하였다. 당시 사람들은 인터넷에 막 눈뜨던 시기였고, 그 회의의 주제 역시 양방향 출판이었다. 컴퓨서브CompuServe와 아메리카 온라인America Online 같은 온라인 신흥기업이 회의에 참석하여 멋진 그래픽 인터페이스를 선보였고, 워싱턴포스트Washington Post와 지프데이비스Ziff-Davis처럼 거대 미디어 그룹도 참석자 명단에 포함되어 있었다.

이 기업들은 전년도부터 수십억 원을 투자하여 뉴스와 커뮤니티 기능을 제공하는 웹사이트를 만들고 있었다. 웹사이트는 엄청난 비용을 투자한 소프트웨어와 프로그래밍 언어를 사용하여 독자적인 플랫폼으로 구축되었다. 기업들은 고객과 각종 사업영역에서 온라인 활동을 시작할 것이고, 이들을 사로잡는 브랜드가 디지털 시대를 지배할 것이라 예상하여 과감한 투자를 감행했다.

화요일 아침, 선 마이크로시스템의 수석연구원 존 게이지가 연사로 나왔다. 그는 흑백의 애플 노트북 컴퓨터와 느린 다이얼업 접속을 사용하여 인터넷을 연결하고 로스앤젤레스에 사는 한 고등학생의 웹페이지를 보여주었다. 이 웹페이지는 아주 기본적인 구성이었고 사진 한 장과 평범한 글자체로 된 텍스트가 곁들여져 있었다.

게이지가 웹의 기저를 이루는 기술에 대해 설명할 때, 나는 청중석에 앉아 있는 임원들의 심기 불편한 표정을 살펴보았다. 그들은 지난 시간 자신들이 이루어놓은 모든 것이 무너지는 모습을 직접 지켜보고 있었던 것이다.

사례로 소개된 웹페이지는 한 고등학생이 인터넷에서 무료로 제공하는 툴tool을 이용하여 만든 것이었다. 물론 기술은 아주 기초적인 수준에 불과했지만, 어쨌든 개방되어 있으며 툴은 누구에게나 무료로 제공되는 것이었다. 참석했던 임원들은 이런 툴의 질이 점점 향상되리라는 사실을 예상했던 것이다.

## 플랫폼 대이동

그 회의에 참석했던 모든 기업들은 1년 내에 자사의 독점상품을 포기하고 웹 기준에 맞는 서비스를 재구축했다. 장기적인 관점에서 성공한 기업들은 그때 알아차렸다. 이제 권력이 대중에게 넘어갈 것이며, 자신들의 생존전략은 새로운 권력 이동에 적응할 뿐만 아니라 이를 옹호하는 것임을 인식했던 것이다.

그 회의에서 선언된 약속들이 실현되기까지 약 10년의 세월이 걸렸다. 상업적으로 인터넷을 사용하기 시작한 초기 몇 년 동안은 아래의 3가지 종류의 웹사이트가 부상했다.

- 고정적인 '브로슈어웨어 brochure ware (제품을 홍보하면서 종이 브로슈어 같은 정보만 제공하는 웹사이트)' 모델. 기업이 마케팅 문구와

기본적인 기업 정보가 표시된 몇 개의 페이지를 게시한다.
- 방문자들이 상품 정보를 읽고 주문할 수 있는 온라인 카탈로그.
- 전문기자들이 작성한 기사를 전달하는 CNN.com과 같은 뉴스 사이트.

이것이 인터넷 혁명의 첫 단계였고, 이는 금세 시시해졌다.

두 번째 단계는 블로깅과, 스탠포드 법대 교수 로런스 레식Lawrence Lessig이 '쓰기 가능한 웹writable web'이라고 표현한 변화에서 시작되었다. 블로그는 최초로 히트를 친 소셜미디어 툴로, 제작과 업데이트가 쉽고 특별한 포맷이 필요 없으며, 개인도 쉽게 활용할 수 있다는 장점으로 큰 인기를 끌었다.

이와 동시에 소셜네트워크 활동에 대한 최초의 불만이 터져나왔다. 1995년에 문을 연 클래스메이트닷컴Classmates.com과 1997년에 시작된 식스디그리스닷컴SixDegrees.com은 '친구friends'라는 개념을 처음 도입했다.

친구란 서로 아는 사이거나 공통의 관심사를 갖고 있는 사람들의 모임이다. 초기 데이팅 사이트부터 사람들은 온라인 프로필 만들기가 가능했지만, 친구는 이 개념을 더욱 확장시켰다. 이제는 사람들끼리 모여 감독 없이 임시토론 그룹을 만들 수 있게 되었다. 더 중요한 사실은 사람들의 온라인 활동이 그들의 프로필과 연결되어 있으며, 또 그 프로필이 그들의 위상과 개인적인 영향력을 부여해준다는 점이다.

블로그가 주류로 자리잡기까지는 대략 6년이 걸렸다. 2004년, 테크노라티Technorati는 인터넷에 약 100만 개의 블로그가 존재한다고 집계했다. 4년이 지난 2008년, 이 숫자는 1억 1,200만 개로 증가했다. 증가 속도가 놀랍긴 하지만, 사실을 다소 왜곡하는 측면도 있다. 테크노라티에 따르면 최소한 90일에 한 번씩 업데이트가 이루어지는 블로그는 30% 미만이라고 한다. 즉, 웹에는 관리 없이 방치된 블로그뿐만 아니라 단지 광고를 보여주거나 검색 트래픽을 유발시키기 위해 존재하는 블로그도 상당수 있다는 말이다.

그 와중에 2004년에 시작된 일은 가히 혁명적이었다. 바로 이때 전 세계 많은 사람들이 최초로 링크와 검색엔진을 통해 온라인에서 출판을 하고 대중을 찾아냈다.

웹이 멀티미디어의 플랫폼이 되기 시작했다. 그룹이 만들어지고 네트워크가 속출하여, 갖가지 공통의 관심사를 중심으로 사람들을 연결했다. 마치 마법의 램프 속 요정 지니가 램프 밖으로 나온 것처럼, 이제 미디어의 세계는 절대 과거와 같을 수 없게 되었다.

## 게임의 규칙을 바꾸는 소셜미디어

소셜미디어는 개인의 생활과 조직을 바꿀 것이다. 우리는 소셜미디어가 세상을 바꾸는 방식에 대해 이제 막 깨닫기 시작했을 뿐이지만 앞으로 그 변화는 계속될 것이다.

인터넷 분석기관인 이마케터eMarketer에 따르면 미국 성인의 75% 이상이 온라인 활동을 하고 있다고 한다. 2012년이 되면 블로그와 소셜네트워크, 사진·동영상공유 서비스를 통해 10억 명 이상이 온라인에 정보를 게시할 것이라 예측한다. 그들은 마치 오늘날 우리가 전화를 하는 것처럼 아주 수월하게 자신의 경험과 관찰과 의견을 전

세계 청중들에게 풀어놓고 또 이를 공유할 것이다.

급변하는 현실 속에서 기업들은 이제 전례 없는 방법으로 고객과 상호작용해야 한다. 일방적으로 메시지를 보내던 시대는 막을 내렸다. 메시지는 기껏해야 대화의 출발점일 뿐이다. 메시지를 통제하며 자기들 입맛에 맞게 바꾸고 조절하는 역할은 커뮤니티가 담당한다. 래리 웨버는 자신의 저서 《소셜 웹 마케팅 Marketing to the Social Web》에서 이렇게 주장했다. "마케터의 첫 번째 임무는 고객과 잠재고객을 모으는 사람 aggregator 이 되는 것이며, 지금이든 미래든 두 번째 임무는 사람들을 끌어들일 수 있는 매력적인 환경을 만드는 것이다."

어떤 이는 소셜미디어가 일시적인 유행일 뿐이며, 예전의 인터넷 거품처럼 갑자기 사라질 것이라 믿고 있다. 하지만 과연 그럴까? 그 생각은 틀렸다.

소셜미디어는 돈이나 조직에 관한 것이 아니다. 수조 원을 만드는 주주들에 관한 것도 아니다. 기업 소유권에 관한 것은 더더욱 아니다. 소셜미디어는 주변 세계를 통제하고 목소리를 모아 원하는 것을 얻기 위해 독창적인 방법을 찾고 있는 보통 사람들에 대한 것이다. 좋든 싫든 간에, 기업은 여기에 적응해야 한다. 디지털로 무장한 지금의 아이들이 성인이 될 때쯤 세상이 어떻게 변할지 알 수 없을 정도로 큰 변화가 일어나고 있다.

물론 시장은 언제나 변하고 새로운 미디어 기업들의 흥망성쇠는 엇갈려 왔다. 성장하는 산업이라면 이런 과정을 정상적으로 거친다. 그러나 마케터들이 몇몇 제한적인 미디어를 통해 고객에게 일방적인 메시지를 전달하던 시대로 회귀하지 않을 거라는 점만은 분명하다.

이런 변화가 너무나 빠른 속도로 진행되고 있기에 비즈니스 마케터들은 당혹스러워 한다. 수십 년간 일방적인 메시지를 중심으로 구축된 마케팅 전략들을 갈고 닦아온 그들은 자신들의 메시지가 점차 그 위력을 잃어버리는 현실에 직면해 있다. 이제 마케터는 '대화를 관리하는 최고책임자 Chief Conversation Officer'가 되어야 한다. 이 책은 바로 그들을 위한 것이다.

## 소셜미디어 실전 전략

2007년에 출간한 《링크의 경제학》에서 나는 시민발행인 citizen publisher들이 시장과 기업에게 미치는 영향력을 언급했다. 그 책은 블로깅에 대한 폭발적인 관심이 시작된 지 3년도 채 안 지난 시점에서 집필했다.

소셜네트워크가 영향력을 발휘하게 된 것은 2007년 봄부터라 볼 수 있다. 오늘날 소셜네트워크 회원 수는 수억 명에 달한다. 바이럴 동영상 캠페인 viral video campaign(바이럴은 소비자가 자발적으로 기업이나 제품을 홍보하도록 유도하는 신개념 마케팅 기법)은 TV광고에 드는 비용의 1% 미만으로도 TV광고보다 훨씬 더 강력한 효과를 발휘하는 경우도 있다. 온라인에서 열광적인 반응을 보이는 고객 덕에 성공을 거둔 중소기업이 있는 반면, 몇몇 대기업들은 온라인 광고에서 실패하기도 했다.

2007년 초만 해도 지명도가 별로 없었던 페이스북은 같은 해 말 이미 19조 원의 가치를 지닌 기업이 되었다. 빠른 속도로 변화하는 시장에 대한 내용을 책을 쓴다는 것은 번개를 잡아 병 속에 넣는 작업과 마찬가지다. 이런 주제를 다루는 모든 책들이 출판될 시점이 되면 시대에 뒤떨어지게 된다.

그래서 나는 소셜미디어 선구자들이 초기 성공에서 얻었던 교훈을 이 책에 담으려 애썼다. 이 책은 소셜미디어 마케팅을 현재 선도하고 있는 10%의 마케터들을 위한 책이 아니라, 어떻게 시작해야 할지 그 방법을 알아내기 위해 노력하는 나머지 90%를 위한 내용이다.

일부 소셜미디어 전문가는 전통적인 미디어 시대의 베테랑 마케터가 아무것도 모르는 신기술 혐오자라서 새로운 세상을 절대 이해하지 못하는 사람이라고 쉽게 단정 내린다.

그러나 내 생각은 다르다. 소셜미디어는 새롭거나 신비한 세상이 아니다. 우리가 일상생활에서 의미 있는 관계를 유지하기 위해 사용하는 모든 방법이 온라인에서도 그대로 적용되는 세상이다. 단지 매체가 다를 뿐이다. 유독 마케터들이 무식하거나 시대의 흐름에 반항적이라서가 아니다. 그들 역시 자신들을 둘러싸고 있는 세계가 빠르게 변화한다는 사실을 잘 알고 있다. 그리고 자신들도 변화하려고 노력하고 있지만, 여러 가지 안팎의 요소들 때문에 빠른 변화에 적응하기가 쉽지 않은 것이다.

새로운 소셜미디어 세상이 두려울 수도 있겠지만 별로 문제될 건 없다. 새로운 트렌드에 정통한 사람은 아무도 없다. 이런 변화가 어느 방향으로 진행될 것인지 아는 사람도 없다. 하지만 마케터라면 부단히 배우고 실험하라. 왜냐하면 소셜미디어 세상의 유일한 죄는 행동하지 않는 죄이기 때문이다.

전작《링크의 경제학》의 성공에 대해 모든 게 감사할 뿐이지만, 그래도 가장 뿌듯할 때는 그 책이 읽기 쉽고 좋은 내용을 담고 있다는 독자 리뷰를 읽을 때다.

이 책《소셜미디어 마케팅의 비밀》역시 새로운 변화를 이해하고 새 변화에 적응하려 애쓰는 독자들에 대한 존경과 격려의 마음으로 썼다. 또 새로운 마케팅 질서를 설명하는 데 있어 어려운 용어들을 되도록 자제하려고 노력했다. 이 책을 통해 당신이 미래에 대한 확신을 가질 수 있다면, 내 시도는 성공했다.

그리고 대화는 여기서 끝나지 않는다. 이 책과 함께 움직이는 SSMMBook.com(우리말 사이트 SocialMediaSecrets.net 참조) 사이트를 방문해보길 바란다. 내가 이 책과 관련된 자료들을 지속적으로 업데이트하는 걸 깨달을 것이다. 소셜미디어 마케팅과 마찬가지로 이 책 역시 시간이 지나면서 더욱 풍부해지고 더욱 유용해질 우리 대화의 출발점일 뿐이다.

당신의 출발을 축하하며.

매사추세츠 주 프래이밍햄에서
폴 길린

**일러두기**

《소셜미디어 마케팅의 비밀》은 소셜미디어 마케팅의 시작부터 결과 측정까지 모든 과정을 다루고 있다. 총 16장으로 나누어 마케팅의 각 단계에 대해 자세히 설명하며, 짤막한 부록을 통해 대표적인 성공 사례를 소개한다. 책 뒤에는 독자들의 이해를 돕기 위해 용어정리가 되어 있다. SSMMBook. com(우리말 사이트 SocialMediaSecrets.net 참조)에 가면 이 책에 소개된 웹사이트를 방문할 수 있으며, 기타 다양한 소셜미디어 관련 자료들도 함께 볼 수 있다.

# MAKING THE CASE

CHAPTER
01

# 소셜미디어에 뛰어들어라

소셜미디어에 투자해야 하는 이유를 주제로 삼았다. 부정적인 의견에 대한 두려움, 불확실한 ROI(투자대비 이익률), 소셜미디어 현상이 과연 얼마나 지속될까, 이런 회의감이 투자에 걸림돌이 되곤 한다. 1장에서 소개하는 설득력 있는 주장과 설득방법을 배워 제일 먼저 당신의 상사를 설득하라.

기업이 통제하면 할수록 고객과의 거리는 점점 더 멀어진다.
반대로 일단 지켜보자는 자세를 취하면 취할수록
고객에게 더 가까이 다가갈 수 있다.

- P&G 최고경영자 앨런 라플리의 전국광고주협회 연설 중 일부 -

고급가위와 공예도구로 유명한 피스카스Fiskars사는 자사 브랜드가 미국 소비자에게 크게 어필하지 못한다는 사실을 알게 되었다. 400년의 역사와 전통을 자랑하는 이 핀란드 회사의 가위는 세계적으로 유명한 제품이다. 공예가와 스크랩북 마니아들은 주황색 손잡이가 달린 피스카스의 가위를 선호했다(뉴욕현대미술관에 가면 이 가위가 전시되어 있을 정도이다).

그러나 미국의 소비자들은 피스카스 브랜드를 알고는 있지만 제품을 선호하지는 않았다. 게다가 회사 운영도 점점 어려워지고 있었다. 왜냐하면 당시 대형 유통업체의 공예제품 선별 기준이 까다로워져서 전처럼 매장 진열대 한켠을 차지한다는 게 하늘의 별 따기처럼 어려운 실정이었다.

그래서 피스카스는 전문 소매업체 쪽으로 눈을 돌렸다. 피스카스는 '고객이 원하는 것은 드릴이 아니라 구멍'이라는 말의 의미를 간파하고 있었다. 그래서 가위라는 상품을 마케팅하기보다 사람들이 가위를 갖고 할 수 있는 일을 마케팅하는 게 훨씬 효과적이라는 데 초점을 맞췄다. 그래서 피스카스는 당시 한창 인기를 끌던 스크랩북을 마케팅 타깃으로 삼았다.

베이비붐 세대 부모들이 스크랩북 활동에 가장 열성팬이라는 일반적인 통념이 있었지만, 피스카스는 온라인 대화를 분석하여 이 통념이 사실인지 확인하고 싶었다. 그래서 브랜드 전략회사 브레인 온 파이어 Brains on Fire 에 분석을 의뢰했고, 브레인 온 파이어는 다시 움브리아 Umbria 라는 컨버세이션 마이닝 conversation mining (대화를 분석하여 패턴을 찾아내는 작업)회사를 통해 베이비붐 세대 부모들을 마케팅 타깃으로 삼는 게 과연 적절한지를 확인하는 작업에 착수했다.

움브리아는 스크랩북에 대한 대화를 관찰했고, 어떤 사람이 대화에 적극적으로 참여하는지를 알아보려고 텍스트와 언어분석방법을 사용했다. 그러자 뜻밖의 결과가 나왔다. 베이비붐 세대 부모들보다 소위 Y세대라 일컫는 젊은 여성층이 스크랩북에 훨씬 열광한다는 결론이 나왔다.

조사 결과에 따라 피스카스는 Y세대 소비자를 겨냥하는 방향으로 마케팅 전략을 대폭 수정했다. 또한 회원제로 운영되는 스크랩북 커뮤니티를 만들어 스크랩북 애호가 네 명을 파트타임 직원으로 고용해 이 커뮤니티를 운영하도록 했다. 직원들은 스크랩북에 대한 회원들의 열정을 대표하는 사람들로, 커뮤니티 내에서 '피스카티어Fiskarteer'라는 이름으로 활동했다. 커뮤니티 내에서 이들은 회원들이 서로 스크랩북에 대한 관심과 열정을 나누게 하고, 마케팅에 도움이 되는 리더의 역할을 맡아 때로는 운영자로서 대화를 이어가는 방법에 대해 업무 교육을 받았다.

이 커뮤니티의 엄격한 회원등급제는 중요한 역할을 했다. 일반회원에서 피스카티어로 등급이 바뀌려면 먼저 등업 신청을 해야 한다. 등업된 피스카티어 회원들은 샘플과 관련 자료를 가지고 가까운 공예점을 방문하여 소매상점의 스크랩북 재료 판매를 돕기도 했다.

하지만 이들이 회사의 영업사원과 달랐던 점은 이런 활동을 '애호가' 입장에서 자발적으로 참여했다는 점이다. 회원들은 서로 아이디어와 디자인을 공유하는 온라인 커뮤니티를 만들었다.

이런 홍보 전략은 기대 이상의 결과를 불렀다. 초반에 200명 정도가 회원 신청을 할 것이라 예상했으나, 2008년 중반까지 4,200명이 넘는 이들이 회원으로 등록했고, 스크랩북 활동에 뜨거운 관심을 보이는 피스카티어 회원들을 위해 피스카스가 특별 이벤트를 마련해야 할 정도로 커뮤니티는 지속적으로 성장했다. 처음 투입되었던 직원 네 명은 가족, 공예, 일상생활에 대한 블로그를 지속적으로 운영했고, 이들이 올린 글에 수백 개의 댓글이 달리는 일도 있었다.

무엇보다도 중요한 사실은, 피스카티어들이 방문한 공예점에서 피스카스사의 제품 판매량이 1년 내에 3배나 증가했으며, 온라인에서 피스카스 제품이 언급되는 비율은 무려 6배나 증가했다는 점이다. 미국 본사의 엔지니어들은 자신들을 '피스카니어Fiskarneer(피스카스와 엔지니어의 발음을 결합하여 만든 말)'라 지칭했다. 보수적이었던 피스카스가 스크랩북 애호가들의 영향력으로 이제는 가윗날에 해골 그림이 새겨진 파격적인 디자인의 가위를 생산하는 등, 지금까지와는 전혀 다른 방식의 생산라인을 구축하게 되었다. 한마디로, 피스카티어가 피스카스를 바꾼 것이다.

피스카스의 사례는 소셜미디어를 통해 얼마나 긍정적인 힘을 발휘할 수 있는지를 잘 보여준다. 피스카스 이야기는 소셜미디어가 단계별로 도달할 수 있는 최고의 사례다.

피스카스는 우선 구체적인 전략을 짜기 위해 고객들의 온라인 대화를 듣는 작업부터 시작했다. 그리고 공통의 열정과 대화 속에서 만들어진 커뮤니티와 함께 커갔으며, 자발적으로 참여한 수천 명의 고객들을 전국적인 마케팅 파워로 변화시켰다. 그래서 결국 오랜 역사와 전통을 자랑하는 한 기업의 문화까지 완전히 뒤바꾼 것이다.

1649년에 창립한 회사가 할 수 있다면 당신도 얼마든지 할 수 있다. 이 책을 읽고 있는 독자 중에는 이미 소셜미디어가 마케팅 측면에서 어느 정도의 가치가 있다는 판단을 내린 분들도 있을 것이며, 블로그나 소비자평가 사이트를 유심히 살펴보면서 소비자들이 회사와 제품에 대해 나누는 대화를 관찰해본 경험이 있는 독자도 있을 것이다. 또한 그 소비자들이 회사 제품을 강력히 지지하는 든든한 지원군이 될 수 있으며, 입소문 마케팅이 기존의 마케팅보다 훨씬 더 빠르고 설득력 있는 홍보방법임을 이미 알고 있는 분도 있을 것이다.

마케터들은 이런 사실을 모르지는 않지만, 한편으로 의구심을 품고 있다. 일단 매체가 새롭고 예측하기 힘들다는 점이 두려우며, 이런 매체를 통해 얻을 수 있는 결과를 측정하는 자체가 과학적이라기보다 거의 '예술'에 가까운 실정이라 불안한 것이다. 또한 이들은 대화를 통한 마케팅이란 일시적인 성공에 불과하다고 생각하거나 새로운 마케팅 세계가 요구하는 신뢰, 투명성, 양방향 커뮤니케이션 같은 요소들에 통 적응을 못하는 경영진의 반대에 부딪히기도 한다. 경영진의 나이가 많을수록 냉소적인 경향도 강하다. 물론 냉소적인 경영진이 당신에게 좋은 기회로 작용할 수도 있다.

이 장에서는 경영진을 설득할 수 있는 황금 같은 기회가 주어졌을 때, 어떻게 해야 소셜미디어 마케팅에 대해 설득력 있는 주장을 펼칠 수 있는지 알려준다. 먼저 흔하게 볼 수 있는 상부의 반대 사례부터 살펴보고, 마케팅은 끊임없이 변화하고 있음을 보여주는 새로운 통계자료를 소개하겠다.

본격적인 이야기를 시작하기 전에 필자의 경력에 대해 잠시 언급하겠다. 나는 출판업계에 25년 이상 몸담아 왔고, 이 중 3분의 2에 해당하는 시간 동안 인쇄물과 관련된 일을 했다. 그 덕에 전통적인 미디어 분야에 정통하다고 해도 과언이 아닐 것이다.

게다가 기술 관련 전문가였기 때문에 지금까지 수많은 미디어의 유행을 보고 경험했으며, 새로운 시장의 출현과 명망 있는 기업들의 몰락도 지켜보았다.

파괴적인 변화는 때로 혼란스러운 결과를 빚어낸다. 웹Web이 정보 전달의 수단으로 성장 발전한 것은 정말 놀라운 일이다. 전문가들은 향후 3년에서 5년 이내에 인터넷이 세계 최대의 광고매체 역할을 담당할 것이라고 입을 모은다. 탄생한 지 이제 십수 년이 된 인터넷이 시장을 지배하리라는 예측이다. 이와 대조적으로 텔레비전이 미국 가구 3분의 2에 보급되기까지 걸린 시간은 40여 년이 걸렸다.

소셜미디어는 모든 사람들이 자신들의 목소리를 낼 수 있는 채널을 제공한다. 사람들은 소셜미디어를 통해 자신의 경험과 의견을 전 세계 사람들에게 전달할 수 있다. 게다가 그 비용도 아주 저렴하거나 공짜이다. 이런 현상은 일시적인 유행이 아니다. 사람들은 커뮤니케이션을 편리하게 해주는 기술을 절대 버리지 않을 것이다. 그러므로 이 새로운 채널에 먼저 뛰어들어 실험을 시작하는 마케터일수록 더 큰 성공을 거둘 수 있다. 앞으로 나올 장에서 얼리어댑터 early adopter 들의 조언과 사례를 통해 시행착오를 줄이는 방법을 배워보자.

나는 전통적인 마케팅이 아무 짝에도 쓸모가 없다고 주장하는 신종 마케팅 광신도는 아니다. 방송과 인쇄광고, 다이렉트 마케팅 direct marketing, 그리고 이벤트처럼 유효성이 입증된 여러 전통적인 채널 역시 그 가치를 유지할 것이다. 그러나 시간이 지날수록 이런 전통매체들의 중요성이 퇴색하고 있음을 보여주는 증거들이 속출하고 있다. 방송의 시대는 이제 거의 막을 내렸으며, 우리는 소규모 커뮤니티라는 새로운 현실에 직면해 있다.

## 변화를 수용하라

소셜미디어가 업체와 고객 간의 커뮤니케이션 방식에 대한 기존의 모든 가설을 뒤집고 있다 해도 과언이 아니다. 그 중 반드시 이해하고 받아들여야 할 중요한 변화는 고객이 이제는 자신들끼리 이야기하거나 기업과 직접 대화를 할 수 있는 힘을 갖췄다는 사실이다.

과거에는 이런 대화가 기껏해야 수백 명이 모인 그룹 단위로만 허용되었다. 그러나 오늘날에는 전 세계에 걸쳐 활발하게 이루어지며 참여자가 족히 수백만 명은 될 것이다. 일단 힘이 이동하기 시작하면 많은 변화가 뒤따른다. 물론 예상 가능한 변화도 있고, 불가능한 것들도 있다.

대부분의 마케터는 소셜미디어에 대해 나름대로 정의를 내리지만, 여기서 잠깐 정리를 하고 넘어가자. 위키피디아의 간결한 정의는 이렇다. '소셜미디어는 대중의 지혜를 활용하여 협동작업으로 정보를 연결한다. (…) 사람들 사이의 상호작용이 소셜미디어의 기반이 된다. 이것은 파이프처럼 연결된 기술 위에서 토론과 통합이 이루어지면서 공통된 의미가 만들어지기 때문이다.'

스탠포드 대학의 로런스 레식 교수는 소셜미디어를 '쓰기 가능한 웹'이라고 표현했다. 간결하고 깔끔한 정의다. 나는 이것을 '개인출판personal publishing'이라 생각한다. 소셜미디어는 사람들이 의견이나 생각을 공유하는 것에 대한 모든 것을 총칭한다.

사람들은 자신의 의견을 블로그 포스트나 댓글로 올리고, 팟캐스트podcast나 동영상을 이용하여 직접 표현하기도 하며, 소셜뉴스social news 사이트에서 투표하는 방식을 이용하기도 한다.

이런 식으로 개진된 의견은 대개 직접적이고 여과되지 않은 것들이다. 적절성이나 예의를 고려하여 내용을 편집, 수정하는 주류미디어와 달리 소셜미디어의 세계에서 사람들은 자신의 관심 주제에 대해 솔직하고 거침없이 의견을 교환한다. 이런 솔직함 때문에 일방적인 미디어one-way media를 이용한 메시지 전달과 상당 부분 여과 처리된 획일적인 피드백에 익숙해져 있는 베테랑 마케터들은 종종 놀라움을 감추지 못한다. 그들은 거침없고 직설적인 공격을 받으면 보통 화를 내거나 경멸하며 무시해버리는 식으로 대응한다.

하지만 그럴 필요가 없다. 이는 새로운 표현방식일 뿐이며, 어느

한 개인에 대한 공격이 아니다. 소셜미디어를 효과적으로 활용하기 위해서는 메시지 전달뿐 아니라 제품개발과 회사 운영에 유용한 피드백은 어떤 것이든 수용하려는 노력이 필요하다. 고객 피드백의 가치를 인정하지 않거나 소홀히 여기는 경영자는 소셜미디어 마케팅과는 거리가 먼 사람들이다. 그러나 오늘날에는 과거의 방식으로 비즈니스를 하는 것이 점점 더 어려워지고 있다. 이제 소셜미디어에 대해 가장 빈번히 제기되는 3가지 반대의견을 살펴보고, 이런 장애물을 극복하는 방법도 알아보자.

## 반대의견 1: "부정적인 의견만 넘칠 거야"

마케터에게 물어보면 소셜미디어를 채택하는 데 걸림돌이 되는 첫 번째 요소가 바로 부정적인 의견에 대한 두려움이다. 이들은 소셜미디어를 새로운 마케팅 채널로 인정하면, 여기서 발생하는 불평불만도 자동적으로 인정할 수밖에 없다고 우려한다. 이들에게는 '통제'가 중요하다. 물론 그 어떤 것으로도 고객의 의견을 통제할 순 없겠지만, 대신 그 의견을 무시하면 최소한 정당성은 인정하지 않는 것이라 착각한다. 뉴커뮤니케이션 리서치협회의 위탁으로 TWI 서베이가 실시한 조사 결과를 보면 이를 잘 알 수 있다. 조사 대상자로 선발된 마케터 260명 가운데 47%에 달하는 응답자들이 '통제 불능에 대한 두려움'이 소셜미디어 채택의 걸림돌이라고 답해 인력 부

**SECRET** 부정적인 의견을 두려워하지 마라.

족(51%)에 이어 2위를 차지했다.

부정적인 의견들의 사례 중 유명한 경우를 살펴보자.

- 인터넷 언론 〈허핑턴포스트Huffington Post〉의 조나 페레티는 나이키Nike 사의 주문제작 사이트에 운동화를 주문하면서 신발에 '노동착취공장sweatshop'이라는 문구를 넣어달라고 주문했다. 그는 노동착취 문제로 세간의 의심을 받고 있는 나이키를 노동착취 공장이라고 빗댄 자신만의 운동화를 제작하려 했던 것이다.

  그러나 나이키는 페레티의 주문을 거절했고, 거절 이유가 '노동착취'라는 문구 때문이 아니라, 그 말이 '부적절한 은어'라서 제작할 수 없다는 답변 이메일을 보냈다. 페레티는 나이키의 억지스러운 답변 메일을 친구 몇 명에게 전달했고, 친구들은 또 다른 친구들에게 다시 이메일을 전달했다. 결국 이 이야기는 수백만 명에게 퍼져나갔다.

  "이 이야기가 널리 퍼지게 된 유일한 원동력은 다른 이들에게 전달할 만한 사건이라고 판단한 사람들의 집단행동이라고 봅니다." 페레티는 《더 네이션The Nation》에서 이렇게 말했다. 〈투데이 쇼(미국의 유명한 방송프로그램)〉에까지 출연한 그는 인터뷰 말미에서 "여러 협회, 교회단체, 사회운동가, 교사, 학부모, 학생, 군인들이 지지 서한을 보내주셨습니다."라고 말했다. 단지 운동화 한 켤레를 주문하려 했던 사건인데 방송까지 출연한 그는 노동착취 문제의 전문가처럼 보였다.

- 뉴욕의 블로거, 빈센트 페라리는 AOL 가입을 해지하려고 고객센터에 전화를 걸었다. 그러나 AOL 상담원은 해지를 만류했다.

그는 약 5분간의 전화통화 중 자신의 계정을 취소해달라는 말을 무려 15번이나 반복해야 했다. 상담원의 만류가 억지 수준에까지 이르자 페라리는 통화 내용을 녹음해 자신의 블로그에 올렸다. 불과 몇 주 만에 이 이야기는 입에서 입으로 전해져 40개 이상의 신문에 보도되었고, 페라리는 〈투데이쇼〉와 〈나이트라인(미국의 유명한 시사전문 프로그램)〉에 출연하게 되었다.

사건이 커지고 있는데도 AOL은 이 사건을 가볍게 여겼다. 그래서 수천만 명에게 그 일이 퍼져나갈 때조차 침묵으로 일관했다. 그러나 결국 두 달 후에 AOL은 계약해지 고객에 대한 정책을 바꾸겠다고 발표했다. 어떤 형태로든 이 사건이 회사의 변화에 영향을 미친 것이다.

- 소셜뉴스 사이트인 딕Digg에서 인기뉴스 21위에 오른 사건도 있다. 바로 베스트바이Best Buy(미국 전자제품 체인점의 이름) 볼티모어점에서 2달러짜리 지폐를 사용하려다 체포된 사람의 이야기다. 이는 600개 이상의 온라인 저널에 실렸고, 이 사건으로 베스트바이는 소비자보호 사이트의 주요 타깃이 되었다.

사건의 내용은 이것이다. 엄연한 미국 법정화폐인 2달러짜리 지폐로 상품을 구입하려던 고객을, 그가 사용한 지폐가 일련번호가 죽 이어져 있다는 점을 의심한 회사가 고객을 경찰에 넘긴 황당한 사건이었다. 하지만 회사는 끝까지 모르쇠 전략으로 일관했다.

- 영국의 인콰이어러The Inquirer라는 블로그에 일본의 어떤 회의장에서 델Dell 노트북 컴퓨터가 폭발하는 사진이 실렸다. 그런데

도 델사는 3주가 지난 후에야 늑장 대응을 했으며, 그것도 우연한 사고쯤으로 일축했다. 그러나 인터넷에서 이 문제를 가볍게 넘겨서는 안 된다는 의견들이 일파만파 번져나갔고, 결국 5주 후 델사는 사상 최대의 배터리 리콜서비스를 실시하게 되었다.

만일 해당 기업들이 좀더 신속하고 건설적인 방법으로 대응했다면 이 모든 사건들을 그리 어렵지 않게 초기에 해결했을 것이다. 불과 몇 년 전만 해도 이런 사건이 생기면, 수차례의 교정작업과 법

> **SECRET**
> 실수를 인정하고 개선을 약속하는 자세야말로 부정적인 소문을 가장 신속하게 잠재우는 방법이다.

무팀의 최종 수정작업을 거친 수려한 사과문을 작성할 시간적 여유가 있었을 것이다. 하지만 이제는 그런 여유를 즐길 만한 기업이 없다. 요즘은 개인 블로거의 글 한 편이 불과 몇 시간 후에 공영방송에 보도되는 엄청난 속도의 시대다.

PR블로거로 유명한 조쉬 할렛 Josh Hallett 은 속도에 대해 이렇게 말했다. "디즈니랜드에서 안전사고가 생기면 디즈니 PR팀이 보고를 받기도 전에 온라인에 사고 동영상이 먼저 뜬다." 따라서 기업 홍보조직들은 정신을 바짝 차리고 이런 현실에 대응해야 한다. 물론 쉬운 일은 아니지만 불가능한 일도 아니다. 다행스럽게도 부정적인 이야기는 퍼져나가는 속도만큼이나 빨리 수그러들기도 한다. 몇 가지 예를 들어보자.

- 산불로 집을 잃은 한 캘리포니아 고객이 통신서비스를 취소하려고 AT&T 고객센터에 전화를 걸었다. 그런데 이 회사의 상담

원은 어리석게도 산불 이재민이 된 이 고객에게 300달러의 장비요금을 면제해줄 수 없다고 잘라 말했다. 이 이야기는 불과 6시간 만에 소비자보호 블로그인 컨슈머리스트Consumerist에서 44,000건의 히트 수를 기록했고 딕에서 2,100표를 받았다. 하지만 다행히도 AT&T는 빠르게 대응했다. 채 1시간도 안 되어 신속하게 사과문을 발표하자, 그 이야기는 자취를 감추었다.

- 델이 구설수에 오른 적이 있었다. 컨슈머리스트에 '전직 델 영업간부의 22가지 고백'이라는 제목으로 델에서 컴퓨터를 더 저렴하게 살 수 있는 방법들이 올라온 적이 있다(이런 글은 컨슈머리스트에 게시되는 글의 전형적인 형태다).

  델은 처음에 회사 변호사를 통해 이 사태를 해결하려는 실수를 범했다. 그 변호사는 사용중지 통지서를 보냈고, 컨슈머리스트는 주저없이 그 내용을 사이트에 올려 대중에게 공개했다. 소셜북마킹 서비스인 딕Digg도 움직이기 시작했다. 컨슈머리스트 독자들이 딕을 통해 그 글을 추천했기 때문이다.

  폭풍이 몰아치기 시작한 지 이틀 후, 결국 델의 블로그 책임자가 자사의 호전적인 대응방식에 대한 공식 사과문을 발표했다. 사태는 불과 몇 시간 만에 해결되었다.[1]

- 콤캐스트Comcast(미국 케이블TV 회사)는 형편없는 고객서비스 탓

---

[1] 컨슈머리스트는 기업을 비난하기 위해 존재하는 사이트가 아니다. 이 사이트는 종종 기업의 친절 사례를 소개하기도 한다. 예를 들어 티파니(Tiffany)에서 배송 중간 과정에서 배송이 중단되었을 때 고객이 물어야 하는 255달러의 배송비를 면제해준 경우를 소개하기도 했다.

에 블로거들의 단골 타깃이 되곤 한다. 컨슈머리스트에 콤캐스트의 임직원 75명의 이메일 주소가 올라오자, 그동안 불만을 품었던 고객 한 명이 자기 지역 서비스 책임자들에게 이메일로 융단폭격을 가하기 시작했다.

그가 자동응답메시지를 통해 해당 서비스 책임자의 집 전화번호를 알아내 집에까지 전화하자, 콤캐스트사는 즉시 트럭 여덟 대를 보내 고객의 문제를 해결해주었다. 문제를 해결한 고객은 《비즈니스 위크 Business Week》와의 인터뷰에서 이렇게 말했다. "회사 임원들과 연락만 닿게 되면, 그들은 180도 달라집니다."[2]

이런 사례들을 통해 배울 수 있는 건 발빠른 대응만이 부정적인 소문이 퍼지는 것을 조기에 진압하는 열쇠라는 점이다. 물론 모든 상황에 무조건 들어맞는 건 아니지만, 위기관리 전문가들은 대부분의 고객은 회사가 잘못을 인정하고 그 문제를 해결하겠다고 약속해주길 원한다고 입을 모은다.

그러나 실제로 이런 대응책을 제대로 갖춘 회사는 많지 않다. 회사의 발표가 이루어지려면 여러 번의 승인을 거쳐야 하고, 그 내용 역시 감동이 없는 딱딱하고 밋밋한 메시지가 되기 쉽다.

역설적인 것은, 기업들이 고객서비스의 최전선에 있는 현장직원에게 특별한 승인 절차 없이 회사를 대변할 수 있는 권한을 부여하는 경우도 있지만(그러나 현장직원들의 이직률이 높아 제대로 교육받은 경우가 적다), 문제가 생겼을 때 홍보전문가가 신속히 대처하는 데 기

---

[2] 콤캐스트는 사태를 파악하고, 최근 고객불만에 신속히 대응하기 위해 총력을 기울이고 있다. 구글에서 '콤캐스트 고객서비스'라는 검색어를 넣으면 그 이유를 알 수 있다.

업 스스로 걸림돌이 되기도 한다는 사실이다.

대화를 통한 마케팅은 고객의 항의 폭주 사태를 미연에 방지할 수 있다. 고객들은 회사가 자신들의 의견에 진지하게 귀 기울여준다는 신뢰만 있으면 문제를 공론화시키기 전에 회사의 입장을 먼저 고려한다. 최악의 고객관계를 유지하고 있는 케이블 텔레비전이나 공공서비스 회사들이 안티 블로그나 소비자옹호 블로그의 표적이 되고 있는 건 어찌 보면 당연한 일이다. 사실 부정적인 의견에 대한 우려는 실제보다 과장되어 있다. 이제 그 근거를 살펴보자.

**대부분의 회사에서 중요한 문제가 아니다.** 만일 제품이 형편없고 고객들이 당신의 회사를 싫어한다면 고객의 부정적인 반응을 겁내는 게 당연하지만, 성공을 거둔 대부분의 기업은 훌륭한 제품과 높은 고객만족도를 자랑한다. 따라서 고객들의 부정적인 반응이 문제가 될 가능성은 별로 없다. 물론 최고의 기업이라 해도 모든 고객들을 만족시키지는 못한다. 그러나 불만을 제기하는 고객의 수가 적다면 큰 문제가 되지 않을 것이다.

**대부분의 고객불만은 해결할 수 있다.** 고객의 의견을 수용하는 자세와 건설적인 문제 해결 방식만 갖춰진다면 고객불만은 대부분 해결된다. 당신의 회사를 신랄하게 비판하는 이들도 당신이 자신들의 의견을 경청하고 있다는 사실을 알게 되면, 오히려 가장 열성적인 팬으로 바뀔 수 있다. 마이크로소프트MS사가 그 대표적인 예다. MS는 2006년 초, 포트25Port25라는 블로그를 만들어 자사의 오픈소스 소프트웨어 정책을 신랄하게 비판하는 이들의 피드백에 귀를 기울였다.

MS를 비판하는 이들은 날을 정해서 다함께 블로그에 온갖 항의와 비판, 심지어 욕설까지 올렸으나, 회사 쪽에선 이를 대비해 만반의 준비를 갖추었다. 방어적인 태도를 버리고 최대한 예의를 갖추어 이들을 대했다. 2주가 지나자 블로그의 전체적인 대화는 건설적인 방향으로 바뀌었다. 물론 MS가 오픈소스 관련자들에게 인기를 얻는 일은 거의 없을 것이다. 하지만 적어도 자신들과 다른 의견에도 귀 기울이는 회사라는 사실은 분명히 보여주었다.

2008년, 미국교통안전국TSA, Transportation Security Administration의 블로그가 생겼다. 여행자들의 항공안전에 대한 관심을 유도하려는 의도였다. 이 블로그는 중간 직급의 직원들이 글을 쓰고 TSA의 홍보담당자가 검토하는 방식으로 운영되었다. 초기 반응은 예상대로였다. 방문자들은 '환영' 인사 게시판에 700개가 넘는 댓글을 남겼는데, 대부분 부정적인 내용이었고 간혹 상스러운 문구도 눈에 띄었다.

TSA는 투명성의 원칙을 고수하여, 가장 심한 댓글만 삭제하고 대부분의 원문 내용을 그대로 게시했다. 편의에 따라 때때로 고객의 의견을 무시하는 공공기관으로서는 아주 대담한 처사였다. 이 블로그의 가치를 평가하기는 아직 시기상조이지만, 악플에 대처하는 대담성은 열린 토론을 이끌어내는 새로운 자세의 귀감으로 삼아야 한다.

불만고객을 피할 수 있는 방법이란 없다. 불만고객은 예나 지금이나 항상 있었다. 하지만 과거에는 오늘날처럼 조직력을 갖추진 못했다. 당신이 여기에 참여하든 하지 않든 간에 그들은 조직화될 것이다. '노코멘트no comment'는 전형적인 발뺌 수단으로 여겨진다. 하지만 고객의 목소리를 인정하지 않고 응답하기를 거부한다면 더 큰 불만과 비난만 불러올 뿐이다.

**부정적인 피드백이 언제나 나쁜 것만은 아니다.** 비판이 칭찬보다 유용한 경우도 많다. 비판을 통해 결점을 알게 되고 제품과 비즈니스 향상에 노력하기 때문이다. 고객이 당신을 위해 기꺼이 무료자문을 해주는데 그것을 듣지 않을 이유가 어디 있는가? 부정적인 의견이 거슬린다고 귀를 닫아버린 채 훗날 문제가 커져《월스트리트 저널 Wall Street Journal》에 실릴 때까지 기다릴 텐가?

오히려 부정적인 요소가 기업 인지도를 높여주기도 한다. GM은 시보레 타호 Chevy Tahoe SUV 비디오 광고를 제작하여 웹사이트에 올릴 때, '시보레 어프렌티스 Chevy Apprentice'라는 이벤트를 실시했다(《어프렌티스》는 미국 NBC TV의 리얼리티 프로그램으로, 타호 트럭의 광고를 웹 콘테스트를 통해 공개 모집한다는 내용을 방송중에 담았다). 웹사이트에 게시된 광고 중 15%가 타호 모델과 일반적인 SUV차량의 형편없는 연비를 비판하는 내용이었다. 오늘날까지 이 이벤트는 소셜미디어 활용의 대표적인 실패 사례로 인용된다.

하지만 놀라운 점은 몇 년이나 지났는데도 사람들이 이 이벤트를 기억하고 있다는 점이다. GM의 목표가 시장포화 상태에서 자사의 브랜드 인지도를 높이는 것이었다면 시보레 어프렌티스 이벤트는 큰 성공을 거둔 셈이다. 이 과감한 이벤트를 통해 GM은 그토록 원하던 혁신기업의 이미지를 얻었다. 이벤트가 열리고서 한 달 후, 타호 모델의 판매가 35% 증가했으니 그리 나쁜 결과도 아니다.

뱅크 오브 아메리카 Bank of America 가 MBNA와 합병할 당시, 임원 두 명이 유투 U2 그룹의 '원 One'이라는 노래를 개사해서 기업합병에 대한 노래를 만들었다. 이들은 직원들 앞에서 이 노래를 불렀고 직원 중 한 명이 이 장면을 녹화하여 유튜브 YouTube 에 올렸다.

사실 임원들의 공연은 우스꽝스럽기 짝이 없었다. 상상해보라. 중

년의 은행 임원 두 명이 뉴에이지 록 가수를 흉내내며 노래 부르는 모습을. 대부분의 유튜브 방문자들이 이 동영상을 무시했지만, 이들의 혁혁한 공을 인정해주어야 한다. 이들이 노래를 잘 불렀다는 말은 아니다. 아무 피해 없이, 이전에는 합병에 대해 몰랐던 수십만 명이 그 우스꽝스러운 동영상을 통해 합병 사실을 알게 된 게 아닌가. 결과가 그리 나쁘지만은 않다.

엔지니어링 회사 같은 경우, 고객들의 피드백을 거부하는 경향이 강한데 그 이유는 본인이 엔지니어이니까 고객보다 자신이 더 잘 안다고 생각해서다. 그러나 이런 기업조차 고객집단과의 만남이 중요하다는 사실을 점차 인식하고 있다. 고객집단과의 직접적인 만남은 온라인상에서 자유로운 형식으로 이루어지는 말들보다 대체로 점잖고 통제하기가 수월하다. 아무튼 의견 경청은 고객을 요구를 이해하는 가장 빠른 자세다. 따라서 당신이 해야 할 일은 고객의 의견에 가만히 귀를 기울여 경청하는 것이다.

**대부분의 피드백이 긍정적이다.** 조사 결과를 보면, 블로거들은 브랜드나 제품에 대해 긍정적인 의견을 쓰는 경우가 부정적인 의견을 쓰는 경우보다 6배가 많다. 《입소문 마케팅 Word of Mouth Marketing》의 저자 앤디 세르노비츠 Andy Sernovit 는 "각자의 인격과 개성을 가장 빠르고 쉽게 표현하는 방법은 본인이 좋아하는 제품이나 브랜드에 대해 말하는 것"이라고 했다.

고객 피드백 소프트웨어업체 바자보이스 Bazaarvoice 와 켈러페이그룹 KellerFay Group 이 온라인 비평가들을 대상으로 한 조사에서, 응답자의 90%가 5점 만점에 평균 4.3점을 주고 긍정적인 리뷰를 남기는 편이라고 대답했다. 열 명 가운데 아홉 명이 다른 이들의 구매 결정을 돕기 위해 리뷰를 쓴다고 답했으며, 다섯 명 중 네 명이 회사에게 보상하는 뜻으로 리뷰를 쓴다고 했다.

이는 별로 놀라운 일이 아니다. 불평을 하는 것은 인간의 본성이지만, 사람들은 본인이 좋았던 경험을 지인들에게 알려주는 것도 좋아한다. 옐프Yelp 같은 사용자후기 사이트를 보면 이런 경향을 눈으로 확인할 수 있다. 예를 들면, 450명이 넘는 이용자들이 덴버 지역의 스테이크 하우스 40곳에 대해 내린 평가를 보면 모든 레스토랑들이 최소한 별 3개 반 이상을 받았다. 이 평가는 덴버 식당의 음식 맛이 특출하게 좋아서일까? 아니면 고객들이 자신의 만족스런 경험을 다른 이들과 나누려는 경향 때문일까?

본인의 경험을 한번 돌아보라. 어떤 서비스나 제품에 대해 적극적

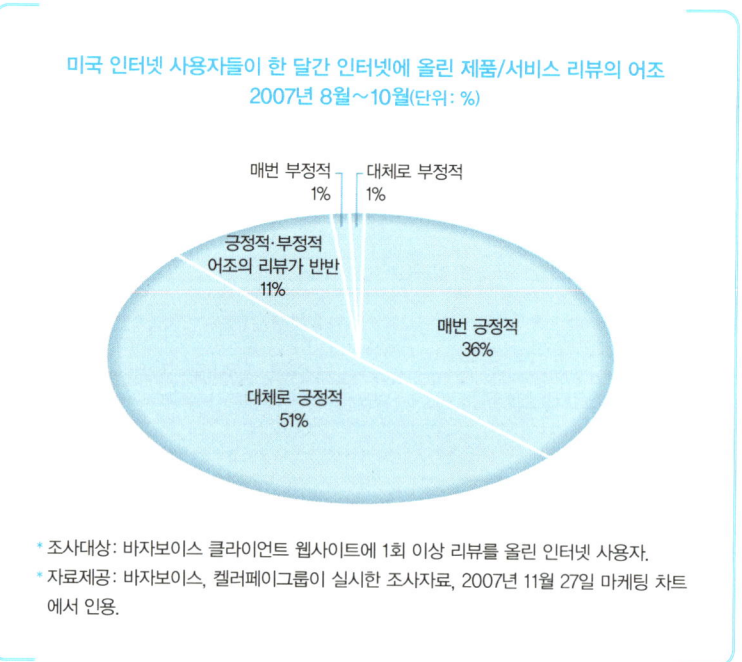

* 조사대상: 바자보이스 클라이언트 웹사이트에 1회 이상 리뷰를 올린 인터넷 사용자.
* 자료제공: 바자보이스, 켈러페이그룹이 실시한 조사자료, 2007년 11월 27일 마케팅 차트에서 인용.

으로 불만을 개진할 만큼 화가 난 적이 과연 몇 번이나 되는가? 아마 그리 많지 않을 것이다. 대부분의 경우 약간의 짜증은 참아버리고, 정말 화가 났을 때 불만을 제기한다. 조금 불쾌했던 경험을 블로그에 올려서 사람들을 모으려는 이도 있지만, 사실 이 정도로는 성공할 수 없다.

## 반대의견 2: "비용대비 효과가 불분명하잖아"

이렇게 주장하는 사람들을 설득하기란 정말 어렵다. 그 말이 어느 정도 사실이기 때문이다. 소셜미디어는 새롭게 떠오르는 신종 마케팅 미디어이기 때문에 발전 속도에 비해 수익률을 측정하는 방식이 아직 미비하다.

그렇지만 실험해보는 게 뭐가 나쁜가? 투자수익률을 뜻하는 ROI Return on Investment 는 'Risk of Inaction(행동하지 않는 위험)'의 ROI를 의미할 수도 있다. ROI를 산출할 때는 분자와 분모가 필요한데, 종종 분모가 되는 '투자' 부분을 간과하는 경우가 많다.

비즈니스 블로그를 시작하거나 플릭커 사이트에 자사 상품이나 기술에 관심을 가진 전문가 그룹 SIG, special interest group 을 만드는 비용은 공짜다. 비록 수익 향상에 큰 도움이 되지 않더라도 그다지 잃을 것도 없다는 말이다. 오히려 공짜로 값진 경험을 얻을 수 있다.

사실 소셜미디어 캠페인의 장점 중 하나가 바로 비용이 저렴하다는 것이다. 마케팅 전략 전문가인 B. L. 오크먼은 두 달짜리 캠페인에 드는 비용이 약 5만 달러이며, 시간이 흐를수록 비용을 더 낮출 수 있다고 했다. 다음은 오크먼의 블로그에서 발췌한 글이다.

보통 5만 달러의 예산이면 온라인 커뮤니티의 중심 역할을 하는 간단한 멀티미디어 마이크로 사이트를 제작할 수 있다. 어쩌면 거기에 콘텐츠 배급을 도와주는 이런저런 툴을 더하거나, 페이스북 Facebook, 플릭커 Flickr, 자이쿠 Jaiku, 트위터 Twitter 등의 네트워킹 그룹을 이용해서 커뮤니티의 면모를 더욱 발전시킬 수 있다. 기능이 복잡해질수록 프로그래밍이나 디자인에 드는 비용이 더 늘어난다.

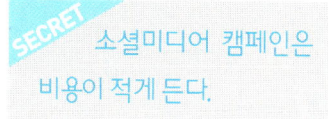

미국 시장조사기관인 포레스터 리서치의 부사장인 조시 버노프 Josh Bernoff 역시 이에 동의했다. "페이스북 페이지와 블로그는 비용을 거의 들이지 않고 시작할 수 있는 소셜 프로그램의 대표적인 예라 할 수 있다. 다양한 기능을 고루 갖춘 고객 커뮤니티처럼 정교한 프로그램도 대부분 5만에서 30만 달러를 넘지 않는다."

물론 적은 액수라고 무시할 순 없지만, 〈애드버타이징 에이지 Advertising Age〉의 조사처럼 황금시간대 30초 텔레비전 광고비가 최소 20만 달러에서 60만 달러임을 비교하면 정말 저렴한 것이다.

투자수익률을 이유로 들어 반대한다면 그 사람을 설득할 수 있는 한 가지 방법은 투자수익률이 불분명한 기업의 다른 활동을 예로 들면 된다. 홍보와 노사관계, 연구개발 분야 역시 투자수익률이 불분명한 활동이다. 기업들이 이 분야에 투자하는 까닭은 이 분야에 투자를 하면 수익에 기여할 것이라는 임원들의 확고한 믿음이 있기 때문이다. 또한 수십 년간의 경험이 이런 믿음을 뒷받침해준다. 소셜미디어의 수익률은 아직 측정단계에 불과하지만, 일단 초기단계의 성과는 긍정적이다.

또 다른 설득방법으로 소셜미디어 광고의 성공 사례를 소개한 연구 자료를 인용하는 것이다. 이 책뿐 아니라 인터넷에서 여러 자료를 얻을 수 있다. 또한 소셜미디어 광고 트렌드를 데이터화하는 업체의 소식지나 보고서를 꾸준히 구독하여 트렌드 지식을 지속적으로 업데이트할 수 있다. 이런 서비스 제공업체 중 내가 개인적으로 추천하는 곳은 미디어포스트MediaPost, 민Min, 이마케터eMarketer, 아이미디어커넥션iMediaConnection, 입소문 마케팅협회the Word of Mouth Marketing Association, 마케팅셰르파MarketingSherpa, 마케팅프롭스MarketingProfs 이다.

컴퓨터 제조업체 레노버Lenovo사의 부사장, 데이비드 처벅David Churbuck은 최근 자신의 블로그에 이런 글을 올렸다.

"소셜미디어 마케팅의 성공스토리는 점점 더 많아지고 있다. 이제 그 누구도 소셜미디어 마케팅이 옵션일 뿐이라고 자신있게 말할 수 없는 시점이다. 소셜미디어 마케팅은 이제 필수사항이다."

## 반대의견 3: "일시적인 유행이야"

아직도 몇몇 경영자는 소셜미디어가 일시적인 유행이라고 우기고 있다. 소셜미디어 마케팅 붐은 1990년대 후반의 인터넷 거품과 비교되기도 했다. 물론 이 비유가 전혀 근거 없다고는 할 수 없지만, 사람들은 초기 인터넷 투자 열기의 극단적인 모습을 잊은 듯하다. 당시에는 실제 시작하지도 않은 서비스를 가지고 10억 달러의 투자를 유치하는 데 성공한 웹반Webvan이라는 회사도 있었다. 그러나 웹1.0과 비교하면 웹2.0의 거품은 아주 적다.

또 사람들의 정보소비 방식이 완전히 변했음을 보여주는 증거도 수없이 많다. 단순히 유행으로 치부하는 사람을 설득하려면, 새로운 미디어의 성장과 구시대의 몰락을 보여주는 수많은 통계자료를 인용하라. 주류미디어의 중요성이 점차 퇴색하면서 올드미디어를 통한 수익이 점점 하락세임을 보여주는 증거들은 얼마든지 있다. 다음의 사례를 살펴보자.

- 신문광고 수익은 2007년에 430억 달러였다. 물가상승률을 반영하면 1997년 수준보다 20% 하락한 셈이다. 하락세는 2008년 이후 급격히 가팔라졌다. 미국 내 신문 판매부수는 인구가 지금의 절반 수준에 이르렀던 1946년 때와 동일하다. 뉴스페이퍼 데스와치닷컴NewspaperDeathWatch.com에 있는 내 블로그에 상세한 설명을 올려놓았다.
- 텔레비전 광고는 인터넷과 디지털 비디오레코더의 발달로 상당한 타격을 입었다. 주피터 리서치는 2007년 티보Tivo를 비롯한 디지털 셋톱박스 서비스 때문에 120억 달러에 달하는 텔레비전 광고가 사라졌다는 연구 결과를 발표했다. 악센추어Accenture사는 실제로 광고주가 지불해야 하는 비용은 실제로 이것의 2배나 된다고 발표했다.
- 케첨PR사와 남부캘리포니아 대학의 애넌버그 전략PR센터는 2007년 거의 모든 미디어에 대한 소비자 신뢰가 전년도보다 하락했다고 발표했다.
- 콤캐스트 스팟라이트ComcastSpotlight의 폴 우이드크Paul Woidke 부

사장은 전반적인 트렌드를 이렇게 요약했다. "케이블, 공영텔레비전 방송, 신문사에서 하루에 약 500만 달러의 광고비를 날리는 시대가 되었다."

반면, 온라인 광고에 대한 인기는 높아지고 있다.

- 사모투자회사private equity firm인 베로니스 슐러 스티븐슨Veronis Suhler Stevenson은 인터넷 광고비가 신문 광고비를 앞질러 2011년에는 미국 최대의 광고매체로 부상할 것이라 전망했다. 2011년의 온라인 광고비는 약 620억 달러에 달할 것으로 추정하고 있다.
- 다국적인 광고회사인 퍼블리시스Publicis 그룹의 제니스옵티미디어ZenithOptimedia는 미국 인터넷 광고 규모가 2008년에는 라디오를 누르고 2009년에는 잡지를 넘어설 것으로 내다보았다.
- 뉴커뮤니케이션 리서치협회에서 260명의 마케팅 PR담당자와 전문가를 대상으로 실시한 설문조사에서 응답자의 3분의 2 가량이 2008년에는 소셜미디어에 대한 지출을 늘릴 계획이라고 답했으며, 81%가 향후 5년간 최소한 전통적인 마케팅에 투자하는 비용만큼 소셜미디어 마케팅에 투자할 계획이라고 응답했다.
- GM은 2008년에서 2011년 사이에 연간 30억 달러에 달하는 광고 예산 중 절반을 디지털 미디어와 일대일 미디어에 투입할 계획이다. 2007년 온라인 매체에 투입한 비용이 1억 9,700만 달러에 불과했던 걸 생각하면 엄청난 증액이다.
- 2006년 입소문 광고에 투입된 비용은 9억 8,100만 달러였으나 2010년까지 연간 30%의 비율로 성장할 것이라고 PQ미디어가 발표했다.

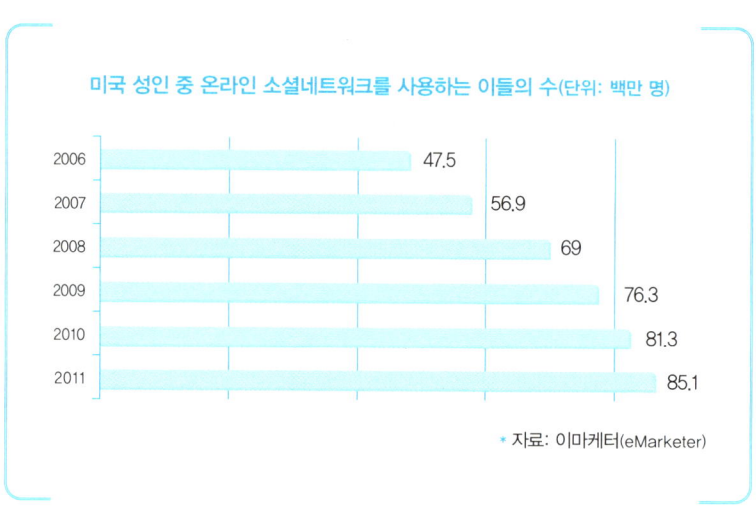

- 딜로이트Deloitte의 조사에 따르면 미국 소비자의 62%가 다른 소비자들의 온라인 리뷰를 읽는 것으로 나타났다. 이들 중 98%는 다른 사람들의 리뷰가 신빙성이 있다고 생각하며, 80%는 소비자 리뷰가 자신들의 구매 의사에 영향을 미친다고 답했다.

따라서 향후 광고시장 트렌드는 아주 분명하다. 지금 십대인 세대들이 일할 나이가 되면 어떤 변화가 생길까? 아마 그때가 진정한 변화가 시작되는 시기가 될 듯하다. 다음을 살펴보자.

- 아서 W. 페이지 소사이어티Arthur W. Page Society의 보고서에 따르면, 평균적으로 십대들은 부모 세대보다 텔레비전 시청시간이 60% 적고 인터넷 사용시간은 시간은 무려 600%나 많다고 밝혔다.
- 1억 4,100만 명에 달하는 미국 인터넷 사용자들이 2007년 12월

에 본 동영상 수는 100억 편이 넘는다고 콤스코어comeScore가 발표했다. 유튜브 방문자들은 평균적으로 한 달에 약 41.6편의 동영상을 본다.
- 에모리 대학교가 신입생을 대상으로 펼친 조사를 보면 97%의 응답자가 페이스북 계정을 가지고 있으며, 그 중 24%는 하루에 18번 이상 페이스북에 로그인한다고 답했다.
- 퓨 인터넷 & 아메리칸라이프 프로젝트The Pew Internet & American Life project에 따르면, 온라인에 접속하는 십대 중 64%가 최소한 한 가지 이상의 콘텐츠 제작에 참여한다고 대답했는데 이 수치는 2004년의 57%보다 높은 비율이다.

위의 수치들을 보면 온라인 마케팅이 효과나 비용 면에서 전통적인 미디어를 훨씬 능가했음을 알 수 있다. 이 분야에 대한 최신 연구 리스트를 참고하고 싶다면 SSMMBook.com을 방문해보라.

앞에서 열거한 수치들을 보고, 아마 당신은 마케터들이 이제 소셜미디어 광고에 투자하기 위해 너나없이 달려들 거라 생각할지도 모른다. 하지만 사실은 다르다. 미국인이 텔레비전을 보는 시간보다 인터넷을 하는 시간이 더 길다는 사실을 구글이 밝혀냈지만, 마케터들은 여전히 전통적인 방송 마케팅에 뉴미디어 마케팅보다 3배 이상의 돈을 쏟아붓고 있다.

- 케첨과 남부캘리포니아 대학 애넌버그 스쿨의 조사에 따르면, 입소문 마케팅 프로그램을 활용하는 기업은 전체에서 4분의 1도 안 된다고 한다.
- 코어메트릭스가 실시한 설문조사에서 응답자의 78%가 소셜미

디어 마케팅을 통해 경쟁우위를 확보할 수 있다고 답했지만, 실제로 온라인 마케팅 비용 중 소셜미디어 마케팅에 쓰는 비율은 8%에 불과했다.
- 인터넷 사용자 10명 중 6명이 건강이나 미용관련 제품을 온라인으로 검색하는데도 TNS 마켓 인텔리전스의 조사에 따르면, 미국 건강·미용용품 광고업체가 온라인 광고에 들이는 비용은 2004년에서 2006년까지 전혀 변화가 없었다고 밝혔다.
- 컴닷모션이 444명의 비즈니스 마케터들을 대상으로 실시한 조사에서, 2008년 소셜미디어 마케팅 예산을 증액할 계획이 있다고 답한 응답자는 12%에 그쳤다. 전체 응답자 중 약 3분의 1이 2007년에는 소셜미디어 마케팅에 전혀 투자하지 않았고, 2008년 역시 마찬가지라고 대답했다.

비즈니스 지도자들이 소셜미디어에 대해 긍정적인 관점을 가졌는데도 투자 의욕이 미온적인 까닭은 무엇일까? 경제상황도 이유로 꼽을 수 있지만, 이외에도 여러 가지 다른 이유가 있을 것이다.

## 소셜미디어에 대한 투자 의욕이 미온적인 까닭

### 1. 소셜미디어는 아직 시작단계일 뿐이다.

그리고 변화무쌍하다는 점이 투자를 망설이게 만든다. 내가 2006년 《링크의 경제학》을 출간했을 당시, 페이스북을 아는 사람은 많지 않았고 유튜브 역시 새롭게 등장한 웹사이트였기에 본문에 많은 양을 할애하지 않았다. 그러나 1년 만에 페이스북은 폭발적인 성장을 거듭해서 회원 수 5천만 명을 돌파했고, 시장가치로 150억 달러가 매겨졌다. 유튜브는 새로운 문화 아이콘으로 성장했으며, 소셜네트워크가 수백 개가 되는 상황이 되었다. 이런 급속한 변화 때문에 많은 마케터는 시장을 관망하면서 최종 승자가 나타나 지금 상황을 정리해주기를 기다리는 것이다.

### 2. 소셜미디어는 비용이 너무 싸다.

30초짜리 텔레비전 광고 한 편보다 소셜미디어 마케팅 전체에 드는 비용이 훨씬 저렴하다. 심지어 아주 공격적인 파일럿 프로그램이라도 대기업 마케팅 예산에 비하면 말 그대로 새 발의 피다.

### 3. 효과를 측정하는 방법이 미비하다.

온라인 마케팅 산업은 아직 소셜미디어 캠페인의 효과를 측정할 수 있는 기준을 마련하지 못했다. 뒤에서 자세히 언급하겠지만, 이것은 그다지 심각한 문제가 아니다. 그런데도 조심스러운 마케터들은 이걸 이유로 투자를 거부하고 있다.

### 4. 경영진이 잘 모른다.

제아무리 최고의 소셜미디어 마케팅 전략을 갖고 있더라도, 최고경영자가 골프 경기를 하면서 텔레비전으로 자사의 광고를 보겠다고 우긴다면 아무 소용이 없다. 대다수의 기업 리더는 인터넷을 충분히 활용하지 못하는 경우가 많다. 소셜미디어 마케팅에 대한 경영자의 의구심과 이해 부족은 변화가 필요할 때 심각한 걸림돌로 작용한다.

### 5. 많은 마케터가 집행하는 예산 규모에 따라 자신의 중요성과 영향력이 달라진다고 생각한다.

소셜미디어 마케팅이 너무나 효율적인 비용구조를 가지고 있기 때문에 이를 이용했을 경우 마케팅 예산(그리고 마케터의 입지까지)이 줄어드는 결과를 낳을 수 있다. 진짜 이 이유 때문에 소셜미디어 마케팅을 거부한다는 게 말도 안 되는 얘기처럼 들리겠지만, 현실적으로 어쩔 수 없는 비즈니스의 생리다.

지금까지 살펴본 자료로 온라인 마케팅이 엄청난 속도로 기존의 전통적인 마케팅 미디어를 대체하고 있음을 알 수 있다. 하지만 이 자료들도 수많은 자료 중 극히 일부에 불과하다. 나중에는 결국 온라인 마케팅에 투입되는 비용 중 많은 부분이 소셜미디어로 흘러가게 될 것이다.

### B-to-B는 어떤가?

소셜미디어는 주로 B2C business-to-customer(기업 대 소비자 비즈니스)에 유용하다는 게 통념이다. 기업가는 너무 바빠서 소셜미디어 마케팅 캠페인으로 만들어진 비디오 게임을 할 시간이 없다는 것이다.

사실 B2B business-to-business(기업 대 기업 비즈니스)에 소셜미디어를 활용할 수 있는 범위가 상대적으로 좁은 것도 사실이다. 고객이 첨단 기술을 꺼리는 분야이거나 구매 결정이 개별적으로 이루어지기 때문에 소셜미디어 툴 채택이 더디게 진행되는 업계도 있다.

그런데도 소셜미디어는 여러 분야에서 자리를 잡고 있다. 일단 B2B 마케터들이 소셜미디어의 가치를 제대로 인식하면 소비자시장에서보다 훨씬 더 빨리 채택되어 적극적으로 활용되는 양상을 보인다.

《B2B 매거진》이 B2B나 B2C 또는 양쪽 모두 참여하는 마케터를 대상으로 실시한 조사에 따르면, B2B 마케터 중 31%가 전체 미디어 예산의 20% 이상을 뉴미디어에 할애하고 있었다. 이는 B2C 마케터들의 5% 비율을 훨씬 능가한다. 뿐만 아니라 21.2%의 B2B 마케터들이 지난 1년에서 3년간 블로그를 사용한다고 응답하여 이 역시 10.3%로 그친 B2C 마케터들의 비율을 능가했다. 위키wiki(여러 사람이 공동으로 글을 쓸 수 있게 해주는 웹 기반의 소프트웨어) 사용비율도 12.3%로, B2C 마케터들의 5.6%보다 앞섰다.

B2B 업계에서도 블로그가 이미 주류로 자리잡은 경우가 있다. 거의 모든 유명 IT기업들이 블로그를 운영하거나 최소한 팟캐스트 정도는 다루고 있다. 금융 서비스, 여행, 운송업계 역시 비즈니스 고객에게 접근하기 위한 수단으로 블로그를 이용한다. 보스턴에 위치한 베스이스라엘 병원 원장은 블로그를 통해 본인이 병원장으로서 감당해야 할 복잡다단한 일들을 묘사하며, 악센추어는 자사 컨설턴트들의 우수한 전문성을 블로그에서 마음껏 과시하고 있다. 맥도널드McDonald는 블로그를 이용하여 자사가 책임감 있는 기업시민corporate citizen으로서 어떤 일을 하고 있는지 홍보한다.

기업들은 이제 유튜브가 정보 전달용 동영상이나 임원들의 질의응답 그리고 기타 전문적인 고객들을 대상으로, 여러 가지 콘텐츠를 올릴 수 있는 유용한 툴 역할을 한다는 사실을 알았다. 시간이 지나면 사라지는 콘텐츠가 온라인에서는 수개월에서 수년간 그 명맥을 유지할 수 있다.

HP와 IBM은 웹 비디오로 고객 후기를 비롯해 다양한 마케팅 자료를 게시한 대표적인 기업이다. 마이크로소프트의 채널9Channel 9은 짤막한 비디오 액세스를 제공하는 사이트에서 이제는 정규 프로그램뿐만 아니라 고객들이 제품 추천 동영상을 직접 올릴 수 있는 위키에 이르기까지 다양한 내용을 제공한다. 뿐만 아니라 고객들이 MS의 직원들과 소통할 수 있는 약 1,500개의 직원 인터뷰 비디오를 공유했다.

아직 미숙한 단계이지만 B2B 분야에서도 소비자시장에서 인기를 얻고 있는 비디오 콘테스트에 대한 실험 작업이 활발히 이루어지는 단계다. 소프트웨어 개발업체인 VM웨어 VMware는 자사의 사용자 컨퍼런스 기간 동안 일명 '사이버에서 유명해지기 Become Virtually Famous' 콘테스트를 열어 '당신의 삶을 뒤흔든 것'이라는 주제로 동영상 콘테스트를 열었다. 총 55편의 동영상이 경합을 벌였다. 비록 소비자를 대상으로 열리는 콘테스트와 비교도 안 되는 소규모이지만, 응모 동영상에 대한 접속률은 아주 높아서 1등을 차지한 동영상의 경우 다운로드 수가 무려 2만 건을 넘었다.

B2B 사용자를 위한 소셜네트워크 중 가장 대표적인 사이트로 링크드인 LinkedIn을 꼽는다. 이외에도 플락소 Plaxo나 비저블패스 Visible Path는 전문업체의 네트워크 관리를 도와주는 사이트로 유명하다. 노치업 NotchUp에서는 전문가들의 구인구직을 돕는 서비스를 제공한다. 지그소 Jigsaw와 세일스콘 Salesconx은 세일즈, 마케팅, 채용 전문기업을 겨냥한 연락처 목록 역할을 담당한다. 이 책의 8장에서 이밖에도 틈새를 파고든 여러 가지 혁신적인 서비스를 자세히 살펴볼 것이다.

당분간은 소비자시장이 소셜미디어 혁신의 선봉 역할을 담당하겠지만, 언젠가는 B2B 마케터들이 적극적으로 소셜미디어의 가치를 발굴하는 주체가 될 것이다.

MAKING CHOICES

**CHAPTER 02**

# 최상의 매체를 선택하라

2장에서는 목적에 맞는 툴을 선택하는 방법을 다룬다. 많은 사람들이 아직도 기술적인 부분을 먼저 생각하는 실수를 범하고 있다. 우선 비즈니스 목표를 세운 후, 그에 따라 최적의 툴을 선별하는 법을 소개하겠다.

마케터들의 주목을 끌고 있는 소셜미디어는 단지
C2C(소비자 대 소비자) 커뮤니케이션이 진화한 형태일 뿐이다.
다만 차이가 있다면, 소셜미디어에 있는 사람들은
구매의사가 있는 소비자로만 활동하는 것이 아니라
서로에게 영향을 주면서 사회적 집단을 형성한다는 것이다.

— 조 마르케스, 〈미디어포스트〉 기사 중에서 —

회사의 승인을 받고 마케팅을 시작할 준비가 되었다면, 이제 당신이 해야 할 일은 잠시 숨을 돌리고 목표를 분명히 세우는 것이다.

너무나 당연한 순서 같지만, 버려진 블로그와 중단된 팟캐스트와 세컨드 라이프에서 파리만 날리고 있는 섬들이 많은 것을 보면 이 순서를 무시한 기업들이 많다는 걸 알 수 있다. 놀라울 정도로 많은 기업들이 뚜렷한 전략 없이 소셜미디어 마케팅에 뛰어들고 있다. 아마 실험 삼아 신기술을 한번 적용해보자는 생각이거나 비용이 저렴해서 별 부담 없이 무작정 뛰어든 기업도 있을 것이다. 물론 아무것도 하지 않은 채 손놓고 있는 것보다는 뭐든지 하는 것이 낫다. 하지만 계획을 세우고 뛰어든다면 훨씬 좋은 결과를 얻을 수 있다.

전략이 없다면 오늘날 넘쳐나는 수많은 소셜미디어 중에서 적절한 선택을 한다는 것 자체가 불가능하다. 불과 몇 년 전만 해도 마케터들의 주요 관심대상은 블로그와 팟캐스트에 한정되어 있었다. 하지만 최근 들어서는 특정계층을 대상으로 하거나 관심 분야별로 특화된 각양각색의 소셜네트워크가 폭발적으로 증가하고 있다.

뿐만 아니라 딕 Digg, 스텀블어폰 StumbleUpon, 스핀 Sphinn 과 같은 소셜 북마킹 social bookmarking 사이트와 소셜쇼핑 social shopping, 마이크로블로그 microblog (트위터나 미투데이 같은 서비스) 등의 신종 분야까지 등장하여 선택의 범위가 끊임없이 늘어나고 있다. 이렇게 급변하는 현실에 마케터들은 숨 돌릴 틈조차 없다고 불평하지만 걱정할 것 없다. 이 분야에서 먹고사는 사람들도 똑같은 처지이기 때문이다!

'선택할 게 너무 많으면 오히려 아무것도 선택하지 않으려 한다'는 말콤 글래드웰 Malcolm Gladwell 의 말처럼, 쉴새없이 쏟아지는 수많은 소셜미디어 중에서 어떤 것도 선택하지 않겠다며 두 손 들고 포기한 마케터도 분명 있을 것이다.

그러나 시장상황이 좀더 분명해질 때까지 기다려보자는 계산은 현명한 결정이 아니다. 앞으로 수년간 이 분야의 혼란은 지속될 것이고, 이 혼란 속에서 발빠르게 대처한 이들만이 남들보다 먼저 성공의 요령을 습득하고 시행착오를 거쳐 성공의 기반을 마련할 것이다.

현재 소셜미디어 마케팅은 방법 면에서는 충분치 않지만, 기본 골격은 점차 완성되는 단계에 있으며, 실험비용이 저렴한데다 시장상황도 관대한 상태다. 이런 시점에서 야심찬 프로젝트에 착수한다면 위험에 도전하는 혁신적인 기업 이미지를 얻을 수 있다.

## 툴보다 중요한 것이 있다

많은 마케터들이 소셜미디어를 이용할 때 특정한 툴을 먼저 정해 놓고 시작한다. 어쩌면 블로그를 시작하라는 경영진의 명령이 이미

> SECRET
> 툴보다 먼저 비즈니스 목표를 생각하라.

떨어졌기 때문에 마케팅팀은 발주작업부터 시작해야 하는 상황일지도 모른다.

그러나 이런 방법은 크게 잘못된 것이다. 어떤 툴을 선택하느냐의 문제는 마케팅의 성공 여부에 생각보다 큰 영향을 미치지 않는다. 마치 집을 지을 때 페인트의 색을 선택하는 문제가 집의 구조적인 완성에는 거의 영향을 미치지 않는 것과 같다. 다양한 목적에 맞게 유연하게 사용할 만한 툴도 많이 있고, 전략적인 목표에 따라 여러 가지 툴을 통합적으로 활용해야 하는 경우도 있을 수 있다.

소셜미디어 툴은 전통적인 마케팅과 결합되었을 때 최고의 진가를 발휘한다. 예를 들어, 고객들은 텔레비전에 나오는 은행 광고를 보고 웹사이트를 방문해 대학 등록금 마련을 위한 맞춤 금융상담을 받으며, 이 텔레비전 광고를 비디오 콘테스트의 기반으로 새롭게 활용할 수도 있다. 고객의 반응이 느린 경우에는 이처럼 전통적인 마케팅 매체로 이야기를 시작해 큰 성공을 거둔 사례도 있다.

또한 툴 선택의 문제를 최우선으로 삼으면 불필요한 작업이 생긴다. 1980년대 중반 내가 애송이 기자였던 시절, 사람들이 로터스1-2-3 스프레드시트Lotus1-2-3 spreadsheets를 사용하는 방식을 보고 깜짝 놀랐다. 사람들은 스프레드시트 프로그램에 전혀 어울리지 않는 문서 작업이나 프레젠테이션 자료 제작을 하고 있었다. 익숙하다는 이유로 엉뚱한 소프트웨어를 썼던 것이다. 시간낭비는 물론이고 공들여 만든 결과물도 형편없었다. 잠시 시간을 갖고 일의 목표를 분명히 세운 후 적절한 툴을 사용하지 않았기 때문이다.

최고의 기술이 언제나 최상의 선택은 아니다.

소셜미디어와 관련해서 어떤 기술을 선택하든, 더 나은 것이 등장할 가능성은 언제든지 있다. 기술 공급업체들은 좀더 진일보된 제품이 출시될 예정이니 몇 주만 기다려보라는 말로 종종 구매결정을 늦추게 한다.

하지만 여기에 넘어가서는 안 된다. IT업계의 역사는 시장을 점령한 상품보다 기능적으로는 더 우수하지만, 결국 고객의 환영을 받지 못한 실패작들로 가득하다. 많은 고객들이 이미 다른 제품을 사용하고 있다면 아무리 뛰어난 기술이 있다 한들 무슨 의미가 있겠는가. 오히려 시장점유율, 해당 산업상황, 채택률adoption rate, 시장성장률 같은 요소들이 기술의 특징이나 기능보다 훨씬 중요하다.

만일 여러 툴에 대한 경험이 필요하다면, 우선 회사 방화벽 뒤에서 안전하게 사용해볼 것을 권한다. 이렇게 하면 실수를 저지르더라도 그리 큰 영향을 받지 않을 뿐더러 나중에 마케팅을 실시할 때 상당 부분을 미리 파악할 수 있다.

가장 흥미진진한 소셜미디어 실험은 은밀히 진행되고 있다. 기업들은 소셜미디어 기술을 잘 알려진 내부문제에 적용하면서 여러 가지를 배운다. 그리고 그 과정에서 발견한 여러 가지 버그(프로그램 실행상의 오류)를 해결한 후 외부에 공개한다.

다음의 표를 이용하면 툴을 선택할 때 도움이 될 것이다. 표를 읽는 방법은 먼저 왼쪽 칼럼에서 비즈니스 목표를 선택한 다음에 그 목표에 맞는 툴을 오른쪽 목록에서 찾아보는 것이다. 물론 이때 손쉬운 사용, 단순한 배포방법, 기능을 고려하여 균형을 잡는 것이 중요하다는 사실을 잊지 마라. 사용법을 익히려면 상당한 시간이 소요되는 복잡한 솔루션보다 당신이 속속들이 이해하고 사용하기 편한 툴을 이용하는 게 훨씬 더 유용하다.

| 비즈니스 목표 | 블로그 | 팟캐스트 | 비디오 | 소셜 네트워크 | 개별 커뮤니티 | 고객 상품평 엔진 | 가상 세계 |
|---|---|---|---|---|---|---|---|
| 고객 커뮤니티 구축 | ● |  | ● | ● | ● | ● | ● |
| 부정적인 선전이나 인지도에 대응 | ● | ● | ● |  |  | ● |  |
| 위기관리 | ● | ● | ● | ● |  | ● | ● |
| 고객대화 | ● |  |  | ● | ● |  | ● |
| 직원들의 재능 표출 | ● |  | ● | ● |  | ● |  |
| 웹사이트 방문 유도 | ● |  | ● |  |  | ● |  |
| 인간미 있는 기업 이미지 구축 | ● | ● | ● |  | ● |  | ● |
| 시장조사/포커스 그룹 테스팅 | ● |  |  | ● |  | ● | ● |
| 언론관계 | ● | ● | ● |  |  | ● | ● |
| 신상품 아이디어 유도 | ● |  |  | ● | ● |  |  |
| 상품 홍보 | ● |  |  | ● | ● | ● |  |
| 상품 지원/고객서비스 | ● | ● | ● |  | ● |  |  |
| 상품/서비스에 대한 피드백 | ● |  |  | ● | ● |  |  |
| 브랜드 옹호자 모집 | ● |  | ● |  |  |  | ● |
| 잠재고객 확보 | ● | ● | ● | ● |  | ● | ● |

# 소셜미디어가 만능열쇠는 아니다

소셜미디어가 생각보다 적절하지 않은 분야도 있다.

**브랜딩** 동영상과 블로그 광고가 브랜딩에 효과적으로 이용되는 경우가 많기는 하지만, 아직은 속도와 접근성 면에서 전통적인 마케팅을 능가하진 못한다. 특히 광범위한 고객층을 겨냥하는 상품일 경우에 더 그렇다. 소셜미디어는 특정고객을 끌어들이고 피드백을 제공하는 추가 매체로 활용하라. 브랜딩에 있어 30초짜리 방송광고는 여전히 쓸모가 있다.

**채널관리** 채널 파트너들과의 커뮤니케이션을 위해 개별적인 블로그와 폐쇄형 커뮤니티를 사용하는 기업들도 있지만, 대면접촉이나 전화접촉이 여전히 우위를 차지한다.

**다이렉트 마케팅** 쿠폰이나 인센티브에 대한 신속한 반응을 이끌어내는 것이 목표라면 전통적인 다이렉트 마케팅 채널이 여전히 효과적이다. 온라인에서도 쿠폰을 유용하게 활용할 수 있지만, 전통적인 미디어가 우위를 점하고 있다. 하지만 소셜미디어를 사용하면 고객 상호작용의 가치를 더 높일 수 있다. 목표대상인 고객들을 상호작용이 가능한 웹사이트나 정보가 있는 영역으로 유도하는 것이다.

**B2B** 현재로서는 소셜미디어가 B2B보다 소비자시장의 호응을 받고 있다. B2B 분야에서 소셜미디어가 각광을 받으려면 최소한 몇

년은 더 걸릴 것이다. 물론 IT시장 같은 예외인 경우도 있지만, 전문적이고 세분화된 고가품을 판매하는 분야라면 직접적으로 고객과 만나는 영업이 훨씬 더 효과적이다. 이런 기업들은 대부분 미디어를 통한 마케팅에 별 관심이 없다.

**특정고객층** 20대 이하가 아닌 50대 이상의 고객층을 겨냥하는 경우에는 전통적인 마케팅이 효과적일 것이다. 또한 저소득층일수록 미디어 사용률이 저조한 경향이 있다.

**명품 마케팅** 명품전문 잡지와 텔레비전 네트워크가 인터넷의 영향을 거의 받지 않는 이유 중 하나는 컴퓨터 화면으로는 명품의 진가가 충분히 발휘되지 않기 때문이다. 명품 선전과 홍보에서는 아직도 잡지나 케이블 텔레비전이 효과적이다. 그러나 명품이 블로거나 소셜네트워크 그룹 사이에서 종종 인기 주제로 떠오른다는 사실을 명심하라. 블로그나 소셜네트워크는 고객들이 중요하다고 느끼면 동료 간 추천을 유발하는 효과적인 채널이 될 수 있다.

어떤 소셜미디어를 선택하든지, 기본적인 목표를 유념하면서 차별화된 마케팅 전략을 채택하려는 자세가 중요하다.

## 작은 것이 여전히 아름답다

소셜미디어시장은 정의 자체가 작은 시장들을 의미한다. 많은 기

## SECRET 틈새시장을 공략하라.

업의 임원들이 이런 소셜미디어의 개념을 받아들이기 어려워하는 데는 이유가 있다. 지금까지의 마케팅은 대규모 예상고객 집단에게 메시지를 전하면 그 중 소수가 반응을 보일 거라는 기대를 가지고 진행해왔다. 따라서 고작 몇백 몇천의 고객층을 겨냥하는 마케팅 따위는 시간낭비라고 생각한다.

그러나 틈새시장이야말로 마케팅의 미래다. 고객들은 점점 대중광고에 무덤덤해하고 주류미디어에 대한 관심도 시들한 상태다. 대신 전문채널이 급성장하는 추세다. 지난 30년간 케이블 텔레비전과 전문잡지가 주요 브랜드를 제치고 시장을 잠식해왔다. 마음 맞는 사람들끼리 그룹을 형성하여 상호작용할 수 있도록 도와주는 소셜미디어는 이런 트렌드를 가속화시킨다.

따라서 마케팅 담당자는 개개인의 특별한 관심사에 대한 욕구를 충족시켜주는 방식으로 상호작용하는 방법을 배워야 한다. 다른 방법으로는 이들에게 접근할 길이 없기 때문이다.

2004년 미국 대통령 후보였던 하워드 딘 Howard Dean 의 홍보 전략이 바로 이 아이디어의 단적인 예다. 하워드 딘의 선거 홍보팀은 의욕이 넘치고 열성적인 지지자가 몇천 명만 되면 비싼 대중매체 광고에 돈을 쓰는 것보다 훨씬 더 효과적으로 인지도와 지지율을 높일 수 있다고 생각했다. 당시 하워드 딘의 선거 홍보팀이 사용했던 툴은, 오늘날 우리가 접하고 있는 방대하고 새로운 온라인 공간에 비하면 매우 초보적인 수준에 불과했다.

미국 대통령 버락 오바마 Barack Obama 가 선거 운동 당시, 다른 민주당 대선 후보들과 전략이 달랐던 이유 역시 이제는 매순간 미디어의 주목을 끌어낼 수 있는 시대임을 간파했기 때문이었다. 오바마는 비싼 30초짜리 방송광고에 대한 의존도를 줄이는 대신 유권자층을 세분화시켜 겨냥했다. 유권자들이 깨어 있는 모든 시간에 최대한의 모든 미디어를 이용하여 자신의 메시지를 전달했다. 이런 노력 덕에 그의 선거 전략은 젊은이들의 강력한 지지를 받는 데 성공했다.

나는 작은 시장의 힘을 《링크의 경제학》 판매를 통해서 새삼 배웠다. 책이 출간된 초기에는 《월스트리트 저널》, BBC 등 주류미디어에 실린 호평들 덕에 초기 판매부수가 상당히 좋았다. 하지만 얼마 지나지 않아 아마존 순위가 하락하기 시작했다.

그러다가 다시 아마존 5,000위 내에 진입하고 수개월 동안 순위를 지켰다. 이는 블로그와 소규모 인쇄물에 게시된 긍정적인 리뷰 덕이었다. 개인적인 생각으로는 탁월한 마케팅 전략으로 이런 성공을 거두었다고 여기지만, 사실 이 방식 이외에는 달리 선택의 여지가 없는 처지였다. 비용이 많이 드는 마케팅을 할 여유가 출판사에 없었기 때문에 블로거와 팟캐스터들의 대화요청에 최대한 관대한 자세를 취했다.

이런 블로그와 팟캐스트를 통한 홍보는 주류미디어의 효과가 퇴색한 후로도 상당히 오랜 기간 책의 인지도를 높이는 데 기여했다. 출간 후 1년이 지나도 구글 검색 건수가 하루 500건 이상에 달했다.

## 고객과 대화하라

반드시 기억해야 할 중요한 포인트가 있는데, 시장은 대화로 이루어진다는 사실이다. 1999년에 출간되어 화제를 모았던 《웹강령

**소셜미디어의 효율을 높이는 요인**

| | 블로그 | 팟캐스트 | 사진 | 비디오 | 소셜네트워크 | 가상세계 |
|---|---|---|---|---|---|---|
| 개성적인 목소리 | ■ | ■ | □ | ■ | | ■ |
| 시각적 효과 | | | ■ | ■ | | ■ |
| 업데이트 용이성 | ■ | | | | ■ | ■ |
| 번역 가능성 | ■ | | ■ | | ■ | ■ |
| 시간 효율성 | ■ | | ■ | | | |
| 기술의 단순성 | ■ | □ | ■ | | | ■ |
| 태그 적용 | ■ | ■ | ■ | ■ | ■ | |
| 발행 가능성 | ■ | ■ | | | ■ | |
| 검색 가능성 | ■ | | | | ■ | |
| 이동성 | ■ | | | | ■ | ■ |
| 개인적 | ■ | ■ | ■ | ■ | | |
| 모바일 | ■ | ■ | ■ | | | |
| 상호작용 | ■ | | | | ■ | ■ |
| 유연성 | ■ | | | | ■ | ■ |
| 오락성 | | ■ | ■ | ■ | | ■ |
| 독특함 | | ■ | ■ | ■ | ■ | ■ |
| 설치 용이성 | ■ | | □ | | | |
| 다양한 문화 | | | ■ | | | ■ |
| 비용 | ■ | □ | | | | |
| 분류 가능성 | ■ | ■ | ■ | | ■ | |
| 적응성 | ■ | ■ | | | ■ | |

■ 강도    □ 상황에 따라 변동

95 The Cluetrain Manifesto》의 주제인 이 개념은 마케팅에서 중대한 발견 중 하나로 꼽힌다. 고객들은 이제 메시지에 반응하고 의견을 교환할 수 있는 능력을 갖추고 있다. 그들은 기업의 초대와 상관없이 활동을 하고 있기에 이제 기업들은 의무적으로 이런 고객대화에 참여해야 한다.

피드백을 얻으려면 시간과 관심이 필요하다. 과거에는 많은 기업들이 고객의 의견을 무시할 수 있는 '여유'를 누렸다. 피드백은 그저 콜센터나 고객만족도 조사에서 하는 것이라 여겼고 고객이 불만족스러워 하는 부분이 있다 할지라도 그게 문제가 되어 수익에 영향을 미치기까지는 수개월에서 수년이 걸리기도 했다. 경우에 따라서는 아무런 영향도 미치지 못하는 경우도 많았다. 고객들이 서로 대화할 수 있는 수단은 극히 제한적이었고 기업은 고객의 의견에 귀 기울이지 않았으며 그래야 할 이유도 별로 없었다.

> **SECRET**
> 고객센터에만 의존하지 마라.

반면, 요즘은 고객상담센터에 전화를 해서 불만을 표시하는 경우가 거의 없다. 고객들은 불만이 생기면 바로 인터넷을 통해서 자신의 불만사항을 표출한다. 컨슈머리스트닷컴 Consumerist.com, 립오프리포트닷컴 RipOffReport.com, 마이3센트닷컴 My3Cents.com, 컨슈머 어페어닷컴 ConsumerAffairs.com, 플래닛피드백닷컴 PlanetFeedback.com 이나 자신의 블로그, 소셜네트워크를 통해 불만사항을 직접적으로 표현한다.

《비즈니스 위크》는 2008년 3월, '고객감시단'이라는 제목의 커버스토리를 통해 이런 현상을 집중 조명했다.

"고객불만 신고 사이트는 이제 인터넷이라는 공간을 이용해 '너희 회사는 형편없어'라고 외치는 역할 뿐만 아니라 콜센터의 비밀과 문제 해결방식을 서로 공유하는 모임의 새로운 지평을 열고 있다. 블로그나 딕 같은 소셜미디어 사이트에 참여하는 사람들이 많아질수록, 고객들이 자신들이 경험한 불만족스러운 서비스에 대한 이야기로 인터넷을 도배하기가 점점 쉬워지는 것이다."

컨슈머리스트닷컴의 편집자 벤 포큰 Ben Poken 은 컨슈머리스트가 그날의 소비자 이슈에 대한 정보를 제공하고 토론을 활성화시킴으로써 소비자에게 힘을 실어주는 역할을 한다고 말한다.

"우리는 소비자들이 제보한 정보나 이메일 내용을 그대로 게시하고 있으며, 각 사례를 철저히 추적하고 업데이트하여 소비자 발언대 같은 역할을 하고 있습니다."

20대인 포큰은 주류미디어 기관에서 일했던 경험이 없으며, 기존 언론의 표준적인 원칙을 지키지도 않는다. 컨슈머리스트의 편집자들은 사실규명 작업은 거의 하지 않는다. 그들이 처리하는 정보의 양을 생각하면 그럴 만한 시간도 없다. 만일 어떤 사실에 오류가 있으면 그들은 독자들 스스로 그 정보를 수정하기를 바란다.

컨슈머리스트는 때로 법적 논쟁에 휘말리지만 자주 있는 일은 아니다. 오히려 독자의 관심사에 세심한 노력을 기울인 덕에 열성적인 지지층을 확보했다. 신문 '독자의 소리'란에 편지를 보냈지만 아무런 응답을 받지 못한 경험이 있는가? 컨슈머리스트에서는 그런 당신이 주인공이다.

웹사이트 순위 통계 사이트 알렉사닷컴 Alexa.com에 따르면 컨슈머리스트는 2008년 초에 이미 매월 1,500만 명의 순방문자 수 Unique visitor를 기록했고, 사이트 도달률 audience reach (전체 인터넷 사용자 중 해당 사이트에 방문하는 비율)에서는 권위 있는 컨슈머리포트 Consumer Reports까지 추월해버렸다. 물론 이런 평가에 일부 오해의 소지가 있기는 하지만 그래도 생긴 지 몇 년 안 된 사이트가 이뤄낸 성과로서는 그저 놀라울 뿐이다.

이보다 더 중요한 사실은 주류미디어들이 컨슈머리스트에 촉각을 곤두세우고 있다는 것이다. 예컨대 《뉴욕타임스》는 2008년 초에 이미 컨슈머리스트를 무려 381회나 인용했으며, 《월스트리트 저널》은 114회, 《비즈니스 위크》는 37회나 인용했다. 그리고 인기 소셜북마킹 사이트인 딕닷컴에서는 꾸준하게 34,000번의 인용회수를 기록하고 있다. 2008년 초 《비즈니스 위크》는 포큰을 커버스토리로 보도했고, 《리더스 다이제스트》에서도 그에게 기고 요청을 했다. 정식 기자 훈련은 단 하루도 받지 않은 포큰이 이 모든 일을 이룬 것이다.

이런 현상은 고객관계에 있어 새롭고 중요한 사실을 부각시켜준다. 그것은 바로 현장직원들이 기업과 고객 사이에서 누구보다도 중요한 역할을 담당한다는 점이다.

컨슈머리스트는 고객 개개인이 제공한 이야기들을 홍보하여 사이버 공간에서 고객들을 새로운 권력의 중개자로 부상시키는 데 혁혁한 공을 세우고 있다. 만약 현장에서 고객과 직접 대면하는 직원들이 고객을 제대로 대하지 않는다면 그 어떤 브랜딩이나 포지셔닝 노력도 소용이 없어진다. 콜센터 직원이 집을 잃은 이재민 고객에게 장비 보증금을 면제해주지 않으려 한 통에 소비자의 강력한 반발에 직면했던 AT&T의 사례를 대표적인 예로 꼽을 수 있다.

형편없는 고객서비스를 제공했을 때의 결과는 아주 분명하다. 《입소문 마케팅》의 저자 앤디 세르노비츠는 이렇게 말했다.

"아주 형편없는 서비스로 고객의 화를 돋운 케이블회사의 예를 들어보자. 인터넷에서 이 회사들의 이름을 넣고 검색하면 어떤 자료가 뜨는가? 비싼 광고와 공식적인 뉴스들이 있을 것이고, 그 다음에는 분노한 고객들이 올린 수만 건의 불평불만이 보일 것이다. 이 회사는 온라인에 새로운 광고를 하고 싶어도 어딜 가나 고객들의 불만이 인터넷을 도배하고 있어서 마땅한 자리를 찾지 못하는 처지가 되어 버렸다."

이제 포지셔닝과 고객서비스 정책을 제대로 전달하고 싶다면, 고객과 직접 접촉하는 현장직원들과 밀접히 교류해야 한다. 이와 더불어 실수를 했을 경우 그 실수를 기꺼이 인정하는 자세 역시 반드시 필요하다. 1990년대에는 고객서비스 분야의 중요성을 인식하지 못하고 아웃소싱을 주는 회사들이 많았는데, 결과적으로 이런 회사들은 고객과의 단절이 만들어낸 응분의 대가를 치러야 했다.

## 직원에게 힘을 실어주어라

> **SECRET** 직원이 회사를 대변할 수 있도록 그들에게 힘을 실어주어라.

매스미디어 시대에는 대부분의 메시지가 거대하고 수직적인 구조로 통합되어 있는 인쇄물이나 방송매체를 통해 전달되었다.

이런 매체들은 사실을 검증하고 승인하는 세분화된 절차를 마련하여 운영된다. 또한 예외사항이 발생할 경우 이를 처리하는 분명한 절차가 문서화되어 있는 것이 특징이다. 따라서 당연히 기업 홍보조직도 동일한 방식으로 발전했다. 회사에서 발표하는 모든 메시지가 회사의 가치와 이념에 일치하도록 만들기 위해 사전검열과 승인 과정을 거치게 되어 있다.

미디어에서 어떤 문제가 발생하면, 이미 수립되어 있는 절차에 따라 문제를 해결했다. 언론기관과의 협상은 밀실에서 이루어졌으며, 시정과 보충 방향을 발표할 때도 상당한 조율 과정을 거쳐 세밀하게 문구를 다듬었다. 모든 과정이 매우 조직적이었다. 그러나 이제는 상황이 달라졌다.

소셜미디어는 공식적으로 수립된 정책이나 절차대로 운영되지 않는다. 불만이나 시정 요구가 인터넷에 직접 게시된다. 일부 사이트의 경우 사실이 완전히 입증되지 않은 추측성 글을 올리고, 커뮤니티 독자들이 사실을 검증해주기를 기다리기도 한다. 좋든 싫든 이제 규칙이 달라졌다. 중요한 것은 기업들이 변화에 어떻게 대응할 것이냐의 문제다.

직원들에게 힘을 실어주라는 말은 모든 직원에게 기분 내키는 대로 자유롭게 말할 수 있도록 보장해주라는 뜻이 아니다. 통제의 고삐를 어느 정도 느슨하게 풀어주라는 뜻이다.

마이크로소프트MS사나 선 마이크로시스템Sun Microsystems 등은 회사 이름으로 공식 블로그를 마련해서 개인들이 어느 정도 자유롭게[1] 말할 수 있는 권한을 부여했다. 이런 노력을 하는 주된 이유는 어떤 문제가 회사 차원의 해결을 요할 정도의 수준으로 불거지기 전에 발견하여 해결하기 위해서다. 그러나 대부분의 기업들에게 이런 접근방식은 다소 급진적으로 보일 것이다.

좀더 일반적인 방식은 직원 몇 사람을 선정하여 지정된 포럼이나 회사 블로그에서 회사를 대변하여 이야기하도록 만드는 것이다. 이들은 특수교육을 받고 행동강령을 준수하겠다는 문서에 서명을 하게 된다. 이런 방식을 도입하는 경우, 경험이 풍부하고 충성도가 높으며 열정을 가지고 회사 입장을 대변해줄 수 있는 능력과 인성을 겸비한 직원을 선정해야 한다. 이런 사안을 절대로 홍보팀의 소관으로 넘겨선 안 된다. 당신이 다루어야 하는 고객들은 아주 구체적인

---

[1] 적절한 선을 유지해야 한다. 많은 기업들이 블로그에 대한 정책을 공개적으로 알리지만, 최근에는 놀라울 정도로 찾아보기 힘들다. 우선 《포춘 Fortune》 선정 500대 기업 블로그 목록을 참고하라. 《샌프란시스코 크로니클 San Francisco Chronicle》에 이 주제에 대한 장문의 글이 소개된 적이 있지만, 벌써 몇 년 전의 일이다.

02 최상의 **매체**를 **선택**하라    077

주제에 관심을 가진 사람들이 대부분이고, "빠른 시일 내에 답변해 드리겠습니다"라는 식의 대응 기준에 전혀 들어맞지 않는다.

관리자들은 때로 블로깅을 직장 업무처럼 할당하려고 한다. 이것 또한 아주 잘못된 발상이다. 블로그를 하려면 열정과 헌신 그리고 시간투자가 필수적인 요소이다. 만일 직원들에게 이를 강요한다면 성과도 형편없을 뿐더러 금방 포기하게 된다. 이런 식으로는 아무것도 얻을 수 없다.

따라서 블로그 활동에 열정적인 직원을 발굴하여 이들에게 전적으로 임무를 맡기는 것이 훨씬 더 나은 방법이 될 것이다. 그리고 이들의 성과를 축하해주고 적절한 보상을 수여하라. 이런 방식으로 다른 직원들의 동기를 유발시킬 수도 있다. 블로거의 임무를 잘 수행할 수 있는 특징은 다음과 같다.

- 자신의 일에 열정적임
- 다른 사람들과 의견을 공유하기를 즐김
- 위험을 감수하는 성향
- 목표 지향적임
- 유머 감각
- 야망이 있음
- 피드백에 대해 수용하는 자세를 가짐

위의 목록에서 언급하지 않은 게 있다. 바로 글 쓰는 능력이다. 블로거로 왕성하게 활약할 수 있는 이들 중 하나는 개발자나 엔지니어처럼 전문 분야에서 풍부한 경험을 쌓은 이들을 꼽을 수 있다. 이들은 대부분 글 솜씨가 뛰어나진 않지만 큰 문제가 되진 않는다. 이 책의 후반부에 글 솜씨가 별로 없는 사람도 자신의 의견을 잘 전달할 수 있게 해주는 여러 가지 방법들을 소개해놓았다.

2006년 말, 인텔Intel은 '4일간의 대화'라는 제목으로 상품을 만드는 엔지니어들과 고객의 온라인 만남을 마련했다. "1년 전만 해도 인텔은 신상품을 소개하기 위해 호텔을 빌려서 파트너들과 고객들을 초청했다"고 《B2B 매거진》은 보도했다. "이제 인텔은 나흘 동안 하루에 한 시간씩 컴퓨터칩 설계자들과 온라인 대화를 나눌 수 있는 기회를 제공하고 있다." 이 이벤트에서는 4시간 동안 2,000명의 방문자가 접속했고, 이들 중 대부분이 칩 디자인에 관해 높은 관심을 보였다. 엔지니어들 역시 아주 즐거워했다.

이런 일을 기존 홍보팀 업무에 슬쩍 추가시키고 싶은 생각도 들 것이다. 하지만 그런 유혹은 화를 자초할 뿐이다. 홍보팀은 이미 새로운 미디어의 홍수 속에서 한시도 짬을 낼 수 없는 상황이다. 게다가 온라인 대화의 대부분을 차지하고 있는 제품이나 고객서비스에 대한 불만사항을 해결할 수 있는 전문지식을 갖추고 있지도 않다. 물론 정책과 절차를 수립하는 데에는 홍보팀이 관여해야 한다.

하지만 아는 것이 많은 온라인상의 고객들과 직접 커뮤니케이션 하는 것은 전문지식을 갖춘 별도의 직원들에게 일임해야 한다. 이런 일을 맡아줄 시간과 열정 그리고 기술적인 지식을 갖춘 사람을 새로 발굴하기란 쉽지 않다. 따라서 그들에게 고객의 문제를 해결해주고 회사의 대변자 역할을 하는 것이 직장 경력에 도움이 된다는 점을 분명하게 제시해주어야 한다. 일단 그들이 고객에게서 직접적인 피드백을 받기 시작하면 이 일에 매료되는 것은 시간문제다. 고객과 직접적인 관계 맺기란 중독될 정도로 매력적이다.

사실대로 말한다면, 소규모 기업들은 자유로운 상호관계에서 대부분 별 문제가 없다. 소기업은 대체로 고객과의 직접적인 커뮤니케이션을 제한하는 정책을 별도로 만들어놓지 않는다. 이런 이유로 가장 혁신적으로 소셜미디어를 활용하는 사례가 소규모 기업에서 자주 발견되는 것이다.

## 여유를 가져라

대부분의 대기업은 매사에 심각하다. 주식시장, 언론, 고객의 압박 때문에 그럴 수밖에 없다. 완벽하지 못한 부분을 인정하는 것은 주가 폭락의 악재로 작용하고 수년간 공들여 쌓아온 난공불락의 이미지를 실추시키는 것으로 인식되었다. 이런 이유 탓에 대부분의 기업이 위기관리에서 서투른 모습을 보이는 것이다.

사우스웨스트 항공사, 델, 구글, 스타벅스, 애플 등 지난 10년간 큰 성공을 거둔 기업들을 살펴보면 공통점이 있다. 자유로운 기업문화와 위험을 감수하는 태도, 자사에 대한 비판을 기꺼이 수용하는 마인드를 가진 기업이라는 점이다. 소비자가 왕인 오늘날의 시장에서 이런 특성은 기업의 자산이다.

그러나 안타깝게도 이를 인식하지 못하는 기업들이 더 많다. 2005년 중반 페더럴 익스프레스 Federal Express 도 그런 잘못을 범했다. 이 회사는 인테리어 비용이 없어 페덱스 상자로 가구를 만든 호세 알비라 Jose Avila 라는 프로그래머를 상대로 사용 중지 소송을 진행했다. 알비라는 인터넷에 자신이 페덱스 상자로 만든 가구들 사진을 올렸고, 많은 이들이 그가 만든 독창적이고 재치 있는 가구 장식을 보려고 클릭했다.

그러나 페덱스는 그의 작품을 근사하다고 생각하지 않았다. 오히려 법적인 절차를 밟아 자사의 브랜드 가치를 보호하고자 한다는 성명을 발표했다.

법적인 소송에 휘말린 알비라 사건은 인터넷에서 뜨거운 반향을 불러일으켰다. 많은 블로거들이 알비라를 지지하고 나섰다. 다윗과 골리앗 이야기에 비견되던 이 사건은 결국 주류미디어의 관심까지 끌게 되어 알비라는 NBC 〈투데이쇼〉와 CNN에 출연했다. 버클리대학의 한 법학교수는 무료로 그를 변호해주겠다고 자청하기도 했다. 바이러스처럼 무서운 속도로 이 사건이 널리 알려지면서 페덱스는 마치 자사의 브랜드를 알리려 했던 순진한 고객 한 명을 무참히 짓밟은 괴물의 이미지가 되었다.

이미지 제고의 기회를 놓쳐버린 페덱스에 대해 뉴미디어 마케팅 전문가인 조셉 제프 Joshep Jeff 는 이렇게 말했다. "페덱스는 미디어와 창의적인 모든 수단을 동원하여 호세 알비라를 수용할 수 있는 방안을 강구했어야 했다." 또한 그는 《대화에 참여하라 Join the Conversation》라는 책에서 "당신의 고객을 위반자라고 칭하는 순간 회사 브랜드의 종말을 고하는 것이나 다름없다."고 말했다.

한 가지 아쉬운 점은 페덱스의 경쟁사 중 그 어느 회사도 알비라를 도와주지 않았다는 점이다. 페덱스가 손을 놓고 있으면 다른 경쟁사들이라도 자사의 제품을 알비라에게 주어 더욱 기발한 가구를 만들어 달라고 해볼 수 있었을 텐데 말이다. 왜 회사들은 느긋하게 상황을 보면서 고객의 창의성에 찬사를 보내지 못하는 걸까? 왜 그렇게 매사에 심각한 걸까?

# 너무나 상식적인 소셜미디어 마케팅의 9가지 비결

B. L. 오크먼

1. **소셜미디어 마케팅의 목적은 상호교류가 이루어지는 여러 커뮤니티를 통해 열성 지지자와 기존고객과 관계를 형성해서 방문자 수와 상품판매를 증가시키는 것이다.** 이런 식의 관계 형성이 매끄럽게 이루어지면 해당 브랜드와 교감을 원하는 적극적인 고객을 발굴할 수 있다. 이미 소셜네트워크를 형성하고 있는 이들과 상호작용을 하면 할수록 회사는 이들이 가진 네트워크를 통해 메시지 전달이 한결 수월해진다. 단, 전제조건은 회사가 해당 커뮤니티 내에서 이미 믿을 만한 회원으로 인정받아야 한다.

2. **소셜미디어를 기존 마케팅 전략에 무조건 통합시키기란 어렵다.** 소셜미디어 마케팅은 커뮤니티를 형성하는 것이다. 이는 하룻밤 새 뚝딱 만들어지는 것이 아니다. 소셜미디어에 지속적으로 참여하면 그 열매는 수개월이나 수년 후에야 맛볼 수 있다. 장기적인 마인드를 가지고 시작하라.

3. **신뢰를 쌓아라.** 소셜미디어는 상품이나 서비스 등을 다른 이들에게 추천하는 통로로 사용할 수 있다. 대기업을 포함한 모든 회사들은 소셜미디어를 통한 신뢰 구축이 가능하다. 소셜미디어는 공정한 경쟁의 장을 제공한다. 소셜미디어의 참여자들은 허튼소리에 속지 않으며, 은근슬쩍 자사의 메시지를 전달하려는 회사를 좌시하지도 않는다. 신뢰를 받으려면 적극 참여하든지 아니면 아예 시작도 하지 마라.

4. **모든 피드백을 수용하라.** 회사 경영진은 사람들이 인터넷에서 자사에 대해 나쁜 평을 늘어놓으면 혹시 자신들이 직장에서 해고되지 않을까 염려한다. 염려한다고 달라질 문제이겠는가. 만일 나쁜 점이 있다면, 사람들은 당연히 그것을 이야기한다. 이게 바로 현실이다. 우리는 이 상황에 적응해야 한다. 이제 모든 사람이 새로운 규칙에 따라 게임을 하는 시대에 살고 있다.

불만을 제기하는 고객들은 그 자체가 곧 기회다. 그들과 적극적으로 대화하라. 어떻게 하면 고객을 만족시킬 수 있을지 고민하라. 그리고 그들이 깜짝 놀랄 정도로 변화하라. 트위터에 직원 250명 이상을 참여시키고 있는 자포스Zappos를 비롯한 여러 현명한 회사들은 고객의 불만이 제기되면 이들의 대화에 촉각을 곤두세우고 발빠르게 대응해서 커뮤니티의 전폭적인 신뢰를 얻었다. 이런 신뢰를 형성한 회사는 블로그에서 호평으로 화답받는다. 그리고 그런 지지는 절대 돈 주고 살 수 없는 소중한 자산이다.

5. **네트워크가 힘이다.** 설령 직장에서 해고된다 해도 당신은 소셜네트워크를 통해 더 좋은 직장을 알아볼 수 있다. IT 툴박스IT Toolbox가 대표적인 예다. IT 툴박스는 동료집단과의 관계 형성을 도와주고 평가도 받을 수 있는 소셜네트워크이다. 트위터에서는 주요 회원들이 자신들의 친구를 추천하거나 심지어 구인 정보를 게시하기도 한다. 최고경영자 제이슨 칼라카니스Jason Calacanis도 트위터를 통해서 마할로Mahalo의 사장이 되었고, 자포스Zappos의 최고경영자 토니 시에Tony Hsieh 역시 구인 정보를 올린 적이 있다.

6. **소셜미디어가 세상을 바꾼다.** 사람들 사이에 공유되는 메시지는 엄청난 변화를 불러일으키는 원동력이다. 프로즌피펀드The Frozen Pea Fund는 트위터에 글을 올리는 것으로 시작하여 전 세계에 유방암의 위험을 알리는 캠페인으로 발전했다. 지구온난화 문제를 해결하기 위해 앨 고어Al Gore가 수년간 수천만 달러를 들여 진행했던 캠페인에서도 변화를 위한 조직적인 커뮤니티 활동이 중요한 역할을 했다.

7. **청중과 진정한 관계를 맺어라.** 이를 통해 시제품과 새로운 아이디어를 실험할 수 있는 기회를 얻을 것이다. 사람들은 자신의 말을 경청해주는 상대방을 원한다. 또한 당신이 회사 밖에서 듣는 아이디어는 회사 내부에서 얻을 수 있는 아이디어보다 훨씬 더 객관적이고 신선하다.

8. **고객의 의견을 거부하는 것은 어리석은 짓이다.** 이미 고객은 당신의 회사에 대해 이야기하고 있다. 당신이 반응하든 그렇지 않든 그들은 계속 이야기할 것이다. 그러나 당신이 이에 반응한다면, 다시는 당신네 제품을 사지 않겠다고 마음먹던 사람들을 깜짝 놀라게 할 수 있다. 심지어 이들을 만족시킬 수 있는 기회까지 얻을 수 있다.

9. **글로벌 마케팅에 나서라.** 글로벌 마케팅은 이제 더 이상 P&G나 MS와 같은 대기업의 전유물이 아니다. 인터넷 덕에 기업들은 규모에 상관없이 글로벌 마케팅이 가능하게 되었다. 여러 가지 언어로 적극적으로 마케팅하라. 자동 번역(기계로 하는 자동 번역은 바보 같은 표현을 만들어내기도 한다)보다는 실제 번역을 하는 번역자를 고용하라. 숙어나 복잡한 문장 사용은 피하면서 간결하고 명료한 표현으로 커뮤니케이션하라.

* B. L. 오크먼 B. L. Ochman 은 1995년부터 인터넷 마케팅을 해오고 있다. 현재 그녀는 왓츠넥스트온라인닷컴 whatsnextonline.com 의 팀장이며, 전 세계적으로 호평을 받은 《왓츠넥스트 블로그 What's Next Blog》의 저자이다. 10장에서 그녀가 성공시킨 클러터 컨트롤 프릭 Clutter Control Freak 블로그 캠페인에 대해 설명했다.

## 고객의 소리를 들어라

이런 충고는 너무나 뻔한 말처럼 들린다. 하지만 고객의 의견을 듣는 것은 실천하기 힘든 일이다. 고객들이 인터넷에 문제점이나 제안을 올리는 것은 대부분 단지 자기 말을 들어주기를 원해서다. 그런데 여기다 대고 퉁명스럽게 "고려해보겠습니다"라고 대응하는 것은 고객의 짜증을 한층 돋울 뿐이다.

정 대응을 하겠다면, 회사가 당장 어떤 해결책을 제시하지는 못할지라도 최소한 고객의 메시지를 잘 들었다는 표현은 분명히 보여주어야 한다. 제발 "곧 답변해 드리겠습니다"라고 적당히 때우지 마라. 이렇게 말해놓고 실천하지 않으면 회사에 대한 부정적인 이미지만 강해질 뿐이다.

소셜미디어를 '고객의 소리함'이 발전한 형태라고 이해하라. 다른 점이 있다면 소셜미디어에 올라온 고객의 소리는 다른 사람들과 공유될 수 있다는 것이다. 고객의 의견을 들어주지 않으면 당신의 회사가 고객 따위는 신경쓰지 않는다는 것을 보여주는 것이나 마찬가지다. 반면, 고객의 의견에 진지하게 반응하고 상세한 설명을 곁들여 답변을 해준다면 긍정적인 효과를 얻을 수 있다.

앞으로 고객의 소리에 귀를 기울이고 적극적으로 대응하여 성공적인 결과를 얻은 기업들의 예를 살펴볼 것이다. 이제 소셜미디어에 대한 마음의 준비를 마쳤으니, 선택할 수 있는 옵션들과 각각에 대한 찬반 의견, 그리고 이들을 활용한 모범 사례들을 살펴볼 차례다. 일단 고객의 소리를 듣는 것부터 시작하라.

## 소셜미디어와 델의 기업혁신

아마 델컴퓨터사보다 소셜미디어 마케팅을 피하고 싶었던 기업은 없었을 것이다. 하지만 반대로 델보다 더 뜨거운 열정으로 소셜미디어를 적극 수용한 기업 역시 찾아보기 힘들다.

2005년, 제프 자비스 Jeff Jarvis 라는 유명한 블로거가 자신의 블로그에 '거짓말쟁이 델, 형편없는 델 Dell lies, Dell sucks'이라는 글을 올리면서 델은 전설적인 블로그 쇄도 사태의 희생양이 되었다. 델의 서비스에 대한 그의 불만에 동감을 표시한 고객들이 수천 명에 달했고, 이들은 자신들이 경험한 불만 사례들을 댓글로 달았다.

1년 후에는 영국의 한 블로거가 일본 오사카의 회의장에서 델의 노트북 컴퓨터가 갑자기 화염에 휩싸이는 사진을 인터넷에 올렸다. 이 사진으로 델의 안티고객들이 수면 위로 모습을 드러냈다. 델 노트북 컴퓨터가 연기에 휩싸여 불타는 사진은 곧 컨슈머리스트에 등장했고, 한동안 델은 이런 사이트들의 단골메뉴가 되었다.

그러나 델은 이에 굴하지 않고 2006년 7월 다이렉트2 델 Direct2 Dell 이라는 자사의 첫 블로그를 운영하기 시작했다. 블로그 세계의 반응은 아주 신속하고 무자비했다. 안티고객들은 이 블로그가 지나치게 델 제품을 선전하고 있으며, 유용한 콘텐츠는 거의 찾아볼 수 없다고 혹평했다. 그러나 델은 이런 의견에 귀를 기울이고 변화를 추구했다. 고객의 불만을 해결하고 신상품을 미리 소개하는 통로로 블로그를 사용하기 시작했다.

그후 2007년 6월, 다시 델에게 불리한 사건이 터졌다. 2005년부터 거의 1년에 한 번씩 연례행사처럼 터지는 일이었다. 이번에는 컨슈머리스트에 게시된 '전직 델 영업책임자의 22가지 고백'이라는 글이었다. 내용은 소비자들이 더 나은 조건으로 델의 컴퓨터를 살 수 있는 편법을 소개하는 것이었다.

초기 진화단계에서 델은 회사 변호사를 통해 컨슈머리스트에 사용정지 통지서를 보내는 어리석은 대응법을 택했다. 당연히 컨슈머리스트는 통지서를 인터넷에 고스란히 게시했고, 여기에다 예전에 논란을 불러일으킨 델 노트북의 폭발 사진과 컨슈머리스트의 답변까지 함께 올렸다. 델과 컨슈머리스트의 한판 승부를 다룬 게시물은 딕에서 3,600표 이상을 기록했다. 결국 델의 블로그 책임자였던 리오넬 멘차카 Lionel Menchaca 가 개입하여 다이렉트2 델에 자사의 과실을 인정하는 사과문을 올리는 것으로 사태는 수습되었다.

이런 경험으로 소셜미디어에 대해 강한 의구심과 겁을 낼 만도 했지만, 델은 오히려 도전하는 자세를 갖추었다. 얼마 후 델은 아이디어스톰 IdeaStorm 이라는 사이트를 만들어 고객들이 제품에 대한 의견을 자유롭게 말할 수 있게 했다. 2007년 봄, 델은 아이디어스톰에 올라온 피드백을 바탕으로 자사의 데스크톱 컴퓨터에 리눅스 운영 시스템을 제공하기 시작했다.

2007년 말, 유명 블로거인 자비스가 《비즈니스 위크》의 주선으로 델의 CEO와 만났다. 한때 델의 안티였던 자비스는 델이 고객과의 대화에 최대한의 노력을 기울인다는 사실을 알게 되었다. 그는 독창적인 책으로 각광받으며 소셜미디어 바람을 불러일으켰던 《웹강령 95》를 인용하며 이런 기사를 썼다.

"델의 CEO인 마이클 델은 《웹강령 95》처럼 말하기 시작했다. '이런 대화 속에는 기업들이 배워야 할 교훈들이 많습니다. 좋든 싫든 이런 대화는 이루어지고 있습니다. 문제는 이런 대화에 참여할 것이냐 말 것이냐의 문제죠. 저는 반드시 참여해야 한다고 생각합니다. 저로서는 상상도 못할 많은 아이디어들이 고객에게서 나온다고 확신합니다.' 마치 델 스스로가 블로거가 된 듯한 느낌을 받았다."

2008년 초, 델은 27개의 제품과 프로세스 혁신들이 아이디어스톰에 제시된 의견들을 통해 이루어진 결과라고 발표했다. 같은 달 자비스가 쓴 기사에서는 포레스터 리서치가 델의 소셜미디어 기술 활용을 인정하여 그라운드스웰 상 Groundswell Award 을 수여했다는 내용이 발표되었다. 델은 기업혁신 부문의 수상자였다.

CHAPTER
03

# 영향세력을 찾아라

영향세력을 검색하는 법과 경청하는 방법을 이야기한다. 영향세력을 찾는 방법은 실로 다양하다. 구글은 그 중 하나일 뿐이다. 우리는 가상의 회사를 설정하여 실제적인 접근을 통해 영향세력을 찾는 내용을 배울 것이다.

얼마만큼의 통제권을 내려놓을 것이냐는 질문은
마치 당신에게 총을 겨누고 있는 사람에게
돈을 얼마만큼이나 주어야 하는지 물어보는 것과 같다.

- 테드 매코넬, P&G 상호혁신국장, 2006년 애드테크 연설 중 일부 -

이제껏 우리는 사람들을 바보 취급했는데,
이제는 그들이 우리를 코너로 몰고 있다.

- 조셉 제프, 《대화에 참여하라》의 저자, 2008년 뉴커뮤니케이션 포럼 연설 중 일부 -

매일 아침, 좋아하는 콜라를 마시기도 전에 그레그 페버릴 콘티Greg Peverill Conti는 제일 먼저 트위터Twitter에 로그인을 한다. 그의 트위터 친구들이 밤새 이야기를 올려놓았을 것이다. 그는 관심을 끄는 뉴스거리를 트위터에서 제일 먼저 발견한다.

매사추세츠 주 캠브리지에 위치한 PR회사 웨버샌드윅Weber-Shandwick의 임원인 그는 사무실에 출근하자마자 소셜미디어의 대화들을 모니터링하는 서비스인 라디안6 Radian6 를 시작한다. 라디안6에는 고객과 상품명으로 검색된 자료들이 저장되어 있다. '소비자 신뢰'처럼 고객 관련 중요한 주제로 저장해놓은 자료도 있다. 15분 이내에 그는 어떤 영향력 있는 파워블로거가 그의 속을 썩이게 될지, 아니면 회사가 반길 극찬의 평가를 써놨는지 알게 된다.

그는 RSS리더에 아이스로켓 IceRocket, 테크노라티 Technorati 를 비롯한 여러 검색엔진에서 검색한 결과들을 저장한다. 이들 중에는 트위터를 검색하는 트위터서치 Twitter Search 도 포함되어 있다.

어디서 새로운 뉴스가 뜰지는 아무도 모른다. 최근 그레그는 9·11기념박물관과 관련된 프로젝트를 맡고 있다. 그런데 어떤 블로거의 글 덕에 온라인 가상공간인 세컨드라이프 SecondLife 에 있는 9·11기념박물관을 알게 되었다. 이곳에는 이미 수천 명이 다녀갔지만, 기존의 검색엔진에서는 찾을 수 없었다.

또한 국제적인 커뮤니티도 있다. 그레그는 또 다른 고객을 위해 노벨상 수상자들이 참여하는 스피킹 프로그램 speaking program 을 홍보하고 있다. 그는 페이스북에서 이 주제를 다루는 가장 큰 그룹을 발견했는데 회원이 3,000명 정도였다. 하지만 곧 전 세계적으로 인기 있는 오컷 Orkut 이라는 소셜네트워크 사이트에 유사한 그룹이 있는데, 회원 수가 무려 5,4000명이나 된다는 사실을 알게 되었다. 그야말로 쾌재가 절로 나왔다.

당신이 영향세력 마케팅의 신세계에 온 것을 환영한다. 얼마 전까지만 해도 PR전문가들의 아침 습관은 주요 일간지를 뒤적거리는 것이었다. 하지만 이제는 검색엔진과 RSS피드, 유료 모니터링 서비스를 체크하는 일상으로 바뀌고 있다.

## 영향세력이 열쇠다

소셜미디어에 참여하는 첫걸음은 소셜미디어가 무엇인지를 아는 것이다. 다시 말해 그곳에서 당신의 회사나 직원들 그리고 제품에 대해 어떤 대화가 오고가는지 귀 기울이며 배우는 것이다.

더 중요한 것은 당신의 노력과 에너지를 어디에 쏟아야 할지 깨닫는 것이다. 영향력이 어디서 형성되는지를 파악하는 과정은 과학과 다름없다. 이번 장에서 우리는 영향력 있는 사람들을 파악하고 분류하는 무료 툴에 대해 알아볼 것이다.

거의 모든 소셜미디어에는 서열이 존재한다. 블로그 세계에서는 트래픽, 링크 수, 댓글, 주류미디어의 관심도, 검색엔진 친화도 등이 서열을 결정하는 척도이다. 이 중 어떤 요소들은 쉽게 측정이 되는 반면, 측정이 어려운 요소들도 있다. 소셜네트워크에서는 한 사람이 보유한 '친구'나 '추종자follower' 숫자가 측정의 주요 기준이 되며, 소셜뉴스 사이트의 경우에는 추천 수가 기준이 될 수 있다. 심지어 소셜북마킹 사이트에서도 다른 사용자보다 훨씬 활발하게 활동하는 사용자가 있기 때문에 서열이 존재한다.

이런 서열에 따라 영향력의 수준이 달라진다. 링크 수나 친구 수, 영향력 사이에 직접적인 상관관계가 성립하지는 않지만, 더 주목받는 사람이 더 큰 영향력을 행사할 가능성이 높다.

영향력을 측정할 때 가장 까다로운 요소 중 하나는 어떤 사람의 온라인 활동 범위를 파악하는 것이다. 얼마 전까지만 해도 한 사람이 한두 개의 블로그 활동을 하는 수준이었다. 그러나 오늘날에는 대여섯 개의 소셜네트워크 사이트에서 활발하게 활동하면서 관심사

> **SECRET** 구글에서 검색되는 양은 전체 웹의 20% 미만이다.

로 연결된 뉴스 사이트나 주제별 사이트까지 참여할 수 있다. 더군다나 많은 소셜네트워크와 토론 그룹은 검색엔진에서 검색되지 않기 때문에 이런 영향세력들을 파악하고 순위를 매기기란 결코 쉽지 않다.

구글알리미 Google Alert에 당신의 회사나 제품명을 설정하는 방법에 의존하는 것만으로는 이제 턱없이 부족하다. 구글이 검색 범위에 있어 타의 추종을 불허하는 것은 사실이다.

하지만 여러 가지 조사에 따르면 구글이 수집한 정보량은 웹 전체의 20% 미만에 불과하다고 한다. 영향세력을 제대로 찾고 싶다면 그들이 활발하게 활동하는 회원전용 네트워크로 눈을 돌려야 한다. 여기에 딕 같은 소셜북마킹 사이트와 넷스케이프 Netscape, 뉴스바인닷컴 Newsvine.com, 스핀닷컴 Sphinn.com, 샤우트와이어닷컴 Shoutwire.com까지 더하면 훨씬 복잡해진다. 이런 커뮤니티에서는 회원들의 공감대에 의해 영향력이 결정되며, 이들의 영향력을 측정하거나 확실히 예측할 수 있는 방법은 존재하지 않는다. 측정할 수 있는 것은 추천 수일 뿐 내용 자체가 아니기 때문이다.

그렇긴 해도 검색부터 시작하는 게 탁월한 접근이다. 이어지는 섹션에서 검색을 통해 영향세력을 파악하는 몇 가지 깊이 있는 방법을 제시할 것이다. 그 다음에는 팟캐스트나 비디오 사이트, 소셜네트워크, 소셜뉴스 사이트를 분류하는 구체적인 방안에 대해 설명하고, 단조롭고 지루한 작업을 대신 처리해줄 수 있는 신규 유료서비스에 대해 간략한 소개를 곁들이겠다.

인터넷에서는 각 분야에 정통한 사람들이 엄청난 양의 무료 정보를 제공하고 있다. 이번 장의 마지막 부분에 그 중 최고로 꼽히는 일부 목록을 정리해놓았다. 이 목록들은 SSMMBook.com에서 계속 업데이트할 것이다.

## 뉴미디어의 홍수에서 살아남기

타머 와인버그*

우리는 매일 정보가 홍수처럼 쏟아지는 시대에 살고 있다. 정보가 너무 많기 때문에 모든 정보를 전부 따라잡으려는 시도는 부질없는 짓이다. 관심 있는 모든 자료를 보고 듣고 읽을 수는 없다. 하지만 유용한 툴의 힘을 빌린다면 전체적으로 주요한 흐름을 파악하고 당신에게 필요한 구체적인 부분을 얻을 수 있다. 이를 위해 내가 사용하는 방법을 소개하겠다.

나는 소셜미디어 사이트와 엄청난 양의 정보를 소화할 수 있도록 도와주는 여러 가지 툴을 아주 좋아한다. 주로 블로그라인Bloglines을 애용하는 편인데, 이 사이트는 웹 기반의 뉴스 수집기aggregator로 RSS(특정 웹사이트에 방문하지 않고도 새로 올라온 글을 보는 파일) 형식의 뉴스를 종합 정리해준다.

무료로 사용할 수 있는 RSS리더는 이외에도 얼마든지 있다. 이들을 사용하여 정보를 간단히 수집하라. RSS리더를 이용하면 수천, 수만 개의 웹사이트에 있는 정보를 각각 방문하지 않고도 최신 정보만 골라 한자리에서 볼 수 있다.

나는 다양한 사이트로부터 150개가 넘는 피드를 구독한다. 그런 다음 속보부터 재미는 있으나 긴급성은 떨어지는 뉴스까지 중요도 순으로 분류한다. 항상 새로운 정보가 흘러들어오고, 심지어 사람들이 잠든 새벽 시간에도 정보의 흐름은 끊이지 않는다. 그래서 나는 보통 하루에 1회 이상 블로그라인를 체크한다. 만일 시간이 없어서 뉴스 업데이트를 제대로 못할 경우에는 오락성 기사는 제쳐두고 일단 긴급뉴스부터 체크한다.

흥미로운 정보를 찾아내는 또 한 가지 방법은 소셜북마킹 사이트를 이용하는 것이다. 내가 가장 선호하는 것은 딕Digg과 믹스Mixx 같은 소셜뉴스 서비스와 딜리셔스Del.icio.us나 스텀블어폰StumbleUpon과 같은 소셜북마킹 사이트이다.

소셜뉴스 사이트를 열고 먼저 기술이나 교육 등 내가 관심을 갖고 있는 섹션을 검색한다. 만일 제목이나 간단한 설명에 눈에 띄는 기사가 있으면 그것도 읽는다. 때로는 해당 사이트의 RSS피드를 블로그라인에 추가하기도 한다.

한편, 소셜북마킹 사이트에서는 자료의 검색 가능성을 높이기 위해 꼬리표처럼 붙이는 태그를 기반으로 검색한다. 소셜북마킹 사이트를 이용하면 다른 사람들이 어떤 항목 내에서 어떤 사이트를 북마킹하는지 알 수 있다.

만일 이런 방법이 어렵다면, 인기 콘텐츠를 수집하는 다른 여러 가지 툴을 이용하면 된다. 기술 분야의 경우, 테크밈Techmeme은 알고리즘과 블로그 링크를 기반으로 가장 인기있는 주제를 찾아내 토론이 가능하게 해준다. 정치 분야 애호가라면 아마도 밈오랜덤memeorandum이 적격이다.

블로그 검색엔진 테크노라티Technorati는 인기 뉴스와 블로그 게시물을 전문적으로 검색하는 사이트이다. 시시각각 가장 많이 찾은 키워드, 블로그 등이 홈페이지에 올라와 있다. 마지막으로 가이 가와사키Guy Kawasaki의 올탑alltop은 문화, 생활, 업기 등 다양한 주제별로 가징 인기 있는 블로그를 일러준다.

새로운 자료를 발견할수록 기존의 자료가 갖고 있던 신선미는 점점 떨어진다. 따라서 엄청난 속도로 불어나는 자료에 압도당하지 않으려면 RSS구독을 지속적으로 재평가해야 한다. 이 과정을 거치다 보면 언젠가 당신은 자유롭게 새로운 콘텐츠를 추가하고 더 이상 필요치 않은 주제는 무시할 수 있는 전문가의 경지에 도달할 것이다.

* 타머 와인버그Tamar Weinberg는 프리랜서 작가이자 블로거 관계형성, 바이러스 마케팅, 소셜미디어 전문 인터넷마케팅 컨설턴트로 활동중이다. 그녀는 소셜미디어와 마케팅 주제를 다루는 테키피디아닷컴techipedia.com에 개인 블로그를 가지고 있으

며, 기술 분야의 주요 블로그로 꼽히는 라이프해커Lifehacker, 검색엔진 라운드테이블Search Engine Roundtable, 매셔블Mashable에 글을 쓰고 있다.

## 검색에서 출발하라

좀더 자세히 설명해보자. 만약 당신이 캐나다 퀘벡 지역에 있는 한 리조트를 마케팅해야 할 마케터라고 가정해보자. 당신은 먼저 캐나다 여행에 관심을 가질 만한 사람이 누구이며, 누가 고정독자나 방문자를 보유했는지를 파악해야 한다. 블로그나 비디오·사진공유 사이트, 페이스북 같은 소셜네트워크 등 다양한 곳에서 찾을 수 있다. 먼저 구체적인 블로그 검색을 통해 블로거부터 찾아보자.

대부분의 사람은 인터넷에서 무언가를 찾고자 할 때 구글에 간다. 그러나 알고 보면 구글 외에 다른 대안도 많다. 또한 구글 안에서 묻힌 채 자주 이용되지 않는 유용한 기능이 있으며, 사람들에게 잘 알려지지 않는 다른 검색엔진들도 있다. 이런 기능이나 검색엔진을 이용하면 시간절약 효과를 거둘 수 있다. 예를 들면, 검색엔진에서 페이지당 보이는 검색 결과 수를 10개 대신 50개나 100개로 선택하는 간단한 방법을 통해서도 시간을 줄일 수 있다.

구글을 제외하고도 검색엔진의

> **SECRET**
> 고급 검색기능을 익히면 시간을 많이 절약할 수 있다.

세계는 마치 광활한 우주처럼 넓다. 위키피디아Wikipedia에서 유용한 검색엔진 목록을 찾아볼 수 있다. 내가 좋아하는 검색엔진 중에는 마할로Mahalo가 있다. 마할로는 어바웃닷컴About.com처럼 어떤 주제에 대한 정보를 사람이 직접 찾아주는 서비스를 제공한다.

대부분의 검색엔진은 구글이나 애스크Ask, MSN, 야후를 핵심기술로 사용하고, 여기에 자신들만의 부가가치를 더하는 방식이다. 이런 검색엔진의 검색 결과는 구글 등에서 검색한 결과와 큰 차이가 없지만, 추가기능은 상당히 유용하다.

또 알아두어야 할 점은 고급 검색기능이다. 대부분의 검색엔진은 다양한 검색 조건이나 결과 옵션 등을 구체적으로 정할 수 있는 고급 검색기능을 가지고 있다. 구글의 고급 검색을 예로 들면, 특정 지역의 사이트만 지정하거나 어제, 지난주 또는 지난달에 처음 발견된 페이지만 지정하여 검색할 수 있다.

이런 고급 검색기능은 일처리를 빨리하고 싶을 때 특히 유용하다. 만일 어떤 주제에 관해 빈번히 글을 올리는 누군가를 찾아낸다면, 그 사람 역시 당신의 목소리에 귀를 기울이고 싶어할 가능성이 높다.

이외에도 숨은 보석 같은 검색엔진들이 많다. 익사이트Excite.com의 고급 검색기능을 이용하면 어떤 웹페이지가 처음 등장했던 날짜 범위를 지정할 수 있다. 야후Yahoo.com는 원하는 내용을 더 잘 찾게 해주는 검색어 제안, 일명 서치어시스트Search Assist 툴을 가지고 있다. 애스크닷컴Ask.com 역시 유사한 기능이 있다.

블로그 쪽으로 눈을 돌리면 방법은 더 다양해진다. 상당히 많은 블로그 전문 검색엔진들이 있지만(구체적인 목록은 SSMMBook.com에 나와 있다), 그 중 가장 인기가 높은 사이트는 테크노라티Technorati, 구글 블로그검색Google Blog Search, 아이스로켓IceRocket, 블로그디거

Blogdigger, 블로그펄스Blogpulse, 블로그라인Bloglines이다. 줄라Zuula는 블로그 전문 메타 검색엔진으로 새롭게 떠오르고 있다. 이외에도 트위터만 전문으로 검색하는 트위터서치Twittersearch, 테라마인즈Terraminds, 트위터미터Twittermeter도 있다.

블로그 검색엔진은 기존 검색엔진과 운영방식이 근본적으로 다르다. 구글, 야후!, MSN은 모두 '스파이더spider(자료수집 프로그램으로 크롤러, 로봇이라고 함)'를 이용한다. 이들은 몇 시간 또는 몇 주에 한 번씩 웹사이트를 정기적으로 방문하여 최신 정보를 수집한다. 스파이더 기반 검색은 종합적이고 방대하지만, 수집 속도가 느린 것이 단점이다.

블로그 검색엔진은 RSS핑ping(특정한 인터넷 사이트의 반응을 확인하는 프로그램)에 응답하여 동작한다. 핑이 오면 콘텐츠가 즉시 수집된다. 따라서 블로그 검색엔진은 수집 속도가 아주 빠르다. 짧게는 몇 분에 한 번씩 새로운 글이 게시된다. 그러나 RSS를 사용하지 않는 사이트는 전혀 검색되지 않을 수도 있다. 따라서 블로그 검색엔진은 수집 속도를 위해 종합적인 수집을 희생한다고도 볼 수 있다.

블로그 검색엔진은 각각 독특한 기능을 갖추고 있다. 예를 들어 블로그디거Blogdigger는 날짜별로 검색 결과를 정리하고, 비디오나 팟캐스트처럼 멀티미디어 결과만 검색하는 기능이 있다. 아이스로켓은 마이스페이스닷컴Myspace.com을 전문으로 검색하는 사이트이다. 블로그라인에서는 RSS피드로 구성된 개인 홈페이지를 만들 수 있다. 포스트랭크PostRank는 다른 서비스들의 랭킹 기준을 종합하여 자료의 인기도에 따라 피드를 재정리한다.

대부분의 블로그 검색엔진은 이메일이나 RSS피드를 통해 검색 결과를 구독할 수 있는 기능을 제공한다. 앞서 설명한 대로 구글알리미 서비스는 웹에 게시된 새로운 내용을 이메일로 보내주는 아주 유용한 서비스이다. 마케터라면 누구나 구글알리미에 제품, 브랜드, 임원 이름, 주요 경쟁사 이름을 설정했을 것이다.

RSS피드를 이용하여 검색 결과를 구독하는 것은 이메일 서비스에 비해 세련미는 떨어지지만, 그만큼의 값어치가 있다. 특히 대부분의 검색엔진이 이메일 알림 서비스는 제공하지 않아도 RSS는 지원하기에 더욱 그렇다. RSS주소를 당신의 리더에 복사한 뒤 새로운 검색 결과가 떴는지 체크해보면 된다.

한편 블로그라인나 아이구글 iGoogle 같은 종합 수집 사이트는 많은 RSS피드를 한 페이지에 모아서 볼 수 있게 도와준다.

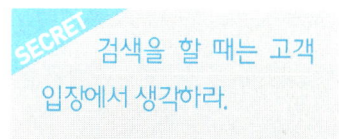

분야별 전문 검색엔진의 세계도 절대 무시할 수 없다. 예컨대, 켐인더스트리닷컴 ChemIndustry.com 은 화학업계 제품이나 납품업체 기사를 찾아준다. 이빌드 Ebuild 는 건축업 전문 검색 사이트이다. 글로벌스펙 GlobalSpec 은 엔지니어링 전문 검색엔진이다. 서치메디카 SearchMedica 에서는 의학잡지와 사이트를 보여준다. 토마스넷 ThomasNet 은 산업부품 납품업체 정보를 검색해준다. 로이어스닷컴 Lawyers.com 과 파인드로닷컴 Findlaw.com 은 법률 관련 콘텐츠를 검색한다. 바이오컴페어 Biocompare 는 생명과학자들에게 주목받는 제품이나 기사를 검색해준다. 에이지웹닷컴 AgWeb.com 은 농업 전문 검색엔진이다.

## 검색어로 범위를 좁혀라

만일 검색어를 제대로 입력하지 않았다면 어떤 검색엔진을 선택하더라도 좋은 결과를 얻기 힘들다. 검색어 입력은 고급 검색기능과 창의적인 노력이 빛을 발하는 부분이다.

틀림없이 당신은 검색엔진에서 회사 브랜드명을 넣고 검색을 시작할 것이다. 그러고 나면 아마 해당 업계에 대한 이야기를 하고 있지만, 당신 사업에 대해서는 별로 아는 게 없는 사람들을 찾고 싶을 것이다. 그들을 통해 인지도를 높일 수 있기 때문이다.

검색어를 입력할 때는 고객의 입장에서 생각해야 한다. 목적지뿐만 아니라 그 목적지에서 사람들이 하게 될 일까지 포함하는 검색어를 가지고 한번 실험해보자. 예를 들어 "퀘벡 리조트 낚시, 퀘벡 리조트 스키, 겨울 퀘벡 숙박, 퀘벡 고급 호텔, 퀘벡 추천 리조트, 퀘벡 호텔 베스트" 등의 검색어를 입력하면 각기 다른 유용한 정보를 얻을 수 있다.

시간절약을 위한 한 가지 방법은 따옴표를 사용하여 검색 결과의 범위를 좁히는 것이다. 따옴표를 사용하면 입력한 검색어의 순서와 내용이 정확하게 일치하는 검색 결과만 불러올 수 있다. 따라서 검색 결과의 규모가 확연히 달라진다.

예를 들어 구글에서 "베스트 퀘벡 호텔best Quebec hotel"을 입력하면 7개의 검색 결과가 뜨는 반면, 따옴표 없이 그냥 베스트 퀘벡 호텔을 입력하면 검색 결과가 거의 230만 개[1]나 된다. 또한 따옴표를 사용

---

[1] 이 책에 인용된 숫자는 필자가 조사했던 당시의 숫자이므로 그후엔 차이가 날 것이다.

> **SECRET** 'site'와 'link' 검색 명령을 사용하여 더 좋은 결과를 얻어라.

한 검색어와 일반 검색어를 같이 사용하는 방법도 있다. 예컨대, 퀘벡 "고급 호텔"로 검색을 하면 퀘벡 고급 호텔이라는 검색어로는 찾을 수 없는 구체적인 호텔명이 첫 페이지에 뜨는 것이다.

대부분의 검색엔진에는 따옴표를 사용하거나 고급 검색기능을 이용하여 정확한 검색어를 설정하는 방법으로 검색 결과 범위를 좁히는 기능이 있다. 상황에 따라서는 검색어 자체를 제한할 수도 있다. 예를 들어 '몬트리올 Montreal'이라는 단어를 포함하지 않도록 검색 결과를 설정할 수 있다.

또한 고급 검색을 사용하면 검색어가 제목, 텍스트, 페이지 명 등에 있는 경우나 없는 경우를 지정할 수 있다. 이는 검색 결과를 잘 정리해서 다루기 좋은 규모로 만드는 방법이다. 예를 들어 '퀘벡 고급 호텔'이 제목에 포함된 페이지를 검색하도록 설정하는 것은 아무런 설정 없이 검색하는 것보다 훨씬 구체적인 결과를 보여준다.

고급 검색을 사용하면 특정 사이트에 대한 검색 결과만 불러올 수도 있다. 이는 영향력을 평가하는 데 특히 유용하다. 왜냐하면 어떤 사이트가 특정주제에 대해 얼마나 다루는지 신속히 파악할 수 있기 때문이다. 예를 들어 구글에서 "퀘벡 고급" 사이트 트립어드바이저닷컴 'quebec luxury' site:tripadvisor.com으로 검색하면 트립어드바이저닷컴 TripAdvisor.com 사이트에서 '퀘벡 고급'이라는 단어가 들어 있는 페이지들이 검색된다. 만일 관심 분야에 관련된 사이트를 발견한 후 이 사이트가 그 주제에 대해서 어느 정도 다루고 있는지 파악하고 싶을 때 상당히 유용한 검색 방법이 될 것이다.

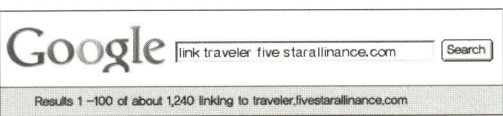

구글의 link 명령은 지정한 URL에 링크를 연결해주는 페이지 수를 보여주는 기능이다.

구글의 유용한 검색 방법 중 'link:'라는 명령어가 있다. 링크 명령을 이용하면 지정한 사이트나 페이지에 링크를 연결해주는 페이지 목록을 볼 수 있다. 이렇게 하면 영향력을 신속하게 평가할 수 있다.

## 지겨운 스팸!

안타깝게도 스팸spam 문제는 이메일에만 존재하는 게 아니다. 스팸 블로그나 스팸 댓글은 점점 심각한 문제로 부상하고 있다. 이런 스팸 때문에 진정한 영향 세력을 발굴하는 과정이 점점 더 복잡해지고 있다.

스팸 블로그는 싸구려 약품 광고나 부자되는 법 등을 퍼뜨리기 위해서 블로거닷컴blogger.com 같은 사이트들의 개방적인 특성을 이용하여 자동화된 프로그램으로 만들어진 것이다. 스패머spammer의 목적은 이런 사이트를 검색엔진에 올려 사용자들을 광고로 도배된 그들의 페이지로 끌어들이는 것이다.

이를 위해 합법적인 사이트에서 무작위로 콘텐츠를 훔쳐오는 스패머도 많이 있으며, 콘텐츠 훔치기에 일가견이 있는 이들도 상당수이다. 블로그 호스팅 서비스와 검색엔진회사들은 스패머들을 저지하기 위해 끊임없이 노력하지만, 자동화된 프로그램을 막는 것은 쉽지 않은 일이다.

스팸 블로그는 검색 결과 페이지에 나오는 설명 문구를 보면 대부분 구별할 수 있다. 대개 무작위로 단어들이 나열되기 때문이다. 또한 사이트 이름에 이상한 문자가 잔뜩 섞여 있거나 다른 사이트 이름과 매우 흡사한 경우에도 스팸 블로그인지 의심해봐야 한다.

스팸 댓글은 검색엔진을 통해서 오는 트래픽을 자동으로 높여주는 또 다른 방법이다. 대부분의 블로거는 방문자들의 댓글을 수정하지 않는데, 스패머들은 이 점을 이용하여 광고성 댓글을 달아놓는 것이다.

내가 관리하는 어떤 블로그는 스팸 댓글을 차단하는 소프트웨어를 설치했음에도 불구하고 하루에 30개 이상의 스팸 댓글이 달린다. 이런 스팸 댓글 때문에 블로그 운영자는 댓글을 일일이 수동으로 정리해야 한다. 이 작업을 하느라 정상적인 댓글에 대한 피드백이 지연되어 여간 골치 아픈 게 아니다.

그러나 안타깝게도 스팸 문제에 대한 종합적인 해결책은 아직 미흡한 실정이다.

# 블로그로 검색하라

구글 같은 종합적인 검색엔진은 웹 전체를 검색하는 데 아주 유용하다. 하지만 소셜미디어에 초점을 맞추고 싶다면 특화된 검색엔진을 활용하는 것이 바람직하다.

블로그 검색에 사용되는 인기엔진으로 테크노라티Technorati 와 블로그펄스Blogpulse를 꼽을 수 있다. 이 사이트의 검색 방식은 구글이나 야후와 별 차이 없지만, 검색 결과를 보여주는 방식은 전혀 다르다. 먼저 이들은 소셜미디어 자료만 보여준다는 게 가장 큰 차이점이며, 이 부분에서 상당한 성공을 거두었다. 또한 검색 결과로 나타난 블로그의 권위수준도 평가한다. 테크노라티는 최근 6개월간 해당 사이트에 링크된 블로그 수를 기준으로 순위를 정한다. 또한 테크노라티의 데이터베이스에 있는 수백만 개의 블로그와 맺고 있는 관계를 기준으로 평가하는 방법도 사용한다.

블로그펄스는 해당 블로거의 최근 활동, 다른 블로그와의 링크, 게시판 활동, 관심 분야가 유사한 다른 블로그들을 보여주는 '블로그 프로필 보기 view blog profile' 기능을 제공한다. 또한 어떤 글을 가지고 오고간 이야기들을 살펴보는 '대화추적 track conversation' 기능도 있다. 또 블로그펄스는 '네이버후드 Neighborhood'라는 아주 재미있는 기능이 있다. 네이버후드를 이용하면 사용하는 단어나 링크를 가지고 관심 분야가 비슷한 이들을 찾을 수 있다. '툴 설명 Tool Overview'을 클릭하면 이 기능에 대한 상세설명이 나온다.

테크노라티는 블로그펄스에 비해 블로그 검색 결과를 더 많이 보여주며 사진이나 비디오도 검색할 수 있다. 많은 블로거들이 테크노라티에 가입하여 본인의 프로필과 사진을 제공하고 있기에 영향세력들과 접촉하고자 할 때 상당히 유용한 정보를 손에 넣을 수 있는 곳이다(블로그펄스는 이 기능이 없다).

또한 테크노라티는 랭킹 순위에 따라 검색 결과를 정리할 수 있는 기능을 제공해서 시간을 절약해준다. '퀘벡 리조트'의 예로 다시 돌아가보자. 우리가 여행 분야의 영향세력들을 찾기 위해 테크노라티에서 퀘벡 여행을 검색하면 '모든 등급 low authority'의 사이트에서 찾은 많은 결과를 볼 수 있다.

그러나 '높은 등급 high authority'으로 분류된 사이트를 대상으로 검색하면 검색 결과 수가 줄어든다. 테크노라티와 블로그펄스 모두 최근 많이 언급되는 주제를 보여주는 기능이 있기 때문에 사람들의 반응을 끌 수 있는 주제를 포착하는 데 유용하다.

블로그 검색엔진 대부분이 태그를 추적한다. 태그는 콘텐츠를 만든 사람이 직접 붙인 키워드 꼬리표이다. 정보를 검색하고 분류하고 노출시키는 엔진 역할을 하기 때문에 마케터들이 아주 유용한 도구로 활용한다. 태그를 이용하면 검색 결과를 효과적으로 거를 수 있다. 태그에 대해서는 뒤에서 좀더 살펴보겠다.

### 블로그란 무엇인가?

인터넷을 많이 사용하는 사람들은 대부분 한눈에 블로그를 알아본다. 사실 블로그란 정보를 보여주는 방법 중 하나이다. 대부분의 블로그는 템플릿 형식을 사용해서 고정적인 틀 위에 다양한 디자인을 입히고, 시간 역순으로 새로운 글을 보여주는 방식이다. 대부분 개인 사이트이지만 모두 그런 것은 아니다. 또한 상업적인 웹사이트에서 다양한 종류의 정보를 제공하려고 블로그 형식을 사용하는 경우도 있다.

일반적으로 블로그 검색엔진은 RSS피드 수집을 통해서 작동한다. 블로그 검색엔진을 사용하는 것은 좋은 방법이다. 하지만 블로그 말고도 RSS를 사용하는 웹사이트가 상당히 많다는 걸 알아야 한다. 예컨대, 구글 블로그 검색은 블로그라고 볼 수 없는 주류미디어의 기사를 검색 결과로 보여주는 경우가 많다.

안타깝게도 프로그램상으로 블로그를 다른 일반 웹사이트와 구별해주는 특별한 기준이 없기 때문에, 검색 결과가 일반 웹사이트가 아닌 블로그인지 여부를 판단하기 위해서는 직접 살펴보는 수밖에 없다. 당연히 시간이 많이 걸릴 수밖에 없지만 더 나은 대안은 없다. 값비싼 온라인 마케팅 관련 프로그램이나 서비스를 이용해도 완벽하게 블로그를 구분해내지는 못한다.

또한 블로그라고는 할 수 없는 포럼에 의견을 올리는 사람들도 많다. 디스넥스트ThisNext, 옐프Yelp, 트립어드바이저TripAdvisor 같은 사이트에는 마케터가 원하는 정보가 가득하지만 블로그는 아니다.

이런 이유 때문에 블로그 검색엔진의 검색 결과를 전부라고 생각해서는 안 된다. 개인적으로 나는 블로그인지 아닌지 하는 구분에 큰 의미를 두지 않는다. 대부분의 마케터가 원하는 것은 좋은 정보이지, 출처의 구분이 아니다. 가장 중요한 것은 영향력이다. 이제는 트래픽 같은 전통적인 인기지표뿐 아니라 테크노라티의 순위, 구글의 링크 명령, 소셜네트워크의 인기도 같은 툴이 권위를 측정하는 중요한 잣대다.

## 검색 결과를 파헤쳐라

자, 이제 검색 툴을 모두 모아서 영향세력들을 찾는 실제 예를 들어보자.

우선 가장 일반적인 방법으로 구글에서 시작해보자. 검색창에 '퀘벡 여행 블로그quebec travel blog'라고 입력해보자. 검색 결과 상위에 나오는 사이트들은 대개 여행 블로그를 모아놓은 사이트들이다. 그 중 첫 번째로 트래블 블로그TravelBlog.org가 있다.[2] 클릭하면 퀘벡 지역 정보와 함께 퀘벡 지역을 여행하며 블로그를 쓰고 있는 수백 명의 블로거가 보인다. 최근 올라온 글들을 보면서 눈에 띄는 블로거의 이름을 클릭하면, 블로그 홈페이지로 가서 그에 대한 정보를 볼 수 있다.

예를 들어 최근 퀘벡 여행을 하고 있는 토미 루니라는 사람은 아프리카와 중동 지역을 제외한 전 세계를 여행했다. 트래블 블로그에서는 방문했던 나라를 표시하는 세계지도 서비스를 제공하며, 여행지별로 글을 분류해주기 때문에 여행 이력을 알기 쉽다.

이런 식으로 서핑을 하면 풍부한 경험과 영향력을 가진 블로거와 만날 수 있다. 트래블 블로그는 단순하고 직관적인 구조와 풍부한 콘텐츠가 장점이지만 아쉬운 점도 있다. 블로거나 게시물에 대하여 구체적인 랭킹을 매기지 않아서 내용을 일일이 살펴봐야 하기 때문이다.

구글 검색 결과 2위에 나오는 트래블포드TravelPod는 영향력 있는 사람을 찾기가 더 쉽다. '여행 블로그의 원조'라는 슬로건을 내세운 이 사이트는 다양한 검색기능과 랭킹 부여로 수고를 줄여준다.

예를 들어 여행자 '코비'는 100여 개의 글을 올렸고, 이 사이트 내에서 '우수회원Top Pick' 등급이다. 그가 올린 100여 개의 글 중 39개가 캐나다 여행에 관한 것이다. 코비는 영국에 거주하는 여성이며, 이미 22개국을 다녀본 여행 베테랑이다. 일단 그녀에게 메시지를 보낼 수 있는 그녀의 프로필 페이지를 즐겨찾기한다.

검색 결과에서 또 다른 '우수회원'인 '케반드시안'을 찾았다. 그는 전 세계의 21%를 여행했고, 그가 쓴 글의 히트 수는 약 19만 번에 달했다. 그의 프로필 페이지 역시 북마크해둔다.

테크노라티에서 출발하는 방법도 있다. '캐나다 리조트Canada resort'

---

2 검색 결과는 변하기 때문에 이 책을 실제로 읽을 때는 다른 결과가 나올 수 있다.

로 검색한 결과를 살펴보면 팝컬처 여행가이드Jaunted, The Pop Culture Travel Guide가 있다. 테크노라티에서 부여한 랭킹지수는 581로 높은 편이다. 테크노라티 여행 분야 100대 블로그TOP 100 TRAVEL에서도 상위에 랭크된 곳이다. 퀘벡에 대한 글들이 많이 있어서 글을 올린 저자들을 찾는다. 알렉스 로버트슨Alex Robertson이라는 사람을 찾았는데, 그는 자신을 유로치포닷컴EuroCheapo.com의 수석에디터며 자유여행기고가라고 밝혔다. 그의 글에는 유로치포닷컴의 링크도 있다. 구글에 가서 "알렉스 로버트슨 사이트 유로치포닷컴alex robertson site:eurocheapo.com"을 입력하니 직원 정보와 알렉스의 이메일 주소가 뜬다.

 모든 검색이 항상 성공적인 것은 아니다. 애스크닷컴에서 검색해보니 앤드류 로그AndrewLog라는 캐나다 사람의 여행 블로그가 떴다. 하지만 앤드류라는 사람이 얼마나 영향력이 있는지 알아보고 싶어 블로그의 URL을 테크노라티에서 검색했지만, 아무 링크도 찾지 못했다. 구글의 '링크link:' 명령어를 사용해도 단지 5개의 검색 결과만 뜰 뿐이다. 물론 앤드류라는 블로거가 테크노라티에 아직 등록하지 않았을 수도 있지만, 링크 결과가 아주 저조하다는 말은 우리가 찾고 있는 영향세력이 아닐 가능성이 높다는 의미다.

 하지만 애스크닷컴에서 다시 스마트 캐넉스SmartCanucks.ca라는 사이트를 발견했다. 캐나다 거주자와 여행자에게 쇼핑 할인쿠폰과 정보를 제공하는 사이트로, 편집자의 프로필 페이지도 있었다. 구글 '링크link:'를 이용하여 검색하니 113개의 결과가 뜬다. 나쁘지 않다. 방문자들에게 여러 가지 정보를 제공하여 좋은 반응을 얻은 것 같다.

 영향세력을 찾아내는 빠르고 쉬운 방법은 없다. 물론 성가신 작업들을 간편히 해결하도록 도와주는 서비스가 나오긴 했지만, 주목할 만한 가치가 있는 영향세력인지 여부를 평가하는 것은 기계의 힘이 아닌 사람이 해야 하는 몫이다.

 단지 검색을 하는 것으로 시작하고 끝내서는 안 된다. 찾아낸 각각의 사이트에는 또 다른 영향세력을 찾아낼 수 있는 요소들이 숨어 있다. 예를 들어 블로그롤<sub>Blogroll</sub>은 블로거들이 유용하다고 생각하는 다른 사이트에 대한 목록이다. 그러므로 블로그롤을 이용하면 또 다른 새로운 정보를 손쉽게 찾을 수 있다.

 또한 저자들이 제공하는 자기소개 정보를 주시해야 한다. 종종 자신이 글을 올리는 다른 사이트를 적어놓기도 하므로 그 사이트를 방문하면 또 다른 마니아들을 찾을지도 모른다.

## 사진으로 찾아라

 영향세력은 블로그만 이용하는 것이 아니다. 다른 소셜미디어 매체를 이용하면 사진이나 동영상을 선호하는 사람들을 찾을 수 있다. 큰 사진공유 사이트 중 하나인 야후의 플릭커<sub>Flickr</sub> 서비스에 가보자. "퀘벡 리조트<sub>Quebec resort</sub>"를 검색창에 입력하고 '태그에서만 검색<sub>Tags only</sub>'을 선택하라. 사진을 찍은 사람이나 타인에 의해 위의 태그로 지정된 272개의 사진이 결과로 나타난다. 사진들을 스크롤하면서 가장 자주 이름이 나오는 사진 입력자를 찾아보아라.

 그 중 한 명이 1,100장 이상의 사진을 제공하고 100개 이상의 그룹에 소속되어 있는 '애쉬2276<sub>ash2276</sub>'이다. 애쉬2276의 사진에 달린 수많은 댓글은 바로 그를 추종하는 이들이 그만큼 많다는 것을 암시한다. '퀘벡'으로 태그된(98개가 있음) 것들 중 몇 개만 클릭해보라.

열광적인 댓글에 주목하라. 만약 당신이 퀘벡 지방의 리조트 운영자로서 주말 사진여행 이벤트를 개최하고 싶다면, 애쉬2276은 꼭 초대하고 싶은 사진가일 것이다.

플릭커는 50만 개 이상의 그룹을 보유하고 있고, 그 중 크기가 아주 작거나 활동이 미미한 그룹도 있지만 규모가 상당히 큰 그룹들도 있다. 퀘벡에 대한 그룹을 찾으면 1,800개 이상의 결과가 뜨는데 대부분은 퀘벡 말고도 다른 주제를 다루는 그룹이 많다.

하지만 그룹 규모 순으로 정렬하고 순서대로 훑다보면 1,800명의 회원 수를 가진 '캐나다의 아름다움 Canadian Beauty', 순방문자 수 144명의 '포토 퀘벡 Photo Quebec', 회원 수 591명의 '퀘벡'을 찾을 수 있다. 이 그룹들의 토론 포럼과 사진갤러리로 가서 자주 나오는 사용자의 이름을 찾아보라. 이들 또한 잠재적 영향세력이다.

웹상에는 '스냅피시 Snapfish', '셔터플라이 Shutterfly', '포토버켓 Photobucket', '코닥갤러리 Kodak Gallery' 등 사진공유 사이트가 많이 있다. 이들은 기능이나 분위기 면에서 각자 개성이 있지만 이용자들이 자기 사진을 분류, 공유하도록 했다는 공통점이 있다.

## 동영상과 오디오로 찾아라

아직 할 일이 남아 있다. 이번에는 인기 있는 동영상공유 사이트인 유튜브 YouTube 로 가서 검색창에 '퀘벡 리조트 Quebec resort'를 입력하라. 250개의 검색 결과가 뜰 것이다. 사용자 이름을 쭉 읽다 보면 '젠웨이터 zenwaiter'라는 이름이 눈에 띈다. 그의 프로필에는 이렇게 적혀 있다.

> 나는 겨울에 퀘벡 전역을 여행했다 (…) 그리고 비디오를 찍었다.

그의 홈페이지 주소인 젠웨이터닷컴 zenwaiter.com의 주소까지 링크되어 있다. 앞서 소개한 검색 기술을 이용하여 이 주소를 구글의 링크 명령 등으로 찾으면 링크된 여러 게시물이 뜬다. 이런 블로거 중 몇 명은 아마 당신의 훌륭한 타깃이 될 것이다. 이런 활동을 보면 젠웨이터는 분명 마케팅에 도움이 될 영향세력인 것 같다.

멀티미디어에 대해 말이 나왔으니, 이 분야와 관련된 괜찮은 팟캐스트가 있는지도 살펴보자. 팟캐스트는 파일을 다운로드해서 컴퓨터나 휴대용 미디어플레이어 PMP에서 들을 수 있는 인터넷오디오와 비디오프로그램을 말한다.

팟캐스트의 강자는 단연 애플의 아이튠즈이다. '캐나다 여행 팟캐스트 Canada travel podcast'를 찾으면 150개의 검색 결과가 뜨는데, 아이튠즈에서는 인기순 정렬 등 다양한 검색이 가능하다. 팟캐스트의 묘미는 활동적인 프로그램을 식별할 수 있다는 점이다. 몇 번의 소개 후 활동이 중지되었으나 아이튠즈 목록에서는 삭제되지 않은 프로그램들이 많이 있다. 프로그램이나 웹사이트에 대한 간단한 설명, 최근 업데이트 날짜 등을 클릭하는 방법으로 이들을 식별할 수 있다.

팟캐스트 앨리 Podcast Alley에서 검색을 하면 200개 정도의 결과가 뜨지만, 무작위로 정렬되어 있다. 따라서 제목이 그럴듯한 사이트를 먼저 클릭하여 상세사항을 읽어야 한다. 팟캐스트 앨리는 인기도나 최근 에피소드에 대한 요약이 훌륭하다. 유의할 점은 기업(심지어 당신의 경쟁사까지)들이 제작한 팟캐스트가 많기 때문에 별로 도움이 되지 않을 수도 있다는 것이다.

하지만 트래블리픽Travelrific이나 트래블 어드바이스 쇼Travel Advice Show와 같은 훌륭한 후보들도 있다. 대부분의 팟캐스트에는 웹사이트가 표시되어 있어서 연락 정보를 찾기가 아주 수월하다.

## 태그의 세상에서도 찾아라

이제 고지가 눈앞에 있다. 사람들이 최고의 웹 콘텐츠에 대해 의견을 교환하고 투표하는 사이트를 방문하면 최종 검색이 완료된다. 바로 소셜북마킹과 소셜뉴스 사이트이다. 이 사이트에 가면 다른 어떤 곳에서도 얻을 수 없는 군중심리를 엿볼 수 있다.

딜리셔스Del.icio.us는 기능적인 면으로만 따지자면 가장 우수한 소셜북마킹 사이트는 아니다. 하지만 현재 가장 인기가 높다. 딜리셔스를 이용하면 본인이 기억하고 싶은 웹사이트의 링크를 저장하고 설명하는 태그를 달 수 있다.

태그는 아직 일반화되지 않았지만, 정보를 나타내는 강력한 도구임에 틀림이 없다. 태그는 사용자가 문자나 숫자를 자유롭게 조합하여 만들 수 있다. 대부분의 검색엔진이 태그를 특별하게 다룬다는 사실은, 태그가 달린 콘텐츠가 검색 결과에서 상위를 차지할 수 있다는 의미다. 태그는 사진공유 사이트에서 인기가 많지만, 다른 여

> **SECRET**
> 소셜 검색엔진인
> 태그의 가치를 인식하라.

러 가지 정보에도 적용 가능하다.

소셜북마킹 사이트는 검색엔진과 유사하지만 검색 결과를 회원들의 손으로 결정한다는 점에서 차이가 있다. 어떤 북마크된 페이지에 특정 태그가 많이 붙을수록 그 태그 관련 검색 결과에서 높은 순위를 차지한다. 웹상에는 이런 사이트가 많다. 이 중 인기를 끌고 있는 사이트는 매그놀리아Ma.gnolia, 스텀블어폰StumbleUpon, 백플립Backflip, 칩마크Chipmak, 링크롤Linkroll이다.[3]

딜리셔스에서 태그:퀘벡 태그:여행tag:quebec tag:travel을 검색하면 450여 개의 결과를 얻는다. 이 중 정부의 관광 사이트처럼 명확한 것도 있지만, 몬트리올푸드닷컴Montrealfood.com, 퀘벡 레스토랑에 대한 블로그, 아름다운 사진 블로그인 1000아일랜드1000Islands처럼 아주 새로운 것도 있다. 딜리셔스에서는 무려 350명이 넘는 이들이 1000아일랜드를 북마크했음을 알 수 있다. 이 숫자는 1000아일랜드가 상당한 영향력이 있음을 암시한다. 이 사이트의 운영자는 사진 이벤트에 참가시켜야 할 또 한 명의 후보자가 될 수 있다.

마지막으로 잊지 말아야 할 작업은 페이스북Facebook 방문이다. 페이스북은 2007년에 시작한 인기 높은 소셜네트워크 사이트이다. 페이스북이 보유한 성인회원은 마케터가 매우 선호하는 그룹이다. 이 회원들은 다양한 규모로 수천 개에 달하는 그룹을 형성하고 있다.

이 중 '구 드 꿰르 푸어 드쿠브리르 르 퀘벡Coup de Coeur pour de-couvrir le Quebec'이라는 그룹은 퀘벡에만 초점을 맞추고 있다. 회원 규모는 다소 작지만, 이 그룹의 토론 주제를 보기 위해 회원가입을 하는 것도 나쁘지 않을 것이다. 또는 그룹 운영자에게 친구 요청을 보내서

---

[3] 매셔블(Mashable)에는 50개 이상의 소셜북마킹 사이트 목록이 있다.

참여를 문의하는 것도 좋은 아이디어다. 그러나 절대 무작정 뛰어들어서는 안 된다. 한동안 조용한 회원으로 지내면서 다른 회원들의 대화를 지켜보아야 한다. 그리고 대화에 참여하기 시작할 때 반드시 당신이 마케터임을 밝혀야 한다. 소셜네트워크 사용자들은 마케터와 토론하는 것은 별로 개의치 않지만, 속고 싶어하지는 않는다.

## 계속 찾아나서라

이 시점에서 이미 당신은 소셜미디어 사이트를 찾아다니느라 반나절 이상 시간을 들였고, 30~40명의 영향세력 목록을 작성했을 것이다. 하지만 이제 다시 시작이다. 부츠n올 BootsnAll, 구스토 Gusto, 리얼트래블러 RealTraveler, 트립어드바이저 TripAdvisor, 버추얼투어리스트 VirtualTourist, 웨어아유나우? Where Are You Now?, 론리플래닛닷컴 LonelyPlanet.com 등의 여행 사이트에서는 여행자들끼리 모여 서로 생각이나 경험을 공유하는 공간을 제공한다.

당신은 아직 줌인포 Zoominfo나 스포크 Spock 같은 사람찾기 검색엔진은 둘러보지 않았을 것이다. 이런 툴을 사용하면 공개 정보만 이용해 방대한 인명 프로필을 구축할 수 있다. 링크드인 LinkedIn, 비저블패스 Visible Path, 플락소 Plaxu 등 전문 네트워크 역시 사람들의 직업관계와 개인 연락처를 얻을 수 있는 유용한 툴이다.

여기까지 오니 머리가 터질 것 같은가? 하지만 아직 절망하긴 이르다. 소셜미디어의 세계는 정말이지 끝이 없다. 이 순간에도 새로운 사이트들이 계속 등장하고 있다. 따라서 이런 흐름을 완벽하게 따라잡을 수 있는 사람은 아무도 없다. 사실 그런 시도 자체가 어리석다. 만일 당신이 매일 몇 분씩 할애하여 새로운 네트워크나 검색엔진 하나를 탐색하고 몇 명의 새로운 영향세력들을 발견하는 것을 목표로 정한다면, 영향세력 목록 작성에 많은 시간이 걸릴 것이다. 일단 요령을 파악했다면, 이런 일의 상당 부분을 부하직원에게 위임하는 것도 좋은 방법이다.

그러나 이 일 전체를 외부업체에 위탁하는 것은 바람직하지 않다. 마케터 스스로가 영향세력들과 상호작용하고 싶다면 소셜네트워크의 원리를 배워야 하기 때문이다. 젊은 마케터가 툴 사용에 더 익숙할 수는 있겠지만, 전략적인 사고능력은 아직 미숙하다.

점차 복잡한 알고리즘을 대화분석에 사용하여 분위기 파악에 도움을 주는 툴이 개발되고 있다. 하지만 이 작업을 반드시 전산화할 필요는 없다. 이 부분이 바로 컴퓨터를 거부하는 인간 대 인간의 커뮤니케이션 영역이라고 해도 과언이 아니다. 이것과 관련된 재미있는 이야기가 있다.

PR블로거로 유명한 필 고메스Phil Gomes가 스타벅스에 대한 게시물 분석 결과를 본 후 이렇게 말했다. "컴퓨터로 대화분석을 시도하니 게시물 중 '내가 먹어본 커피 중 가장 죽이게 맛있는 커피'라는 글을 컴퓨터는 부정적인 의견으로 분류했다." 즉, 대화분석이란 컴퓨터가 아닌 인간의 고유영역이다.

## 영향세력 찾기 도우미 툴

영향세력을 찾아내려면 수많은 웹 검색 작업이 필요하다. 이 과정에서 생산적인 툴을 이용하면 지루한 반복 작업을 줄여 좀더 효율적으로 결과를 챙길 수 있다. 내가 애용하는 3가지 툴을 소개한다.

- **파이어폭스** Firefox 무료 웹브라우저 파이어폭스의 가장 큰 장점은 탭 검색 tabbed browsing 을 지원한다는 점이다. 브라우저 안의 탭에서 새로운 웹페이지들을 여러 개 열고 컨트롤+페이지업/컨트롤+페이지다운 키를 이용하면 웹페이지 간 이동이 수월해진다. 새 탭을 여는 것도 아주 쉽다. 컨트롤 키를 누르면서 링크를 클릭하면 된다. MS의 익스플로러를 포함한 대부분의 브라우저들이 이제 탭 검색을 지원하지만, 속도나 간단한 사용법 면에서는 파이어폭스가 우수하다.

- **로보폼** Roboform 이 쉐어웨어 프로그램의 가격은 4만 원선이지만, 그 값을 톡톡히 한다. 로보폼은 수백 개에 달하는 웹사이트의 로그온 정보를 빠르게 기억한다. 그리고 무엇보다 훌륭한 기능은 새로운 사이트에 가입할 때 늘 기입해야 하는 정보를 저장해준다는 점을 꼽는다. 로보폼을 이용하면 매번 이름과 주소를 입력해야 하는 성가신 과정을 생략하고, 클릭 몇 번만으로 모든 필수정보 입력을 마칠 수 있다.

- **소셜북마크 사이트** 딜리셔스 사이트를 이용하면 웹페이지를 저장하고 태그로 설명을 달 수 있다. 그래서 웹브라우저의 북마크보다 훨씬 유용하다. 특히 북마크 수가 몇백 개나 되다 보면 애초에 그 사이트를 왜 저장했는지 이유조차 잊어버렸을 때 그 기능이 빛을 발한다. 개인적으로 나는 디고 Diigo 를 이용하지만 이외에도 사이트는 많다. 자신의 마음에 드는 걸 골라 이용하면 된다.

COURTING ONLINE INFLUENCERS

**CHAPTER**
**04**

# 영향세력을 내 편으로 끌어들여라

온라인 영향세력을 참여시키고, 그들의 중요성을 측정하며, 커뮤니티에서 영향력이 발전하는 패턴을 이해하는 것에 대해 다룬다.

영향세력을 내 편으로 만드는 방법
1. 의미 있고 긍정적인 첫 접촉을 시도하라.
2. 조언을 구하라.
3. 개인적인 대화를 시도하라.
4. 관계를 꾸준히 유지하라.
5. 언론사 기자처럼 대우하라.

– 폴 길린, 《소셜미디어 마케팅의 비밀》 본문 중에서 –

이제 당신은 지금껏 찾아낸 영향세력과 접촉하여 그들이 당신의 비즈니스에 대해 들이볼 의향이 있는지 궁금해할 것이다. 과거에는 기자들을 대상으로 비슷한 만남을 가졌지만, 소셜미디어 영향세력은 기자와 다르다. 특종을 찾기 위해 적극적으로 노력하는 기자와 달리, 영향세력은 자신이 관심 없는 것에 대해선 글을 쓰거나 평을 할 필요성조차 느끼지 못한다. 따라서 최대 관건은 당신이 그들의 관심을 끄는 것이다.

　캐나다 여행의 경우, 영향세력의 관심사는 스키, 눈썰매, 풍경사진, 낚시, 사냥, 배타기, 비즈니스 회의 등 다양할 수 있다. 만일 이런 관심 분야에 초점을 맞추고 그들과 상호작용한다면 훨씬 더 좋은 결과를 얻을 수 있다.

　영향력 있는 A급 리스트 블로거들은 마케터가 자신과 접촉하기 전에 가장 먼저 해야 할 중요한 일은 자신이 쓴 글이나 비평을 읽는 거라는 데 입을 모은다. 그들의 글을 읽는 데는 그리 긴 시간이 들지 않는다. 블로거의 경우 최근 몇 개의 게시물을 훑어보고 자기소개 글을 읽고 그가 사용하는 분류나 태그를 살펴보면 그의 관심사가 무엇인지 금세 파악할 수 있다. 짧은 시간만 투자해도 충분히 가능하다.

　개인 블로그가 없는 사람이라도 그룹 블로그에 참여하고 있거나 트립어드바이저 같은 곳에 사이트를 추천하고 있다면 블로거와 다름없이 접근하라. 먼저 그의 프로필과 최근 게시물을 먼저 읽은 후 구체적인 접촉 계획을 세우는 것이다. 옆에 보이는 표를 참조해보자.

### 영향세력을 내 편으로 만드는 방법

#### 1. 의미 있고 긍정적인 첫 접촉을 시도하라.

　첫 단추를 잘 꿰어야 한다. 그가 쓴 글이 당신의 마음에 들지 않더라도 좋은 점을 찾아라. 그의 블로그나 플리커 포트폴리오에 어떤 점이 좋았고, 왜 좋았는지 댓글을 달아주는 작업부터 시작하라. 하지만 "멋진 글입니다!" 이런 지나치게 간단하고 밋밋한 댓글은 피하라. 그의 글이 왜 좋다고 생각하

> SECRET
> 아첨과 감언은 듣기엔 좋지만, 중요한 것은 진정성이다.

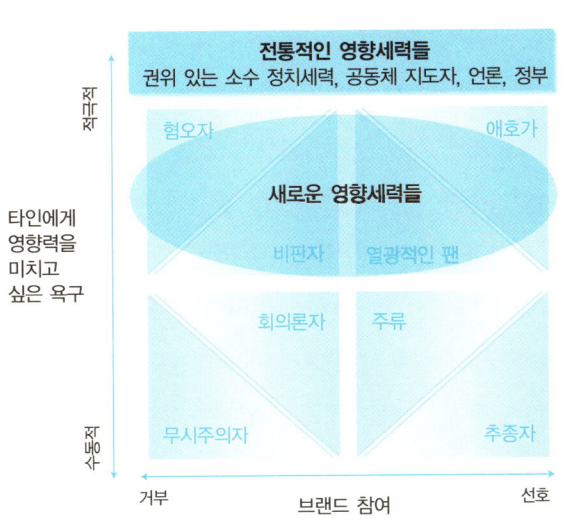

새로운 영향세력들은 가장 열정적인 고객들인 경우가 많다. 언제나 가장 긍정적인 이야기를 하는 것은 아니지만 말이다.

*자료: 션 모핏, Buzz canuck

는지 이유를 말해주고, 가능하다면 약간의 부연 설명이나 새로운 정보를 덧붙여주는 것이 좋다.

만약 당신의 블로그가 있다면 그 영향세력에게 접촉해서 그를 당신의 블로그롤에 추가해도 되는지 물어보라. 꼭 이렇게 해야 할 필요는 없지만, 당신이 관심을 가지고 있음을 분명하게 인식시켜주는 좋은 접근법이다. 블로거는 댓글과 링크를 좋아한다. 그의 가치를 인정하는 작은 노력을 통해 당신의 존경심을 보여주어라.

### 2. 조언을 구하라.

앤디 세르노비츠는 그의 저서 《입소문 마케팅》에서 사람들이 자신의 생각과 의견을 타인과 나누고 싶어하는 감정에 대해 설명하였다. 그 중 한 가지는 똑똑해 보이고 싶어하는 감정이고, 다른 하나는 자신이 중요한 사람이라고 존중받고 싶어하는 감정이다.

"항공사 우수고객frequent flyer이 된다는 것은 마일리지와 여러 가지 혜택보다 여행가방에 매는 골드태그를 받는다는 것을 의미한다."고 세르노비츠는 말한다. 온라인에서도 동일한 법칙이 적용된다. 영향 세력에게 의견을 구하고, 당신이 그의 의견을 주시하고 있음을 보여주는 것은 관계를 친밀하게 만드는 가장 빠른 방법이다. 그렇다고 해서 항상 그가 말하는 대로 따라야 한다는 의미가 아니다. 당신이 그를 이해하고 있다는 걸 알려주라는 뜻이다.

### 3. 개인적인 대화를 시도하라.

더욱 친밀한 관계를 맺고 싶다면, 그에게 특별한 것을 선물하라. 특별한 것이라 해서 반드시 값비쌀 필요는 없다. 할인혜택이나 무료 샘플, 테스트 제품, 또는 당신 웹사이트의 링크 등을 제공해주면 된다. 전화나 이메일을 사용하여 개인적으로 조용히 대화하라.

또한 그 기회를 빌려 그를 당신의 이메일 뉴스레터 구독자에 추가하거나 내부행사에 초대해도 되는지 물어보라. 만일 이메일 주소가 사이트에 없다면 줌인포나 링크드인처럼 연락처를 찾아주는 사이트를 이용하면 된다.

### 4. 관계를 꾸준히 유지하라.

홍보전문가들이 저지르는 가장 일반적인 실수는 필요할 때만 연락을 취하는 것이다. 이것은 진정한 관계라기보다 거래에 가깝다. 영향세력들이 무엇을 말하고 있는지 늘 귀를 기울이고 있는 것은 별로 어렵지 않은 일이다. 그들의 RSS피드를 구독하고 새로운 활동을 눈여겨보면 된다. 때때로 이메일을 보내거나 그들의 사이트를 방문하여 댓글을 남겨 당신의 참여의지를 보여준다. 하지만 이런 작은 노력을 기울이는 홍보전문가가 의외로 드물다. 만약 이렇게 하면 당신과 그의 관계 유지에 큰 도움이 될 것이다.

당신은 영향세력들의 사이트에서 광고를 하거나 그들에게 보상을 하는 방법으로 그들을 흡수해볼까, 하는 유혹에 사로잡힐지도 모른다. 그러나 만일 향후에 당신의 제품이나 서비스가 그 미디어의 주요 이슈로 다루어지기를 원한다면 이런 유혹은 과감히 뿌리치라고 권한다. 소셜미디어 영향세력들은 기자들처럼 기사와 광고를 섞고 싶어하지 않는다. 당신이 제의한 광고를 받을지는 몰라도, 일단 받으면 당신이 원하는 글을 쓰지 않을 가능성이 크다.

### 5. 언론사 기자처럼 대우하라.

온라인 영향세력은 결국 또 다른 형태의 미디어를 운영하는 사람들이다. 그들을 당신이 날마다 하는 언론과의 커뮤니케이션의 일부처럼 대해야 한다. 따라서 그들에게 이벤트나 인터뷰, 뉴스 등에 대해 주류미디어와 동일한 접근 권한을 부여해주는 게 필요하다.

이런 방식이 실패의 지름길이 되지 않을까, 우려하는 기업도 있다. 만일 블로거들을 기자와 동등하게 대접해주면 앞으로 그 이하의 내우는 용납되지 않을 것이라는 우려다. 틀린 이야기는 아니다. 새로운 미디어 영향세력들을 기자회견에 초대하기 시작하고 임원들에게 소개했다면, 이는 앞으로 기본적인 운영방식으로 자리잡게 되고, 그 의미는 홍보 프로그램에 드는 비용과 복잡성이 증가한다는 것이다. 따라서 정말로 가치 있는 일인지를 꼼꼼히 따져보아야 한다.

그렇다고 당신이 커뮤니케이션 채널에서 영향세력을 배제시킨다고 해서 그들이 당신에 대해 입 다물고 있을 것이라 생각한다면 오산이다. 입소문의 영향력을 믿는다면 그들의 목소리에 귀를 막기보다 대화에 적극 참여하는 것이 훨씬 바람직하다. 한쪽 구석에 말없이 서 있는 것보다는 대화의 일부분이 되는 것이 더 낫다는 것이다.

그러나 종종 모든 소셜미디어 영향세력들이 과연 동일한 대우를 받아야 하는가, 하는 문제가 발생한다. 내 생각엔 그렇지 않다고 본다. 관련 주제에 대해 가끔 글을 올리는 블로거나 추종세력이 아주 적은 블로거를 진정한 영향세력과 동일하게 대우해줄 필요는 없다. 실제로 그들 역시 동일한 대우를 기대하지 않는다. 기자증이 있다고 해서 무조건 인정하는 것은 아니듯 모든 블로거들을 다 기자회견에 초청해야 하는 것은 아니다.

가끔 누군가가 당신의 초대 기준에 대해 문제를 제기할 경우를 대비해서 그 기준을 솔직하게 설명할 수 있도록 준비하라. 그런 질문을 던진 사람은 당신의 결정에 불만을 가질 순 있지만, 합리적이고 명확한 설명만 뒷받침된다면 당신이 할 일은 다한 셈이다.

## 영향세력이 참여할 프로그램을 만들어라

영향세력은 자신의 존재를 인정받고 정중하게 대우받기를 원한다. 따라서 이런 관점에서 그들을 끌어들일 방법을 고민해야 한다. 큰돈을 들이라는 게 아니라 그들을 특별하게 대우하라는 것이다. 캐나다 리조트의 예를 통해 몇 가지 제안을 하겠다.

**사진 출사**出寫 조사를 통해 사진과 비디오촬영 애호가들이 중요한 지지층이라는 사실을 발견했다면, 우수한 사진 블로거들을 초대하는 이벤트도 좋은 아이디어다.

먼저 중요하다고 판단되는 블로거 10명을 초대하라. 각자 자신들의 카메라를 지참하고 당신은 숙소를 제공해주는 형식이다. 반드시 사진을 온라인에 올려달라고 강요할 필요는 없지만, 만약 올리게 된다면 이미지에 당신의 리조트 이름으로 태그를 해달라고 부탁하라. 그리고 당신의 사이트에 가장 훌륭한 작품들을 올려라.

**콘테스트** 좀더 수위를 높여 사진 콘테스트를 후원하라. 우승자의 작품은 홈페이지에 게시되고, 2인 주말여행권을 상품으로 내건다. 또는 수상작을 여행 홍보자료 사진으로 쓸 것을 제안하라. 커뮤니티의 투표를 통해 수상작을 결정하는 것도 방법이다.

**콘텐츠 활용** 스키 행사를 후원해보는 건 어떨까? 스키 블로거들과 비디오작가들을 초정해 행사를 녹화하라. 최고 작품을 선정해서 소정의 콘텐츠 라이선스 비용을 지급하겠다고 제안하라. 또한 그들을 당신과 친분이 있는 여행업계 종사자들에게 소개해주겠다는 제안도 좋은 방법이다.

**큰돈 들이지 않는 빙법** 더 쉬운 빙법은 몇몇 영향세력들에게 연락하여 주말 숙박요금을 50% 할인해주겠다고 제안하는 것이다. 그들을 선택한 이유는 작품의 우수성 때문임을 분명히 밝혀라. 그리고 그들을 아낌없이 칭찬하라. 그러면 당신에게 여러모로 큰 도움이 될 것이다.

## 블로그가 검색엔진에 잘 나오는 이유

블로그의 큰 장점은 검색엔진에 잘 나온다는 것이다. 너무 잘 나와서 마케터들이 겁을 낼 정도이다. 왜 그럴까? 중요한 이유 중 하나는 블로그가 각 페이지(고유링크; permalink)의 파일명을 해당 페이지의 제목과 연관지어 만들기 때문이다. 대부분의 영어권 검색엔진은 콘텐츠를 색인할 때 파일명을 중요하게 취급한다. 따라서 제목을 잘 지으면 검색엔진의 주목을 받을 수밖에 없다.

또한 블로거들은 몇 가지 주제에 집중하여 자주 글을 올리는 경향이 있어서 검색엔진에서 더욱 유리하다. 자주 업데이트하는 사이트일수록 검색엔진의 주목을 받는다.

이와 달리 대부분의 대기업들은 두 가지 면에서 검색에 불리하다. 어떤 기업들은 알 수 없는 콘텐츠 일련번호를 파일명에 부여하는 콘텐츠관리시스템을 사용한다. 검색엔진은 'index.php?option=com_content&task=blogsection&id=3&Itemid=86'이라는 파일 이름에서 아무런 내용을 얻을 수 없기 때문에 결국 그 파일에 대한 중요한 정보를 무시하게 된다. 이것이 첫 번째 약점이다. 또한 많은 검색엔진들은 키워드와 패턴 분석을 사용하여 광고나 카탈로그 목록처럼 보이는 콘텐츠를 판단한다. 이것이 두 번째 약점이다.

반면에 블로거들은 두 가지 모두 유리하다. 콘텐츠와 파일명이 검색엔진의 눈에 잘 띄게 되어 있기 때문이다.

블로그는 검색엔진에서 놀랄 만큼 잘 나온다. 마케터는 자신의 회사 홈페이지가 구글에서 검색된 첫 페이지에, 그것도 자신의 회사 홈페이지 바로 밑에 팬 사이트나 안티 사이트가 있는 것을 보고 종종 충격을 받는다. 그렇게 되는 이유는 회사가 자신의 이야기를 하는 것만큼이나 그 블로거도 당신의 회사에 대한 이야기를 많이 하기 때문이다.

게다가 블로거는 검색에 더 잘 나오는 장점을 가지고 있다. 적어도 한 개 이상의 기업 블로그를 운영하는 것을 고려해봐야 하는 이유가 이 점이다. 그러면 검색 결과에서 공정하게 경쟁하는 데 도움이 되기 때문이다.

기업에 비해 블로거들은 대부분 검색엔진에 잘 나오도록 사이트를 최적화하는 일에 더 능숙하다. 비즈니스 블로그 컨설팅 Business Blog Consulting, 컨버세이션 레이터 Conversation Rater, 검색엔진 저널 Search Engine Journal, B2B SEO, 도쉬도쉬 DoshDosh, 매셔블 Mashable, 블로그스톰 BlogStorm 같은 무료 온라인 사이트에서 다양한 정보와 툴을 얻을 수 있다. 허브스폿 Hubspot은 당신의 검색엔진 성과를 평가할 수 있는 무료서비스를 제공한다. 반면에 무질서하게 만들어져 있는 기업 웹사이트를 검색에 최적화시키려면 수개월의 시간과 수십억 원의 비용이 들 수도 있다. 기업들은 속도 면에서 블로거들을 당해내지 못한다.

마지막으로 대부분의 검색엔진은 콘텐츠의 질을 평가할 때 외부에서 들어오는 링크를 중요한 기준으로 삼는다. 우수 블로거들은 적극적이고 열성적인 독자들을 확보하고 있기에 그들에게 연결된 링크 수는 거대한 기업 사이트의 링크 수를 충분히 능가할 수 있다.

사람들은 본능적으로 기업 콘텐츠보다는 개인 콘텐츠에 더 많이 링크한다. 따라서 블로그의 개인 매체적인 속성은 강점으로 작용한다.

### 영향력은 정말 중요한 것일까?

반세기가 넘는 세월 동안 마케터들은 몇몇 사람들이 다른 많은 사람들에게 지대한 영향력을 행사한다는 이론을 통념으로 삼았다. 이런 아이디어는 엘리 카츠Elihu Katz와 폴 라자스펠드Paul Larzarsfeld가 공동으로 저술하여 1955년에 발표한 《개인의 영향; 매스커뮤니케이션의 흐름에서 사람들의 역할Personal Influence: The Part Played by People in the Flow of Mass Communications》에 처음으로 소개되었으며, 2003년 존 베리Jon Berry와 에드 켈러Ed Keller가 저술한 《입소문 전파자The Influentials: One American in Ten Tells the Other Nine How to Vote, Where to Eat, and What to Buy》에서 자세히 다루어졌다. 기본적인 개념은 만일 당신이 시장의 10%에 해당하는 이들의 주목을 받을 수만 있다면, 그 다음은 입소문이 알아서 해준다는 것이다. 이는 직관적으로 이치에 맞는 말이며, 베스트셀러였던 말콤 글래드웰의 《티핑 포인트The Tipping Point》라는 책의 이론적 배경으로 사용되기도 했다. 하지만 이 이론에 반론을 제시하는 이들이 등장하고 있다.

도전자들 중 한 명은 콜롬비아 대학교의 사회학 교수 출신으로 현재 야후의 수석 연구원으로 활동하고 있는 던컨 와츠Duncan Watts이다. 그는 시뮬레이션과 상세한 수학적 모델을 사용하여 영향세력 마케팅이 메시지가 전파되는 복잡성을 과소평가하며, 영향세력에만 의존하는 마케팅 캠페인은 실패할 위험이 높다는 주장을 제기한 바 있다.

"바이러스 효과를 가진 메시지를 설계하는 것은, 어떤 사람이 메시지 전파를 담당할 것인지 예측하는 것만큼이나 매우 어려운 일이다." 와츠는 2007년 《하버드비즈니스 리뷰Harvard Business Review》에서 이렇게 말했다. 또한 그는 바이러스 마케팅은 메시지를 받은 사람이 한 사람 이상에게 그것을 전달할 경우에만 성공할 수 있다고 말했다. 메시지 전달률이 1:1 이하가 되면 그 캠페인은 곧 실패로 끝난다는 것이다. 와츠의 이론에 대한 상세한 설명은 2008년 초에 발간된 《패스트 컴퍼니Fast Company》에 실렸다.

와츠의 주장에 따르면, 좀더 신빙성 있는 마케팅 접근법은 바이러스 마케팅과 전통적인 미디어 마케팅을 혼합한 방법이다. 두 가지 방법을 사용하여 원래의 메시지를 시장에 지속적으로 뿌리는 방법을 이용하면, 캠페인이 장기적인 성공을 거둘 확률이 훨씬 높아진다는 것이다.

2008년 발표되어 좋은 반응을 얻었던 던컨 브라운Duncan Brown과 닉 헤이즈

Nick Hayes 공저 《영향세력 마케팅 Influencer Marketing》에서 저자는 대부분의 기업이 그들의 가장 중요한 영향세력이 누구인지조차 모르며, 블로거들을 영향력의 근원으로 과대평가한다고 주장한다.

그들에 따르면, 대부분의 블로거는 아주 작은 틈새시장이나 독자에 초점을 두고 있다. 블로거는 틈새시장에서 지대한 영향력을 행사하지만, 최소한 아직까지는 전반적인 시장에 미치는 영향력은 그리 크지 않다는 것이다. 또한 저자들은 수년간 고객들에게 영향력을 미친 원천을 연구한 자료를 바탕으로 이렇게 주장했다. "연구 결과 한 시장에 대해 측정 가능한 영향력을 가진 블로거의 수는 최대 일곱 명이다. 일곱 명이 최고치다."

이렇게 상대적으로 소수인 영향세력들이 엄청난 관심을 받는 이유는 마케터들이 지나치게 미디어에 집착하고 있는데다가, 블로거를 새로운 미디어 채널 중 하나로 인식하기 때문이라고 설명한다. 이들에 따르면, 정부 규제기관과 금융 분석가, 채널 파트너, 시스템 통합자 등 구매결정에 영향을 미치는 영향세력의 종류는 20개가 넘지만, 대부분의 마케터들은 기껏해야 그 중 20%를 찾아낼 뿐이라고 한다. 그것도 기자와 분석가뿐이라는 것이다.

나는 개인적으로 블로고스피어에 대한 이들의 결론 중 일부를 반박하는 입장이다. 하지만 던컨 브라운과 닉 헤이즈의 통합적인 접근법은 주목할 필요가 있다. 주류미디어 회사들이 가차 없이 직원을 줄이는 것과 달리, 블로거들은 논란의 와중에서도 미디어 소스로서 더 많은 영향력을 얻고 있다. 전작 《링크의 경제학》에 이와 관련된 몇 개의 이야기들을 소개해놓았다. 컨슈머리스트 Consumerist, 마이3센츠닷컴 My3Cents.com 같은 사이트의 출현으로 거의 알려진 바 없는 개인의 목소리도 큰 영향을 미칠 수 있다.

조건이 맞지 않을 경우에는 유명한 영향세력들조차 바이러스 효과를 창출할 수 없다. 사람들이 받아들일 준비가 되어 있지 않다면 아무리 위대한 아이디어라고 해도 실패로 끝난다. 이런 예는 많다.

2007년 5월 《인포메이션 위크 Information Week》지에 옴브리아의 CEO인 자넷 에단 해리스 Janet Edan-Harris의 말이 인용된 적이 있다. "오피니언 리더를 찾으려고 애쓰는 것보다 사람들의 관심이 쏠리기 시작한 주제를 찾아내는 것이 훨씬 더 중요하다.", "누구나 이미 움직이고 있는 파도를 타려 할 것이다. 혼자서 새로운 물결을 일으키려고 애쓰는 것은 어리석다."

이 기사를 쓴 앨리스 라플랑트 Alice LaPlante 는 이렇게 말했다. "영향세력은 트렌드를 선도한다기보다 이미 발전하고 있거나 발전 신호만을 기다리고 있는 잠재적인 사회의 움직임을 대변하는 역할을 한다는 주장이 강력히 제기되고 있다. 따라서 영향세력들을 찾아내 그들에게 아이디어를 심는 것보다 초기 단계의 트렌드를 발굴하는 연구를 하여, 영향세력이 이런 트렌드를 발견하도록 도와주는 것이 마케팅의 성공과 더욱 직결된다."

만일 영향세력 이론이 지속적으로 인기를 잃어가면 마케터들은 바이러스 마케팅의 기본에 대해 다시 검토하게 될 것이며 이는 바이러스 마케팅의 빠른 성장을 위협할 수 있다. 마케팅VOX MarketingVox 에 따르면 2007년에 입소문 마케팅에 투자된 자금은 12조 원이 넘으며, 이 분야는 연간 36%의 성장률을 보이고 있다.

## 온라인 대화를 분석하는 서비스

최근 온라인 대화를 모니터링하고 영향력을 평가하는 유료서비스 회사들이 등장하고 있다. 서비스 요금은 한 달에 적게는 몇십만 원에서 많게는 몇백만 원에 달하며 제공하는 기능 또한 매우 다양하다. 몇몇 선도기업에 대해 알아보자. 하지만 새로운 경쟁 서비스들이 속속 출현하고 있다는 사실을 명심하라. 서비스 요금의 폭도 아주 다양하다.

- **안디아모** Andiamo  2007년에 출범한 안디아모는 블로그와 몇몇 소셜네트워크의 대화를 측정하여 매력적인 측정 결과와 보고서를 제공한다. 안디아모는 저자의 권위, 브랜드에 대한 대화의 중요성, 게시물에서 나타나는 감정, 경쟁사 분석 등의 순위를 매긴다. 요금은 언급된 건수를 기준으로 책정된다.

- **비즈360** Biz360  비즈360의 마켓360라인 Market360line 서비스는 온라인 대화뿐 아니라 인쇄와 방송매체까지 대상으로 삼는다. 다른 업체들과 마찬가지로 비즈360 역시 구체적인 주제별로 맞춤서비스를 제공하며, 실시간 분석과 중요 요인의 상세분석 서비스를 제공한다.

- **브랜드멘션즈** Brandmensions  이 회사는 브랜드인텔 BrandIntel 이라는 이름으로 연구원들이 적절한 온라인 커뮤니티를 찾아주고 토론 리더들을 소개해주며, 콘텐츠를 추적하여 모든 정보를 종합해주는 서비스를 제공한다.

- **브랜드아이** BrandsEye  쿼크 이마케팅 Quirk eMarketing 이 마케팅 컨설팅 서비스의 부속 서비스로 개발한 브랜드아이는 인터넷에서 한 브랜드가 언급된 모든 건수를 찾아서 이를 '평판점수 Reputation Score'라는 가중치로 정리해주는 서비스를 제공한다. 기업들은 이 점수를 이용하여 다른 경쟁사들의 온라인 이미지와 자사의 이미지를 비교해볼 수 있다.

- **사이버얼럿** CyberAlert  1999년 창립된 소규모 미디어 모니터링 회사인 사이버얼럿은 2,500만 개 이상의 블로그와 10만 개의 게시판을 매일 모니터링해주는 서비스를 추기 제공하고 있다.

- **팩티바** Factiva  다우존스의 자회사로, 주류미디어에 초점을 두고 다양한 미디어 소스를 모니터하는 서비스를 제공하고 있다. 사용자들이 직접 만든 콘텐츠 영역에서는 상대적으로 취약하다.

- **맥파이** Magpie  맥파이의 브랜드워치 BrandWatch 서비스는 영향세력으로 규정된 블로그와 웹사이트에서 고객의 브랜드가 언급된 건수를 조사한다. 연구원들이 직접 긍정/부정/중립으로 분류한 기사 데이터베이스를 사용하며, 기사의 정서를 평가하기 위해 새로운 정보를 이런 데이터베이스와 비교한다.

- **모티브퀘스트** MotiveQuest  기술력을 가진 마케팅 컨설팅 회사이다. 버즈 buzz 와 온라인 트렌드를 모니터하는 이 회사의 툴은 브랜드 개발과 포지셔닝 서비스를 지원하는 데 사용된다. 각 분야와 프로젝트별로 적합한 툴을 선보인다. 또한 언어학적 모델링을 사용하여 감정을 판단할 수 있는 서비스가 있다.

- **닐슨 버즈메트릭스** Nielson BuzzMetrics  이 회사의 브랜드펄스 Brandpulse 와 블로그펄스 서비스도 초기에 출범하였다. 이 회사는 특히 블로거 대화의 전반적인 트렌드를 추적하고 가장 영향력 있는 소스를 찾아내는 능력이 탁월하다.

- **오낼티카** Onalytica  영국에 소재한 이 회사의 인플루언스 모니터 Influence Monitor 서비스는 주제별로 블로그와 미디어의 영향력을 측정하고, 통계법을 사용하여 감정에 가장 영향력을 가지고 있는 콘텐츠를 구별해내는 서비스를 제공한다.

- **라디안6** Radian6  2007년에 출범한 이 회사는 엄청난 반향을 불러일으켰다. 라디안6은 블로그, 동영상공유, 이미지공유, 마이크로블로깅, 토론그룹, 주류미디어에 대한 맞춤식 모니터 서비스를 제공하는 회사이다. 이 회사는 다양한 요소를 바탕으로 영향력을 판단하는 알고리즘을 사용하고 있으며, 이 회사의 대시보드 인터페이스는 기능적으로 우수하면서 사용이 쉽다는 긍정적인 평을 받고 있다.

- **렐러번트노이즈** RelevantNoise  이 회사는 8천만 개 이상의 블로그를 모니터하고, 블로거의 중요성과 대화의 방향을 평가하는 알고리즘을 적용한다. 종합적

인 활동과 긍정·부정적인 톤, 영향력 수준별 활동을 명시한 유용한 차트도 제공한다.

- **시어**Seer 모든 표준 대화 모니터링 서비스를 제공하는 동시에 추가적으로 영향력의 연계와 온라인 커뮤니티에서 주제가 퍼져나가는 경로를 묘사하는 시각자료까지 제공한다.

- **TNS미디어 인텔리전스/심포니**TNS Media Intelligence/Cymfony 심포니의 오케스트라Orchestra 플랫폼은 온라인 채팅을 모니터하여 기업들을 인식하는 방식과 트렌드 발전 방식을 파악한다. 블로그뿐만 아니라 주류미디어 회사를 모니터하며, 실시간 대시보드, 캠페인 측정, 영향력 순위 등을 제공한다.

- **움브리아**Umbria 비교적 최근에 시장 진입한 움브리아는 대화분석을 통해 고객들의 브랜드 포지셔닝과 청중 세분화를 도와준다. 특히 신규고객층과 세분화된 청중을 찾아내는 데 뛰어난 서비스를 제공한다.

- **비저블 테크놀로지**Visible Technologies 대화 모니터링을 넘어서 대응까지 해주는 솔루션. 비저블의 트루캐스트TruCast 서비스는 소셜미디어의 댓글과 문맥을 모니터하고, 시간의 흐름에 따라 트랙킹하며, 트렌드를 찾아내어 사용자들이 실시간 대응을 할 수 있도록 도와준다. 사용자들은 트루캐스트 서비스에 분석법과 그룹 대화법을 '학습'시킬 수 있으며, 이 엔진을 통해 댓글에 대응할 수 있다.

Secrets of Social Media Marketing

CORPORATE SOAPBOXES

CHAPTER
05

# 블로그로 말하라

기업 블로깅과 팟캐스팅을 배우는 내용이다. 블로그는 가장 쉽게 사용할 수 있는 기술이면서 적용 방법이 다양하다. 5장에서는 성공하는 블로그의 7가지 형식과 활용법을 살펴본다.

기업의 평판은 결국 기업의 직원들로부터 결정된다. 그들의 말과 행동에 따라
기업의 평판이 결정된다. 따라서 모든 직원들이 고객, 친구, 주주, 공무원들에게
정직하고 통찰력 있는 회사의 대리자 역할을 거뜬히 수행해낼 수 있도록
지원하는 것이 기업 커뮤니케이션의 중요한 역할이다.
- 2007년 12월 아서 W. 페이지 소사이어티에서 발표한
'진정한 기업: 관계, 가치, 기업 커뮤니케이션의 진화' 중 일부 -

2006년 6월, 사우스웨스트 항공사의 최고경영자 게리 켈리Gary Kelly 가 당시 오픈한 지 두 달된 자사의 블로그Nuts about Southwest에 직접 글을 올렸다. "저는 블로그의 세계를 잘 알지 못합니다. 하지만 이렇게 많은 분들이 저희 사우스웨스트사의 있는 그대로의 모습을 사랑해 주시고 열성적으로 의견을 밝혀주시니 정말 감사할 따름입니다."

켈리는 블로그에 올린 첫 글에서 당시 한 달이 넘도록 무성한 소문을 낳고 있던 이슈에 대해 언급했다. 그것은 바로 사우스웨스트사가 운영하는 오픈좌석제open seating(좌석이 미리 정해져 있지 않고 탑승할 때 선착순으로 원하는 자리에 앉는 방식)가 수정되거나 축소될 거라는 소문이었다. 오픈좌석제는 오랫동안 항공업계의 논란거리였는데, 지정좌석제보다 훨씬 빠르고 효율적으로 승객을 탑승시킬 수 있는 방법이었다. 많은 고객들이 오픈좌석제 때문에 사우스웨스트 항공사를 이용했다. 그러나 간혹 타 항공사의 지정좌석제에 길들여진 일부 고객들은 이 방식에 적잖이 당황해하며 짜증을 내기도 했다.

켈리는 새로운 기술을 도입해서 효율성에 타격을 주지 않으면서도 지정좌석제를 운영할 수 있다고 설명했다. 한 달 전, 주주총회에서 앞으로 지정좌석제를 도입할 수도 있음을 언급한 적이 있었기에 그는 이 계획에 대한 고객들의 솔직한 피드백을 원했고, 블로그를 통해 의견을 수렴했다.

그의 글이 올라간 후 몇 주 동안 수백 명의 고객들이 블로그에 의견을 올렸다. 오픈좌석제에 대한 찬반 의견을 꼼꼼하게 따진, 마치 논문 같은 글도 있었다. 글을 올린 이들 중 80~90%가 오픈좌석제 폐지를 원치 않는다고 했다. 그후로도 몇 달간 자신의 의견을 밝힌 수가 무려 650건이 넘었다.

켈리는 고객이 무엇을 원하는지 알게 되었다. 10월 13일, 블로그에 고객들의 적극적인 의견 개진에 감사하는 말과 함께 아직은 확실히 결정된 게 없으니 기다려달라는 글을 올렸다. 그러나 오픈좌석제에 대한 고객들의 열화 같은 성원은 분명 결정에 영향을 끼쳤으리라. 약 1년 후 켈리는 사우스웨스트가 집중적인 테스트 과정을 거쳐 수정된 형태의 오픈좌석제를 그대로 유지하기로 했다는 글을 올렸고, 새로운 탑승 방식을 선보이는 동영상 링크를 덧붙였다. 그 결과 회사 결정에 찬성한다는 내용의 댓글이 500여 개가 달렸다.

게리 켈리는 사우스웨스트의 블로그에 그리 자주 참여하지는 않았지만, 그 블로그는 사우스웨스트의 주요 홍보 전략의 창구 역할을 담당했다. 사우스웨스트의 블로그는 날마다 여러 직원들의 새 글을 올리면서, 친절하고 고객중심 서비스를 제공하는 회사의 이미지를 확실히 각인시켰다.

또한 그에 못지않게 중요한 사실은 이 블로그가 기존 언론들의 도움 없이 새로운 서비스를 소개하고 참신한 고객 아이디어를 받을 수 있는 요긴한 도구로 발전했다는 점이다. 이 블로그는 여러 번의 수상 경력이 있으며, 기업이 뉴미디어를 이용하여 고객들과 나누는 의미 있는 대화 창구의 모범 사례다.

한마디로 사우스웨스트의 블로그는 완벽한 블로그 성공 사례다. 사우스웨스트 예약항공권 중 75% 이상이 웹을 통해 이루어지며, 자유롭고 개방적인 회사 이미지는 블로고스피어 Blogosphere(모든 블로그들의 집합, 블로그 세계)의 열린 대화와 잘 어울린다.

그러나 사우스웨스트처럼 자연스럽게 블로그를 성공적으로 운영할 수 있는 회사는 그리 많지 않다. 포레스터 리서치는 온라인에 블로그가 등장한 후, 5년 동안《포춘》500대 기업 중 블로그를 사용한 기업이 불과 15%도 안 된다고 보고한 바 있다. 여러 가지 원인을 꼽을 수 있지만 공통적으로 회사 정책, 개방성에 대한 우려, 규제 관련 우려, 시간 부족 등을 이유로 댄다. 그러니 블로그가 점점 더 성숙해지고 기업 홍보의 틈새시장을 발견하게 되면서 블로그에 대한 거부감이 점점 줄어드는 추세다.

이 장에서 기업들이 소셜미디어 세계에 진출할 때 안전성과 성공률이 가장 높은 툴인 블로그와 팟캐스트에 대해 알아보자. 블로그와 팟

> **SECRET** 블로그는 대화를 통제하는 최선의 방책이다.

캐스트는 몇 년간 기업의 성공 사례를 만들어낸 아주 유용한 툴이다. 또한 기업은 이 툴을 통해 마케팅에서 중요한 요소가 되는 대화를 통제할 수도 있다. 대화 통제와 대화 조작은 엄연히 다르지만, 상호작용의 조건을 정할 수 있다는 점 때문에 기업들은 안심할 수 있다.

## 기업 블로그: 온라인 발언대

블로그를 기업의 발표 행사와 비교해보자. 진행자는 마이크를 가지고 있으며, 필요할 때는 대화를 중단시키는 등 대화 흐름의 대부분을 장악한다. 대화를 중단시키는 것이 바람직한 행위는 아니지만, 대응이 필요할 경우 마이크를 회수할 수 있는 힘은 상당히 유용하다.

기업들이 블로그의 유연성과 간단한 사용법을 깨달으면서 블로그가 새로운 역할을 감당하고 있다. 나는 기업 블로그를 크게 7가지로 분류하는데, 이를 살펴보기에 앞서 몇 가지 조건을 검토해보자.

블로그라고 하면 사람들은 대개 검색 결과에서 우연히 보게 된, 개인적인 의견이 강한 온라인 일기 정도로 이해한다. 물론 이것이 블로그의 가장 일반적인 형태지만, 블로그의 세계는 이게 전부는 아니다. 간단히 말해, 블로그란 정보를 담고 있는 그릇이다. 비록 겉모

> **SECRET** 블로그는 유연성이 있다. 사진과 오디오 그리고 동영상 자료들을 블로그와 함께 활용하라.

습은 투박하나 그 안에는 부드러운 내용물을 담고 있다고 표현할 수도 있겠다.

블로그의 바깥 부분이라 할 수 있는 템플릿에는 블로그 주제와 저자 정보 그리고 몇 가지 기본적인 내비게이션 메뉴가 있다. 블로그의 부드러운 속살 쪽에는 고유링크를 가지고 지속적으로 업데이트하는 글들이 최근 게시물 순으로 나열되어 있다.

블로그에 올라온 글은 텍스트 중심이지만, 그래픽이나 동영상, 오디오 콘텐츠가 가미되기도 한다. 가장 최근에 올린 글이 페이지 상단에 위치하고 그 다음부터 등록 순으로 글이 정렬된다. 거의 모든 블로그가 RSS기능을 지원하는데, 새 글이 등록되면 자동적으로 인터넷의 수많은 정보수집 사이트들로 전달된다(4장에서 언급했듯이 이것이 바로 블로그 검색의 원리다). 이를 통해 새로운 블로그 글이 인터넷을 통해 빠르게 퍼지며, 이 기능은 블로그의 가장 큰 장점이다.

블로그는 쉽고 빠르게 업데이트할 수 있으며 기술적인 지식이 없어도 사용하는 데 별 문제가 없다. 이런 이유 때문에 유용한 커뮤니케이션 툴로써 자신의 가치를 인정받는다. 블로그를 이용하면 진행되는 사건에 발빠르게 대응할 수 있고, 새로운 소식을 신속하게 전달할 수 있다. 그러나 블로그의 내비게이션 기능은 아주 기본적인 수준이며, 디자인 면에서 유연성이 떨어지기 때문에 진가를 발휘하지 못하는 경우도 종종 있다. 블로그 플랫폼에 웹사이트를 만들고 싶어하는 기업이 거의 없는 것도 이런 이유에서이다.

그러나 많은 신흥기업들, 특히 기술 분야의 기업들이 자사 웹사이트에 블로그를 필수적으로 만들고 있는 추세다. 블로그의 장점은 빠르게 변화하는 비즈니스 환경과 제품에 발맞추어 신속한 내용 업데이트가 가능하고, 고객의 궁금증을 풀어준다는 것이다. 또한 기능

설명만 늘어놓을 뿐, 밋밋하고 딱딱한 모습이었던 비즈니스 언어에 인간적인 옷을 입힐 수 있다.

신생업체인 경우 훨씬 더 유리한 고지에 있다. 소규모 신생업체일수록 감독기관과 주주들의 감시·감독에서 한결 자유롭고, 블로그 활동을 시도한다고 해서 손해 볼 게 별로 없기 때문이다.

### 블로그가 비즈니스에 적합한가?

전문가들은 기업 블로그가 아주 쉽다고 말하지만, 그렇다고 해서 모든 경우에 효과적인 것은 아니다. 아래의 간단한 질문들을 통해 과연 당신의 회사에 블로그 전략을 세우는 게 적절한 선택인지 체크해보자. 아래 질문에 답한 뒤 점수를 합산하라.

- **블로그를 정말 하고 싶은가?** 블로그는 단기 프로젝트가 아니다. 일단 시작하면 지속적으로 내용을 업데이트해야 한다. 최소한 일주일에 한 번은 업데이트가 필요하다. 참신함은 금세 사라지고 꾸준함이 필요하다. 따라서 당신이 초기 몇 개월을 넘어 지속적으로 블로그를 업데이트할 수 있는 체력과 능력 그리고 넘치는 아이디어를 갖추고 있는지 따져보라.
그렇다: 5점 / 아니다: 0점

- **분명한 주제가 있는가?** 블로그 제목 밑에 열 글자 정도로 들어갈 만한 주제가 이상적이다. 물론 쉬운 일이 아닐 수 있다. 시장에 따라(마케팅, 오락, 스포츠 등) 수십만 명의 블로거들이 이미 활동하고 있을 수도 있다. 이런 환경에서는 주제에 정확히 초점을 맞춰야 한다. 반면 건축시장 등은 주제의 폭이 더 넓다.

이미 회자되고 있는 이야기를 반복하지 않는 당신만의 블로그 주제를 선택하라. 개성이 넘치는 주제일수록 성공 확률도 높아진다.

그렇다: 3점 / 아니다: 0점

- **그 주제에 대한 열정이 있는가?** 개성이 강한 블로그가 훌륭한 블로그이며, 개성은 열정의 산물이다. 그렇다고 해서 당신이 꼭 치어리더가 될 필요는 없다. 성공적인 블로그 중에는 부정적인 어조가 개성인 블로그도 꽤 있다. 즉, 당신의 주제는 당신이 몇 시간이고 즐겁게 얘기할 수 있는 것이어야 한다. 블로그를 하게 되면 기본적으로 그 주제를 계속 다루기 때문이다.

그렇다: 3점 / 아니다: 1점

- **주제에 대한 전문지식이 있는가?** 블로그를 통한 공개적인 토론은 학교 수업이 아니다. 특히 당신이 한 회사를 대표하는 위치라면 더욱 그렇다. 대화에 참여하고 고객에게서 무언가를 배우는 것도 중요하지만, 전문지식과 경험을 기반으로 본인의 독자적인 관점을 가지고 있어야 신뢰를 얻을 수 있다.

그렇다: 2점 / 아니다: 0점

- **커뮤니케이션을 잘하는가?** 그렇지 않은 사람도 있다. 이들에게는 블로그가 그리 적절한 홍보 전략이 아닐 수도 있다. 그러나 반드시 글재주가 좋아야 하는 건 아니다. 성공한 블로거 중에는 동영상이나 음악 등으로 멋진 효과를 내는 사람도 있다. 그러나 어쨌든 자신의 생각을 어떤 형식으로든 조리 있고 일관되게 표현하는 능력은 중요하다. 사람들은 대부분 자신이 편한 스타일을 사용하면 적어도 무난한 수준의 글은 쓸 수 있다. 블로그의 생명은 자연스러움이다.

그렇다: 2점 / 아니다: 1점

- **이성적으로 행동할 수 있는가?** 블로그를 유지할 정도로 자신의 의견을 강하게 피력하는 사람이라면, 다른 이들이 당신과 생각이 다를 수도 있다는 사실

을 받아들여야 한다. 댓글을 받아들일 때 이성적인 태도로 당신의 의견에 대한 날카로운 지적 역시 수용할 수 있어야 한다.

그렇다: 2점 / 아니다: 1점

**점수**

- 12점 이상: 더 이상 망설이지 말고 블로그를 추진하라.
- 8점~12점: 블로그가 적절한 당신이지만, 좀더 초점을 정확히 맞추고 열정을 불태워라. 당신에게는 여러 명의 저자가 운영하는 블로그 형식이 편할 수도 있다.
- 5점~8점: 블로그가 과연 적절한 선택인지 심각하게 고민하라.
- 5점 미만: 당신과 어울리지 않는 블로그는 잊어라.

대주주와 언론의 관심을 한몸에 받고 있는 기존 기업들의 경우 문제는 더욱 복잡하다. 금융이나 보건 분야처럼 규제가 심한 업종은, 개방적인 글쓰기를 꺼려하는 경향이 있다. 그러나 이런 분야에서도 주제별로 고객에게 조언을 제공하는 블로그의 가치가 주목받고 있다. 이에 비해 소기업은 특별히 우려할 만한 문제가 별로 없는 편이라 좋다. 그래서 소기업이 성공적인 기업 블로그를 운영하는 경향이 있다.

블로깅에 대해서는 많은 사람들이 글을 쓰고 있으며, 이 주제를 지속적으로 다루는 웹사이트도 많다. 그 중 몇몇 자료를 이 장의 마지막 부분에 소개했으니 참고하기 바란다. 또한 3년간의 직접적인 경험을 통해 발굴한 옵션과 모범 사례들을 요약해두었다. 먼저 기업 블로그의 가장 일반적인 형태부터 살펴보자.

## 무기를 선택하라

### 성공하는 블로그의 7가지 형식

#### 1. CEO 블로그

만일 당신의 CEO가 개인 블로그를 유지할 수 있는 열정과 결단력을 갖춘 사람이라면 당신은 정말 운이 좋다. 드물긴 하지만, 블로그를 사용하는 CEO는 온갖 종류의 사람들을 연결시키는 블로그의 멋진 가치를 아는 사람들이다. 무엇보다 CEO 블로그가 있으면 그 회사를 보도하는 언론들을 독자로 끌어들일 수 있다.

인기 있는 CEO 블로거를 꼽자면 선 마이크로시스템 CEO의 블로그 조너던 슈워츠Jonathan Schwatz, 고대디 GoDaddy의 밥 파슨스Bob Parsons, 레드벌룬데이스RedBalloonDays의 나오미 심슨Naomi Simpson, 메리어트 인터내셔널Marriott International의 빌 메리어트Bill Marriott를 꼽을 수 있다. 소기업 CEO 중에도 블로그를 운영하는 이들이 많다.

CEO 정도 되면 무엇을 이야기해야 하는지 자신만의 감각을 지니고 있을 것이다. 하지만 글쓰기나 편집 부분에서는 도움이 필요하다. CEO 블로그가 목적에 맞는 목소리와 스타일을 갖추는 것은 매우 중요한 부분이다.

예를 들어 회사의 목적이 부드러운 이미지 창조라면, 퉁명스럽고 엄격한 비즈니스 스타일의 어조로 블로깅하는 것은 적절치 않다. 반면, 지나치게 수다스럽거나 캐주얼한 스타일 또한 독자들을 혼란스럽게 만든다. 과연 이 CEO가 자신의 일을 심각하게 생각하는지 의심이 들기 때문이다. 때로는 감독기관을 만족시키기 위해서 어느 정도 중용적인 태도가 필요하다.

빌 메리어트의 CEO 블로그

마케터는 각 스타일에 대한 지침을 제공해주고 글쓰기와 교열을 도와주어야 한다. 또한 CEO가 다루고자 하는 주제들을 십분 묘사할 수 있는 이미지나 동영상 등을 제공해야 한다. 그러나 너무 엄격하게 하지는 마라. CEO가 말하고 싶어한다면 어떤 이야기라도 들어줄 사람이 있는 법이다.

기본적으로 블로그는 최소한 일주일에 한 번은 업데이트해야 한다. 그러나 CEO 블로그는 예외다. CEO들은 언제 글을 올리느냐에 상관없이 그의 글에 관심 있는 독자들을 이미 확보한 존재다. 그러니 CEO가 한 달에 한 번 글을 올리겠다고 하면 그렇게 하도록 하라. 사람들은 CEO라고 하면 언제나 빠듯한 스케줄로 바쁠 것이라 예상하기에 글이 좀 뜸하게 올라오더라도 관대하게 넘기는 경향이 있다.

데이비드 닐먼David Neeleman이 제트블루JetBlue Airways 항공사 CEO였을 당시, 그는 자사 블로그에 자주 글을 올리지는 않았지만, 그 블로그는 수천 명의 고객들의 발을 묶었던 2007년 2월 위기사태 수습을 도와주는 데 중대한 역할을 해냈다. 두 달이 지난 후, 닐먼은 블로그를 통해 고객들에게 사과했고, 새로운 고객권리장전을 발표했으며, 향후 유사한 위기발생시 제트블루사가 어떻게 대처할 것인지 알려주는 동영상을 게시했다.

## 2. 임원 블로그

회사가 경영진의 탁월함을 자랑하고 싶다면 임원을 몇 명 선별하여 회사 웹사이트에 개인 공간을 마련해주는 것도 좋은 전략이다. 영국의 프라이스워터하우스쿠퍼스PriceWaterhouseCoopers.UK, 휴렛패커드Hewlett-Packard(현재는 블로그가 임원 수준을 넘어 광범위하게 확대됨), 오라클Oracle Corp, 홍보전문기업 에델만Edelman이 그 대표적인 예다.

> **SECRET**
> 기업 블로그에선 이직과 재임명에 대비하여 사람보다는 주제에 초점을 맞추어야 한다.

임원 블로그를 운영할 때 유의점은 임원들이 블로그에 정기적으로 글을 올리겠다는 의지와 시간적 여유가 있어야 한다는 것이다. 일정에 쫓기다 보면 초기에 열정을 갖고 시작했다 해도 점점 스케줄에 밀려 활동을 못할 수밖에 없다.

또한 사람보다는 주제를 중심으로 블로그 콘텐츠를 쌓아가는 것이 바람직하다. 이는 불가피한 이직이나 임원 재선출의 경우에도 블로그에 치명적인 영향을 미치지 않기 위해서다. 또한 임원의 사임이나 재임명을 대비하여 예비인력을 마련하는 것도 좋은 아이디어다.

이를 위해서는 해당 임원에게 적절한 지원을 해줘야 한다. 임원 중 많은 이들이 작문 실력을 별로 중시하지 않는 환경 속에서 성장한 사람들이다. 따라서 이들이 자신의 주장을 잘 피력하도록 글쓰기와 편집을 도와주어야 한다.

그렇다고 해서 너무 까다롭게 굴 필요는 없다. 블로그는 개인적 표현 도구임을 잊지 마라. 블로그에 각자 개성을 표출하고 가끔은

> **SECRET**
> 고객이 자주 묻는 질문에 답하는 것이 가장 안전한 접근법이다.

비즈니스 주제 외 개인적인 경험이나 사무실 바깥의 이야기들에 대해 글을 쓰도록 도와주어라. 또한 회사의 메시지보다 독자의 의견을 더욱 중요시해야 함을 늘 상기시켜라.

임원 블로그의 문제점은 블로그 담당 임원들이 손익과 관련된 문제에 과중한 부담감을 느낀 나머지 블로그를 영업창구로 사용한다는 것이다. 이런 시도는 백발백중 고객의 반발을 사게 된다. 따라서 임원들은 고객이나 현장 영업사원들이 제기한 가장 일반적인 질문들에 답해주는 것이 제일 효과적이다. 그 누구보다 임원들이 이런 질문에 적절한 답을 해줄 수 있는 사람이기 때문이다.

### 3. 그룹 블로그

그룹 블로그의 인기는 날로 증가하고 있는데, 그 이유는 유지하기가 제일 수월하면서 다양성을 최대한으로 발휘할 수 있기 때문이다. 그룹 블로그에서는 선발된 팀원들이 돌아가면서 사이트에 글을 올린다. 게시 일정을 고정적으로 정할 수 있고 유동적으로 할 수도 있다. 그룹 블로그의 인기가 하늘로 치솟아 직원들이 서로 글을 올리고 싶어하는 기업도 있다.

> **SECRET** 기업 블로그 담당자에게 핵심단어 목록을 주고 자주 사용하게 하여 검색엔진 순위를 높여라.

인기가 높은 그룹 블로그로는 사우스웨스트의 넛츠 어바웃 사우스웨스트Nuts about Southwest, 구글 블로그Google blog, 크라이슬러 블로그Crysler blog, 베네통 토크Benetton Talk를 꼽을 수 있다. 이스트만 코닥Eastman Kodak의 다우전드 워드A Thousand Words 블로그는 정기적으로 고객의 글을 올리는 혁신적인 방법을 도입하기도 했다.

그룹 블로그를 위해서는 내부 커뮤니케이션이 필요하다. 이 방법은 조율만 잘 된다면 아주 훌륭한 효과를 거둘 수 있다. 음성메시지 서비스업체인 본투Vontoo는 첫 블로깅 시도에서 실패했다.

원인을 들자면 블로깅 임무를 맡은 이가 시간도 별로 없고, 잘해보자는 의욕도 낮았기 때문이었다. 두 번째로 블로깅을 맡은 책임자는 이 회사의 사장 더스틴 샙Dustin Sapp이었는데, 그는 《B2B 매거진》에서 블로그의 임무를 직원들에게 배분시키기로 했다고 말했다. 회사는 블로거들에게 검색엔진 최적화를 위해 강조하고자 하는 핵심 단어 목록을 주었다.

또한 본투는 블로거 활동을 감독하고 회사 블로그로 글을 모아주는 컴펜디움Compendium 서비스의 도움을 받았다. 그 결과 검색 광고비의 40%를 절감시켰으며, 이런 발전의 4분의 1 정도는 검색엔진을 통한 트래픽 덕이었다. 본투가 겨냥했던 검색어의 75%가 이제는 구글 웹 검색 결과의 첫 페이지에 뜨고 있다.

그룹 블로그에서 마케팅팀은 적극적이고 가시적인 역할을 담당해야 한다. 모든 관련자들이 목적과 주제, 바람직한 어조를 이해하는 게 중요한 일이다. 몇 주 동안은 블로그 운영자가 환경에 편하게 적응하도록 유도하는 게 좋은 방법이다. 또한 블로거들이 적절한 글을 올리는 데 익숙해질 때까지 마케팅팀이 게시물 승인을 하는 게 바람직하다. 글을 올리는 이들은 자신이 회사를 대표해 이야기하고 있다는 책임의식을 반드시 인식해야 한다.

이런 부분 외에는 사람들이 최대한 자신의 언어로 이야기하고 자신의 일에 대한 열정을 표현할 수 있도록 재량권을 허용하라. 마케팅팀이 내용을 일일이 지시해서는 안 된다. 물론 마케터는 항상 만일의 사태에 대비하는 자세를 유지해야 한다.

### 4. 기업 블로그 플랫폼

회사가 운영하는 공식 사이트에 직원들이 개인 블로그를 만들도록 권장하는 회사도 있다. 이런 기업 블로그 플랫폼 Company blog platform 은 블로그 운영에 능숙한 몇몇 직원들이 주로 참여하거나(프라이스워터하우스쿠퍼스), 아니면 직원뿐 아니라 모든 이들에게 개방되어 있는 플랫폼(MS와 선은 모두 수천 명의 블로거들을 갖고 있다)인 경우이다.

기업 블로그 플랫폼을 운영한다면 시작부터 특정 모델을 추구하기 위해 애쓸 필요가 없다. 처음에는 선별된 몇 명의 블로거들로 출발하여 조금씩 문을 여는 식으로 진행하면 된다.

예를 들어 HP사는 몇 개 안 되는 임원 저널로 블로그를 시작했지만 순식간에 수많은 저자와 주제가 넘쳐나는 블로그로 성장했다. IBM은 1,000명 이상의 직원 블로거들이 있으나, 이들에게 기업 블로그 플랫폼을 제공하기보다는 상식적인 지침하에서 직원 나름대로 블로그를 꾸미고 운영하는 방법을 선택하고 있다.

기업 블로그 플랫폼은 상품 제조자나 판매자가 구매자와 직접 접촉할 수 있는 채널 역할로 유용하다. 동시에 회사 내 숨은 인재들을 세상에 공개하는 장이 되기도 한다(그러나 헤드헌터들이 잠복하고 있다는 사실을 잊지 마라).

기업 블로그에서는 사람들이 하는 말을 통제하거나 감독할 수 없다. 이런 시도는 아예 시작도 않는 게 좋다. 대신 기존의 직원 행동지침[1]을 이용하여 관련 정책을 수립하라.

> **SECRET** 블로그 관련 정책은 비즈니스 수행 기준의 연장 선상에 있어야 한다.

직원 블로거들에게 기대하는 역

할을 설명한 문서를 그들에게 나눠주어 스스로 서명하도록 하라. 또한 금지 주제를 확실히 알려주는 것도 좋다. 예를 들어 GM은 자사 블로그인 패스트레인Fastlane의 독자들에게 그 블로그에서는 자동차 노조연맹과의 계약협상에 관한 주제를 다루지 않겠다는 입장을 명확히 밝혔다. 애초에 다루지 않을 주제를 알려주는 것은 분명하고 단호한 이미지를 준다. 하지만 아무 이야기 없이 두루뭉술 특정주제를 회피하는 모습은 부정적인 이미지로 보일 수 있다.

감독 체계도 없이 직원들이 전 세계의 고객에게 말하도록 내버려둔다는 것이 처음엔 좀 두려울 것이다. 하지만 아직까지 직원 블로그 때문에 법적 소송이나 감독기관의 제재가 따랐던 사례가 없었다. 사실, 대부분의 직원들은 시장에 직접 발언할 수 있는 기회를 환영하며, 회사 지침만 지키면 이런 특권을 유지할 수 있다는 사실을 만족스럽게 받아들인다. 하지만 아주 조심스럽게 블로거를 선택해야 한다. 내가 일했던 한 제조업체는 블로거 선택 문제로 곤경에 처한 적이 있었다. 그 회사에서는 한 부서의 90%에 달하는 직원들이 연합하여 회사에 대항하는 분위기가 형성되었고, 따라서 적당한 블로거를 찾기가 거의 불가능했다.

### 5. 주제별 블로그

비즈니스 블로깅에서 내가 가장 선호하는 접근법이다. 많은 기업들이 주제별 블로그를 활용할 것이리 생각한다. 주제별 블로그는 상

---

1 《샌프란시스코 크로니클》에서 2005년 몇몇 첨단 기술기업들의 블로거 정책에 대한 기사를 실은 것이 있다. 포레스터의 쉘린 리(Charlene Li)는 이 분야의 전문가이다. 그 사람의 위키에 모범 사례가 소개되어 있다.

호 관심이 있는 주제를 중심으로 고객을 연결시킨다. 주제별 블로그의 목적은 독자에게 도움이 되고 유익한 정보를 제공하여 그 분야의 전문성과 후원자를 연결해서 성공을 일궈내는 것이다.

대표적인 예가 익스텐디드 스테이 호텔Extended Stay Hotel의 로드 워리어 팁Road Warrior Tips이다. 이 블로그에는 비즈니스 출장자에게 유익한 정보가 가득하다. 클러터 컨트롤 프릭Clutter Control Freak은 생활·비즈니스용품 소매업체인 스택스 앤 스택스Stacks and Stacks의 블로그로, 2007년 8월에 문을 열었다. 첫 해 이 블로그는 하루 1,500명의 방문자 수를 기록했다. 글락소스미스클라인GlaxoSmithKline은 알라이커넥트AlliConnect라는 블로그를 통해 체중감량에 대한 정보를 제공하면서 자사의 '알라이 체중감량법'을 홍보하고 있다.

정보나 자문을 제공하는 블로그는 상대적으로 유지하기가 쉽다. 그 이유는 여러 명이 글을 올리고 사람들이 자주 사용하는 키워드와 관련된 주제를 다루어 검색엔진에서 좋은 결과를 얻기 때문이다. 또한 실용적인 정보와 회사의 신상품이나 서비스 정보를 함께 제공하면 효과적인 마케팅 전술을 구사할 수 있다. 그러나 상업적인 연관성에 대해서는 항상 투명해야 한다. 지나친 마케팅을 하지 않는 이상 괜찮다고 본다.

주제별 블로그라고 해서 언제나 자문 정보만 제공하는 건 아니다. 새로운 소식을 다루어도 좋고, 여론 문제를 이야기할 수도 있다. 대표적인 예가 밀러Miller의 브루 블로그Brew Blog이다. 이 블로그는 〈애드버타이징 에이지〉 기자로 활동하던 이가 쓴 맥주산업에 대한 다채로운 화제를 다루고 있다. 브루 블로그는 객관적인 뉴스 내용 언급과 여론보도 간 양다리를 걸치고 있다는 논란을 야기했다. 하지만 월 방문자가 수만 명에 달하고 블로그에서 다루어지는 특종 때문에 주류 언론의 관심을 받으면서 밀러에 혁혁한 공을 세웠다. 브루 블로그는 대기업이 소셜미디어를 사용하여 뉴스의 출처 역할을 한 사례라고 볼 수 있다. 불과 몇 년 전만 해도 기대할 수 없었던 기회다.

### 6. 여론 블로그

여론 블로그는 상대적으로 사용률이 낮은 형식인데, 구체적인 공공정책이나 법률안에 대하여 자사의 입장을 알리는 용도로 이용된다. 다루는 주제가 논란의 대상이 되는 핫이슈이고, 회사가 선구자적인 사상가나 적극적인 행동파로서의 명성을 쌓고자 하는 경우 가장 효과적인 블로그이다.

대표적인 예를 들자면 맥도널드사의 코퍼릿 리스판서블 블로그 Corporate Responsible Blog, 미제조업 연합 National Assicication of Manufacturer 의 숍플로어 ShopFloor.org 가 있다. GM과 베네통, 크라이슬러도 역시 자사의 기업 블로그를 이런 목적으로 자주 사용한다.

크라이슬러는 해결되지 않은 노사협상에 대해 적극적인 의견을 개진하는 창구로 크라이슬러 레이버토크07 ChrylserLaborTalk07 을 사용했다. 크라이슬러의 목표는 자사의 의견을 빨리 언론에 전달하고, 노동문제와 관련한 다른 게시물을 추적하고 대응하는 것이었다. 이 사이트는 블로그 형식을 적극 활용하여 노사협상에 대한 빠른 업데이트를 제공했고, 자사의 입장을 분명히 전달했다. 또한 크라이슬러사는 영향력 있는 블로거들과 오프라인 미팅을 가지기도 했다.

여론 블로그는 언론과 법률 입안자들의 주목을 받을 수 있으며, 비평가의 공격을 피해가는 강력한 플랫폼이 될 수 있다. 그러나 당신이 여론 블로그를 시작하기로 했다면 두 눈 뜨고 정신을 똑바로 차려야 한다. 당신의 독자 중에는 혹독한 비판세력들도 있을 것이고, 그들은 당신에게 불리한 상황으로 몰아가려 할 것이다.

따라서 여론 블로그를 하기 위해서는 얼굴이 두꺼워야 한다. 이런 어려움을 감수하면 틀림없이 좋은 결과가 따른다. 비판을 인정하고 건설적인 대응을 한다면, 수준 높은 대화를 유지할 수 있다.

### 7. 홍보 블로그

블로그를 판매 목적으로 사용하는 것은 원칙과 맞지 않지만, 마케터는 가끔 마케팅과 유용한 콘텐츠 사이에서 만족스런 매체를 발견하는 경우도 있다. 이런 매체는 광고도 하는 동시에 유익한 정보를 제공해주는 일석이조 효과가 있다.

기술 산업과 마케팅 산업에서 이벤트 블로그는 일반적인 것으로 자리잡고 있다. 대부분의 웹호스팅 서비스는 적은 비용으로 컨퍼런스나 세미나 사이트에 블로그를 추가할 수 있게 해준다.

그러면 연사들은 이 블로그를 통해 그들이 연설할 주제의 간략한 요점을 올리거나 사람들의 질문에 답하거나 또는 다른 연사들과 주제에 대해 토론하는 것이다. 이벤트가 종료된 후에도 이들의 연설과 토론 라이브 영상을 한동안 유지할 수 있고, 향후 이벤트에도 이 자료를 활용할 수 있다.

블로그허 BlogHer 컨퍼런스는 이 방법을 아주 성공적으로 적용시켰다. 너무 큰 성공을 거둬 블로그가 컨퍼런스를 지원한 것인지, 아니면 컨퍼런스 덕에 블로그가 성공한 것인지 판단하기조차 어려울 정도였다. 컨퍼런스의 블로그는 일 년간 유지되어 준비위원들, 연사 그리고 심지어 청중의 의견을 모으는 역할을 한다. 이 컨퍼런스는 2005년부터 일 년에 두 차례씩 계속되었는데, 해가 갈수록 참석자가 꾸준히 증가했다. 또한 이 사이트에 회원으로 가입한 이들의 숫자가 지속적으로 증가하여 지금은 수만 명에 이른다. 회원들은 자신의 블로그를 올리고 다양한 주제에 대한 글을 제공한다.

'이벤트 블로그event blog'를 검색해보면 이 외에도 여러 가지 좋은 예를 찾을 수 있다. 이들 대부분은 독립 프로듀서가 운영하고 있지만, 비즈니스 이벤트에 적용되는 요령이나 기술은 동일하다.

또한 블로그는 서적 홍보에 효과적이다. 블로그를 이용하여 출판 현장의 상황을 알려주고, 리뷰를 소개하며, 저자를 홍보하는 등 작품에 대한 인지도를 유지하는 유용한 도구로 사용한다. 검색엔진의 인지도 면에서도 상당한 도움을 받을 수 있다. 판매가 몇 년간 지속된 경우 블로그를 이용하여 이미 출간된 책의 교정작업, 업데이트 정보를 제공하여 인지도를 높일 수 있다. 데이비드 와인버거David Weinberger가 2007년에 출간했던 《혁명적으로 지식을 체계화하라Everything is Miscellaneous》와 동일한 제목으로 만든 블로그Everything is Miscellaneous를 대표적인 예로 꼽을 수 있다.

## 플랫폼 선택하기

위키피디아에 가면 45개가 넘는 블로깅 소프트웨어 패키지를 찾을 수 있다. 대부분 낯선 것들일 것이다. 사람들은 플랫폼 선택 문제에 지나치게 신경 쓰는데, 사실 어떤 플랫폼이든 큰 차이는 없다. 사용하기 쉽고 다양한 미디어를 지원하며 RSS피드가 있다면 충분하다. 기술적인 측면에서 중요한 점은, 자신이 선택한 소프트웨어가 자사 웹사이트와 잘 통합되는지 여부이다.

많은 경우, 기업 블로그가 자사 브랜드의 외형과 느낌을 잘 살리면서도 저자의 개성을 표현할 수 있을 정도로 유연성을 갖는 게 중요하다. 블로그 이면에는 사람이 있고, 그 사람의 손길이 블로그의 생명력에 가장 중요한 요소이다. 당신의 웹호스팅 서비스 회사에서는 그들이 가장 잘 다룰 수 있는 블로깅 플랫폼을 사용할 것이다. 그러니 대부분의 경우 문제 없이 잘 유지된다.

## 블로거를 후원해야 하는가?

지난 몇 년 동안 블로거의 인기를 이용하여 마케팅 목적을 달성하는 새로운 모델이 출현했다. 이는 진정성과 메시지를 결합시킨 효과적인 방법이다. 하지만 어느 정도 위험이 따른다.

블로그 광고는 블로그 초기 단계부터 있었고, 비용대비 성과는 상당히 훌륭한 편이다. 블로그애드 BlogAds 네트워크는 수천 명의 블로거에게 광고를 전달한다. 광고주는 개별 사이트나 주제를 살 수 있다. 예를 들어 푸부즈닷컴 Foobooz.com 에 일주일간 광고를 올리는 비용은 약 6만 원 정도로 18,000번에 달하는 광고 노출 효과를 올린다. 블로거와 개별적으로 접촉해 일회성 거래를 하면 더 적은 비용으로도 블로그 광고를 할 수 있다.

최근에는 기업들이 블로거를 고용하여 자사의 사이트에 콘텐츠를 제공하는 방식이 인기를 끌고 있다. 스타우드 호텔 리조트가 운영하는 더 로비 TheLobby 는 프리랜서와 직원 블로거를 통해 여행지 사이트를 만들었다. 건축물 자재 유통회사인 그리핀 할로우 Griffin Hollow 역시 블로거를 고용하여 주택 리노베이션 사이트에 투입하고 있다. 무역 관련 행사 준비에 대한 자료를 제공하는 컨벤션Conventions.net사는 자사의 컨벤션 인사이더Convention Insider 블로그 운영을 위해 전문 블로거를 고용하고 있다.

웨이트와처WeightWatchers는 인기 동영상 블로거인 에스더 브래디Esther Brady를 고용하여 자사가 새롭게 내놓은 '다이어트에서 웰빙으로Stop Dieting, Start Living'라는 슬로건을 홍보하고 있다.

브래디는 스타라이트Starlite 블로그를 운영하는데, 웨이트와처 프로그램을 통해 약 30킬로그램을 감량했고 본인의 경험담을 알리겠다는 열정이 있었다. 웨이트와처는 그녀의 성공담을 그린 동영상을 마이스페이스에 올렸고, 비슷한 경험이 있는 독자들에게 자신의 경험담을 올리도록 했다. 이 회사는 이런 캠페인을 '내가 경험한 최악의 다이어트 콘테스트'와 연결시켰고, 이 콘테스트의 우승자는 타임스퀘어 광고판에 등장하기도 했다.

네슬레Nestle는 프랑스 광고회사 퍼블리시스Publicis가 소유한 블로그 수집 사이트 블로그뱅닷컴BlogBang.com을 이용해 새 돌체구스토Dolce Gusto 커피메이커를 홍보했다. 그 사이트는 2,000명의 블로거 회원에게 사이트 홈페이지에 그들의 블로그를 링크해주는 조건으로 그들의 블로그에 인터랙티브 게임을 링크해달라고 요청 메시지를 보냈다. 3주 동안 그 게임은 회원 블로거 500여 명의 블로그에 링크되었고, 총 32만 번 정도 플레이되었다.

블로거를 마케팅 캠페인에 합류시키는 방법은 다양하지만, 환상을 품어서는 안 된다. 대부분의 블

> **SECRET**
> 블로거를 후원하면 오히려 당신에 관한 글을 많이 쓰지 않을 수도 있다.

로거는 독립적인 성향이 강해 자신의 원칙에 위배되는 행동을 하지 않으려 한다. 다시 말해, 당신이 블로그를 후원해준다 하더라도 그 블로거가 당신의 회사에 대해 많은 글을 올리지 않을 수도 있으며, 오히려 이전보다 뜸하게 다룰 수도 있다. 또한 블로거를 후원할 때는 의심을 사는 일이 없도록 모든 재정적인 관계를 투명하게 공개하는 수고를 감수해야 한다.

그리고 절대로 가짜 블로그 fake blog 를 만들어서는 안 된다. 가짜 블로그란 사람을 고용하여 회사나 어떤 명분에 대해 관계를 밝히지 않은 채 긍정적인 글만 올리는 걸 의미한다. 이런 행위는 블로고스피어의 모든 원칙을 위반하는 것이다. 월마트나 소니 등 이런 가짜 블로그를 시도했던 기업들은 온라인에서 구설수에 휘말렸다. 그리고 그런 일이 있은 후 몇 년이 지난 지금까지도 빈축을 사고 있다.

이즈아 Izea (이전에는 PayPerPost였음)와 리뷰미 닷컴 Reviewme.com 같은 서비스에서도 블로거를 고용하여 고객에 대한 글을 쓰게 하는 비즈니스 모델을 내놓았다. 이즈아는 8만 명의 블로거들과 11만 개의 광고업체를 보유했다고 주장하지만, 이런 블로거 고용의 효과는 아직 불분명하다. 이런 회사는 지금껏 신랄한 비판을 받았기 때문에 서비스를 선택할 때 개별 회사를 꼼꼼하게 따져보아야 한다. 무엇보다 감추는 것 없이 완전 공개만이 최상의 정책이다.

## 성공의 비결

어떤 블로깅 접근법을 선택했든지, 항상 기억해야 할 몇 가지 원칙이 있다. 각 원칙의 영문 앞글자를 따서 스트레이트STRAIGHT 원칙이라 부른다.

### 스트레이트STRAIGHT 원칙

- 간결성 Succinct
- 투명성 Transparent
- 대응성 Responsive
- 수용성 Accepting
- 통찰력 Insightful
- 진정성 Genuine
- 유머 Humorous
- 시의적절성 Timely

각 원칙을 하나씩 자세히 살펴보자.

**간결성 Succinct** 글을 올릴 때는 500단어 이내가 원칙이다. 말하고자 하는 바를 맨 위에 두어라. 앞부분만 보이는 RSS리더로 블로그를 읽는 사람이 많기 때문이다. 제목은 분명하고 간결하게 써라. 그러면 독자뿐만 아니라 검색엔진에서도 좋은 성과를 거둘 것이다.

**투명성 Transparent** 사람들을 속이거나 오도하려 들지 마라. 항상 당신의 목적과 동기를 밝혀라. 의심과 조작은 들키게 마련이다. 오히려 응분의 대가로 돌아올 것이다. 일단 신뢰를 잃으면 회복하는 데는 긴 시간이 걸린다.

**대응성** Responsive  블로그의 속성상 댓글이 달린다. 사람들이 반응하면 당신은 그들을 인정하고 그들에게 감사해야 한다. 모든 댓글을 의미 있게 다루어야 하는 것은 아니지만, 며칠에 한 번씩은 방문하여 가장 흥미로운 댓글에 답글을 달아라. 그러면 사람들에게 당신이 지켜보고 있음을 인식시켜줄 수 있다. GM의 패스트레인 블로그에는 18,000개가 넘는 댓글이 달렸다. 이를 통해 패스트레인은 GM 피드백 고리의 중요한 부분을 차지하게 되었다.

나는 항상 회사에 댓글 관리기능을 사용하라고 조언한다. 어떤 댓글은 욕설이나 기타 부적절한 메시지일 수도 있고, 스팸 댓글의 표적이 될 위험도 항상 도사리고 있다. 상업용 블로깅 소프트웨어는 대부분 스팸 댓글을 걸러내지만, 그래도 걸러지지 않는 지독한 메시지들은 항상 있다.

**수용성** Accepting  비판론자의 의견을 피할 수는 없다. 이들의 의견을 건설적인 비평의 차원에서 받아들이고 침착하게 대응하라. 당신이 건의 사항을 해결해주려 노력한 후에도 고의적으로 약을 올리는 이가 있다면 그때는 무시해도 무방하다.

마이크 프로시노 Mike Prosceno 는 소프트웨어 대기업 SAP의 마켓 커뮤니케이션부의 부사장이다. 이 회사는 블로거에게 적극적으로 접근하여 직원들과의 만남의 자리를 주선하는 등 블로거 관계 프로그램을 왕성하게 운영한다. 부사장 본인이 직접 150개 이상의 블로거를 관찰한다. 그는 부정적인 의견을 블로그 대화의 부산물로써 겸허히 받아들이고, 이를 통해 자사의 한계점을 인식해야 한다고 말한다.

"블로고스피어는 전통적인 미디어보다 대면적인 성격이 훨씬 더 강합니다. 그 이유는 블로고스피어에서는 대화가 끊이지 않기 때문이지요. 만일 악의적인 부정적 의견이 개진되는 경우, 불씨를 그대로 놔두지 말고 즉시 수화기를 들어 글을 올린 당사자에게 이유와 동기를 물어보는 게 최선의 방책입니다. 아주 부정적인 의견이라도 근거가 있는 경우도 상당히 많습니다."

통찰력Insightful  당신의 블로그를 읽어야 하는 이유를 제공하라. 어떤 이슈에 대한 정보를 제공하거나 비즈니스 결정에 대한 이유를 설명해주어라. 당신은 그 누구보다 당신의 비즈니스와 업계에 대해 잘 아는 사람이다. 바로 그 점을 보여주면 된다.

진정성Genuine  화면에 뜨는 글 뒤에 진짜 사람이 있다는 걸 보여주어라. 주장하는 바를 뒷받침해주는 개인적인 에피소드나 일화를 사용하라. '우리'보다는 '나'를 주어로 말하라. 보도자료가 아닌, 사람들로 구성된 조직이 읽는 이에게 말해주고 있음을 알려주어야 한다.

유머Humorous  코미디언처럼 웃겨야 할 필요는 없지만, 재미있는 이야기는 당신의 블로그에 인간미를 더해준다.

시의적절성Timely  최신 주제를 다루어라. 답은 48시간 이내에 해줘야 한다. RSS리더로 당신의 블로그를 관찰하는 이들에게 신속하고 지속적으로 참신한 기분을 맛보도록 대응하라.

# 팟캐스팅

> **SECRET** 팟캐스트는 비용이 적게 들고 만들기 쉽다.

2006년, 팟캐스팅은 미디어의 꽃이었다. 상당한 인기를 얻었고 옥스퍼드 영어사전에도 팟캐스팅이라는 단어가 새로 등록되었다. 어디 이뿐인가. 팟캐스팅을 주제로 삼은 신문과 잡지기사는 수천 건에 달했다. 본인이 원하는 프로그램을 아이팟 등의 미디어플레이어로 다운로드하여 들을 수 있는 이 기술 때문에 지상파 라디오가 조만간 사라질 것이라고 예언하는 이들도 나올 정도였다.

그러나 2007년, 팟캐스팅 이야기는 자취를 감춰버렸다. 실망스러운 기술이라고 불평하는 블로거도 생겼다. 각광받았던 기술이 불과 일 년 만에 그렇게 순식간에 사그라질 수 있을까?

물론 그렇지 않다. 팟캐스팅이 불꽃 같은 인기를 잃어버린 이유는 온라인 동영상이 주목받았기 때문이다. 또 기술적인 복잡성 탓으로 시장에서 초기단계 이상 발전하지 못해서다. 그러나 아직 팟캐스팅은 건재하며, 바쁘게 이동하는 고객들을 상대하는 B2B 기업 사이에서 그 인기가 상승중이다. 많은 기업에게 팟캐스팅은 동영상을 대체하는 훌륭한 마케팅 도구이다.

심층조사가 부족하지만 2007년 3월에 아비트론Arbitron 과 에디슨미디어 리서치Edison Media Research 가 실시한 조사에 따르면, 2006년에서 2007년 사이에 팟캐스트를 직접 청취한 경험이 있는 사람의 비율은 11%에서 13%로 미미한 증가세였다. 하지만 팟캐스트에 대한 이야기를 들어본 비율은 2006년에서 2007년 사이에 22%에서 37%로 거의 두 배 가까이 증가했다. 또한 팟캐스트 사용자 중 학벌이 높은 사람들의 수가 비사용자의 두 배에 달했으며, 연봉 1억 원 이상인 이들의 비율도 팟캐스트 비사용자에 비해 두 배가 높았다.

이마케터는 미국 팟캐스트 청취자 수가 2007년에 285% 증가하여 1,850만 명에 달했으며 2012년에는 6,500만 명에 육박할 것이라고 전했다. 또한 이들 중 40%가 매주 팟캐스트를 듣는다고 한다. 이런 수치를 보면 B2B 툴로써 팟캐스트의 가능성을 충분히 짐작 가능하다. 아비트론은 팟캐스트 사용자의 약 72%가 25세 이상이며, 48%는 35세 이상이라고 했다.

검색엔진 포드노바Podnova의 디렉토리에는 9만여 개의 팟캐스트 프로그램이 있으며, 팟캐스트 앨리Podcast Alley에는 3,700개 정도의 프로그램이 있다. 그러나 이런 수보다 더 중요한 것은 목적에 맞게 미디어를 사용하는 기업들이다. GM, 퓨리나Purina, 휴렛패커드, IBM, 코닥, 웰스파고Wells Fargo 등이 팟캐스트를 제대로 활용한다.

시카고 리릭 오페라The Lyric Opera of Chicago는 팟캐스트를 통해 오페라 애호가에게 제작 과정을 소개한다. 마요 클리닉The Mayo Clinic은 암과 여성건강을 주제로 다룬 프로그램을 여러 개 보유하고 있으며, 웰스파고 어드밴티지 펀드Wells Fargo Advantage Funds는 매주 전문기자와 자사의 펀드매니저가 시장현황을 설명해주는 프로그램을 마련했다. 켄터키 주의 도시, 루이빌Louisville은 회의와 관광객 유치를 돕는 월간 프로그램을 만들었다. 호주 정부는 팟캐스트로 호주의 와인산업을 홍보중이다. 미국 해군은 팟캐스팅을 통해 군의관을 모집하는 등 광고 캠페인 노릇을 훌륭하게 해내고 있다.

팟캐스트에 대한 실망의 목소리가 나오는 것은 별도의 광고 수익을 낼 만큼 성장한 프로그램이 별로 없었기 때문이다. 하지만 많은 기업이 자사 블로그에서 팟캐스트를 병행하거나, 잠재고객과 신규 고객을 위한 마케팅 목적으로 팟캐스트를 이용한다. 또한 팟캐스트는 내부 어플리케이션으로 강력한 면모를 인정받았다.

팟캐스트는 이제 내부 커뮤니케이션을 위한 소셜미디어 툴로 위키에 버금가는 위치를 차지하고 있다고 IBM의 팟캐스터인 조지 폴크너는 말한다. 40만 명에 달하는 IBM 직원의 약 40%가 회사 밖에서 일을 하고 있다. IBM 사내 팟캐스트 프로그램은 현재 회원 수가 10만 명에 달하며 12,000개의 파일을 보유하고 있다. 규제적인 측면에서 부담스러운 의무사항도 따르지만, 팟캐스트의 인기는 수그러들 줄 모르고 있다. 예를 들어 IBM에서는 임원 인터뷰 내용을 모두 기록해야 하는 의무가 있다. 하지만 직원들의 열성과 회사의 불간섭 정책 덕에 직원들의 주도로 차질 없이 진행된다.

IBM의 한 임원은 전 세계 지사의 500여 명의 직원들과 매주 컨퍼런스를 열었다. 서로 얼굴도 볼 수 없는 상태에서 이런 식의 대규모 전화 컨퍼런스는 진행이 아주 어려웠다. 그래서 그 임원은 전화 컨퍼런스를 주간 단위의 팟캐스트로 전환했다. 그후 이 팟캐스트를 듣는 사람들의 수는 두 배로 늘었다. 이제는 이동 근무자들과 시간대가 다른 지역에 있는 사람들도 본인이 한가한 시간에 들을 수 있게 되었다.

현재 IBM은 투자자를 위한 뉴스도 팟캐스팅으로 보도한다. 고객과 임원들에게 정기적으로 하는 비즈니스 현황 보고도 마찬가지다.

나는 콘텐츠 컨설팅의 일환으로 주요 기술기업에 100개 이상의 팟캐스트를 제작한 적이 있다. 대부분의 경우, 이런 프로그램은 신제품이나 마케팅 프로그램을 홍보하기 위한 커뮤니케이션 도구로 사용되었다. 간단히 말해 고객에게 다가가는 또 하나의 방법이며,

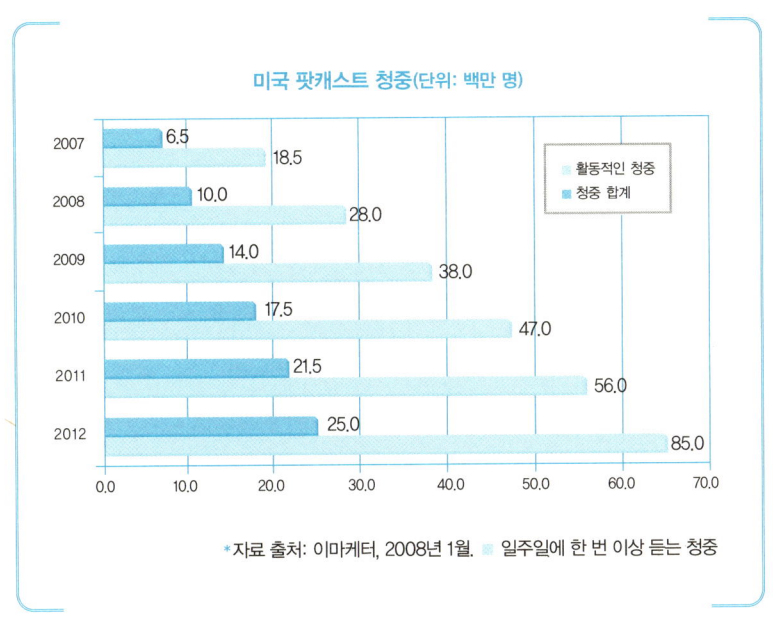

*자료 출처: 이마케터, 2008년 1월. ■ 일주일에 한 번 이상 듣는 청중

효과에 비해 아주 저렴한 도구이다.

B2B 고객은 팟캐스트를 매우 선호한다. 2007년 초, 정보관리책임자CIO, chief information officer들을 위한 미디어 자산 프로젝트에 참여했을 때 나는 기업자문위원회에 있는 CIO들을 여럿 만났다. 그들은 팟캐스트가 통근시간이나 운동시간 등 여가시간 활용과 학습에 매우 효과적임을 알고 있었다.

팟캐스트는 이제 팟캐스트만큼이나 간단하게 업로드와 다운로드가 되는 비디오캐스트와 늘 함께하고 있다. 비디오캐스트를 활용하면 DVD나 비디오테이프를 대량 제작하는 비용을 들이지 않고도 제품설명과 고객의 제품 경험담을 효과적으로 소개할 수 있다. 뒤에서 다시 한 번 비디오 콘텐츠에 대해서 자세히 살펴볼 것이다.

팟캐스트가 지상파 라디오에 대한 강력한 도전자로 여겨졌던 초

> **SECRET** 팟캐스트는 B2B 커뮤니케이션에서 아주 효과적이다.

기 명성을 빠른 시간 내에 회복할 것 같지는 않다. 하지만 마케팅 프로그램에서 아주 효과적인 방법임은 분명하다.

# 블로그와 팟캐스트 관련 자료

### 블로깅 관련 서적

- 로버트 W. 블라이 Robert W. Bly, 《블로그 스모그 Blog Schmog: 당신의 비즈니스를 위해 블로그가 해줄 수 있는(없는) 모든 것 The Truth About What Blogs Can(and Can't) Do for Your Business》
- 셀 앤 테드 디모폴러스홀츠 Shel and Ted Demopoulous Holtz, 《비즈니스 블로그: 당신이 알아야 할 모든 것 그리고 조심해야 하는 이유 Blogging for Business: Everything You Need to Know and Why You Should Care》
- 로버트 앤 셀 이스라엘 스코블 Robert and Shel Israel Scoble, 《블로그 세상을 바꾸다: 나와 회사를 변화시키는 블로그 마케팅 노하우 Naked Conversations》
- 데이비드 미어먼 스콧 David Meerman Scot, 《온라인에서 팔아라 The New Rules of Marketing and PR》
- 데비 웨일 Debbie Weil, 《기업 블로깅: 올바른 기업 블로그 운영을 위해 당신이 알아야 할 모든 것 The Corporate Blogging Book: Absolutely Everything You Need to Know to Get It Right》

## 블로깅에 관한 웹 정보

- 어 쉘 어브 마이 포머 셀프 A Shel of my Former Self
- 앤디비어드 AndyBeard
- 어텐션맥스 AttentionMax
- 블로거스 블로그 Bloggers Blog
- 비즈니스 블로그 컨설팅 Business Blog Consulting
- 도쉬도쉬 Dosh Dosh
- 기가옴 GigaOm
- 조호 더 블로그 Joho the Blog
- 마케팅 프롭스 데일리 픽스 Marketing Profs Daily Fix
- 매셔블 Mashable
- 마이크로 퍼슈에이젼 Micro Persuasion
- 미스다니엘 MsDanielle
- 온라인 마케팅 블로그 Online Marketing Blog
- 로빈굿 Robin Good
- 스코블레이저 Scobleizer

## 팟캐스트 관련 서적

- 테드 디모플러스 Ted Demopoulos, 《아무도 알려주지 않는 블로깅과 팟캐스팅에 대한 비밀 What No One Ever Tells You About Blogging and Podcasting》
- 마이클 조지헤건 Michael Georgehegan, 《팟캐스트 솔루션: 팟캐스팅에 대한 완벽 가이드 Podcast Solutions: The Complete Guide to Podcasting》

**팟캐스팅 관련 웹 정보**
- 댄 브리클린 팟캐스팅 셋업 Dan Bricklin's Podcasting Setup
- 가이드 투 바잉 팟캐스트 이큅먼트 Guide to Buying Podcast Equipment
- 하우 투 팟캐스트 블로그 How to Podcast Blog
- 팟캐스트 아카데미 Podcast Academy
- 팟캐스팅 이큅먼트 가이드 Podcasting Equipment Guide
- 팟캐스팅 툴 Podcasting Tools

# CEO 블로거 성공 사례

메릴 더브로우 Merrill Dubrow 의 블로그는 그야말로 예측을 불허한다. 열흘 동안 그의 블로그에서 다룬 주제는 데이트할 때 추천하는 최고의 영화, 선두를 달리는 시장조사회사 사장과의 인터뷰, 비크람 요가 Bikram Yoga 수업 경험담, 자신이 가장 좋아하는 보드게임 총괄편 등 아주 다양하다.

이런 주제들은 CEO 블로그에서 나올 법한 주제가 아니지만, 메릴의 블로그에서는 이런 이야기들이 통한다. 그것도 아주 효과가 좋다.

효과를 증명하는 수치는 거의 경이적인 수준이다. 일주일간 순방문자 수가 대략 900명이다. 그러나 정말 놀라운 것은 댓글 비율이다. 일주일에 평균 47%의 글에 댓글이 달린다. 어떤 게시물은 댓글이 40개가 넘어간다. 이렇게 활발한 피드백 덕에 메릴은 더욱 힘을 얻는다. 그는 텍사스 어빙에 소재한 직원 100명 규모의 시장조사회사인 마크 리서치 MARC Research 의 CEO이다.

"블로그를 통해 연설 예약, 신규채용, 비즈니스 제안까지도 할 수 있습니다."라고 그는 말한다. "회의에 참석하면, 열 명에서 열다섯 명 정도가 제 블로그 이야기를 꺼내고 관련 이야기를 합니다."

그러나 이런 식으로 블로그를 운영해서는 안 된다는 것이 일반적인 통념이다. 블로그는 특정주제에 초점을 맞춘 전문적인 성격을 갖추어야 하며, 그 주제에 대한 풍부한 정보를 제공해야 하는 것으로 여겨진다. 메릴 더브로우 사장이 자신만의 블로그 운영방식을 인정받은 이유는 그가 메릴 더브로우이기 때문이다.

"저는 연결고리 역할을 합니다. 많은 이들을 알고 있고, 시장조사 업계에서 아주 눈에 띄는 위치에 있지요. 그래서 사람들을 서로 연결시켜주는 역할을 하는 것입니다."

또한 그는 사람들이 좋아할 만한 스타일의 소유자이며, 이런 면모가 블로그에 잘 반영되어 있다. 만일 당신이 다른 사람들을 사로잡을 수 있는 개성을 가졌다면 주저하지 말고 자신만의 개성을 발휘하라. 이런 접근법이 놀라울 만큼 큰 효과를 발휘한다.

메릴 사장은 자신이 가진 개성을 '진지하며 내 의견을 강하게 주장하고, 약간은 푼수끼가 있으며, 열정적인 성격'이라고 묘사한다. 조금은 무미건조한 '메릴 더브로우 블로그'라는 제목을 단 그의 블로그는 삶에 관한 이야기들로 가득하다. 그는 자신의 블로그가, 별로 특별할 것이 없는데도 히트했던 시트콤 드라마 〈사인필드 Seinfeld〉와 비슷하다고 말한다.

메릴 사장과 그의 동료들은 블로그에 대한 반응을 측정하는 데 열심이다. 표준적인 웹 측정방법 외에도 댓글의 평균 길이(106단어), 총 댓글 수(약 18개월에 1,700개), 그리고 댓글을 4개 이상 단 사람 수(115명)를 중요한 측정기준으로 삼는다. 또한 메릴 사장은 구글 검색, 키워드 검색, RSS구독에서 자신의 블로그가 어느 정도의 성과를 기록하는지 체크한다.

ROI는 어떨까? 아직은 미지수이다. 그러나 블로그의 명성과 독자의 호감은 비용대비 효과로 볼 때 아주 훌륭한 편이라고 했다.

메릴 사장은 원칙을 정해놓고 블로그를 운영했다. 월·수·금요일마다 새 글을 올리고, 각 글은 400단어 이내로 유지한다. 그는 방문자들이 댓글을 남기도록 적극 장려했으며, 주식시장 예측게임이나 반복 트래픽을 활성화시키는 북클럽 등의 마케팅 전술을 사용했다. 양키스Yankees와 레드삭스Red Sox 팬들의 대결 같은 확실한 주제는 히트 보증수표이다. 스카이다이빙 경험 같은 색다른 주제 역시 인기 만점이다. 그는 종종 독자들에게 질문을 던진다. "사람들을 관찰하려면 어디가 가장 좋은 장소일까요?" 최근 그가 올린 글이다. 12명이 댓글을 달았다.

물론 그의 블로그가 재미와 게임만 추구하는 것은 아니다. 메릴 사장은 블로그 콘텐츠에 시장조사의 새로운 트렌드와 업계 동료들의 프로필, 회사 조사에서 알게 된 흥미로운 점들에 대해 토론할 거리를 가미하고 있다. 결국 이 블로그는 CEO 블로그인 것이다.

메릴 사장은 18개월간 블로깅을 하면서 터득한 비결을 정리했다.

- 천천히 시작하라. 매일 글을 올리려 하지 마라. 독자들의 댓글에 반드시 답하라.
- 반드시 목적을 정해라. 책 홍보가 목적인가? 구직이 목적인가? 사업 아이템을 찾고 싶은가? 당신의 휴가에 대해 말하고 싶은가? 당신이 어떤 목적을 정하느냐에 따라 콘텐츠 전략이 달라진다.

- 혼자하지 마라. 아이디어를 논하고 글을 검토하며 기술적인 문제가 발생했을 때 도움을 구할 수 있는 파트너가 있어야 한다.

다음은 임원 블로깅을 하는 이들을 위한 조언이다.

- 창의적인 발상이 필요하다. 다른 블로거의 효과적인 아이디어는 무엇이었는지 살펴보고, 당신이 가장 편한 방법을 받아들여라.
- 개인적으로 접근하라. 블로그는 당신의 개성을 반영해야 한다. 독자들이 블로그를 보고 마치 당신을 아는 것 같다는 느낌을 주어야 한다. 개인적인 이야기를 담은 콘텐츠가 많으면 많을수록 성공확률은 높아진다.
- 자연스러운 게 최고이다. 메릴 사장은 자신이 독자들과 상호작용하는 게 좋았기 때문에 음성이나 동영상 발표식의 이야기는 별로 하지 않았다. 그는 댓글이 달리는 것을 좋아했고, 그래서 강의식보다는 대화구조로 블로그를 운영했다. 그렇다고 꼭 이 방식을 따라야 하는 것은 아니다. 당신이 더 선호하고 편하게 느끼는 방식을 선택하라. 당신의 스타일과 색깔에 잘 맞는 방식으로 진행하라.

메릴 사장은 블로그의 힘이 끊임없이 자신을 놀라게 한다고 말했다. 긴퍼린스의 침석자들이 그의 블로그를 접힌 후 만나보고 싶다는 생각을 했고, 그래서 이 자리에 왔다는 말을 들을 때마다 메릴 사장은 블로그의 위력을 실감한다고 했다.

"이제 저나 당신의 말에는 큰 힘이 있습니다. 이전과 비교할 수 없는 아주 강력한 힘이죠." 메릴 사장의 조언이다.

CUSTOMER CONVERSATIONS

CHAPTER
06

# 소셜네트워크의 속성을 이해하라

소셜네트워크의 특징과 현상을 다루었다. 이런 서비스들의 갑작스러운 인기, 공통적인 특징, 시장의 특성 등을 알아보자.

마이스페이스 사람들이 싫어하는 것은
아동 성도착증 환자나 스토커가 아니다.
그들이 정말 싫어하는 것은 마케터와 광고주이다.
- 지오바니 갈루치, 덱스터리티 미디어 공동창업자, IT컨버세이션 인터뷰 중 일부 -

플릭커Flickr는 등록회원 수가 1,100만 명에 순방문자 수가 한 달에 3천만 명에 육박하며, 10억 장 이상의 사진을 보유한 사진공유 커뮤니티다. 플릭커 회원들이 올리는 사진 수는 하루 150만 개에 달하며 서로의 작품에 대해 적극적으로 댓글을 달고 검색도 한다. 전문 사진작가들은 자신의 포트폴리오 전체를 플릭커에 올리고, 사이트 내 50만 개의 소그룹들이 왕성하게 활동중이다.

당신이 상상할 수 있는 거의 모든 분야에 대한 그룹이 플리커에 존재하고 있다. 예를 들어 어번 네이처 Urban Nature 그룹에서는 도시 속 자연 이미지를 보여주고, 베이컨 그룹 Bacon Group 에는 그야말로 베이컨 사진들이 넘쳐난다. 스타벅스 그룹 Starbucks group 의 회원들은 본인이 선호하는 스타벅스 매장과 물품 사진을 열심히 올리고 있다. 회원이 900명에 달하는 미니쿠퍼 그룹 Mini Cooper group 에 가보면 회원들 각자가 업로드한 미니쿠퍼 사진이 6,000건이 넘는다.

이를 보면 카메라 제조업체인 니콘 Nikon 의 마케터들이 2006년 플리커를 마케팅의 기회로 삼았던 이유를 쉽게 이해할 것이다. 당시 플리커에는 이미 니콘 그룹이 형성되어 있었고, 그 중에는 회원 수가 몇천 명에 육박하는 그룹도 있었다. 사람들은 자신이 소유한 장비와 기술에 대한 모든 정보를 공유하고 있었고, 니콘이 보기에 그들은 마치 잡히기를 기다리고 있는 통 속의 물고기와 같았다.

니콘은 플리커 공략을 위한 마케팅 예산을 책정하고 시행에 들어갔다. 니콘은 플리커의 소유자인 야후와 플리커에 니콘 브랜드 그룹을 만드는 계약을 체결하고, 니콘 스터닝 갤러리 Nikon Stunning Gallery 라는 사이트를 만들었다. 이 갤러리에는 플리커에 있는 니콘 애호가들이 찍은 사진 중 선별된 최고의 사진들이 게시되었다. 니콘은 신형 D80 디지털카메라를 출시하면서 16대를 열성 플리커 회원들에게 선사했다. 선별된 회원들의 사진이 《비즈니스 위크》지에 실린 3페이지짜리 광고에 들어가기도 했다. 이런 캠페인은 사진작가들에게는 꿈 같은 기회였기 때문에, 사진작가들은 지속적으로 자신의 작품을 홍보하려 애썼다. 수준 높은 아마추어 작품을 원했던 니콘과 그들의 열망이 적절하게 맞아떨어진 것이다.

오늘날 플리커에 있는 니콘 그룹의 회원 수는 5만 명이 넘는다. 야후의 한 임원은 스터닝 갤러리 캠페인을 2006년 플릭커 홍보의 최고 성공 사례로 꼽고 있다.

## 소셜네트워크는 광고를 좋아하지 않는다

니콘의 사례는 소셜네트워크 마케팅의 초기 단계에서 가장 성공적인 사례로 꼽힌다. 소셜네트워크 마케팅은 생소한 분야라 모범 사례가 거의 없다. 물론 온라인 커뮤니티 자체가 새로운 개념은 아니다. 토론 포럼은 컴퓨터 네트워크 초기 단계에 등장했고, 브랜드를 가진 커뮤니티는 1995년부터 등장했다. 그러나 2007년에 와서야 온라인 커뮤니티가 폭발적인 인기를 얻게 되어 마케터들의 시선을 끈 것이다. 이마케터에 따르면 전 세계적으로 소셜네트워크에 대한 광고 비용은 2007년에 1조 2천억 원에 달했으며, 2009년에는 2조 4천억 원에 달할 것이라 했다.

기업에게 소셜네트워크가 좋은 기회가 되는 까닭은 온라인 마케팅에 드는 부담스러운 비용을 대폭 줄일 수 있기 때문이다. 예를 들면, 페이스북에는 회원 수가 10만 명이 넘는 다양한 스타벅스 커뮤니티가 있지만, 이들 중 스타벅스의 후원을 받는 커뮤니티는 한 군데도 없다. 커뮤니티는 사용자에게는 매력적인 장소이자 마케터에게는 구미가 당기는 타깃이다.

"페이스북 게임인 스크라브러스Scrabulous의 탁월한 장점은 페이

> **SECRET**
> 소셜네트워크는 회원개발 비용을 대폭 줄일 수 있다.

스북 안에서 게임을 할 수 있다는 겁니다. 만일 외부사이트에 있었다면, 내 친구들을 또 처음부터 다시 검색해야 할 테니까요." 페이스북 회원 칼 새비지Karl Savage 는 날리지앳와튼Knowledge@Wharton 에 실린 글에서 이렇게 말했다.[1]

그러나 소셜네트워크가 너무 새롭고 검증되지 못했다는 이유로 마케터들은 큰 모험을 꺼리고 있다. 소셜네트워크가 광고 도구로 크게 각광받지 못했던 것도 이런 이유 때문이다. 이마케터는 2008년 초 미국 내 소셜네트워크 광고 비용을 예측하면서, 당초 약 1조 9천억 원이던 것을 약 1조 7천억 원으로 낮추면서 선두적인 소셜네트워크들이 여전히 가망성이 있는 광고모델 구축을 위해 고군분투하고 있다고 말했다. 하지만 이마케터는 2012년 미국 내 소셜네트워크 광고 비용을 온라인 광고시장의 5%에 이르는 약 3조 2천억 원 정도로 성장할 것이라 내다보았다.

> SECRET
> 소셜네트워크는 마케팅 메시지를 싫어한다. 그래서 마케팅 효과가 가장 낮은 플랫폼이다.

온라인 마케팅사 프로스펙티브Prospectiv의 조사에 따르면 3천 명 이상의 소셜네트워크 사용자 중 87%가 소셜네트워크에서 본 광고 중 본인이 관심있게 본 것은 거의 없거나 전혀 없다고 답했다. 그러나 응답자들은 맞춤광고에 대해서는 긍정적인 반응을 보였다.

구글은 2007년 하반기에 예상보다 저조한 실적을 기록했는데, 그 이유는 소셜네트워크 광고 실적이 좋지 않았기 때문이었다. 《비즈니스 위크》의 2008년 1월 기사 내용이다.

---

[1] 스크라브러스는 페이스북 초기의 최대 바이러스 마케팅 히트작 중 하나이다.

"소셜네트워크는 웹에서 가장 낮은 응답률을 보인다. 마케터들은 소셜네트워킹 사이트에서 만 명이 광고를 보아도 그 중 겨우 4명 정도만 광고를 클릭하며, 웹 전체의 비율이 만 명 중 20명인 것에 비해 아주 저조하다고 말한다."

이런 문제가 생기는 이유는 사람들이 브랜드에 대한 관심이 아니라 다른 이들과 소통하려 소셜네트워크를 사용하기 때문이다. 그들은 자신들의 대화에 끼어들려는 마케터의 노력을 거부하거나 공개적으로 비판한다. "소셜네트워킹 사이트는 관심사보다는 사람을 중심으로 형성되어 있다." 도나 보이드Danah Boyd와 니콜 엘리슨Nicole Ellison은《컴퓨터 매개 커뮤니케이션 저널Journal of Computer Mediated Communication》에 실린 연구 보고서,〈소셜네트워크 사이트: 정의, 역사, 연구Social Network Sites: Definition, History, and Scholarship〉에서 "소셜네트워크 사이트는 개인 간의 네트워크 구조로 되어 있으며, 거기에 속한 각 개인들은 각자 자신의 커뮤니티 중심에 있는 사람들"이라고 결론내렸다. 소셜네트워크에서 이처럼 사람 사이의 연결은 신성불가침의 영역이다.

이런 연결이 소셜네트워크의 가장 큰 매력이지만, 마케팅의 관점에서는 오히려 걸림돌로 작용할 수 있다. 회원들은 소셜네트워크 안에서 다른 어떤 온라인 포럼에서보다 많은 정보를 기꺼이 공유하지만, 한편으로는 그 정보를 누가 보고 그 정보를 가지고 무엇을 하는지 통제하고 싶어한다.

2007년 말, 페이스북은 친구에게 구매결정 목록을 보여주는 서비스를 취소하고 다른 서비스로 개편해야 했다. 당시 7만 5천 명이 넘는 회원들이 이 서비스에 반대하는 서명에 동참했다. 그들은 이 서명운동을 '비콘Beacon'이라 불렀다. 그 사건은 소셜네트워크를 통한 마케팅에 한계가 있음을 보여주는 대표적인 사례로 꼽힌다. 사람들은 친구나 동료와는 정보를 공유하고 싶어하지만 기관과의 정보 공유는 거부한다. 이런 점 때문에 소셜네트워크는 마케터에게 넘기 힘든 산과 같다.

## 소셜네트워크 구분하기

연령별, 관심사별, 지역별로 수많은 소셜네트워크가 존재한다. 음식점 리뷰 그룹도 있고, 지역 이벤트를 알려주는 그룹, 의학 정보 그룹, 스포츠팀 그룹도 있다. 회원들이 동영상을 만드는 법을 알려주는 네트워크만 해도 최소한 네 개나 된다. 서로 웹사이트를 추천해주는 소셜북마킹 네트워크도 있다. 비디오나 책 등 여러 가지 미디어를 중심으로 형성된 네트워크도 있다.

거의 날마다 새로운 네트워크들이 형성되며, 기술 비용 감소와 저렴한 광대역 서비스 덕에 소셜네트워크 형성은 더욱 탄력을 받고 있다. 이들을 대략적으로 살펴보아도 책 한 권 분량은 족히 될 것이다. 그래서 이 부분에서는 세부적인 사항보다는 전체적인 틀을 살펴보자. 소셜네트워크는 크게 다음의 분야로 분류할 수 있다.

**일반적인 목적** 마이스페이스나 페이스북과 같은 대규모 사이트들은 다양한 관심사별로 사람들을 연결시키는 것이 특징이다. 페이스북의 경우 회원 수가 4억 명이 넘으며, 모든 이들의 관심사를 아우르고 있다. 대기업이나 유명 브랜드 기업의 경우, 이런 일반적인 목적의 네트워크는 청중을 모으는 데 최고로 효과적이다. 하지만 그들이 꼭 실질적인 구매자라고 볼 수는 없다. 마이스페이스와 페이스북을 제외한 나머지 소규모 네트워크들은 전체 트래픽의 2% 미만을 차지하는 실정이며, 이런 이유로 2007년 말 이후부터 이 시장은 점점 통합양상을 보여왔다. 그러나 소규모 네트워크 중에는 미국보다 해외에서 선전하는 것들도 있다.

**분야별 전문 네트워크** 전문 네트워크는 내과의사 Sermo 부터 개인 재무관리 Wesabe, 쇼핑 ThisNex 에 이르기까지 아주 구체적인 주제에 초점을 맞추는 커뮤니티를 형성하고 있다. 일반적인 목적의 사이트들에 비해 제공하는 서비스 수는 적지만, 주제를 심도 있게 다루고 회원들끼리의 참여도가 높은 경우가 많다.

전문 네트워크는 다양하다. 너무 다양해서 혼란스러울 정도다. 보건 분야만 보더라도 케어페이지 CarePages, 웰스피어 Wellsphere, 페이션트라이크미 Patientslikeme, 레볼루션헬스 RevolutionHealth, 아이메딕스 iMedix 가 있다. 연령층이 높은 어르신들은 엘더위즈덤 서클 Elder Wisdom Circle, 그랜드페어런츠 Grandparents, 티비디 TeeBeeDee, 멀티플라이 Multiply 중에서 선택할 수 있고, 자녀를 둔 어머니에게는 케어맘 CareMom, 마더스그룹 MohtersGroup, 맘정션 MomJunction, 마더스클릭 MothersClick 을 추천할 수 있겠다.

이런 네트워크들은 아주 매력적인 마케팅 통로 기능이 있다. 회원 수가 적다고 얕보지 마라. 그룹과 토론 주제, 참여자들을 자세히 살펴보고, 당신의 마케팅 목적과 일치하는 콘텐츠가 있는지 찾아보라. 마케팅 비용은 규모가 큰 소셜네트워크에 비해 비용은 적게 들고 마케팅 대상은 더 구체적으로 범위를 좁힐 수 있다.

뉴저지 클라크에 있는 골드 그룹 Gold Group 의 소셜미디어 마케터 제프 그린은 유튜브처럼 규모가 큰 사이트보다 특수 관심사를 중심으로 친밀하게 활동하는 커뮤니티 환경이 마케팅에 더욱 효과적이라며 이렇게 말한다. "통제가 제일 잘될 것이라고 기대하는 바이럴 동영상 사이트viral video site들이 사실 영향력 면에서 가장 최악인 경우가 많습니다." 골드 그룹이 우스운 영상을 활용한 립톤 아이스티 광고를 할 때도 라이브비디오LiveVideo, 데일리모션DailyMotion처럼 특수목적 사이트에서 성공률이 훨씬 높았다. 이런 사이트는 친구 네트워크가 훨씬 끈끈하다. 이 말은 곧 '추천' 표시 하나가 일으키는 트래픽이 유튜브에서보다 훨씬 높다는 뜻이다.

**소셜북마킹** 소셜네트워크의 가장 큰 카테고리 중 하나로 딕Digg, 딜리셔스del.icio.us, 스핀Sphinn, 레딧reddit, 프로펠러Propeller, 샤우트와이어Shoutwire와 같이 트래픽이 엄청난 사이트도 여기 포함된다. 회원들은 흥미로운 웹사이트 정보와 비평을 공유하고, 웹사이트를 추천한 양과 질을 기준으로 프로필 순위 경쟁을 한다.

마케터들에게 소셜북마킹 사이트가 중요한 이유는 트래픽을 유발하는 데 중요한 역할을 하기 때문이다. 예를 들면, 딕 첫 페이지에 올라온 웹페이지는 하루에 수만 명이 방문한다.

**추천엔진** 추천 웹사이트는 비교적 최근에 등장한 새로운 카테고리며, 옐프Yelp나 고잉Going 같은 평가 웹사이트부터 구체적인 취향별로 콘텐츠를 구성한 서비스에 이르기까지 다양하다.

추천 사이트와 소셜북마킹 사이트는 공통점이 많다. 예를 들어 스텀블어폰StumbleUpon은 가장 오래되고 인기가 많은 추천 사이트 중 한 군데인데, 여기서는 회원들이 본인과 관심거리가 유사한 다른 회원들에게 웹사이트를 추천해준다. 매치마인Matchmine이라는 미디어 추천 사이트는 사용자들이 좋아하는 미디어나 오락물을 소개하고 다른 회원들의 의견을 바탕으로 추천을 하도록 되어 있다. 스쿠타Scouta 역시 비슷한 사이트이며, 크리티커Criticker는 영화 추천엔진이고, 러브스닷앳Loveth.at은 회원들끼리 광고를 추천하는 사이트이다.

**소셜쇼핑** 새롭게 등장해서 가장 빠른 성장을 거듭하고 있는 소셜 네트워크 중 하나이다. 쇼핑 추천엔진은 쇼핑을 집단적인 이벤트로 여기는 사람들의 욕구를 충족시켜준다. 스타일하이브Stylehive, 카부들Kaboodle, 크라우드스톰CrowdStorm은 아마존 모델을 기반으로 피드백을 제공하는 커뮤니티를 조직했으며, 온갖 종류의 상품 선택을 도와주는 리뷰를 제공한다. 카부들이 초기에 트래픽 선도자 역할을 했지만 이 시장은 아직 초기 단계며 매우 세분화되어 있다. 소셜쇼핑은 거대한 잠재력을 가지고 있다.

2007년 9월에 발표된 아이크로싱iCrossing의 〈온라인 소매에서 미국인은 어떻게 검색하는가? How America Searches: Online Retail〉라는 주제의 연구에 따르면, 온라인 소비자의 63%가 물건을 사기 위해 검색엔진을 사용하는 등의 사전조사 작업을 먼저 한다고 밝혔다. 소셜쇼핑 사이트들은 긍정적인 리뷰를 즉각적인 구매로 전환시키는 사업적인 연결을 만들기 위해 다양한 방법을 모색중이다.

**수평적 네트워크** 이 사이트들은 여행TripAdvisor, 부동산Zillow, 살아가는 이야기Only Human, 데이트Match, 비즈니스 개발LinkedIn 같은 폭넓은 주제를 다루는 게 특징이다. 이런 사이트의 회원 수와 규모는 매우 다양하며, 마케팅 측면의 가치 또한 천차만별이다. 회원들이 중요한 투자 결정이나 인생 문제 결정을 논의하는 경우가 많기 때문에 상당히 심도 깊은 주제를 다룰 수 있다.

> **SECRET** 사진이나 동영상공유 사이트는 열정적인 고객을 만날 수 있는 가장 효과적인 장소이다.

**사진·동영상 공유** 사람들은 이런 사이트를 이용하여 자신과 다른 이들의 작품을 공유하고 서로 평을 한다. 유튜브 Youtube 나 플릭커 Flickr 는 규모가 아주 크고 수천만 명의 회원을 가지고 있다. 유튜브는 거의 혼자 힘으로 인터넷에서 가장 성공적인 바이러스 마케팅 캠페인들을 이루어냈다. 이런 사이트의 커뮤니티는 상당히 퉁명스러운 분위기며, 종종 공격적인 비평 때문에 당혹스럽기도 하다. 하지만 마케터는 이런 사이트를 통해 캠페인의 목적을 재구성하고 새로운 메시지를 시험해볼 수 있다.

**가상세계** 세컨드라이프 Second Life 는 가상세계의 대표주자로 이밖에도 가이아 Gaia, 데어 There, 게임 중심의 에버퀘스트 Everquest, 월드 오브 워크래프트 World of Warcraft 등 여러 사이트가 존재한다. 이런 커뮤니티는 대중에게 큰 호응을 받는다. 이마케터에 따르면 3,400만 명이 넘는 미국 어린이와 십대 인터넷 사용자들 중 3분의 1 정도가 이들 커뮤니티를 최소한 한 달에 한 번 이상 방문한다. 또한 이들은 가상 이벤트나 가상 상점을 위한 장소로 성공을 거두었다. 그러나 마케팅 수단으로써 효과는 아직 논의 단계에 머무르고 있다.

**모바일** 트위터 Twitter 는 최고의 인기를 누리는 소셜네트워킹 사이트 중 한 곳이다. 동시에 아주 재미있는 마케팅 기회를 제공하는 사이트이다. 트위터 서비스는 경험이 없는 초보자들을 당황스럽게 하는 면도 없지 않다. 하지만 일단 시작하면 무서울 정도로 빠져들게 만드는 힘이 있다. 트위터 플랫폼을 기반으로 하거나 이와 유사한 플랫폼을 이용한 자이쿠Jaiku(현재는 구글 소유임), 어터즈Utterz, 시스믹Seesmic 등 십여 개의 서비스가 출현하기도 했다.

**해외 사이트** 미국시장에서 각광을 받는 서비스들은 대부분 해외에서 동일한 인기를 누리지 못한다. 예를 들어 구글의 오컷Orkut은 미국에서는 거의 인기를 끌지 못했으나 브라질에서는 엄청난 사랑을 받고 있다. 한국에는 싸이월드Cyworld라는 인기 사이트가 있으며,

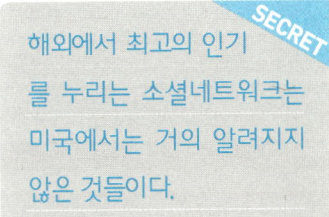

해외에서 최고의 인기를 누리는 소셜네트워크는 미국에서는 거의 알려지지 않은 것들이다.

남미 지역에는 하이5Hi5가 인기다. 일본에서는 믹시Mixi가 최대의 소셜네트워크로 입지를 굳히고 있으며, 스웨덴에서는 루나스톰Lunarstorm이 사랑받는다. 폴란드에서 인기 있는 사이트는 그로노Grono이다.

이처럼 국가마다 선호하는 기능과 서비스가 각기 다르다. 휴대전화가 컴퓨터의 역할을 하는 중국에서는 QQ메신저 서비스가 인기몰이를 하고 있다. 해외시장을 염두에 둔 회사라면 이런 서비스들을 통해 해외시장의 기회를 노려보는 것도 좋다.

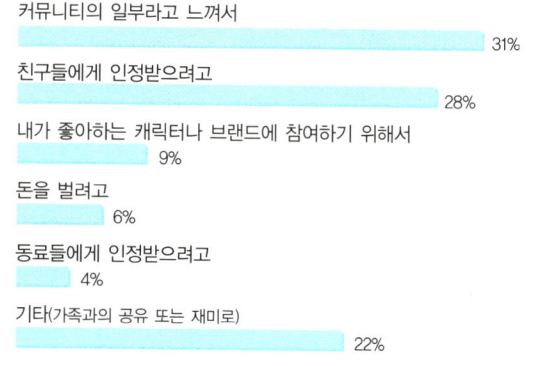

* 조사대상: 18세 이상 성인
* 자료제공: IBM비즈니스 가치연구소의 의뢰로 주머랭마켓 리서치Zoomerang Market Research에서 실시한 '미국 소비자연구: 디지털 엔터테인먼트와 미디어, 2007년 4월'

## 공통적인 특징

각 소셜네트워크마다 독특한 특성이 있지만 대부분 몇 가지 공통점을 갖고 있다. 그 중 하나는 회원가입이 자유롭다는 점이다. 대부분의 사이트가 이름과 이메일 주소만 입력하면 쉽게 가입할 수 있다. 따라서 수많은 일회성 방문자들이 회원으로 등록되어 있는 경향이 있다.

하지만 이 때문에 대규모 커뮤니티를 빠른 시간에 형성할 수 있었다. 처음에는 회원들에 대해 거의 아는 게 없다. 그러다가 점차 시간이 흐르면서 그들이 커뮤니티 활동을 통해 더 많은 정보를 내놓는 방식으로 사이트가 운영된다.

회원들은 이런 사이트에서 자기만의 공간을 가질 수 있으며 이곳에 자신의 관심거리, 배경, 개인 홈페이지, 좋아하는 오락활동 등의 정보를 공개한다. 또한 정보를 모든 회원에게 공개할 수도 있고 특정회원에게만 공개할 수도 있다.

소셜네트워크에서는 회원들 사이의 연결이 필수적인 요소이다. 회원 간의 관계를 일컫는 표현은 친구, 추종자, 커넥션 등으로 호칭도 다양하다. 페이스북의 '친구'나 링크드인의 '커넥션'에서는 서로 동의가 있어야 관계가 형성되며, 트위터의 '추종자'인 경우에는 상대방 회원의 반대가 없는 한 그 회원의 추종자가 될 수 있다.

친구관계 네트워크는 소셜네트워크의 핵심적인 매력이다. 포레스터 리서치에 따르면 회원들의 86%가 친구들의 근황을 알기 위해 네트워크 활동에 참여한다고 응답했다.

소프트웨어 어플리케이션을 지원하는 소셜네트워크도 점점 늘어나고 있다. 소프트웨어 어플리케이션은 대부분 서드파티 third-party (특정한 플랫폼에서 작동하는 소프트웨어나 상품을 개발하는 독립적인 제3의 회사) 개발자나 마케터들에 의해 제공되는 것이다.

이런 경향은 2007년 초, 페이스북이 프로그래밍 인터페이스를 성공적으로 개방하면서 탄력받게 되었다. 그로부터 1년이 지나자 페이스북에서는 1만 5천 개기 넘는 서드파티 어플리케이션이 등장했다. 다른 사이트들도 그 뒤를 이었다.

구글은 개발자들이 여러 네트워크에서 운영할 수 있는 어플리케이션을 구축하는 데 사용할 수 있는 오픈소셜 OpenSocial 로 페이스북을 눌러보려 했다. 구글의 이 시도는 어느 정도는 성공을 거두었으나 페이스북은 여전히 선도자의 위치를 굳건히 지키고 있다.

소프트웨어 어플리케이션을 이용하면 훌륭한 마케팅 기회를 얻을 수 있다. 가장 인기 있는 어플리케이션들은 영화나 음악에 대한 취향을 친구들과 비교하고 멀티유저 퀴즈게임을 할 수 있는 것들인데, 수십만 명의 페이스북 회원들이 사용하고 있다. 이런 어플리케이션의 사용자가 많은 것은 사용자가 원하는 프로그램을 만들었기 때문이다.

이 같은 예는 끼어들기 방식이 아니라 고객의 참여를 유도하는, 새로운 세대에 맞는 마케팅의 대표적인 성공 사례로 꼽을 수 있다. 그러나 현실적으로 대부분의 소셜네트워크 어플리케이션 사용률은 겨우 몇백 명이거나 그 이하에 머무르는 실정이다.

친구 네트워크 이면의 사회학은 아주 복잡하다. 어떤 이는 자신의 존재를 알리고 네트워크에서 강력한 영향력을 행사하기 위해 친구 수를 점점 늘려나간다. 또 어떤 이는 까다롭게 선별해 친밀한 친구관계를 유지한다. 슈퍼블로거 로버트 스코블Robert Scoble이 보유한 5천여 명의 페이스북 친구들과 10만 명이 넘는 트위터 추종자들은 블로거들 사이에서 늘 논란거리다. 소셜네트워크가 진정한 친구의 개념을 보잘 것 없는 것으로 만든다고 주장하는 이들도 있다.

회원이 되려는 동기가 무엇이든지, 친구관계는 소셜네트워크를 이용한 마케팅에서 필수적인 요소이다. 이런 관계는 개인적인 차원에서 이루어지는 것이다. 따라서 기업들은 친구관계를 발전시키기 위해서 자사의 직원들을 그 네트워크의 개인회원으로 가입시켜야 한다.

친구관계를 맺은 이들끼리는 서로 도움이 될 수 있는 정보접근 권한을 부여한다. 예를 들어 페이스북 회원들은 친구의 관심사, 회원

등급, 연결관계에 대한 추가 정보를 알 수 있다. 링크드인 회원들은 본인의 커넥션을 사용해서 다른 회원들에게 자신을 소개할 수 있다. 사람들은 친구집단 내에서 직접적인 질문을 하기도 하고 발표를 하기도 하며, 게임이나 콘테스트 같은 활동에 함께 참여하기도 한다.

개인적인 관계는 마케터에게 가장 어려운 도전과제가 될 수 있다. 대부분의 소셜네트워크 회원들은 기업과 친구관계를 맺는다는 건 모순된 행위라고 생각한다. 친구관계는 아주 개인적인 수준의 정보를 공유하기 때문에, 기업들이 이런 관계를 책임감을 가지고 유지할 것이라고 생각하는 사람은 별로 없다.

따라서 마케터는 판매자의 입장보다 파트너로서 관계를 활용하는 법을 배워야 한다. 마케터가 제공하는 가치가 사회규범과 일치한다면 사용자 커뮤니티가 마케터를 환영하며 받아들일 것이다.

예를 들어보자. 델컴퓨터는 2008년 초, 페이스북의 그래피티 월 Graffiti Wall을 사용하여 성공적인 캠페인을 전개했다. 회원들에게 '녹색'이 의미하는 바를 설명해달라고 요청했고 7,300명이 이 캠페인에 응했다. 입력된 글은 100만 표 이상을 받았고, 델의 '친구'는 1,300배나 증가했다. 델은 환경운동의 선두주자라는 이미지를 지향하고 있기에 이런 이벤트는 자사의 리제너레이션 ReGeneration.org 사이트 홍보와 완벽하게 맞아떨어졌다.

커뮤니티는 피드백뿐 아니라 이윤 창출의 강력한 원천이 될 수 있다. 캔디 제조업체인 캐드베리 Cadbury는 소셜네트워크에서 수만 명의 팬들이 위스파 Wispa 초콜릿을 재출시해달라는 캠페인을 벌이자, 결국 2007년 말에 그 요구를 들어주었다. 페이스북에는 아직도 500개 이상의 위스파 그룹이 존재하고 있으며, 이 중에는 회원 수가 만 명이 넘는 그룹도 있다. 유튜브에는 1980년대에 방영되었던 위스파의 텔레비전 광고가 다시 등장하기 시작했다.

캐드베리 대변인은 《텔레그래프》 신문에서 이렇게 말했다. "요즘 들어 저희 회사의 아즈텍 바Aztec bar와 데어리밀크트레이Dairy Milk tray 초콜릿에 대한 편지를 많이 받고 있습니다. 이전과 비교되지 않을 정도로 아주 많은 편지가 오고 있지요. 이번 기회를 통해 인터넷의 힘은 거품이 아니라는 사실을 증명하고 싶습니다."

하우스밸류HouseValues, Inc의 마케터 매트 하인즈Matt Heinz는 〈아이미디어커넥션iMediaConnection〉에서 이렇게 말했다. "소셜네트워킹 현상은 사람들이 자신에 대한 정보를 절실하게 공유하고 싶어하며, 다른 사람에게 자신이 무엇을 좋아하고 싫어하는지 그리고 심지어 바로 이 순간 무엇을 하고 있는지까지 (트위터 같은 서비스 덕에) 알려주고 싶어한다는 사실을 가르쳐주고 있습니다."

하인즈는 사람들이 친구들과 더욱 풍부한 정보를 공유할 수 있도록 해주는 서비스의 대표적인 예로 애플의 아이튠즈, 라라, 판도라 같은 음악공유 플랫폼을 들었다. "이런 회사들은 네트워크에서 타깃 상품이나 서비스에 대해 공유되고 있는 정보를 다시 고객들에게 사용합니다. 이것들은 관련성이 높고 상황에 맞는 것들이 제공되기 때문에 마케팅 같은 느낌이 거의 들지 않습니다."

많은 소셜네트워크에서 그룹은 중요한 요소이다. 그룹은 초기 온라인 단계의 토론 포럼이 발전한 형식으로, 비슷한 관심사를 공유하는 회원들이 스스로 조직한 모임이다. 거의 모든 그룹들이 토론 포럼의 기능을 갖추고 있으며 동영상, 사진, 음악 등을 공유하는 기능을 가진 경우도 있다. 또한 서로 협력하거나 경쟁하면서 즐기는 어플리케이션이 있는 그룹도 있다.

그룹을 만들거나 어떤 그룹의 회원이 되기는 쉽다. 그렇기 때문에 휴면상태인 그룹들도 아주 많다. 페이스북에서 당신의 브랜드나 카테고리를 검색해보면 검색 결과가 꽤 많아서 놀랄 것이다. 하지만 검색된 그룹 중 수개월 동안 방치되어 있거나 회원 수가 얼마 안 되는 그룹이 많다는 사실을 깨닫고는 또 한번 놀랄 것이다.

> **SECRET**
> 대부분의 소셜네트워크 그룹은 너무 작아서 큰 매력이 없다.

페이스북에는 애플 아이튠즈에 대한 그룹만 해도 500개가 넘고 볼링공 관련 그룹은 250개가 넘는다. 그러나 이들 중 대부분이 회원 수가 100명 이하인 소규모 그룹이어서 당신이 노력을 기울일 만한 규모에 미치지 못한다. 회원이 증가 추세에 있고 토론이 활발한 그룹을 찾아라. 이런 그룹에 건설적으로 참여한다면 회원들의 환영을 받을 수 있다.

네트워크의 회원으로 가입하면 자유롭게 원하는 그룹을 만들 수 있다. 순조롭게 진행되면 돈을 거의 들이지 않고도 캠페인을 진행할 수 있다. 《월스트리트 저널》에 따르면 세금보고 전문회사인 H&R 블록 H&R Block 은 유튜브, 페이스북, 마이스페이스에서 세금에 집착하는 캐릭터인 트루먼 그린 Trueman Greene 에 대한 게임과 비디오 등을 이용해서 캠페인을 벌였다. 이 회사의 콘텐츠는 각 네트워크에서 무료로 제공하는 그룹 기능만을 사용하여 만든 것이다.

하지만 무료서비스를 이용할 때 주의해야 한다. 비즈니스 모델 개발을 위해 고군분투하는 소셜네트워크 업체들이 당신의 창의적인 아이디어를 괘씸하게 여길지도 모른다.

그룹 내에서 다른 회원들과 상호작용할 때 반드시 준수해야 할 불문율을 알아보자.

**네트워크 회원이 지켜야 할 불문율**

1. 항상 소속을 밝혀라.

그렇지 않으면 '추방'될 위험이 있다. 위선자, 사기꾼 또는 그보다 심한 비난을 받을 수도 있다.

2. 가치 있는 것을 주어라.

가치 있는 것이란 간단히 말해 정보나 접근성, 새로운 광고나 영상 등을 말한다. 회원의 입장에서 생각하라. 과연 무엇을 제공해야 그들을 참여시킬 수 있을지를 깊이 고민해서 실행하라.

3. 인내심을 가져라.

많은 그룹들이 활동이 없는 휴면상태에 있다고 이미 언급했다. 당신의 그룹이 그렇게 되면 절대 안 된다. 특정한 문제나 한 가지 홍보 전략을 위해 그룹을 만드는 것은 바람직하지 않다. 당신의 기본적인 계획을 성장시키고 확대시킬 만한 구체적인 전략이 필요하다.

4. 즐거움을 주어라.

페이스북이나 마이스페이스 또는 베보Bebo 같은 일상적인 네트워크에서는 게임이나 콘테스트를 통해 회원들의 참여를 유도할 수 있다. 복잡할 필요는 전혀 없다. 페이스북에 있는 빅토리아 시크릿Victoria's Secret의 핑크 그룹은 바로 앞에 글을 올린 회원의 키와 몸무게를 알아맞히는 릴레이 게임을 실시했다. 첫 한 달간 350명 이상의 회원들이 이 게임에 참여하여 즐거운 대화와 토론의 시간을 가졌다. 이런 아이디어는 사이트에서의 활동을 촉진하는 역할을 할 뿐만 아니라 회원들끼리의 만남을 주선한다.

### 5. 디지털 브랜딩 도구를 사용하라.

지난 몇 년간 큰 각광을 받은 웹 개념은 단연 위젯widget이다. 위젯은 다른 사이트를 연결하거나 정보를 제공해주는 그래픽적인 도구를 말한다. 당신의 그룹을 좀더 보기 좋게 꾸며주는 여러 가지 디지털 도구 중 하나이다. 이외에도 월페이퍼, 홍보용으로 만들어졌거나 사용자가 제작한 동영상, 사진, 시험판 다운로드 등을 사용할 수 있다. 위젯에 대해서는 14장에서 자세히 다루도록 하겠다.

---

### 왜 소셜네트워크에 주목해야 하는가?

온라인 토론은 그것을 지탱하는 컴퓨터 네트워크만큼이나 오랜 역사를 가지고 있다. 인터넷 초기의 뉴스 그룹이나 컴퓨서브CompuServe, 더 웰The Well과 같은 개인 네트워크에서 시작되었다. 그렇다면 이런 초기 온라인 토론방식의 인기가 왜 순식간에 사라진 걸까?

기술의 발전이 중요한 이유를 차지한다. 저렴한 광대역 네트워크, 저가 하드웨어, 오픈소스 소프트웨어 덕에 기업이든, 열정이 있는 개인이든 누구나 몇 년 전과 비교할 수 없는 적은 비용으로 서비스를 개시할 수 있게 되었다. 온라인 동영상, 사진, 음성 채팅이 저렴한 멀티미디어의 공급도 이에 가세하여, 대화가 이루어질 수 있는 풍요로운 환경이 조성된 것이다. 실리콘밸리의 전설적인 인물인 가이 가와사키는 국영 라디오방송 테크네이션TechNation과의 인터뷰에서, 어떻게 그가 웹 벤처회사인 트루머스Truemors를 불과 1,500만 원이라는 적은 비용과 3명의 스태프만으로 설립했는지 설명했다. 3년 전만 해도 이런 벤처를 설립하려면 1억 원이 넘는 비용이 들었을 것이라고 그는 말했다.

마이SQL mySQL과 루비 온 레일즈 Ruby on Rails처럼 오픈소스 소프트웨어가 소프트웨어 개발의 경제학을 근본적으로 변화시켰다. 이제 소프트웨어 비용과 프로그램 개발에 수억 원을 들일 필요가 없는 시대가 왔다. 필요한 대부분의 소프트웨어는 무상으로 제공되며 기능도 우수하다.

하지만 지난 몇 년간 이런 현상의 강력한 원동력이 되어서 소셜네트워크를 틈새시장에서 일상생활로 끌어올려준 것은 바로 소셜네트워크의 혁신적인 모습이다. 아이들에게 소셜네트워크는 이미 유행인 동시에 필수품이다. 열여섯 살짜리 딸 앨리스는 나에게 이렇게 말했다. "십대면서 마이스페이스 계정이 없다는 건 그 사람한테 뭔가 문제가 있다는 말이에요."

소셜네트워크의 혁신적인 구조는 개인적인 공간 개념에서 비롯된 것으로 이제는 거의 모든 온라인 커뮤니티의 고유한 개념으로 자리잡고 있다. 마이스페이스나 페이스북 같은 네트워크에서 개인적인 공간은 각 회원의 열정, 욕구, 심지어 두려움을 표현한 멀티미디어 일기와도 같다. 네트워크 업체들은 종종 이런 개인적인 홈페이지와 관련된 재미난 이벤트를 열기도 한다.

예를 들어, 옐프는 회원들에게 생애 처음으로 갔던 콘서트에 대한 이야기를 나누도록 권유하면서 다음 문장을 완성하도록 했다. 'OO만 빼놓고 아무에게도 말하지 마세요.' 또한 이벤트 네트워크 고잉 Going은 'OOO하는 일이라면 비용 상관없이 카드를 확 긁어 투자하겠다'라는 문장을 제시했다.

한때 개인 정보가 온라인에 공개되는 것을 걱정했던 사람들이 이제는 자신의 프로필에 세세한 정보를 공개하고 있다. 이런 정보를 선별적으로 공유하고 이를 통해 관계를 형성·발전시키는 것은 네트워크의 주요 매력이다. 개인적인 공간 역시 커뮤니티에서 영향력과 입지를 구축하는 기반 역할을 한다.

대부분의 소셜네트워크에서는 회원들의 활동 정도에 따라 그들의 프로필이 달라진다. 회원들이 커뮤니티에서 활발하게 활동하고 상호작용을 많이 할수록 더 큰 영향력을 얻게 되는 것이다. 물론 단점도 있다.

2007년 여름 《월스트리트 저널》은 딕을 분석한 기사에서 아주 소수의 회원들이 딕의 첫 페이지에 자리잡을 기사를 결정하고 있다고 보도했다. "딕의 회원 수는 90만 명에 달하지만, 메인 페이지에 게시되는 글 중 3분의 1이 겨우 30명의 회원들이 쓴 글이다."라는 기사를 보도했다. "넷스케이프Netscape에서는 단 한 명의 사용자가 2주 동안 무려 217편의 글을 올렸는데, 이는 전체 인기 게시물의 13%를 차지하는 비율이었다."

수많은 블로거들이 자신의 콘텐츠를 홍보하기 위해 소셜네트워크를 상대로 어떤 방법을 사용해야 하는지에 대한 글을 썼다. 이 전술이 효과적인 건 사실이지만, 적발될 위험이 크다. 마케터는 절대 이런 방법을 사용하지 말아야 한다. 이런 방법으로 늘린 트래픽은 별로 가치가 없다.

네트워크 서비스마다 각기 다른 특징을 가지고 있듯이, 회원들의 동기도 각기 다양하다. 조사 결과에 따르면, 사람들이 페이스북을 사용하는 주된 이유는 기존의 관계를 유지하기 위해서고 링크드인의 경우에는 새로운 관계를 형성하기 위해서였다.

어떤 이들에게는 개인적인 이득을 얻을 수 있다는 것이 동기가 된다. 예를 들어, 전문가라고 자처하는 어떤 이는 자신의 글을 읽고 도움 받은 이들이 자신에게 보답하기를 바라는 마음에서, 다른 이의 사이트에 무작위로 투표하기 위해 스텀블어폰을 사용하는 방법에 대한 글을 올린다. 블로거들은 콘텐츠 구성 방법, 머리글 쓰기, 딕에서 트래픽을 최대로 높일 수 있는 포스팅 타이밍(힌트: 현재 인기를 끌고 있는 주제에 대한 콘텐츠를 만들어 올리기)에 대해 3천 자 정도의 글을 썼다. 링크드인은 다른 회원의 질문에 유용한 답을 제시하는 회원에게 점수를 준다. 이런 점수로 매겨진 순위는 구직할 때 이익을 주거나 컨설팅 계약을 따내는 데 도움을 주었다고 말하는 이들도 있다.

비결은 각 사이트 회원들의 동기를 유발시키는 게 무엇인지를 파악하고 당신의 목적과 가장 근접한 네트워크를 선택하는 것이다. 구직활동을 하는 사람에게 물건을 홍보하거나, 집을 사려는 사람에게 여행지를 홍보한다면 당신의 제안은 별 매력이 없을 것이다.

자, 이제 연령을 불문하고 모든 사람들이 소셜네트워크에 대해 느끼는 매력은 어떤 것인지 알아보고, 그 중 가장 중요한 요소를 살펴보자.

# 소셜네트워크의 매력

척 헤스터 Chuck Hester에게 소셜네트워크는 비즈니스를 좀더 효과적으로 수행하는 방법이다. 모린 그레이 Maureen Gray에게 소셜네트워크는 연락이 끊기기 쉬운 친구들과 회사 동료들을 연결해주는 생명선이다. 케이티 맥도널드 Katie McDonald에게 소셜네트워크는 미래의 학교 친구들을 미리 만날 수 있는 공간이다.

사람들은 저마다 소셜네트워크에 다른 가치를 부여한다(물론 아예 가치를 못 느끼는 사람도 있다). 하지만 소셜네트워크에서 적극적으로 활동하는 이들의 이야기를 들어보면 몇 가지 공통점이 있다.

이 책과 관련된 조사를 하면서, 나는 수십 명의 사람들에게 페이스북과 링크드인 서비스에 대해 느끼는 개인적이고 전문적인 가치에 대해 물어보았다. 그래서 내리게 된 결론은, 사람들은 나이에 관계없이 소셜네트워크에서 유사한 가치를 발견한다. 하지만 소셜네트워크의 잠재력을 발굴하는 면에서는 성인보다 아이들이 훨씬 더 창의적이고 풍부한 아이디어를 가졌다는 것이다.

# 인간관계의 확장

분명한 사실은 소셜네트워크가 인간관계 유지에 유용하다는 점이다. 누구든지 개인적으로 또는 특수한 목적으로 소셜네트워크를 활용하면 더욱 효율적으로 관계 유지를 할 수 있다.

나의 어린시절인 1970년대를 돌이켜보면 나의 친구 숫자는 열 손가락 안에 꼽을 정도였고, 그냥 아는 정도의 지인知人 숫자도 수십 명 선을 넘지 않았다. 오늘날 소셜네트워크를 이용하는 사람들 역시 친한 친구의 숫자는 여전히 적다. 하지만 지인의 숫자는 수백 명에 이를 것이다.

어른들에게는 요즘 친구와 옛날 친구들이 모두 온라인상에 있다는 사실이 정말 놀라운 일이 아닐 수 없다. 수년간 연락이 끊겼던 고등학교 친구나 예전 직장동료들을 페이스북에서 찾으면 이전의 관계를 다시 살릴 수 있다.

소셜네트워크는 거리와 시간의 간극을 메워준다. 한때 친구였던 이들과 이사나 결혼 또는 이직으로 서로 연락이 두절된 경험은 누구에게나 있다. 소셜네트워크는 이런 공백을 채워준다.

"자주 만날 수 없는 이들과 소셜네트워크를 통해 연락을 유지하거나 요즘 근황이 어떤지 물어봅니다." 달라스에 소재한 재블린다이렉트 Javelin Direct의 임원인 하이디 르마 Heidi Lemarr의 말이다.

올해 스물한 살이고 최근 대학을 졸업한 케이티 맥도널드 역시 이 의견에 동의한다. "소셜네트워크의 최대 가치는 자주 대화를 나누지 못하는 사람들과 연락을 유지할 수 있다는 거예요."

소셜네트워크는 또한 지인들끼리의 연락과 관계 유지가 지니는 가치를 더욱 높여준다. 지인이란 한때 같은 반이었거나 파티에 함께 참석한 적은 있지만 친한 친구는 아닌 사람들을 말한다. 관계가 그리 친밀하지는 않지만, 그래도 유지할 만한 가치는 있다.

전화와 이메일을 통한 연락도 관계를 유지하는 데 도움이 되는 수단이다. 하지만 시간이 많이 걸린다. 소셜네트워크는 연결을 일상생활의 부산물로 만들어준다. 사람들이 퀴즈에 답을 하거나 사진을 올리거나 가상 벽에 뭔가를 쓰거나 본인의 행방에 대한 글을 올리면, 지인들 전체에게 연락이 간다. 이런 간접적인 연락이 소셜네트워크의 효율성을 높이는 요소이다.

검색엔진 마케팅전문가 스테파니 패스코우Stephanie Faskow는 마이스페이스와 페이스북은 친구들과 연락을 유지할 수 있도록 해주는 역할이라고 한다. "대학 졸업 후 멀리 이사왔지만 이런 네트워크 덕에 지속적으로 친구들과 연락이 되네요."

모린 캐플랜 그레이는 자신이 사람을 좋아하는 스타일이라고 말한다. 기술분석회사 가트너Gartner의 애널리스트였다가 지금은 본인의 회사인 그레이 컨설팅을 설립한 그녀는 8년 동안 재택근무를 했다. "소셜네트워크 덕에 사람들과 연락이 끊기지 않았어요. 그래서인지 외롭다는 생각이 안 들더군요."

그레이는 플락소나 링크드인 같은 연락관리 서비스에서 가치를 발견했다. 이런 서비스는 사람들이 이사를 하거나 이직을 하는 경우 자동적으로 업데이트된 연락처를 제공해준다. "5년 동안 다섯 번이나 회사를 옮긴 사람들도 있죠." 온라인 서비스는 지인들의 소재에 대해 업데이트 정보를 제공해준다.

프리랜서 그래픽디자이너 로리 앤 맥케이그Lori Anne McKague는 그레이의 의견에 동의하면서 소셜네트워크는 자영업자나 외딴 곳에서 일하는 이들이 느끼기 쉬운 박탈감을 채워주는 역할이라고 말한다. "온라인 네트워크를 통해 실질적인 직장 내 네트워킹을 경험할 수 있습니다. 사교는 직장생활에서 아주 큰 부분을 차지하고 있습니다. 이제는 저도 이런 부분을 놓치지 않을 수 있지요." 그녀는 페이스북의 사진을 통해 멀리 떨어진 곳에 있는 고객의 얼굴을 볼 수 있게 되었다고 덧붙인다.

## 직장 이동과 경력 관리

소셜네트워크를 이용하여 이직을 하는 사람들도 있다. 홍보전문가 척 헤스터는 링크드인에서 전문가로 자리잡는 데 최대한 초점을 맞추면서 공을 들여 전략적인 연락처 목록을 만들었다. "이 리스트로 전국에 제 이름을 알릴 수 있었습니다."라고 그는 말한다.

그는 현재 노스캐롤라이나 더럼에 소재한 이메일마케팅 서비스사 아이콘택트iContact에서 일하고 있다. "언론사 인터뷰도 했고, 연사로 초빙도 받았죠. 링크드인에서 목록을 만들어 전략적으로 접근한 덕에 여덟 군데 이상의 출판사나 블로그에서 저희 회사 이야기를 다루어주었습니다."

자주 출장을 다니는 그는 출장 기간 동안 링크드인을 이용하여 모임을 만들었다. 링크드인에서 연락처를 알 수 있는 블로거들과 기자들을 위한 저녁 모임을 주선하고, 리서치 트라이앵글Research Triangle (미국 노스캐롤라이나 주에 위치한 과학산업단지) 지역에서 '링크드인 라이브' 행사를 주최하기도 했다.

"일대일로 사람을 만나 차 마시는 것에 진력이 났죠. 그래서 이제는 모든 이들을 한곳으로 모으고 있습니다." 이런 이벤트로 그는 '관계를 만드는 사람'으로 인식되고 있다. "저는 이 지역의 케빈 베이컨(여섯 다리만 건너면 지구에 사는 사람들은 모두 아는 사이라는 개념을 설명할 때 영화배우 케빈 베이컨을 예로 드는 것에서 유래)이라 불립니다." 그는 웃으며 말한다. "제가 어떤 사람을 직접은 모르더라도, 그를 아는 사람은 알고 있죠." 그는 링크드인에서 구축한 인맥을 통해 친구들에게 일자리를 찾아주는 데 성공하면서 더욱 유명해졌다.

헤스터는 회원들이 전문가에게 질문하여 답을 얻는 링크드인 답변하기 LinkedIn Answers라는 서비스의 열성 팬이다. 이를 이용하여 취재거리를 찾고 있는 기자들을 찾을 수 있었고, 개인적으로는 그가 몸담은 분야의 권위자로 인정받았다.

나는 이런 접근법을 적극 권장한다. 이 책에 나오는 사례 소개 중 한 사람만 제외하고는 모두 링크드인 답변이나 페이스북을 통해 알게 되었다.

## 젊은층의 소셜네트워크 사용

마이스페이스가 필수 서비스처럼 자리잡았고, 십대들은 온라인상의 관계를 큰 거부감 없이 받아들이기 때문에 젊은이들은 장년층과는 아주 다른 방식으로 소셜네트워크를 사용할 것이라고 생각하는 사람들이 많을 것이다. 그러나 꼭 그렇지만은 않다.

십대를 인터뷰하거나 대학생을 대상으로 여론조사를 하면서 나는 소셜네트워크가 젊은이들의 삶의 중심에 있을 것이라 예상했다. 그러나 결론은 아이나 젊은이가 소셜네트워크를 사용하는 방식은 부모 세대와 그리 다르지 않다는 것이다. 장년층과 마찬가지로 젊은이들도 연락을 유지하는 효과적인 수단으로 소셜네트워크를 사용하고 있었다.

"소셜네트워킹은 자주 만나지 못하는 이들과 의사소통을 유지하는 좋은 방법이지요." 매사추세츠 주 웨이랜드에 사는 올리비아의 말이다. 올해 열다섯 살인 그녀는 페이스북 친구가 벌써 550명이 넘는다.

청소년의 상호작용은 일이나 숙제보다 여가시간을 중심으로 이루어지며, 친구 네트워크가 아주 방대하다. 매사추세츠 대학에 다니는 열아홉 살의 미셸은 페이스북에 대략 천 명 정도의 친구가 있다. 그러나 올리비아와 미셸 모두 이들 중 아주 친한 친구는 약 3분의 1 정도라고 했다. 대부분은 그냥 알고 지내는 사이거나, 대학생의 표현대로 길가다 만나면 인사를 하지만 걸음을 멈춰서 나눌 이야기는 별로 없는 사이인 것이다.

그들이 사용하는 어플리케이션은 십대의 디지털 라이프스타일을 반영하고 있다. 올리비아와 그녀의 친구들은 여행을 다녀오면 여행지에서 찍은 사진을 업로드하고 서로 공유한다. 이런 방식으로 간접적인 연락을 유지하는 것이다. 사진을 올린 친구와 직접 상호작용하는 것은 아니지만, 마치 서로 연락을 유지하는 것 같은 느낌이라고 말한다.

다른 젊은이와 마찬가지로 올해 스물한 살인 케이티 역시 인스턴트 메신저의 열광적인 팬이다. "친구들과 인터넷으로 대화하는 것에 너무 익숙해져서 이제는 전화기를 거의 안 써요. 전화기를 들 때는 문자 메시지를 보낼 때뿐인 것 같아요."

어른들 중에는 이런 방식의 대화에 눈살을 찌푸리며 아이들이 의미 있는 일대일 관계를 포기하고 무의미한 온라인 채팅에만 열을 올린다고 걱정하는 이들도 있다. 하지만 아이들 생각은 다르다. 그들에게 인스턴트 메시지는 대화를 위한 효율적인 방법일 뿐이다. 아이들은 전화통화 없이도 몇 시간 동안이나 대화창 대여섯 개를 열어놓고 친구들과 대화한다.

사실 아이들은 인스턴트 메신저로 관계를 더욱 증진시킬 수 있다고 말한다. "인스턴트 메시지는 그리 친하지 않은 사람들과 대화를 할 수 있는 좋은 방법이에요."라고 올리비아는 말했다. "전화로 말하기가 좀 불편한 관계라면 전화 대신 메신저를 이용하죠."

인터뷰 결과, 젊은이들이 개인적인 인간관계를 1차원적인 온라인 대화로 바꿔버리고 있다는 통념과 정반대의 모습을 보여주고 있었다. 50여 명의 대학생들에게 온라인만을 이용해서 의미 있는 관계를 구축한 적이 있는지 물었더니 단 한 사람만 손을 들었다. 그리고 몇 사람은 자신들이 온라인에서 친구를 사귄 적은 있지만, 직접적인 일대일 만남을 갖지 않은 사람을 진정한 친구라고 생각하지는 않는다고 답했다.

## 친구 만들기

나는 인터뷰를 통해 성인과 청소년이 소셜네트워크를 사용하는 방식에 한 가지 중요한 특징이 있다는 사실을 발견했다. 청소년은 소셜네트워크를 미래의 인맥관계를 준비하는 도구로 사용하고 있었다. 대학 신입생이 된 올리비아는 새 학기가 시작되기 전, 그해 여름에 페이스북에서 엄청난 교류가 이뤄진다고 알려주었다. 입학을 앞둔 신입생들이 캠퍼스에서 만나게 될 친구들을 미리 페이스북에서 찾는다는 것이다. "페이스북에서 마음에 맞는 룸메이트를 고르는 학생도 있어요." 최근에 대학을 졸업한 맥도널드 역시 올리비아의 의견에 동의하며 이렇게 말했다. "삼십 명의 학생들 중 내가 얼굴을 본 적이 있는 사람을 발견하면 마음이 놓이죠."

그렇지만 모든 젊은이가 소셜네트워크를 즐기는 것은 아니다. 엔디콧 대학에 다니는 스무 살 청년 존은 주요 네트워크 서비스 중 어느 곳에도 가입하지 않았다. 그는 네트워크보다 게임을 즐긴다. 그에게는 온라인 게임에서 만나는 친구들이 많이 있지만, 요란한 총소리가 나는 게임을 하면서 서로 이야기를 나누지는 않는다. 그곳은 전혀 다른 세계다.

## 장거리 레이스와 트위터

바하1000 랠리 Baja 1000 (멕시코의 바하 캘리포니아에서 열리는 오프로드 경주)는 아주 힘든 장거리 레이스이다. 참가자들은 24시간 동안 적막한 사막을 1,000킬로미터나 달려야 한다. 오토바이부터 한껏 치장한 트럭에 이르기까지 참가자들의 자동차는 아주 다양하다.

이 레이스는 아주 외딴 지역에서 열리기 때문에 다른 참가 자동차들을 몇 시간씩 보지 못하는 경우도 있다. 위스키를 홍보하기에는 적막하고 황량하기 짝이 없는 장소처럼 보인다.

그러나 메이커스 마크 Makers Mark 나 놉 크릭 버번 Knob Creek bourbons, 라프로익 스카치 Laphroaig scotch, 꾸르부와지에 브랜디 Courvoisier brandy 를 제조하는 빔 글로벌 Beam Global 에게 바하1000은 브랜드 선전의 금광일 뿐만 아니라 새로운 형태의 미디어 캠페인을 실험할 수 있는 장소이기도 했다.

빔 글로벌의 짐 빔 Jim Beam 위스키는, 나스카 NASCAR; The National Association for Stock Car Auto Racing (전미 스톡자동차경주협회)의 베테랑 카레이서로서 거칠고 강한 개성으로 유명한 로비 고든 Robby Gordon 을 후원한다. 이 회사는 바하에서 특별한 홍보를 하고 싶어서 도 앤더슨Doe Anderson이라는 홍보회사에 프로젝트를 맡겼다. 도 앤더슨은 제이슨 폴스Jason Falls라는 소셜미디어 전략책임자에게 이 홍보를 일임했다.

폴스는 바하가 열리는 외딴 장소가 레이스 팬들에게 마이너스 요소임을 알고 있었다. 레이스 전체를 보도할 수 있는 장비도 부족했고 보도하기를 원하는 언론기관도 별로 없었으며, 휴대전화 신호 송신탑도 부족했다. 심지어 전선 공급도 충분치 않아서 팬들은 레이스 자동차들이 시야에서 사라져버리면 아무 대책 없이 다시 나타날 때까지 몇 시간씩 기다릴 수밖에 없었다.

그때 마침 폴스는 사용자들이 마치 휴대전화 문자메시지처럼 짧은 블로그를 올릴 수 있는 트위터라는 새로운 서비스를 눈여겨보던 중이었다. 그는 팀원들과 브레인스토밍 결과 트위터를 이용해 레이스 전체를 중계해보자는 결론을 내렸다.

## 경기를 중계해준 트위터

바하에는 위성전화를 사용하는 중계자들로 구성된 웨더맨Weatherman이라는 아주 기본적인 커뮤니케이션 네트워크와 레이서들을 탐지하는 약간 변형된 형태의 CB라디오가 운영되고 있다. 이런 네트워크는 전적으로 운전자의 안전을 위해 마련된 것이지 절대 중계용은 아니었다.

폴스는 고든팀 전체에게 장비를 설치하여 고든의 상황을 규칙적으로 업데이트해주고, 웨더맨의 중계를 들으면서 트위터로 팬들에게 상황을 업데이트해줄 수 있겠다고 생각했다. 이렇게 해서 빔 트위터 트래커Beam Twitter Tracker가 탄생했다.

70명의 고든팀 중 몇 명이 위성전화를 가지고 고든의 상황을 전했다. 폴스는 기존에 설치되어 있는 전자 네트워크 장비들을 최대한 활용했다. 그는 36시간을 꼬박 자지 않고 라디오, 비디오, 글로벌 위치추적 시스템을 살피면서, 갈수록 늘어나는 청중들에게 400개 이상의 메시지를 보내는 것이 그렇게 큰 효과를 발휘하게 될 것이라고는 생각지 못했다. 그러나 그의 트위터 메시지가 레이스 경기를 중계해주는 세계 최고의 신빙성 있는 소스가 되고 있다는 사실이 확실해지면서 그는 자신이 대단한 것을 발견했다는 생각이 들었다.

폴스는 로비 고든이나 짐 빔을 선전하기 위해 마케팅 캠페인을 하는 듯한 느낌을 배제시키는 게 중요하다는 것을 알고 있었다. 그래서 시간과 기술이 허락하는 한, 경기의 모든 상황을 속속들이 전달하려고 애썼다.

"사람들은 마케터로부터 도망치기 위해 '트위터 같은' 서비스를 사용하죠. 따라서 브랜드를 알리려면 사람들이 유용하다고 느낄 만한 모습으로 다가갈 필요가 있습니다." 폴스는 켄터키 주 루이빌에 있는 그의 사무실에서 이렇게 말했다. "우리는 레이싱 팬들에게 다른 어떤 곳에서도 얻을 수 없는 무언가를 제공하는 빔 브랜드 이미지를 홍보하고 싶었습니다."

폴스와 그의 팀은 바로 그런 홍보를 멋지게 해냈다. 다른 레이서들의 팬 블로거들은 폴스의 중계를 발견했고 블로거 독자들에게 로비 고든의 트위터Twitter.com/RobbyGordon를 알려주었다. "우리는 어느모로 보나 바하 중계자였죠." 폴스는 말한다.

레이스가 진행되면서 점점 더 많은 팬들이 모여들어 로비 고든 트위터에 주목하기 시작했다. 레이싱 팬 사이트의 게시판은 댓글로 넘쳐났다. "트위터 중계 대박! 정말 재미있고 정보도 쏠쏠한걸." "어젯밤에 짐 빔에게 트위터 중계 멋졌다고 이메일을 보냈어요." 열광적인 팬들은 이런 글을 남겼다.

빔 글로벌측 역시 만족스러웠다. 트랙킹 회사 라디안6가 분석한 온라인 채팅을 보면, 그 레이스를 전후로 2주 동안 바하1000은 약 360개의 블로그와 포럼에서 언급되었다. 언급 비율은 로비 고든이 3분의 2를 차지했고, 짐 빔은 절반 이상을 차지했다. 반대로 레이스의 우승자 마크 포스트Mark Post는 20번 이하로 언급되었다. 빔 레이싱과 로비 고든 모두 다음 마케팅 캠페인 때는 트위터 같은 피드를 사용하려 할 것이다.

빔 캠페인은 소셜미디어가 마케터에게 새로운 힘을 실어줄 수 있음을 증명하는 사례다. 창의적인 사고와 저렴한 툴만 있으면 얼마든지 미디어를 십분 운용할 수 있다. 이처럼 수용력을 갖춘 대중에게 가치 있는 서비스를 제공하는 것이야말로 최선의 브랜드 홍보이다.

THE SOCIAL NETWORK GORILLAS

CHAPTER
07

# 메가 네트워크를 공략하라

최고의 소셜네트워크 사이트와 그들이 마케터에게 제시하는 기회에 대해 소개한다.

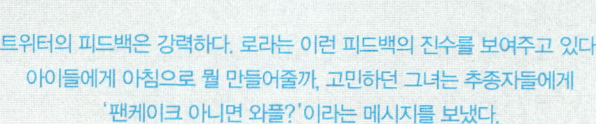

트위터의 피드백은 강력하다. 로라는 이런 피드백의 진수를 보여주고 있다.
아이들에게 아침으로 뭘 만들어줄까, 고민하던 그녀는 추종자들에게
'팬케이크 아니면 와플?'이라는 메시지를 보냈다.
그러자 2분 안에 10개의 답이 도착했다.

- 대표적인 메가 네트워크 중 하나인 트위터의 속도감을 논하면서,
〈소셜미디어 마케팅의 비밀〉 본문 중에서 -

2006년에 시작된 소셜네트워크의 패권 다툼은 그 시작만큼이나 빨리 끝나버렸다. 2008년 초, 몇몇 소셜네드워크가 시장을 장악하자 낙오자들끼리 통합이 이루어졌다. 승리한 네트워크들 대부분이 아직도 수익 모델을 창출하기 위해 고군분투하지만, 하루에도 수백만 명의 방문자가 사이트로 모여드는 현상 역시 계속되고 있다.

이 사이트들은 마케팅을 위한 최상의 타깃이 아닐 수도 있다. 하지

**방문자 수 기준 소셜네트워크 점유율**

- 페이스북 54.90%
- 유튜브 16.02%
- 마이스페이스 11.79%
- 트위터 1.07%
- 태그드 1.01%
- 야후 0.91%
- 기타 2.03%

*자료: 히트 와이즈Hitwise, 2010년 5월

만 트렌드를 이끄는 리더 역할을 하는 것은 분명하다. 페이스북이나 유튜브에서 채택한 개념이 동일한 장르의 사이트로 빠르게 전파된다는 것이다. 승리자들이 얼마나 그 자리를 지킬지는 아무도 모르는 일이지만, 이들이 지금 무엇을 하는지는 알아두는 것이 좋다. 왜냐하면 얼마 후 모든 이들이 따라하게 될 테니까 말이다.

500개가 넘는 기업이 참여하는 시장을 낱낱이 조사한다는 것은 불가능하다. 따라서 이 장에서는 규모가 큰 대표적인 사이트를 살펴보고, 이어서 몇몇 소규모 전문 사이트들을 살펴볼 것이다. 이들의 공통적인 특징과 형식을 개략적으로 훑어보면 각각의 사이트가 가진 추가기능과 서비스를 이해하는 데 도움이 될 것이다.

## 마이스페이스 MySpace

　어른들은 가라. 마이스페이스는 모든 연령대의 사용자를 위한 주류 네트워크로 부상할 뻔했지만(2006년 10월 콤스코어의 조사 결과에 따르면 마이스페이스 방문자의 절반 이상이 35세 이상이었다), 이제는 성인시장을 다른 경쟁사에게 넘겨주고 십대들을 위한 네트워크로 자리매김했다. 2008년 초, 회원 수는 1억 3천만 명으로 최고를 기록했으나, 이 수치가 사실인지 검증된 적은 없다. 스팸과 활동하지 않는 프로필이 꽤 많은 것을 보면, 실제로 활동하는 사용자 수는 훨씬 적을 것이다.

　그러나 타깃 대상을 사로잡는 마이스페이스의 매력에는 감탄사가 절로 나온다. 상위 10개 소셜네트워크 방문자의 70% 이상이 마이스페이스 사용자들이며, 오락과 소비자시장에까지 그 위력을 발휘한다. 밴드나 음반회사, 영화제작자들의 대부분은 마이스페이스에 프로필 페이지를 가지고 있다.

　마이스페이스가 친구 개념을 서비스에 결합시킨 최초의 사이트는 아니다. 하지만 사이트 중 최초로 주류 세력으로 등극한 것은 사실이다. 마이스페이스에서 성공적인 캠페인을 한다는 말은 곧 그 사람이 모은 친구들이 몇 명이냐에 따라 결정된다. 어떤 음악 그룹은 10만 명이 넘는 친구를 만들었다. 이런 개념에 외해 마이스페이스는 소셜네트워크라기보다 광고 미디어로 인식되기도 한다.

　마이스페이스의 젊은 회원들은 페이스북을 이용하는 성인들에 비해 사회적인 의식은 별로 없다. 그들은 오히려 브랜드나 단체를 중심으로 모이는 걸 좋아한다. "페이스북은 관계를 강화하고 새로운 비즈니스 관계를 구축하는 장소인 반면 마이스페이스는 좀더 일반적인 브랜딩 사이트라고 할 수 있죠."라고 애난시 의류 Annansi Clothing를 운영하는 코피 아난 G. Kofi Annan 은 말한다. 아난은 페이스북과 마이스페이스를 모두 이용하여 상품을 홍보한다.

마이스페이스에서는 누구든지 프로필 페이지를 만들고 그룹에 가입할 수 있다. 마이스페이스는 스폰서 그룹 서비스를 제공하여 기업들이 약간의 추가기능을 제외하고는 문맥광고 contextual ads 를 없앨 수 있는 여지를 주고 있다. 불필요한 마케팅 혼란을 피하기 위해서다. 여기에는 마이스페이스 사용자의 대부분을 차지하는 젊은 가입자들을 붙잡아두려는 의도도 포함되어 있다. 회원은 누구나 블로그를 하고 사진, 달력, 비디오를 공유하거나 음악 샘플을 게시할 수 있다. 마이스페이스는 또한 구글의 오픈소셜 Open Social (소셜네트워크 사이의 정보 공유를 위한 공통적인 프로그래밍 인터페이스)을 지원한다고 밝혔다.

> **SECRET** 마이스페이스에서 마케팅할 때는 어린친구에게 도움을 청하라.

마이스페이스에서 활동할 생각이 있다면 당신을 도와줄 어린친구부터 한 명 구해라. 농담이 아니다. 마이스페이스의 언어와 분위기는 십대 위주로 맞추어져 있어서 당신이 이 분위기에 적응하지 못하면 곤란하다.

마이스페이스에서 마케팅을 하려면 노력이 많이 들어간다. 먼저 매력적인 프로필을 만들어야 한다. 전문직 종사자들이 좋아할 홈페이지 디자인이나 블로그 게시물은 열다섯 살 청소년에게는 아무 소용이 없다. 또한 친구들을 만들어야 한다. 가장 안전한 방법은 그룹과 관심사항이 비슷한 회원들의 프로필을 검색하여 특정회원을 초대하는 것이다. 친구로 맺어지면 이들과 다양하게 접촉할 수 있으므로 우선 필요한 것은 최선을 다해 이들에게 도움이 되고 흥미로운 정보를 제공하는 것이다. 광고물이나 홍보성 짙은 정보를 보낸다면 스패머로 낙인찍혀 사이트에서 추방될 수도 있음을 명심하라.

마이스페이스에서 성공한 홍보 사례들은 대개 재미와 경쟁 그리고 뽐낼 수 있는 권리 등의 요소를 복합적으로 이용했다. 이런 홍보를 통해 청소년에게 성취감을 심어주고 유명세를 탈 수 있는 기회를 선사하는 것이다.

2007년, 코카콜라는 마이스페이스를 이용하여 체리코크와 체리코크-제로 음료의 재출시 홍보를 진행했다. 콘테스트를 염두에 두고 있었던 코카콜라는 회원들이 디자인하는 프로필 페이지가 형편없는 경우가 많다는 사실을 알고 있었다.

그래서 자사 브랜드의 디자인 툴을 사용하여 프로필 페이지를 디자인하는 콘테스트를 한시적으로 실시했다. 또한 마이스페이스의 소유주인 뉴스 코퍼레이션과 협상하여 가장 많은 표를 획득한 페이지는 하루 동안 마이스페이스 홈페이지가 되도록 했다. 이 캠페인은 뽐내고 싶은 욕구가 넘쳐나는 젊은 회원들에게 아주 뜨거운 호응을 얻었다. 또한 코카콜라는 이 홍보에 바이러스 마케팅을 활용하기도 했다. 즉, 회원들의 홈페이지에 올릴 수 있는 음악 관련 위젯을 통해 콘테스트의 열기를 더욱 뜨겁게 달구었던 것이다.

"마이스페이스는 2천 건 정도의 응모만 있어도 성공이라고 했습니다." 캠페인을 진행했던 '져스트 인터랙티브 JUXT Interactive'의 마케팅 책임자 조시 무니 Josh Mooney 가 말했다. 콘테스트를 시작하고 24시간이 지나자 약 3만 2천 명의 친구가 등록되었고 3만 개의 페이지가 응모되었다. 마지막 집계에서 친구 수는 6만 명에 달했고, 응모작의 수는 4만 개였다.

회원들이 대부분 나이가 어린 청소년이기에 마이스페이스는 개인 정보 보호를 엄격히 다루고 있다. 많은 프로필과 그룹의 정보가 보호되고 있으며, 회원들은 개인 정보를 공개하는 경우 아주 제한적인 툴만 사용할 수 있다. 마이스페이스는 회원들의 프로필 정보를 긁어모으는 정보도둑들과 끊임없는 전쟁을 벌이고 있으며, 이런 전쟁에서 어느 정도 성공을 거둔 듯하다.

## 페이스북 Facebook

몇 년 전까지만 해도 페이스북은 대학생들 사이에서는 인기가 있었지만 일반대중에게는 그다지 유명하지 않았다. 그러나 2006년 말, 페이스북은 성인을 위한 마이스페이스를 꿈꾸며 성인 회원에게 그 문을 활짝 열었다.

이런 변화 덕에 페이스북은 2007년을 장식하는 소셜네트워크 사이트가 되었다. 페이스북의 회원 수는 1년 만에 4배나 성장하여 2007년 말에 5천만 명으로 늘어났다. 그리고 해마다 놀라운 성장을 거듭하여 2009년 초에 1억 5천만 명을 넘어섰고, 2010년 초에는 4억 명을 돌파했다. 회원의 40%가 35세 이상이기 때문에 경제적인 능력이나 교육수준이 마이스페이스에 비해 높다. 새로 회원이 된 이들은 한결같이 그들의 많은 친구들이 이미 회원으로 등록되어 있는 걸 보고 놀랐다고 말한다. 나 역시 페이스북에 가입하자마자 마흔 명의 친한 친구들과 비즈니스 지인들이 나의 네트워크로 연락이 되었다. 다른 많은 회원들처럼 나 역시 페이스북에 열광하게 되었다.

페이스북은 개인 프로필부터 영화평론, 사진과 캘린더에 이르기까지 엄청난 숫자의 소셜네트워크 요소들을 구현하고 있다. 지금도 폭발적인 성장을 계속하고 있는 페이스북에 수많은 어플리케이션 개발자들이 모여들어 자신이 개발한 툴과 게임을 소개하려 애쓴다. 이런 어플리케이션은 즉석데이트에서 친구에게 사무실용품 던지기에게 이르기까지 종류가 아주 다양하다. 그 중에는 수백만 명의 회원들이 이용하는 아주 성공적인 프로그램도 있지만, 거의 대부분은 큰 호응을 받지 못한다.

페이스북은 여전히 대학생들 사이에서 인기가 높지만 성인들도 지인과 연락을 유지하고 회사 동료와의 관계를 돈독히 하기 위한 목적으로 많이 사용한다. 회원들의 홈페이지 중간에 있는 '뉴스 피드 News Feed'는 마이 야후와 같은 개인 정보 서비스라고 할 수 있는데, 차이점이 있다면 그 뉴스는 방송사가 아닌 친구들이 제공한다는 것이다. 이런 기능은 그 자체로 회원들의 참여와 활동을 장려한다.

네트워크의 가치가 회원들의 활발한 활동에 있다면, 페이스북이 소셜네트워크 세계에서 차지하고 있는 최상의 위치는 한동안 유지될 것으로 보인다.

페이스북의 친구들은 서로의 활동과 근황을 손쉽게 알 수 있다. 친구의 주소가 바뀌었다든가, 게임을 끝냈다든가, 새로운 친구를 등록했다든가, 하는 정보가 자동으로 업데이트되기 때문이다. 바쁘게 생활하는 이들에게 이런 업데이트 기능은 다른 이들에게 직접 연락하고 정보를 전달해야 하는 수고를 덜어주기에 상당히 유용하다.

페이스북은 주요 소셜네트워크 중에서 가장 마케팅 접근이 편리한 사이트인데, 이는 100억 달러가 넘는 기업가치를 유지하기 위해 마케터에게 다양한 통로를 제공하기 때문이다. 페이스북은 특히 스폰서 그룹, 인구학적 프로필, 타깃 광고를 제공하고 있다. 그러나 최근 스폰서 그룹에 제공하는 유틸리티는 없앴다.

　페이스북을 따라하는 쟁가Xanga, 베보Bebo, 오컷Orkut 같은 사이트는 많이 있지만, 그 어떤 것도 페이스북의 위세를 꺾을 만큼 강력하지는 않다. 페이스북의 패권을 위협하는 가장 중요한 요소는 아마 비즈니스 모델에 한계가 있다는 점일 것이다. 앞에서 언급했듯이 지금까지 소셜네트워크에서는 광고가 별로 좋은 성과를 거두지 못했고, 이들을 위한 '킬러 어플리케이션(한 분야를 장악하거나 재편하는 상품이나 서비스)'도 아직 없다.

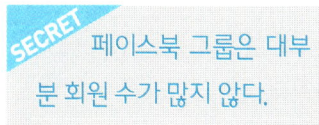
페이스북 그룹은 대부분 회원 수가 많지 않다.

　페이스북 그룹은 그야말로 엉망진창이다. 그룹을 만드는 것도 쉽고, 그냥 방치하기도 쉽다. 그래서 수천 개의 그룹이 텅 비어 있거나 버려진 상태다. 페이스북에는 그룹에 대한 고급 검색기능이 없기 때문에 실제로 활발히 운영되는 그룹을 찾으려면 마케터가 직접 수백 개의 그룹들을 일일이 검색해야 한다. 또한 그룹 후원을 하는 기업도 많지는 않다. 아마도 델컴퓨터의 경험 때문이 아닐까 한다. 델이 페이스북 그룹을 후원하자마자 델에게 불만을 품고 있었던 사용자들이 재빨리 그 그룹에 참여하여 델을 싫어하는 이유에 대해 토론을 벌이기 시작했다.

　그룹을 후원하는 기업들은 일반적으로 자사의 웹사이트 부속물로 그 그룹을 사용하며, 페이스북의 방대한 회원들에게 접근하는 효율적인 통로로 이용한다. 빅토리아 시크릿과 사우스웨스트 항공사가 대표적인 인기 스폰서 그룹이다. 그뿐 아니라 개인이 자발적으로 만든 브랜드 관련 그룹이 크게 성장하기도 한다. 독립적인 스타벅스 팬 커뮤니티는 수만 명의 회원 수를 기록하고 있다.

페이스북의 '친구맺기'를 이용하면 후원 기업들은 개인 정보 공유를 선택한 회원들 사이에서 인지도를 높일 수 있으며, 이를 유용한 마케팅 정보분석 도구로 활용할 수 있다.

## 링크드인 LinkedIn

링크드인은 비즈니스맨을 위한 소셜네트워크이다. 2007년 말부터 인기를 얻기 시작한 이 사이트는 '여섯 다리만 건너면 누구나 아는 사이 Six Degrees of Separation'라는 법칙을 이용하고 있다. 회원들은 비즈니스에 필요한 연락처를 찾고 서로 연결하며, 연결된 이들을 통해 아직 연락처를 확보하지 못한 이들의 연락처를 알아내기도 한다. 또한 회원들은 이력서를 항상 마련해놓고, 다른 사람들을 위해 추천서를 써주기도 하며, 이직을 하거나 새로운 프로젝트를 할 때마다 네트워크상에 업데이트한다.

링크드인은 이 분야의 선두주자로서 플락소 Plaxo, 싱 Xing, 아이하이포 iHipo, 비저블패스 Visible Path 등이 그 뒤를 따르고 있다. 중소기업에서 일하는 많은 전문가들이 링크드인을 통해 일자리, 사업 파트너, 직원을 구한다. 링크드인은 2009년 10월, 회원 수 5천만 명을 기록했으며, 매월 회원 수가 100만 명 이상 증가하고 있다.

닐슨넷레이팅스 Nielsen/NetRatings는 가계소득이 1억 4천만 원 수준에 달하는 41세 비즈니스 결정권자가 링크드인의 주요 고객층이라고 보고했다. 《월스트리트 저널》 온라인 구독자들의 인구학적 프로필보다 훨씬 수준이 높다. 2007년 말에 링크드인은 페이스북처럼 서드파티 어플리케이션을 수용하겠다고 발표했다.

링크드인에는 나타나지 않지만 비즈니스위크닷컴에서 볼 수 있는 아주 재미있는 어플리케이션이 있다. 사용자가 링크드인 아이콘을 클릭하면 기사에서 보도되고 있는 회사와 본인이 어떻게 연결되어 있는지를 볼 수 있다.

링크드인 서비스를 이용하면 비즈니스 관계를 유지하기 위해 연락처를 계속 업데이트해야 하는 과정을 상당히 효율적으로 할 수 있다. 회원이 자신의 프로필을 업데이트하면, 그 내용이 모든 이들에게 동시에 전달된다. 회원이 자신의 프로필을 공개하고 검색이 가능하도록 할 수 있기 때문에 링크드인을 이용하면 아주 효과적으로 전문가를 찾을 수 있다.

여섯 다리만 건너면 누구나 다 알 수 있다는 원칙은 연락처의 가치를 더욱 확대시켰다. 예를 들어 직접적인 연락처를 100개 가진 사람이라면 링크드인 사이트를 통해 100만 명이 넘는 사람들에 대한 간접적인 연락처를 얻을 수 있다. 간접적인 연락처를 요청하는 방법은 아주 간단하다. 물론 항상 성공하는 것은 아니지만 말이다. 프리미엄 회원들은 메일링 리스트를 통해 이런 연락처 요청 서비스를 이용할 수 있다.

링크드인에서 가장 인기있는 기능 중 하나는 '답변하기 Answers'이다. 말 그대로 한 회원이 질문을 하면 다른 회원이 답변을 해준다. 그리고 제공한 답변의 양과 질에

> **SECRET**
> 링크드인의 '답변하기'는 전문지식을 뽐낼 수 있는 훌륭한 기능이다.
> 또한 비즈니스 문제에 대해 빠른 답을 얻는 통로 역할도 한다.

따라 순위를 매긴다. 이런 방식으로 회원은 자신이 보유한 전문지식을 주위에 알릴 수도 있으며 비즈니스 기회를 따낼 수도 있다. 어떤 회원은 일주일 동안 200개의 답변을 올리기도 했다.

이 책을 쓰면서 나는 링크드인 답변하기에 두 개의 질문을 올렸는데, 둘 다 아주 훌륭한 답변을 얻었다. 어떤 기자는 보도자료 배포 서비스에 있는 유사한 서비스 대신 링크드인의 답변하기를 이용한다. 왜냐하면 링크드인에서 얻은 연락처의 질이 훌륭하기 때문이다. 또한 링크드인은 유용한 정보를 제공하는 블로그를 운영하고 있다.

링크드인의 비즈니스 모델은 프리미엄 회원과 기업채용 솔루션, 구인구직 공고, 광고를 중심으로 구축되어 있다. 마케터는 회원들이 프로필에 공개한 최신 정보를 바탕으로 광고를 할 수 있다. 현재 델, MS, HP, 포르쉐, 브룩스 브라더스 Brooks Brothers, BMW 같은 기업들이 링크드인에서 광고를 하고 있다.

사우스웨스트 항공사 CEO 게리 켈리는 링크드인에 "항공사가 여러분들의 생산성을 높여주는 방법은 무엇일까요?"라는 질문을 올리고 일주일 만에 167개의 답변을 받았다.

2008년 3월, 링크드인은 기존의 프로필 데이터로 구축된 기업 프로필을 추가했다. 사용자는 본인이 어떤 회사와 개인적으로 어떻게 연결되어 있는지, 누가 그 회사에 최근 입사했는지, 새로운 회사에 고용되기 전 직원들이 보통 어디서 일을 했는지 등에 대한 정보를 볼 수 있다.

링크드인은 고소득 전문직들의 호응을 얻는 특성과 더불어 적극적으로 활동하는 회원과 영향세력을 찾아주는 훌륭한 도구이다. 링크드인의 답변하기 기능은 새로운 계획에 대한 피드백을 얻는 용도로 사용할 수 있다. 동시에 훌륭한 채용 정보의 소스 역할도 맡고 있다.

## 유튜브 YouTube

2006년에 인기를 한몸에 받았던 소셜미디어 유튜브는 2007년 이후 주류미디어로 등극하여 개인과 기업들이 전파력 있는 동영상을 게시하는 사이트로 자리매김했다.

유튜브의 발표에 따르면, 2006년 7월에 회원들이 하루에 올리는 동영상 수가 평균 6만 5천 개를 넘어섰다. 2009년 5월에는 1분마다 20시간 분량의 새로운 동영상이 올라오고 있다고 한다. 사이트의 속도가 빠르고, 유틸리티를 통해 다른 웹사이트와 블로그에 동영상을 배포하는 통로가 있기 때문에 유튜브의 인기는 식을 줄 모르고 있다. 마이스페이스가 최대의 동영상 수를 보유하고 있다고 주장하지만, 사람들은 동영상하면 언제나 유튜브부터 떠올린다. 유튜브의 순 사용자는 한 달에 약 8,500만 명 이상이며, 가장 큰 비율을 차지하는 사용자의 연령은 35세 이상이다. 구글은 이런 유튜브의 가치를 발견하고 2006년 11월에 이 회사를 사들였다. 하지만 유튜브는 여전히 지속 가능한 비즈니스 모델을 창출하기 위해 고전하고 있다. 운영을 위한 기반 비용이 상당히 높기 때문이다.

온라인 동영상의 인기가 점점 상승하면서 레버 Revver, 블립 Blip, 스티캄 Stickam, 주스트 Joost 같은 유사 사이트가 생겼다. 또한 대부분의 소셜네트워크와 주요 검색엔진에서 동영상을 지원하고 있다. 유튜브는 처음과 다름없이 동영상 길이를 10분으로 제한하는 다소 엄격한 원칙을 적용하고 있지만, 여전히 동영상 지원 사이트 중에서 선두 자리를 지키고 있다.

마케터라면 비디오를 제작하지 않더라도 반드시 유튜브를 알아두어야 한다. 최소한 이 사이트는 텔레비전 광고나 내부 홍보물의 기간이 만료된 후에도 아주 효과적인 홍보 장소로 써먹을 수 있기 때문이다. 많은 회사들이 이런 식으로 유튜브에서 홍보를 하고 있다.

> **SECRET**
> 회사 내에서 회의용으로 만든 재미난 동영상이 유튜브에서 돈 한푼 안 들이고 많은 청중을 불러오는 경우가 종종 있다.

세계적인 맥주회사인 앤호이저 부시Anheuser-Busch는 2007년 슈퍼볼 텔레비전 광고를 유튜브와 몇몇 동영상 사이트에 올려서 단 며칠 만에 2,200만 번의 다운로드 수를 기록했다. 유튜브가 아니었으면 영원히 잊혀졌을 광고가 일구어낸 쾌거이다. 홍보담당자에게는 보너스 광고나 다름없다.

유타 주에 위치한 고급 믹서기 제조업체인 블렌텍Blendtec은 동영상 캠페인이 큰 성공을 거둔 덕에 일 년 만에 비즈니스 규모가 네 배나 성장했다. 프로터 앤 갬블은 슈퍼볼 광고였던 '말하는 얼룩Talking Stain'을 유튜브 콘테스트로 연장시켜, 소비자 스스로 텔레비전 광고를 제작할 수 있는 기회를 주었다. 또한 유튜브는 기업들이 쇼케이스 동영상을 선보이고 친구를 맺을 수 있는 스폰서 공간을 제공하고 있다. 많은 영화 제작사에서 이를 잘 활용하고 있다.

유튜브에 참여하지 않는 회사들도 자신들의 비즈니스와 고객에 대한 가치 있는 정보를 유튜브에서 얻을 수 있다. 매사추세츠 주 벌링던에 소재한 아이로봇IRobot이라는 산업 및 주거용 로봇 제조업체는 고객들이 유튜브에 올린 300개가 넘는 룸바Roomba 진공청소로봇 동영상을 보고 깜짝 놀랐다. 이 동영상에는 회사가 상상도 하지 못했던 소비자들의 성원과 제품에 대한 애정이 고스란히 담겨 있었다. 유튜브에서 당신의 브랜드를 검색해보면 놀랄 만한 숫자의 팬 동영상이 뜰지도 모른다.

　유튜브는 개인 공간, 재생목록, 친구, 토론 등 기본적인 소셜네트워크 기능을 모두 제공한다. 특정주제에 대해 반복적으로 동영상을 올리는 회원은 가치 있는 영향세력일 수 있다. 또한 유튜브는 비즈니스 블로그나 프레젠테이션을 위한 콘텐츠를 찾기에 아주 적합한 장소이다.

> SECRET
> 사진공유 사이트는 영향세력들과 그룹을 찾아낼 수 있는 미지의 세계 중 하나이다.

　유튜브 동영상을 검색할 때는 몇 가지 공식을 유념하라. 높은 점수를 받았거나 시청 회수가 많다는 것은 그 동영상이 널리 퍼질 수 있는 가능성이 높음을 의미한다. 또한 회원들의 의견을 평가하려면 댓글을 읽어라. 시청 회수가 높아도 댓글이 부정적이거나 점수가 낮으면 가치있는 동영상이라 보기 힘들다. 영향세력을 찾을 때는 업로드 수, 시청 회수, 긍정적인 평가 수가 많은 이들을 먼저 찾아보라. 추종세력을 구축한 영향세력일 가능성이 높다. 이들은 당신에게 아주 중요한 사람이 될 것이다.

# 플릭커 Flickr

　플릭커는 사진공유 사이트의 선두주자이다. 그 뒤를 포토버켓 PhotpBucket, 셔터플라이 Shutterfly, 스머그머그 Smugmug, 스냅피시 Snapfish[1] 등이 따르고 있다. 이런 사이트는 대부분 소셜네트워크가 공통적으로 제공하는 기능을 갖추고 있으며, 대규모의 활동 그룹을 보유하고 있다. 어떤 사이트는 일상사진을 주로 찍는 이들을 대상으로 하여 자료를 공유하기 좋은 사진 저장소로서 입지를 구축하고 있다. 플릭커는 사진공유의 가치를 더욱 높여주는 커뮤니티 기능을 제공하여 사진 전문가들이나 열정적인 아마추어 사진가들에게 인기를 끌고 있다. 이런 사이트는 마케터에게 아주 흥미로운 기회를 제공한다.

사진공유 사이트는 시각적 요소가 강한 상품이나 서비스를 제공하는 기업들에게는 탁월한 마케팅 채널이 될 수 있다. 사진공유 사이트는 영향세력을 찾아내는 것뿐만 아니라, 큰 비용을 들이지 않고도 브랜드 상품 홍보를 위한 이미지를 얻을 수 있는 훌륭한 소스 역할을 한다. 또한 알려지지 않았던 상품 사용법을 발견하는 통로가 되기도 한다. 사람들은 자신만의 독특한 아이디어를 보여주고 싶어 한다. 사진이나 동영상 사이트는 이런 아이디어를 마음껏 뽐낼 수 있는 아주 훌륭한 장소이다.

마케터는 무료로 그룹을 만들 수도 있고 스폰서 그룹을 만들 수도 있다. 퓨리나Purina가 플릭커에 만든 '애완동물을 위하여Do More For Pets'라는 갤러리는 애완동물 애호가들을 타깃으로 한 야후 통합 마케팅 프로젝트의 일환이다. 프린터 제조업체인 휴렛패커드는 플릭커에서 HP 해상도HP Resolutionaries라는 그룹을 후원하고 있다. 이 그룹에는 '넘치는 힘, 청명함, 뜨거운 열정과 놀라운 해석이 담긴 매력적인 이미지의 세계'라는 설명이 붙어 있다. 매일 그룹 회원들은 하루 동안 선별된 12개의 작품에 대해 투표한다.

---

1 인기 있는 사진공유 사이트들의 목록은 SSMMBook.com을 참고하기 바란다.

제너럴모터스의 블로그 General Motors blogs 편집자 앨리샤 도르셋 Alicia Dorset 은 편의를 위하여 플릭커에서 사진을 분류하기 시작했다. "이미 보유하고 있던 사진들을 어디에 둬야 할지 몰라서 시작했죠." 얼마 후 그녀는 플릭커에서 열성 애호가들에게 최고의 GM 자동차 사진을 뽐낼 수 있는 기회를 제공하는 홍보 프로그램 아이디어를 착안해냈다. 그녀는 날마다 그날의 우수작으로 선정된 사진을 게시하고 자동차 사진 애호가들에게 작품을 응모받았다.

"응모된 사진이 늘 2천 건 이상입니다. 응모된 사진들에 대한 조회 수는 십만 건이 훨씬 넘어요."

안타깝게도 이런 사진공유 사이트의 가치를 간과하는 경우가 많다. 특히 마케터들 본인이 홍보하는 상품이 시각적이지 않다고 여길 때 더 그렇다. 하지만 사진공유 사이트의 잠재력은 보기보다 훨씬 강력하다. 많은 이들이 말보다는 사진을 이용할 때 커뮤니케이션이 더 활발해진다. 또한 '아름다움', '효율성', '색깔', '이성적' 이런 개념들은 시각적인 표현이 동반되어야 완벽하게 묘사할 수 있는 것이다. 게다가 사진 콘테스트는 동영상이나 글쓰기보다 운영하기 쉽다. 따라서 사진 콘테스트 활용 방안을 연구해야 한다.

사진공유 사이트를 살펴볼 때 늘 태그에 주의해야 한다. 사진을 찍은 사람이나 구경하는 사람들이 작품에 붙여놓은 태그는 직접적으로 연관성이 희박한 트렌드나 개념을 나타낼 수도 있다.

예를 들어, 어떤 캐나다 리조트의 사진에 '스키 타기'나 '스노보드 타기'라는 태그가 붙어 있다면 스키를 타는 이들이 즐겨찾는 숙박업소임을 암시할 수도 있다. 프로필에 따라서는 태그 구름 tag cloud (사이트에 사용한 태그 목록을 보여주며 많이 쓴 태그를 강조하여 보여주는 방식)을 포함하는 경우도 있다. 태그 구름은 그 사진작가의 관심사를 보여준다. 따라서 태그 목록을 통해 이 사람이 열정 넘치는 영향세력이 될 가능성이 있는지를 빨리 파악할 수 있다.

## 트위터 Twitter

2007년 이후 많은 사람들을 놀라게 한 소셜네트워크 세계의 주인공 중 하나는 트위터 Twitter 였다. 트위터는 휴대전화 등 여러 종류의 기기를 이용하여 친구들과 실시간 소통할 수 있는 무료서비스이다.

> SECRET
> 트위터를 이용해 한정판매처럼 시간제한 특별 이벤트를 알려라.

기본적으로 트위터는 그룹 인스턴트 메시지의 일종인데, 이미 수많은 사용자를 가지고 있다. 마케팅 전문가 조셉 자페 Joseph Jaffe 는 트위터를 '실시간 입소문'이라고 표현했다.

대부분의 사람들은 트위터를 처음 접하면 이해하기 힘들어 한다. 그 이유는 짧은 문자 대화(메시지는 140자 이하로 제한됨)에서 출근이나 회의 참석, 날씨 같은 일상적인 잡담이 자주 등장하기 때문이다. 그러나 트위터 사용자들은 회의에서 강연자가 방금 한 말이나, 본인이 현재 직면한 비즈니스 문제 같은 다소 심도 깊은 주제들에 대해서도 문자를 보낸다.

이런 문자가 이끌어내는 즉각적인 피드백이 트위터가 오늘과 같은 인기를 한몸에 받게 된 비결이다. PR블로거 조시 할렛은 워싱턴 D.C.가 폭풍우로 고립되었을 때, 트위터로 도움을 요청했더니 10분 동안 세 명에게서 머물 장소를 제공하겠다는 연락을 받았다고 한다.

어떤 소셜미디어 컨퍼런스에서 만났던 트위터 애호가는 하루에 30번 이상 트위터 메시지를 보낸다고 말했다. 이마케터는 2009년 미국 성인 인터넷 이용자의 10.5%인 1,800만 명이 트위터를 사용하고 있다고 밝혔다. 트위터비전Twittervision 이나 트위터버스Twitterverse 와 같은 트위터 활동들을 통합하는 매시업Mashup (여러 데이터 소스들을 조합하여 하나의 프로그램처럼 작동시키는 것을 말함)도 다양하다. 자연재해 뉴스는 주류 언론에 보도되기 몇 시간 전부터 트위터 사용자들에게 퍼진다.

한 조사에 따르면, 트위터를 흉내내거나 트위터를 기반으로 한 서비스가 100개 이상 생겼다고 한다. 어터즈Utterz, 시즈믹Seesmic, 퀵Qik 등은 사실상 트위터를 플랫폼으로 삼고 오디오와 비디오 기능을 추가한 서비스이다. 이런 서비스가 잇달아 출현하는 것은 아주 반가운 현상이다.

이런 서비스는 서로 연결되고 타인과 친밀감을 나누고 싶어하는 사람들의 기본적인 욕구를 채워준다. 다른 모바일 서비스에선 제공해주지 못한 방식이다. 휴대전화 서비스는 신문 머리기사나 스포츠 경기 점수를 실시간 제공하기도 하지만, 트위터처럼 굳이 마음 맞는 사람들끼리 네트워크를 형성할 수 있도록 도와주지는 않는다.

사람들은 굳이 특별한 이야기를 나누는 게 아니더라도 친구와 뭔가를 공유하기를 좋아한다. 회원은 스스로 어떤 회원의 '추종자followers'가 될 수 있다. 상대 회원이 차단하지 않는 한 그들이 보내는 메시지를 받을 수 있는 상태를 말한다.

트위터는 아직 수익 모델도 확고하지 않은 상태며, 회원 수도 정확히 밝혀진 적이 없다. 하지만 다양한 정보를 참고하면 트위터의 방문자 수는 2010년 1월, 7,500만 명을 넘어섰다. 사용자들은 트위터를 이용해서 모임을 만들 수도 있고 중요한 사람들의 위치를 파악할 수도 있다는 걸 발견했다.

마케터 역시 트위터 트렌드에 뛰어들었다. NBC나 《뉴욕타임스》와 같은 언론기관 역시 트위터를 통해 속보를 내보낸다. 델컴퓨터 아울렛에서는 트위터를 이용하여 특별행사 광고를 하기도 한다. "시작한 지 일 년 만에…… 추종자의 22%가 트위터에서 행사광고를 보기 전에는 델아울렛이 있었는지도 몰랐다고 말했습니다."라고 델의 리카르도 게레로 Ricardo Guerrero 가 말한다.

고객과 신속한 커뮤니케이션이 필요한 기업, 다시 말해 시간에 민감한 기업들은 특히 트위터를 눈여겨봐야 한다. 다행히 아직까지는 트위터 서비스가 공짜로 제공되고 있다.

### 트위터의 독특한 매력

트위터 전문가이자 독립 컨설턴트인 로라 핏턴 Laura Fitton 은 두 아이들 때문에 독특한 라이프스타일을 창조했다. 일을 하고 싶었지만, 재택근무를 해야 했던 그녀에게 트위터는 비즈니스 네트워크이며 지원 그룹이 되어주었다. 그녀는 트위터에서 수만 명의 추종자를 모았고, 이를 통해 신규사업을 유치하고 연사로 초빙받았으며 친구관계도 구축했다.

로라의 트위터 twitter.com/pistachio 는 사업과 일상의 경험들을 140자로 끊임없이 전송한다. 그녀는 퀵닷컴 Qik.com 과 시스믹 Seesmic.com 의 짤막한 동영상을 곁들이기도 하는데, 그야말로 인스턴트 동영상 메시지 서비스인 셈이다.

트위터는 메시지 길이를 제한하기 때문에 블로그와는 다른 접근법이 필요하다. 압축된 사고와 관찰이 트위터에서만 쓰이는 독특한 언어들로 표현된다. 그래서 트위터는 새로운 글쓰기 스타일을 창조해냈다. 사람들은 한 시간 정도 분량의 컨퍼런스 기조연설을 트위터 메시지로 표현해낸다. 트위터를 자주 사용하는 이들은 가능한 한 많은 반응을 이끌어내는 기발한 문구들을 잘 알고 있다.

트위터 사용자들은 서로 연결되었다는 사실을 매우 즐긴다. 그들에게 트위터는 다른 방법으로는 만날 수 없는 사람들을 연결해주는 수단이다. 이것이 트위터의 큰 매력이다. 트위터는 주변 가까이에 있는 모든 수단으로 언제든지 대화한다는 웹2.0의 '실재감 presence' 개념을 구현하고 있다.

트위터의 즉각적인 피드백은 강력하다. 로라는 이런 피드백의 진수를 보여주고 있다. 아이들에게 아침으로 뭘 만들어줄까, 고민하던 그녀는 추종자들에게 '팬케이크 아니면 와플?'이라는 메시지를 보냈다. 그러자 2분 안에 10개의 답이 도착했다. 내가 그녀를 인터뷰하는 동안 그녀는 작은 비디오카메라를 꺼내 내가 그녀에게 설명했던 아이디어를 그대로 묘사하며 녹화했고, 이 동영상을 시스믹과 트위터를 이용해 그녀의 추종자들에게 전송했다. 20분 내로 내 아이디어에 대한 예닐곱 개의 대답이 올라왔다.

로라의 트위터 친구 중에는 벤처사업가이자 실리콘밸리의 문화아이콘인 가이 가와사키도 있다. 둘은 온라인 교류를 통해 알게 됐고, 이제는 같이 점심을 먹거나 가와사키의 광활한 베이 에어리어 Bay Area 네트워크에 접속하기도 한다. 블로거를 기자처럼 생각하고 홍보하는 트렌드는 이제 트위터에까지 흘러들어왔다.

로라는 사이트, 게시물, 또는 프로젝트 링크를 게시해달라는 다른 사람들의 요청을 일주일에 수십 건씩 받고 있다. 그녀는 트윗버너닷컴 Tweetburner.com 에서 추적이 가능한 URL을 사용하여 이런 링크들이 때로는 수백 번의 클릭을 유발한다는 사실을 발견했다. 나 역시 이런 위력을 개인적으로 경험했다. 이 책에 대한 무료 미리보기 홍보를 진행했을 때 트위터로 링크를 전송하면 몇 분 내에 30여 명이 무료보기에 등록한다는 것을 알게 되었다.

트위터 사용자들은 흥미로운 온라인 자료들을 그들의 추종자들에게 끊임없

> 이 보낸다. 어떤 사용자는 트위터가 이런 면에서 일간지를 서서히 대체하고 있다고 주장하기도 한다. 일간지는 오랫동안 기자들이 발견한 정보를 대중에게 제공하는 역할을 했다. 트위터는 믿을 만한 소식통에 의해 발견된 정보를 가지고 동일한 역할을 담당하고 있다. 이 둘은 아주 유사한 욕구를 각기 다른 방법으로 충족시키는 것이다.

## 딜리셔스 Del.icio.us

소셜북마킹 사이트의 원조라 할 수 있는 딜리셔스는 다소 빡빡한 유저 인터페이스와 예측할 수 없는 성과, 제한적인 기능을 극복하고 시장의 선두주자 자리를 지키고 있다. 딜리셔스는 소셜네트워크의 최대 카테고리 중 하나를 규정하고 있으며(딕은 이 카테고리에서 세분화된 사이트이다), 마케터에게 고객의 마음을 들여다볼 수 있는 기회를 제공한다.

소셜북마킹 사이트는 웹브라우저에 있는 북마크나 즐겨찾기 기능의 연장이라고 보면 된다. 차이점이 있다면, 북마크한 내용이 개인용 컴퓨터가 아니라 웹서비에 저장된다는 것이다. 회원들은 온라인에 올린 북마크에 태그를 달거나 짤막한 설명을 덧붙일 수 있다. 또 다른 사용자와 공유도 가능하다. 태그는 비슷한 자료를 그룹으로 묶는 용도로 사용될 수 있다. 또한 한 개의 웹페이지가 여러 개의 태그를 가질 수도 있다.

> **SECRET**
> 소셜북마킹 사이트를 인간의 힘으로 운영되는 검색엔진이라고 간주하라. 모든 페이지는 사람에 의해 선택된 것이다.

딜리셔스에서 사용자 프로필을 보면 태그 구름을 통해 그들의 관심사를 즉시 파악할 수 있다. 이 때문에 딜리셔스가 영향세력들을 찾아내는 데 훌륭한 장소인 것이다. 딜리셔스는 개인적인 공간을 제공하고 있으나 사용자의 북마크와 설명 정도로만 구성되어 있다. 누구나 다른 이들의 프로필을 볼 수 있으며, 회원들은 다른 회원들의 북마크 구독을 선택할 수 있다.

이처럼 비교적 단순한 개념의 사이트이지만 실제 아주 유용하다. 3장의 캐나다 여행 리조트의 예로 다시 돌아가보자. 딜리셔스에서 *퀘백+리조트* quebec+resort를 검색하면 74개의 아이템이 뜬다. 이들 중 대부분은 디렉터리나 여행가이드이다. 마케터는 이 사이트들과 접촉하여 그 목록에 들어가고 싶어할 수도 있다. 또한 영향세력일지도 모를 이가 운영하는 개인 사이트 모음도 있다. 여러 명의 사용자들이 태그한 페이지인 경우, 링크를 클릭하여 누가 태그했고 어떤 설명을 붙였는지 볼 수 있다. 만일 당신의 사이트가 링크되어 있다면, 설명을 읽고 어떤 태그를 붙였는지 살펴보면 마케팅에 도움이 된다.

북마킹 사이트는 개인에게 아주 유용하고 생산적인 도구이다. 이 책을 집필하면서 나는 즐겨 사용하는 디고 Diigo라는 서비스를 사용하여 수백 개의 북마크를 저장했다. 저장한 각각의 사이트에 *소셜_네트워크* social_networks, *사례_연구* case_study, *소셜_미디어_리서치* social_media_research, *블로깅* blogging 등의 제목을 붙여 태그했고, 흥미로운 부분은 표시해놓고 나름대로 평을 덧붙였다.

그리고 이런 배경 지식을 집필에 아낌없이 쏟아야 할 때가 왔을 때 나는 태그를 이용하여 북마크를 쉽게 찾을 수 있었고, 수개월 전에 써놓은 평들을 다시 불러왔다.

소셜북마킹은 가장 사랑받는 몇몇 소셜네트워크의 모태 역할을 했다고 할 수 있다. 스텀블어폰, 레딧Reddit, 매그놀리아, 딕 같은 인기 서비스들은 모두 이런 개념에서 출발한 것이다. 혹시 딜리셔스를 사용하지 않는다고 해도, 이런 사이트의 원리를 이해하는 것은 인터넷 마케터로서 꼭 필요한 일이다.

## 딕Digg

딕닷컴에 당신의 콘텐츠가 올라온 것은 아주 좋은 일일 수도 있고, 나쁜 일일 수도 있다. 이 소셜북마킹 사이트는 사이트에 올라간 링크 하나만으로 수만 명에서 때로는 수십만 명의 방문자를 끌어오는 강력한 힘을 가지고 있다. 또한 딕의 엄청난 확산 속도는 한 회사의 사소한 실수를 전 세계적인 수치로 만들어버릴 수도 있다.

딕은 엄청난 힘을 소유한 소셜북마킹 사이트이다. 한 달에 3,500만 명 이상이 방문하는 딕은 온라인 콘텐츠를 무색하게 하는 놀라운 힘을 발휘한다. 회원들이 웹에서 찾아낸 뉴스거리를 제출하면 커뮤니티가 투표를 한다. 긍정적인 표diggs를 많이 받은 항목은 인기 순위가 올라간다. 부정적인 표buries의 숫자는 긍정적인 표의 균형을 잡아준다. 딕은 사기를 방지하기 위해 알고리즘의 소유권을 유지하면서 내용을 비공개에 붙인다.

2008년 초, 야후는 야후! 버즈Yahoo! Buzz 사이트를 만들어 딕에 도전장을 내밀었다. 이 서비스는 몇 주 만에 딕만큼이나 많은 트래픽을 기록하며 잠재력을 과시했다. 그러나 버즈가 거둔 빠른 성공은 추천 사이트에 대한 수요가 여전히 남아 있음을 보여준다.

딕으로 사업의 재미를 본 몇몇 사례들이 있다. 세븐일레븐은 영화 〈심슨 가족, 더 무비The Simpsons Movie〉의 개봉을 앞두고 자사의 점포를 만화 속에 나오는 퀵-이-마트Kwik-E-Mart와 유사하게 치장했다. 그러자 이와 관련된 플릭커의 사진이 딕의 엔터테인먼트 섹션에서 높은 순위를 차지했다.

블렌텍의 믹서기에서 애플의 아이폰이 갈리는 동영상은 2007년 최고 인기 스토리the most 'dugg' 중 하나로 꼽힌다. 또한 코카콜라가 애플사와 합작으로 아이튠즈에 음악을 무료 제공하는 행사를 한다는 뉴스는 딕에서 1,400표가 넘는 인기표를 받기도 했다. 1,000개 이상의 인기표를 받은 것은 성공적이며 트래픽 증가로 이어진다.

하지만 성공적인 마케팅 사례를 찾아보기란 쉽지 않다. 딕은 독특한 성향의 사람, 정치에 관심이 많은 사람, 기술전문가에게 인기가 높다. 예를 들어 애플 컴퓨터에 관한 이야기는 아주 인기 있는 주제다. 딕의 성향은 퉁명스럽고 때로는 십대 청소년 같은 분위기를 풍기기에 마케터에게는 별로 편안하지 않을 수도 있다.

이와 달리 프로펠러Propeller나 스핀Sphinn처럼 대안적인 소셜뉴스 사이트는 좀더 성숙한 청중들을 대상으로 한다. 특히 스핀은 마케터를 겨냥하고 만들어진 사이트로

> **SECRET**
> 아주 적은 수의 딕 회원들이 엄청난 영향력을 행사하는 경우도 있다.
> 딕은 파워유저가 될 수 있는 아주 좋은 장소이다.

프로페셔널한 기운이 느껴진다.

딕에서 몇 표만 받아도 트래픽이 어느 정도 증가하는 효과를 볼 수 있다. 콘텐츠가 참신하고 흥미로울 때는 최상의 결과를 얻을 수 있을 것이다. 좋은 콘텐츠가 딕 목록에 올라가는 데 도움이 되는 것은 분명하다. 하지만 바이러스처럼 퍼지는 엄청난 트래픽을 얻는 행운까지 언제나 보장하는 것은 아니다.

딕이 소셜미디어에 기여한 중요한 부분은 인기도 엔진popularity engine과 관련이 있다. 딕에는 편집자가 없다. 경영진의 주장에 따르면, 딕의 직원들은 불쾌한 게시물을 삭제하는 정도만 작업할 뿐 콘텐츠 순위에 대한 결정은 절대로 내리지 않는다. 회원들이 제시한 콘텐츠는 커뮤니티가 검토한다. 대부분의 게시물들이 성공을 거두지는 못하지만, 그 중 몇몇은 살아남거나 빠른 시간 내에 엄청난 기세로 발전한다. 이런 기술은 델의 아이디어스톰 같은 서비스에 의해 비즈니스에 도움이 되는 방식으로 흡수되었다.

딕은 이름만 있는 계정을 만들거나 심지어 돈을 주고 표를 매수하는 방법으로 딕 시스템을 무너뜨리려는 이들과 끊임없는 전쟁을 치르고 있다. 마케터들이 딕 인기 순위를 끌어올리는 방법(이런 종합적인 지침은 나은 편이다)에 대해 조언하는 블로그도 아주 많다. 이런 과정을 링크베이팅linkbaiting(사람들을 끌어들여 자신의 웹페이지를 더 많이 링크 걸게 하려는 전략)이라 부르며, 어떤 면에서는 아주 효과적일 수 있다.

그러나 이런 잔재주는 혁신적인 콘텐츠와 비교할 수 없다. 소셜뉴스 사이트에서 좋은 순위를 얻으려고 최적화하는 방법을 배우는 것은 유용하다. 하지만 아무 재미도 없는 정보의 순위를 올리기 위해 링크베이팅을 해서는 안 된다.

## 세컨드라이프 Second Life

세컨드라이프보다 더 사랑받고, 더 구설수에 오르고, 더 논란의 대상이 된 소셜네트워크는 지금껏 없었다. 가상현실 게임에 뿌리를 둔 온라인 커뮤니티라는 새로운 부류를 대표하는 세컨드라이프는 광적인 추종세력을 형성하는 동시에 이들의 열광만큼이나 혹독한 잣대로 비판받기도 한다. 비판의 내용은 세컨드라이프가 지나치게 기술적인 모습이고, 사람들을 당황하게 만들며, 가상공간 대부분이 버려져 있는 사이트라는 것이다. 대부분의 논쟁이 그런 것처럼 추종과 비판세력 둘 다 일리가 있다.

세컨드라이프는 사용자의 캐릭터(아바타 avartar)가 관심 있는 커뮤니티를 상징하는 목표지 사이를 걷고, 달리고, 날기도 하는 3차원적인 경험을 통해 현실세계를 흉내낸다. 아바타는 인스턴트 메시지나 음성을 통해 서로 상호작용할 수 있으며, 심지어 몸짓이나 얼굴표정까지 조절할 수 있다. 이런 면에서 세컨드라이프는 실제 인간의 상호작용과 가장 근접한 사이트라고 볼 수 있다. 세컨드라이프에서 사용되는 화폐를 실제 돈으로 환전할 수도 있다.

이런 엄청난 가상세계를 만들기 위해 필요한 기술적인 리소스들 때문에 속도가 매우 느려지는 경우도 있지만, 눈을 즐겁게 하는 세컨드라이프의 환경은 사용자들을 매료시킨다. 그러나 느린 속도는 세컨드라이프의 회원 수가 빠르게 감소하는 주요 원인이 되고 있다. 가입계정 수는 1,700만 명이 넘지만 규칙적으로 사이트를 방문하는 숫자는 10%도 안 되는 실정이다.

세컨드라이프는 열정적인 추종자들을 확보하고 있다. IBM, CNN,

선, 아디다스, 시어스Sears, 시스코, 코카콜라, GM 역시 세컨드라이프에 '섬isalnds'을 지은 대기업이다. IBM은 세컨드라이프에 반해서 2007년 말, 세컨드라이프를 개발한 린든 랩Linden Lab 과 가상세계를 위한 핵심기술을 협력하는 파트너십을 맺었다. 린든 랩의 CEO는 10년 안에 가상세계는 웹 자체보다도 더욱 우세하고 인기 있는 것으로 자리매김 할 것이라고 단언했다.

기술전문 출판업자인 마이클 아자라Michael Azzara 는 2007년 말, 세컨드라이프가 B2B 마케팅 도구로 유용하다는 백서를 발간했다. 그는 비즈니스 미디어란 '구매자와 판매자를 연결시키는 것'이라고 말하면서, "가상세계는 직접대면을 가로막는 현실세계의 성가신 장애물들을 모두 제거하며, 쉽게 배울 수 있는 간단한 규칙만 알면 된다 (…) 세컨드라이프는 빠르면서도 낮은 비용으로 가능한 혁신을 지원하는 열린 가상세계 플랫폼"이라고 주장했다.

그러나《와이어드 매거진Wired magazine》에 실린 날카로운 기사는 매우 다른 평을 하고 있다.

세컨드라이프에서 활동하는 방법을 배우기 위해 몇 시간만 투자하고 나면, 그 다음에는 별로 할 것이 없다. 아마 이런 이유로 아바타의 85%가 버려진 채 활동하지 않는 것인지도 모른다.

방문자 수와 시간을 모두 감안한 린든 랩의 가상세계 내 트래픽 집계를 보면, 다시 세컨드라이프를 찾은 이들은 주로 공짜로 돈을 얻을 수 있다는 점 그리고 성적인 요소 때문에 돌아왔다는 사실을 알 수 있다. 사람들을 끌어들인 경우에도 PR은 그리 이상적이지 않다. 작년 겨울 CNET의 한 특파원은 가상세계에서의 부동산 투자로 10억 원이 넘는 수익을 올린 아바타 앤쉬 청Anshe Chung 과의 라이브 인터뷰를 진행했다. 그런데 그때 공교롭게도 인터뷰 중 남자 성기 모양의 물건이 날아다니는 촌극이 벌어졌다…….

세컨드라이프가 가상회의 매체로써 가치가 있는 것은 분명하다. 프레젠테이션을 하면서 토론할 수 있고 특별한 그룹을 만들 수 있다. 특히 이 사이트는 소아자폐증 치료도구로 그 가치를 입증받았다. 세컨드라이프 외에도 50개가 넘는 온라인 가상세계가 생겨났다. 이들 중 대부분이 아이들이나 게임 전문가들을 대상으로 삼은 것이지만, 데어There 사이트는 성인을 대상으로 한다.

행사 기획업체들에 따르면 가상 무역쇼는 실제 이벤트 비용의 극히 적은 부분을 가지고도 훌륭한 효과를 거둘 수 있다고 한다. 시장조사기관 팩트포인트 그룹FactPoint Group이 2007년 유니스페어Unisfair가 운영한 200개의 가상 이벤트를 연구한 결과, 가상 이벤트에 신청한 평균 등록자 수는 3,102명이었고, 이들 중 절반 정도가 실제로 참여했다고 한다. 후원사들은 개최한 이벤트당 평균 348개의 리드leads를 이끌어냈고, 참석자들의 참여 시간은 평균 두 시간 삼십 분이었다. 가상 이벤트의 비용대비 효율성을 감안하면 이 수치는 아주 훌륭한 것이다.

아직 가상세계는 초기단계다. 하지만 몇몇 성공 사례들을 보면, 가상세계의 잠재력은 눈여겨볼 만하다.

## 위키피디아 Wikipedia

경이로운 성공을 거둔 위키피디아는 누구나 참여하여 편집할 수 있는 백과사전이다. 위키피디아가 대표적인 소셜네트워크 그룹에 포함될 수 있는 이유는 바로 마케터에게 매력적인 타깃이 되기 때문이다. 안 될 이유가 뭐가 있겠는가? 위키피디아에서 다루고 있는 광범위한 주제들, 엄청난 트래픽(2009년 10월 하루 페이지뷰가 약 3억 7천만 건에 이르며, 알렉사닷컴Alexa.com에 따르면 전 세계에서 여섯 번째로 방문자가 많은 사이트이다), 검색엔진에 잘 나온다는 특성은 마케터에게 아주 매력적인 조건이다.

위키피디아에 자사의 브랜드에 관한 글이 존재하고 있다는 사실을 아직 깨닫지 못한 기업들이 많이 있다. 이들이 이런 위키피디아의 위력을 인식하게 된다면 당연히 이미 존재하는 글을 활용하여 브랜드 홍보 효과를 올리려 하지 않을까?

하지만 그것은 그리 좋은 아이디어가 아니다. 위키피디아는 게릴라 마케팅의 조짐이 조금이라도 보이는 글은 무조건 제거해버린다. 위키피디아의 출입문을 철통같이 지키는 엘리트 지원군들이 있기 때문이다. 의심스러운 게시물은 위키피디아 자체의 공정성 기준에 맞지 않는 콘텐츠를 걸러내기 위해 경고문을 받게 될 것이다. 뿐만 아니라 이런 기준을 위반하는 사례는 언론에 전달되어 당혹스러운 결과를 초래할 수도 있다.

일단 경고를 받으면, 다시 신뢰를 회복하기가 매우 힘들다. 위키피디아의 엘리트 편집자들은 대부분 익명으로 활동하기에 이들을 찾아내는 것은 거의 불가능에 가깝다. 만일 당신의 회사가 논쟁의 중심에 있다면 위키피디아 게시물이 역작용의 효과를 불러올 수도 있다. 일단 위키피디아에 올라갔으면, 비평가들은 당신네 회사의 실수와 당혹스런 사건들에 대한 설명들까지 모두 추가한다. 위키피디아 사용자들은 유용하고 관련된 사항이라면 그것이 좋은 소식이든 나쁜 소식이든 개의치 않는다.

위키피디아 자신 스스로 트래픽을 높이는 원동력의 역할을 하고 있다고 자처하지는 않는다. 하지만 트래픽 증가에 중요한 역할을 한다는 건 분명한 사실이다. SEO모즈 SEOmoz 의 랜드 피시킨 Rand Fishkin 은 2007 검색엔진 전략 컨퍼런스에서 위키피디아의 '검색엔진 마케팅 search engine marketing' 항목에 자신의 회사가 포함된 것이 같은 단어로 구글 검색 첫 페이지에 나오는 것보다 더 많은 트래픽을 몰고 온다고 말했다. 코미디 센트럴 Comedy Central 의 던 스틸 Don Dteele 은 위키피디아가 한 달에 약 2,500만 원의 가치가 있는 트래픽을 자사 사이트에 가져다준다고 말했다. 또한 컨설턴트이자 위키피디아의 편집자인 조나단 호크먼 Jonathan Hochman 은 위키피디아의 트래픽이 구글의 유료 검색광고보다 훨씬 훌륭한 효과를 발휘할 때가 많다고 했다.

> **SECRET**
> 위키피디아로 구글 검색 첫 페이지의 힘까지도 넘어설 수 있다.
> 하지만 위키피디아에서는 위키피디아의 법을 따르는 것이 중요하다.

위키피디아에 자사 브랜드가 언급된 적이 없더라도, 위키피디아는 마케터에게 충분히 가치가 있다. 닐슨 온라인 Nielsen Online 의 부사장 피터 블랙쇼 Peter Blackshaw 는 소위 '대항광고 counter-advertising (어떤 대상에 대한 개념을 바꾸거나 소멸시키기 위해서 진행하는 광고)'의 필요 여부를 판단하기 위해 위키피디아를 사용한다. 이것은 브랜드에 대한 위키피디아의 설명을 그 브랜드 자체의 포지셔닝과 비교하는 것이다. 만일 양자가 일치하지 않으면, 그 브랜드 홍보에는 문제가 있는 것이라고 그는 〈클릭제트ClickZ〉에서 말했다.

블랙쇼 부사장은 또한 텍스트 마이닝 전문가들에게 위키피디아를 매년 분석하여 블로거들이 무엇을 링크하고 있는지를 알아보게 했다. "저는 위키피디아를 소비자들의 욕구와 불만 사항들을 파악하는 주요 도구로 사용합니다. 위키피디아에서 사람들의 필요와 링크를 분석하면 포커스 그룹조사보다 더 강력하고 훌륭한 결과를 얻을 수 있습니다."라고 그는 말한다.

위키피디아에서 낭패를 당하지 않도록 조심해야 한다. 반드시 사실만을 말하라. 회사에 대해 별로 긍정적이지 않을 수 있는 정보를 포함시키는 것이 오히려 유리하게 작용할 수도 있다. 만일 당신의 게시물이 광고로 분류되어 있다면 당황하지 말고 진지하게 이 문제를 해결하려는 모습을 보여라. 더 좋은 방법은 프리랜서를 고용하여 당신의 직접적인 감독 없이 균형 잡힌 이야기를 쓰게 하는 것이다. 긍정적인 단어 몇 개로 얻는 이득보다 이로 인한 부정적인 역효과의 위험이 훨씬 클 수 있음을 명심하라.

NICHE INNOVATORS

CHAPTER
08

# 틈새 네트워크를 공략하라

특별한 관심사나 수직적 카테고리를 대표하는 14개의 소셜네트워크를 소개한다. 이곳은 타깃 마케팅을 위한 매력적인 장소가 될 것이다.

"우리는 링크드인에서 중요한 방식으로 우리의 신뢰성을 보여주고 있습니다."

– 레베카 리바 하스, 베테랑 부동산 중개업자이자
틈새 네트워크를 100% 활용하고 있는 소셜미디어 마케팅의 귀재 –

페이스북, 딕, 유튜브가 누구나 인정하는 소셜네트워크의 거물임은 사실이다. 하지만 모든 사이트가 빠르게 성장하는 것은 아니다. 성장세가 다소 둔화되는 경우도 있다. 시장의 흐름이 좀더 작고 특화된 커뮤니티로 이동하는 것도 이 때문이다. 많은 웹사이트가 커뮤니티 기능을 추가하면서, 소셜네트워크와 다른 사이트의 구분이 점점 모호해지고 있다. 다음에 나오는 서비스들을 살펴보면서 비슷한 네트워크 사이에서 스스로를 특화시킨 전략들을 배울 수 있다.

# 틈새를 공략하는 14개의 소셜네트워크

### 1. 게더 Gather

게더는 미국 공영라디오방송 NPR; National Public Radio 과 관련된 소셜네트워크이다. 실제로 이 사이트는 NPR 청취자들의 국제적인 관심사를 중심으로 커뮤니티를 만드는 것의 가능성을 발견해서 시작됐다. 《비즈니스 위크》에 따르면 게더는 35세 이상의 고학력자이면서 세계정치와 문화에 관심이 많은 이들을 겨냥한다고 한다.

게더 홈페이지에서 요리, 가족활동, 정치, 건강, 재정문제에 이르기까지 아주 다양한 주제들을 선택할 수 있다. 회원 개인의 페이지는 친구, 그룹, 동영상, 사진, 기사, 사이트 활동 내역으로 채워진다.

광고 수익 중 일부는 가장 활동적인 게더 멤버들에게 나누어준다. 보상은 이들이 다른 회원을 모집하는지, 규칙적으로 글을 올리고 검색하는지, 그리고 사이트의 기사를 읽는지에 따라 달라진다. 게더의 보상은 파트너들의 신뢰를 통해 얻어진다. 물론 파트너를 찾으려면 어느 정도 조사를 벌여야 한다.

탄탄한 회원구성 덕에 게더는 2008년에 전체 회원 수가 10만 명 미만인데도 볼보 Volvo 나 찰스 슈왑 Charles Schwab 같은 우량 광고주들을 유치할 수 있었다. 출판계의 격언처럼, 중요한 것은 어디에 포커스를 맞추느냐이다.

## 2. 지그소 Jigsaw

지그소는 소셜미디어와 옛날 야구카드 수집의 만남과도 같다. 지그소는 수십만 회원들의 명함을 디렉터리에 올려놓는다. 이름과 이메일 주소, 전화번호, 직위, 회사, 회사 우편주소 등의 정보가 추가된다. 동시에 회원들이 보유한 1,800만 개의 비즈니스 연락처를 메이저리그 선수였던 미키 맨틀 Mickey Mantle 의 1951년 루키 카드 rookie card 같이 거래한다. 바로 이것이 지그소 운영의 기본 개념이다.

지그소의 디렉터리는 신규회원이 그의 실제 연락처를 사이트에 남기는 순간 확장된다. 회원들은 자신이 가진 명함과 가지고 싶은 명함을 주고받는다. 지그소의 창립자들은 지그소의 최종 목표를 이렇게 세웠다. "세상의 모든 비즈니스의 목록을 만든다. 지그소 회원들이 힘을 합쳐 그 퍼즐을 맞춘다. 이를 통해 혁신적이고 효과적으로 기업 정보를 수집하고 유지할 수 있게 된다."

연락처를 추가하고 회원 정보를 업데이트하는 회원들에게는 보상이 제공되며, 만일 거짓 정보를 제공하는 경우 처벌받는다. 지그소시장은 두 가지 원리로 작동하고 있다. 자신의 연락처를 제공하여 다른 연락처를 받거나 유료회원(한 달에 3만 원 정도의 회비를 내면 25개의 연락처를 살 수 있다)이 되어 연락처를 받는 것이다.

영업사원들은 지그소가 매우 가치 있는 사이트라고 생각한다. 왜냐하면 연락처를 알아내기 위한 시간낭비를 줄여주기 때문이다. 그러나 누구나 지그소의 디렉디리에 연락처를 올릴 수 있기 때문에 기업의 관리자들은 회사에 발신자 표시 시스템이 있는지 확인하고 싶을지도 모른다.

지그소는 이미 돌아다니고 있는 연락처 정보들을 자사의 사이트에 취합했을 뿐이라고 주장한다. 또한 지그소에는 비즈니스 정보만 올라와 있으며 어떠한 개인 정보도 허용되지 않는다. 비회원들 역시 연락 방법과 연락 가능 여부를 밝히면서 자신들의 항목을 업데이트 할 수 있으며, 앞으로 자신의 명함이 필요할 수도 있는 회원들에게 쪽지를 보낼 수 있다.

그러나 개인 정보보호 전문가들은 지그소 사이트를 향해 우려의 시선을 보낸다. 컴퓨터 전문가의 사회적 책임을 위한 협회 CPSR; Computer Professionals for Social Responsibility 의 부회장인 어낼리 뉴위츠 Annalee Newitz 는 지그소가 신분 도용자나 스패머들에게 악용될 정보를 제공하고 있음은 물론이고 '스토커 천국'에도 일조하고 있다며 비판한다.

### 3. 미트업 Meetup

2002년에 시작된 미트업은 웹을 이용해 오히려 웹에서 벗어나고 싶어하는 사람들을 위한 사이트이다. 인근 지역 내에 있는 서로 유사한 관심사나 취미를 가진 이들을 직접 만날 수 있게 해주기 때문이다.

많은 이들이 재택근무를 하는 요즘 세상에서 미트업은 지난 시절로 되돌아가는 매력을 선사한다. 매달 460만 명이 넘는 방문자가 각 지역의 3만 7천 개의 그룹 중에서 자신의 그룹을 선택한다. 지역공예 그룹부터 정치토론 그룹, 북클럽에 이르기까지 그룹의 종류는 아주 다양하다. 미트업은 이렇게 직접적인 만남을 용이하게 하는 데 그 목표를 두고 있다.

2005년 여름, 미트업은 그룹을 운영하고 여러 가지 문제들을 결정할 그룹 진행자 moderator 에게 월급을 주기 시작했다. 하지만 열정적인 진행자들은 월급의 일부를 회원들에게 나눠달라고 자발적으로 요청하는 경우도 있다.

2004년 하워드 딘 Howard Dean 의 대선 본부가 미트업을 대선 캠페인에 활용하면서 미트업의 명성이 미 전역에 알려지게 되었다. 존 케리John Kerry 후보와 존 에드워드John Edward 후보의 지지자들도 이에 질세라 미트업을 활용하였고, 미트업에서 정치는 단연 독보적인 주제로 떠올랐다. 대선 후에도 미트업은 여러 정치가들의 중요한 자원 역할을 톡톡히 해내고 있다.

마케터는 미트업에서 타깃이 될 그룹의 랜딩 페이지에 광고를 실을 수 있다. 또한 기업들이 미트업을 사용해서 이벤트를 진행하는 것에 어떤 제한도 없다. 그러니 다양한 웹2.0 모델을 기대해볼 수 있다. 특별한 이익이 걸린 주제라면 관심 있는 고객들이 많이 모여들게 마련이다.

### 4. 포토버켓 Photobucket

2003년에 시작된 포토버켓은 불과 2년 만에, 닐슨넷레이팅스에서 선정한 2005년 초고속성장 사이트로 뽑혔다. 2008년 3월에는 순방문자 수가 전 세계적으로 3,460만 명에 달하여 미국의 디지털사진 사이트 중 가장 인기 있는 사이트가 되기도 했다. 그러나 인지도나 트래픽 면에서는 플릭커가 앞서고 있다.

포토버켓의 회원들은 유료나 무료회원으로 가입하여 사진, 슬라이드 쇼, 동영상을 게시하거나 공유할 수 있으며 친구 네트워크를 통해 다른 이들과 연결될 수도 있다. 1년에 3만 원의 회비를 내고 유료회원이 되면, 이미지 크기에 제한을 받지 않는다. 또한 무료회원에게 제공되는 500MB 대신 무제한 공간을 받고, 출력시 10% 할인을 받는다. 사용자는 자신의 휴대전화로 이미지를 다운로드할 수 있으며, 휴대전화로 다른 사람들의 사진을 검색할 수도 있다. 포토버켓은 티보TiVo와 계약을 맺어 양쪽 회원들이 자신의 온라인 사진이나 동영상 앨범을 가정에 있는 텔레비전 세트에서 볼 수 있는 서비스도 제공하고 있다.

2007년 마이스페이스가 포토버켓을 약 3천억 원에 인수했는데, 당시 포토버켓의 등록 회원 수는 4천만 명에 달했다. 포토버켓의 주요 수입원은 유료회원과 광고이며, 또한 다양한 마케팅 프로그램을 보유하고 있다. 스폰서들은 마케팅 목적에 맞게 바꾼 이미지 편집기와 앨범 같은 프로그램뿐 아니라 태깅이나 이메일 공지 서비스까지 구매할 수 있다.

### 5. 프로펠러 Propeller

아메리카온라인 AOL이 소유하고 있는 프로펠러는 AOL의 실험작이었던 넷스케이프 커뮤니티 뉴스 서비스가 새로운 이름으로 재탄생한 것이다. AOL은 이 사이트를 마치 성인들을 위한 딕 스타일의 소셜뉴스 사이트로 재탄생시켰다. 딕과 마찬가지로 사용자들은 뉴스의 인기 순위를 매길 수 있다.

그러나 프로펠러는 '앵커스 Anchors'라는 팀을 두어 사이트에 올라오는 무의미한 자료들이나 스팸을 제거하고 감독하는 역할을 맡긴다. 또한 '스카우트 Scouts'를 고용하여 뉴스를 제출하고 링크를 점검하고 있다. 프로펠러 콘텐츠들은 국가적인 문제나 정치 이슈같이 진지한 성격을 띤 것들이 많다.

### 6. 레딧 Reddit

딕을 떠올리면 된다. 2005년에 시작된 레딧은 기본적으로 딕과 이름만 다를 뿐 거의 비슷하다(인터넷에서 콘텐츠의 인기도를 측정하는 기준이 되는 사이트 그룹이 있는데 딕-프로펠러-야후! 버즈-레딧 순으로 살펴보는 것도 그 중 하나이다. 여기서의 인기도는 인터넷의 인기도라고 할 수 있다).

딕과 레딧의 회원은 대개 비슷한 유형이지만, 딕의 우수회원top Digger들이 반드시 레딧의 우수회원top redditers들과 동일한 것은 아니다. 물론 그 반대도 마찬가지다. 이들 두 사이트의 회원 자격에는 약간 거만한 태도가 가미되어 있는데, 이런 요소 때문에 브랜드의 가치가 더 높아지기도 한다.

이 둘의 차이점은 무엇인가? 딕에 제출하는 과정은 레딧에 비해 좀 귀찮은 면이 있다. 딕은 전에 찾아낸 적이 없는 뉴스만을 올리기 위해 견제와 균형을 항상 유지하며, 뉴스 스토리의 세부 내용까지 요구한다. 사용자들이 선택해야 하는 카테고리가 훨씬 더 다양하다. 반면 레딧에 올라오는 스토리의 순서는 그 스토리에 투표하는 사람들에 의해서 정해진다. 긍정적인 표를 많이 받으면 받을수록 목록에서 올라가고, 부정적인 표를 많이 받으면 받을수록 내려가는 방식이다.

딕의 알고리즘은 이 책의 6장에서 설명했듯이 상당 부분이 감춰져 있지만, 아마도 다양성이나 투표자들의 개인적인 위상 같은 요소들과 관련이 있는 듯하다. 또한 딕은 훨씬 풍부한 프로필과 사회적 상호작용 메커니즘을 제공한다. 이와는 달리 레딧에서의 상호작용은 기본적으로 다른 사람의 선택에 대해 평을 하는 것으로 이루어진다. 어떤 이들은 딕이 훨씬 성숙한 사이트라고 지지하고, 어떤 이들은 레딧이 훨씬 편리한 사이트라고 평가한다.

## 7. 서모 Sermo

서모는 의사들이 지혜를 나누는 의사전용 사이트이다. 2006년에 만들어져 미국 내 의사들을 연결시켜주는 자문 네트워크이다. 이 사이트는 사용자가 관리하는 방식이기 때문에 동료 의사들이 제공한 조언은 상당 부분 가감해서 들어야 한다.

서모는 익명을 사용하거나 원하는 만큼 개인 정보를 공개할 수 있다. 다른 회원들에게 공개되는 것은 온라인 대화명과 전공분야뿐이며, 나머지는 프로필 옵션에 본인이 선택한 만큼 공개 여부가 결정된다. 서모는 이런 식으로 전문가들을 네트워킹한다.

서모는 제약회사들이 멋대로 회원들을 이용하는 것을 막고 있지만, 익명의 비평들은 금융기관이나 보건기관, 정부기관 등에 판매되기도 한다. 전문 자격을 갖춘 의사들의 생각이 이런 기관에게는 특별한 가치를 제공할 거라는 생각에서 출발한 것이다.

심지어 서모는 '매우 유익하고 가치 있는', '예리한 관찰과 의학적 통찰'을 제공한 회원에게는 보상을 주기도 한다. 또한 스폰서들 역시 의사들의 답을 요구하는 질문을 올릴 수 있다. 스폰서 중 미국의료연합회 American Medical Association는 서모 회원들에게 《미국의료연합회 저널》 같은 독점적인 콘텐츠를 제공하기도 한다.

### 8. 스퀴두 Squidoo

구글이나 야후처럼 사이트들을 분류하고 정리하는 사이트를 만들기 위해 작가이자 블로거인 세스 고딘 Seth Godin이 네 명의 팀원들과 함께 2005년에 '스퀴두'를 만들었다. 기본 개념은 아주 간단하다. 사용자(렌즈마스터)는 사이트에 등록을 하고 관심 분야나 전문 분야에 관한 페이지(렌즈)를 만든다.

스퀴두는 자유롭게 편집이 가능한 템플릿을 제공하며, 사용자는 이름을 바꾸고 원하는 카테고리를 선택할 수 있다. 스퀴두에서 입력할 정보를 주거나 내용을 편집하지는 않는다. 그렇다고 해서 구글을 놔두고 스퀴두를 이용할까? 고딘에 따르면, 구글은 '지나치게 좋은' 검색 사이트라고 한다. 즉, 너무 많은 검색 결과를 제공한다는 것이다. 스퀴두는 이용자들을 위해 이런 검색 결과를 정리하여 가장 중요한 것만을 뽑아준다.

렌즈(페이지)의 각 섹션은 텍스트 모듈, 아마존 모듈, RSS피드, 링크 목록, 플릭커 모듈 등 다양하게 구성할 수 있다. 스퀴두는 사람들에게 개인적인 주제, 온라인에 모아놓은 정보, 또는 블로그에 기초하여 자신만의 렌즈를 만들 것을 권장한다. 무료서비스임에도 불구하고 자주 검색하는 키워드로 검색을 해보면, 다양한 검색 결과 모음을 얻을 수 있을 것이다.

스퀴두의 단점 중 하나는 같은 주제에 여러 개의 이름이 붙고, 여러 개의 렌즈를 가질 수 있다는 것이다. 예를 들어, '버락 오바마 셔츠Barack Obama Shirts'와 '버락 오바마 티Barack Obama Tees'는 비슷한 내용이지만, 서로 다른 두 명의 렌즈마스터의 콘텐츠일 수 있다. 따라서 회원들은 검색 트래픽을 위해 렌즈 선택에 신중해야 하며, 동일한 주제에 관해 여러 개의 렌즈를 만들어야 한다.

왜 이런 귀찮은 작업을 해야 할까? 그 이유는 스퀴두가 광고나 유료 링크를 통해 얻는 수익을 각 렌즈마스터와 나눌 뿐 아니라, 수익의 5%를 자선단체에 기부하는 형식이기 때문이다. 고딘은 렌즈마스터들의 절반 정도가 렌즈 이익의 45%를 기부하고 있다고 한다.

스퀴두는 마케터를 위한 사이트이다. 누구나 전문지식을 홍보할 수 있는 렌즈를 만들 수 있다는 점과 광고주들이 특정한 주제에 맞춰 광고를 올릴 수 있다는 점 때문이다. 또한 스퀴두는 검색엔진을 통한 홍보에 대한 유용한 자문을 제공한다.

이 아이디어를 눈여겨 본 구글은 2007년 '놀Knol'이라는 유사한 서비스를 시작했다. 비평가들은 이런 구글의 프로젝트 때문에 2007년 이후 구글 검색 결과에서 스쿼두 렌즈의 순위가 대폭 하락했다고 분석했다.

### 9. 스텀블어폰 StumbleUpon

2002년에 만들어진 스텀블어폰은 인기 있는 소셜북마킹 사이트로, 사람들이 검색할 생각조차 하지 않았던 흥미롭고 유익한 웹 콘텐츠를 발견할 수 있도록 도와주는 걸 목표로 삼고 있다.

사용자들은 회원으로 가입한 후 스텀블어폰 툴바를 파이어폭스나 인터넷 익스플로어에 설치하여 이 서비스를 이용할 수 있다. 회원들은 툴바를 이용하여 흥미로운 사이트를 발견한 즉시 표시를 할 수 있다. 또한 다른 회원들은 어떤 사이트를 선택했고 그 이유가 무엇인지도 알 수 있다. 많은 회원이 선택한 사이트일수록 스텀블어폰에서의 순위가 올라간다.

사용자가 관심 있는 카테고리를 선택하여 '스텀블 Stumble!' 버튼을 클릭하면 다른 회원들이 해당 카테고리에서 추천한 사이트들을 무작위로 볼 수 있다. 이때 긍정적인 리뷰가 많이 달린 사이트가 보일 가능성이 더 높다.

자신의 사이트에 스텀블에 추천될 만하다고 태그를 달아도 된다. 이런 태그가 별 문제되지 않는 이유는 다른 사람들이 이 사이트에 투표를 할 때만 의미가 있기 때문이다. 만일 아무도 그 사이트에 흥미를 느끼지 못한다면 아무 일도 일어나지 않는다. 하지만 사람들이 관심을 많이 가지게 된다면 스텀블어폰을 통해 엄청난 트래픽이 몰릴 것이다.

사용자들이 스텀블어폰을 좋아하는 이유는 흥미로운 사이트를 많이 발견할 수 있다는 점 때문이다. 놀라울 뿐만 아니라 유익한 사이트 정보가 항상 넘쳐난다.

인터넷경매 사이트인 이베이eBay는 2007년에 스텀블어폰을 약 1,000억 원에 인수했다. 스텀블어폰에 관심을 보였던 구글은 후에 구글 툴바에 유사한 기능을 추가했다.

스텀블어폰의 독특한 광고 모델은 스폰서의 페이지를 랜덤으로 찾아오는 페이지 중 하나로 삽입하는 것이다. 광고 카피는 필요 없다. 광고주들은 구체적인 인구학적 기준에 맞는 회원들이 그 페이지를 보는 것을 보장받을 수 있다.

돈 주고 별도의 광고를 집행해야 스폰서의 페이지를 등록할 수 있는 것이 아니다. 마케팅을 위해 효과적으로 잘 구성된 콘텐츠 페이지를 스텀블어폰에 등록하는 것이 곧 광고인 셈이다. 이런 방식의 마케팅에는 부작용도 없으며, 트래픽 효과는 상당히 훌륭하다.

### 10. 디스넥스트 ThisNext

2006년에 벤처 캐피털의 지원을 받아 만들어진 디스넥스트는 소셜쇼핑 사이트로, 회원들은 자신이 선호하는 상품을 추천하고 다른 회원들이 숨겨진 보석 같은 상품을 발견하도록 도와준다. 사용자들은 수십만 개의 상품 목록을 카테고리별로 검색하여 다른 사용자의 평가에 따라 순위가 매겨진 목록을 볼 수 있다. 독특한 기능은 '숍캐스트shopcast'로 회원들이 올리는 선호상품 목록이다.

이 사이트는 언론에 자주 소개되었으며, 이 사이트를 통해 성공을 거둔 여성의류와 액세서리 제조사에게서 상당히 좋은 평가를 받고 있다. 현재 이 사이트에서 마케팅하는 방법은 배너 광고로 제한되어 있다. 디스넥스트는 지금껏 마케터가 자신들의 제품에 대해 긍정적인 평가를 올리는 것을 거부했다.

### 11. 어터즈 Utterz

어터즈는 휴대전화가 주무대다. 휴대전화를 이용해서 찍은 사진, 음성, 동영상, 텍스트를 블로거Blogger, 워드프레스WordPress, 타입패드Typepad, 트위터Twitter와 같은 인기 블로깅 소프트웨어에 바로 업데이트할 수 있게 해주는 서비스이다. 어터즈는 보통 트위터 사용자들이 트위터 메시지에 멀티미디어를 추가하고 싶을 때 즐겨 사용하는 추가 서비스이지만, 트위터 이외의 다른 플랫폼에서도 사용이 가능하다. 또한 어터즈에서는 웹캠과 마이크로폰을 이용하여 온라인에 게시물을 올릴 수도 있다.

그러나 서비스의 한계도 있다. 휴대전화 사용료라는 간접경비가 필요하다는 점과 트위터같이 텍스트만 제공하는 서비스는 멀티미디어를 수용할 수 없다는 점이다. 이런 경우 게시물의 멀티미디어 부분은 상실되고 링크만 그대로 유지된다.

어터즈의 사용자들은 다른 사용자들과 네트워크를 구성할 수 있으며, 이렇게 구성된 네트워크 친구들의 게시물을 따라갈 수도 있다. 그래서 어터즈에 게시된 팟캐스트는 해당 팟캐스터가 만든 블로그에 게시될 뿐만 아니라 특정 그룹의 사람들에게 광고할 수도 있다.

### 12. 비저블패스 VisiblePath

비저블패스는 링크드인의 약점을 보완하고자 만들어진 사이트이다. 비저블패스에서는 모든 연락 정보를 동일하게 나열하지 않고, 어떤 연락처에 대한 회원 개개인의 지식에 따라 여러 단계로 정보를 구분한다. 테크크런치TechCrunch는 '진정한 관계를 증명하기 위해서는 이메일을 교환하고, 회의를 하고, 그들의 전자명함에 대한 심층적인 정보를 제공해야 한다'고 말한다.

비저블패스를 이용하는 방법은 두 가지다. 하나는 무료회원 서비스로, 개인끼리 연결하고 연락 정보를 찾아내는 것은 사용자에게 맡기는 것이다. 기업을 위한 유료회원 서비스는 회사의 아웃룩Outlook 캘린더와 이메일을 모니터하고, 네트워크에서 각 사용자가 상호작용하는 상황과 회사 외부로 이루어지는 개인적인 연락 상황을 지속적으로 업데이트해준다.

비저블패스는 2002년에 만들어졌으며, 2008년에 기업 정보 제공 업체인 후버스Hoover's에 인수되었다.

## 13. 옐프 Yelp

옐프는 전화번호부 개념을 소셜미디어에 결합시킨 서비스이다. 이 사이트는 LA의 파크 라 브레아Park La Brea부터 버몬트의 벌링턴까지 미국 내 수많은 도시 정보를 담고 있으며, 회원들이 제공하는 레스토랑, 미용실, 나이트클럽 등을 포함한 현지 서비스업체에 대한 풍부한 평을 보여준다. 옐프에 올라오는 리뷰는 수준과 정직성 면에서 긍정적 측면이든 부정적인 측면이든 모두 유명세를 얻고 있다. 주차에서 고객서비스에 이르기까지 쇼핑이나 갈 만한 레스토랑에 대한 정보는 무엇이든 환영이다.

리뷰를 올리는 것은 회원만 가능하다. 하지만 리뷰를 검색하고 열람하는 것은 누구나 할 수 있다. 수많은 리뷰는 통합 정리되어 별 한 개에서 다섯 개까지 등급을 받는다. 레스토랑처럼 인기가 많은 카테고리의 경우에는 등급이 옥석을 가리는 데 큰 역할을 할 수 있지만, 종교기관처럼 비인기 카테고리의 경우에는 회원들의 참여가 저조하여 등급 자체가 가지는 의미가 별로 크지 않다.

옐프 운영자들은 유익하고 충실한 평을 올리는 회원을 선정하여 엘리트 옐퍼Elite Yelper로 지정한다. 이들은 샌프란시스코, 시애틀, 뉴욕, 보스턴, 로스앤젤래스, 워싱턴 D.C., 시카고 등의 나이트클럽이나 레스토랑, 문화행사의 특별 이벤트에 초대된다.

옐프는 주로 도시 내의 시설에 대한 유익한 정보를 제공한다. 도시 외곽 지역이나 시골 지역에 대한 정보도 2차적으로 다루어지나 아직 도움이 될 만한 정보는 많지 않다. 옐프는 자칭 주요 시장이라고 말하는 곳에서 균등한 수준의 서비스를 제공하지 않는다는 비판을 받고 있기도 하다. 샌프란시스코에서 시작된 이래 줄곧 그곳에 본거지를 두고 있다. 옐프 회원들의 절반 이상이 25세에서 36세의 연령이라 사이트의 분위기가 아주 젊고, 밤 문화 중심적인 성향을 보인다.

현재 옐프는 광고를 통해 수익을 창출하며, 벤처기금으로 약 200억 원을 조달했다. 광고주들은 배너광고 같은 표준적인 광고뿐만 아니라 검색 결과 상단 위치를 살 수도 있다. 옐프는 현지 기업들이 고객들의 피드백을 모니터할 수 있는 훌륭한 사이트이며, 일련의 긍정적인 리뷰들은 아주 좋은 마케팅 소재가 될 수 있다.

하지만 조심하라. 캘리포니아 스톡턴Stockton처럼 자주 다루어지지 않는 시장에서 나오는 몇 개의 부정적인 리뷰가 전체 등급에 치명적인 영향을 미칠 수도 있다.

옐프는 2004년에 페이팔Paypal의 엔지니어였던 두 명이 만든 사이트로, 이제는 빼놓을 수 없는 소셜네트워킹 사이트가 되었다. 옐프의 경쟁자로는 야후! 로컬Yahoo! Local, 플레이지즈Plazes, 시티서치CitySearch 등이 있으나, 아직 옐프의 아성을 넘보지는 못하고 있다.

## 14. 질로우 Zillow

과거 익스피디아닷컴 Expedia.com 직원들이 모여 2005년에 만든 질로우는 한때 부동산 중개업자들만 은밀히 사용하던 통계와 툴을 주택 소유자들도 이용하도록 해주는 사이트이다. 이 회사는 약 1,000억 원의 벤처투자자본을 조달했다. 질로우는 위성 이미지, 거래 지도, 부동산 기록과 같은 공개된 정보를 이용하여 각 주택의 매시업 mashup 을 데이터베이스에 저장하는 방법으로 미국 내 수천만 개 부동산의 프로필 정보를 보유하고 있다. 이 사이트의 '제스티메이트 Zestimate'라고 하는 수치는 현재 해당 주택의 가치를 보여준다. 또한 질로우는 범죄율, 거주민 데이터 등 부동산 중개업자들이 제공하지 않는 6,500개 이상의 지역 인근 거주지 정보를 보유하고 있다. 제스티메이트는 학교의 수준이나 리모델링과 같은 정보는 제공하지 않지만, 이런 정보에 대한 코멘트를 넣을 수 있는 프로필 공간이 있다.

그러나 제스티메이트가 논란의 대상이 되는 경우도 있다. 신빙성이 떨어진다는 비판을 받는 경우도 있으며, 어떤 부동산 중개업자는 질로우가 자신들의 사업에 끼어들고 있다고 우려한다. 질로우는 사이트에 올라와 있는 수치의 절대적 정확성을 보장하지 않는다는 경고문을 게시하고 있으며, 《월스트리트 저널》에서도 질로우의 수치에 대한 의구심을 제기한 바 있다. 《월스트리트 저널》은 질로우가 어떤 주택의 가치를 8억 원으로 평가했지만, 실제로는 32억 원에 팔렸다는 기사를 실었다.

질로우는 회원들이 본인의 주택을 목록에 추가하고, 사진을 업로드하며, '이 가격이면 판다'는 가격을 구체적으로 지정할 수 있는 위키를 선보이고 있다. '이 가격이면 판다'는 해당 주택이 시장에 나와 있지 않아도 제시한 가격을 수락하면 언제든 매매가 가능한 가격선을 말한다.

또한 질로우는 최근 대출업에도 뛰어든 상태다. 담보대출자들은 대출이 필요한 질로우 고객들에게 무료로, 즉각적으로, 어떠한 제한 없이 접근할 수 있다. 한마디로 질로우는 새로운 매체임에도 오래된 수익모델로 운영되고 있다.

## 소셜네트워크로 유명인사가 되다

베테랑 부동산업자는 자신들이 하는 일을, 단순히 집과 땅을 사고파는 일이라기보다 사람들 간의 관계를 맺어주는 것이라고 말한다. 사람들은 주로 삶에 큰 변화가 일어날 때 부동산 거래를 하게 된다. 예를 들어 다른 지역으로 이사를 하거나, 직장을 바꾸거나, 새로운 사회구성원의 역할을 할 때 등이다. 따라서 사람들은 자신과 거래하는 부동산업자에게 단순히 살 집을 구하는 것 이상으로 의지한다.

레베카 리바 하스Rebecca Reba Haas는 네트워크 구축에 타고난 베테랑 부동산업자이다. 현재 자신의 주소록에 1,500개의 연락 정보를 갖고 있는 그녀는 고객들이 새 지역에 정착하는 것을 도와주는 데 자부심을 느끼고 있다. 그녀는 지금까지 이 일을 하면서 20여 명의 고객과 동료들의 구직을 도와주었다. 그녀의 제2의 직업, 부동산업은 올해로 5년 경력에 접어들었다.

"사람들은 언제나 중개업자에게 도움을 구합니다. 그래서 커뮤니티에 대해 잘 알고 있어야 하며 사람들에게서 정보를 얻어내는 일도 능숙하게 해내야죠." 이렇게 말하는 리바에게 소셜네트워크는 필수적인 툴이다.

전문가의 2%만이 블로그를 운영하는 업계에서, 리바의 블로그 '리바의 팀Team Reba'은 평범함을 거부한다. 그녀는 블로그를 운영할 뿐더러 다양한 비즈니스 구축을 위해 10개 이상의 소셜네트워크를 사용한다.

리바 하스는 시애틀 지역의 부동산 거래 권위자로 자신의 입지를 굳히는 중이다. 그녀는 시애틀이 주택을 소유하기에 아주 훌륭한 장소임을 주장하면서 오락과 놀거리 역시 풍부한 장소임을 강조한다. 이런 노력은 큰 결실로 돌아오고 있다. 초보 중개업자는 대개 첫해에 다섯 건의 거래도 성사시키지 못한다. 하지만 그녀는 입문 5년 만에 리맥스RE/MAX에 연결되어 있는 전 세계 부동산 중개업자들 중 상위 2% 안에 들었다. 그녀의 사무실은 부동산협회의 부동산매물 사이트Multiple Listing Service에서 지역 랭킹 1, 2위로 인정받고 있다.

관계 구축은 성공의 큰 부분을 차지하며, 리바는 성공의 모멘텀을 유지하기 위해 인터넷 사이트들을 다양하게 이용한다. 리바가 좋아하는 툴을 살펴보자.

**리바의 팀 블로그**Team Reba blog 자주 업데이트가 이루어지는 이 그룹 블로그는 주택 매매자가 필요로 하는 수많은 정보를 담고 있다. 주제는 퓨젯사운드Puget Sound 지역의 임대료부터 고장난 원유탱크에 대한 조언, 부동산 매물 관련 융자신청서에 대한 자문에 이르기까지 아주 다양하다. 이 블로그는 주택 매매자에게 도움과 정보를 주기 위한 목적이지, 부동산 매매를 강요하는 장소가 아니다.

여타의 훌륭한 기업 블로거처럼 리바의 팀 블로그엔 다소 일상적인 콘텐츠도 섞여 있다. 예를 들어 레스토랑 정보나 세일 소식, 흥미로운 웹사이트 탐험 등이다. 이 블로그의 주소는 리바의 팀이 배포하는 모든 이메일과 안내문에 적혀 있으며, 블로그 피드는 페이스북을 비롯한 여러 사이트에서 볼 수 있다.

링크드인  리바는 링크드인을 이용하여 고객들에게 법률자문, 구직, 재정 지원, 기타 실용적인 도움을 줄 수 있는 이들의 연락망을 정리했다. "우리는 링크드인에서 중요한 방식으로 우리의 신뢰성을 보여주고 있습니다." 리바는 자신만만하게 말한다. 고객의 질문에 대답하기 위해 주소록을 뒤적거리는 대신, 그녀는 링크드인의 연락망을 이용해, 고객에게 믿을 만한 전문가들을 소개해준다. 결국 그녀는 링크드인을 통해 짧은 시간 안에 많은 고객들의 고민을 효과적으로 풀어주었다.

쥬디스 북Judy's Book  이 사이트는 중요한 거래와 현지상인 및 서비스 평가를 전문적으로 다룬다. "이 사이트를 통해서 지역사회에 기여하게 되었습니다." 리바의 소감이다. 지역사회에 기여함과 동시에 이 사이트를 통해 그녀는 지역사회의 전문가로서 자리매김했다. "저는 고객들의 정착을 돕기 위해 가게, 레스토랑 등에 대한 많은 리뷰를 썼습니다. 또한 이 사이트를 통해 고객들이 저희에 대한 멋진 칭찬 리뷰를 써주셨으니 서로 좋은 일이지요."

질로우  주택 구매자는 집을 찾고, 주택 보유자는 본인이 소유한 부동산의 가치를 알 수 있는 사이트이다. 질로우는 부동산업계에서 약간 논란이 되기도 했는데, 그 이유는 일부 중개업자가 질로우를 경쟁자로 여겼기 때문이다. 그러나 리바는 대범하게 말한다. "우리는 전

속력으로 나아갈 겁니다. 우리는 Q&A란에 글을 올리고 우리 회사의 물건도 질로우에 올립니다. 블로그의 글들을 재구성하여 질로우에 올려서 전국 단위의 고객들을 맞이할 준비를 하는 겁니다."

**페이스북과 마이스페이스** 리바의 팀은 개인 프로필을 사이트에 올려놓았다. 리바의 팀원 중 젊은 직원들은 대부분의 관계를 이 사이트를 통해 유지한다. "우리는 이 사이트들을 통해 우리가 부동산 판매 외에도 다양한 분야에 관심이 있다는 걸 보여줍니다." 이렇게 말하는 리바는 페이스북을 이용하여 자선단체 후원에도 힘쓰고 있다.

리바는 온라인 홍보 덕에 40억 원에 달하는 거래를 성사시켰으며, 현재 몇억 원에 달하는 거래가 진행중이라고 밝혔다. 또한 그녀는 지금까지 구축한 사람 간의 관계가 성공의 비결임을 확신한다. 이런 노력에 힘입어 그녀는 작년에 25건의 거래를 성사시켰다. 그녀의 팀은 인쇄광고를 거의 하지 않는데도 불구하고!

### 리바 하스의 비결

- 콘텐츠를 퍼뜨릴 수 있는 출구를 최대한 많이 찾아내고, 기존 콘텐츠를 재구성하여 새로운 곳으로 보낸다. RSS피드를 사용하면 이 작업이 쉬워진다. 예를 들어 페이스북은 자동으로 블로그 포스트를 불러올 수 있다.

- 고객에게 도움이 되는 온라인 정보가 있는 곳을 알려준다. 당신의 콘텐츠가

소개되어 있다면 더욱 좋다. 이렇게 하면 적은 시간을 투자하여 많은 관계를 유지하면서도 당신의 전문성을 보여줄 수 있다.

- 몇 가지 분야에서 전문가가 되어라. 그리고 관련 온라인 포럼에서 독보적인 위치를 구축하기 위한 프로필을 만들어라.

LEARNING FROM CONVERSATIONS

CHAPTER
09

# 고객들의 대화에서 배워라

기업이 어떻게 고객 그룹과 신뢰를 구축하는지, 또 제품과 서비스를 향상시키기 위해 각종 커뮤니티에서 어떻게 상호작용하는지 설명한다.

오늘날 수많은 마케터와 PR 전문가들은 브랜드에 대한 통제권 포기 문제에 직면해 있다고 생각한다. 하지만 사실, 그들은 통제권을 가져본 적이 없다.
브랜드는 언제나 고객들의 마음에 달려 있었다.
변한 것이 있다면 우리가 더 이상 메시지를 통제할 수 없다는 것이다.

- 던컨 워들, 디즈니 파크&리조트 글로벌 홍보 부사장,
2008 불독리포터 언론관계 정상회의 중 일부 -

위스콘신 주 매디슨에 위치한 길드Guild사는 약 1,200명의 공예가들을 대표하는 회사이다. 공예가들은 가구, 그림, 보석 등 최고급 취향의 고객들을 위해 고급제품에서 맞춤제품에 이르기까지 모든 것을 수공예로 제작하는 사람들이다.

창립 역사가 20년이 넘은 이 회사는 B2B시장에 그 뿌리를 두고 있다. 하지만 수년 전부터 가정용 제품도 생산했다. 사업 초기에 인터넷시장에 진출했으나 닷컴 버블 때문에 사업을 축소할 수밖에 없었다. 이후 2004년에 초대 대표였던 사람이 다시 회사를 매입하여 '아트풀 홈The Artful Home'이라는 이름으로 사업을 다시 시작하면서 인터넷 카탈로그를 주요 판매창구로 삼았다.

사업은 순조로웠으나 회사 내부적으로 웹사이트를 방문하는 고객들의 동기에 대해 논란이 있었다. "이 점에 대한 토론이 아주 많았습니다." 창립자이자 공예 담당국장인 토니 사익스Toni Sikes는 말한다. "저는 사람들이 우리 회사의 공예가들이 어떤 사람인지 궁금해한다고 추측했죠. 하지만 제 생각과 달리 고객들은 인터넷을 통해 우리 회사와는 별개로 유명한 공예가를 찾고 싶어한다고 생각하는 직원들도 있었습니다. 아니면 우리의 핵심고객들은 자신의 집을 좀더 멋지게 꾸미고 싶어한다고 여기는 이들도 있었고요."

이것은 아주 중요한 문제였다. 고가제품을 판매하는 시장에서는 전환율conversion rate(사이트 방문자 중 상품을 구매하는 사람의 비율)이 조금만 향상되어도 수익이 크게 증가한다. 1년 전, 길드는 3천만 원의 비용을 들여 포커스 그룹조사와 심층 전화조사를 실시했다. 그러나 조사 결과는 만족스럽지 못했다.

사익스 국장은 2008년의 우선과제를 선별하던 중 고객분석 전문가이자 사업가인 댄 닐리Dan Neely를 만났다. 당시 닐리는 고객 커뮤니티를 구축하는 네트워크 인사이트Networked Insights라는 회사를 막 창업한 상황이었다. 그는 고객 커뮤니티 내에서 이루어지는 토론에서 유용한 정보를 얻는 자사의 새 소프트웨어를 사용하여, 길드사를 위한 고객 커뮤니티를 구축해볼 것을 제안했다.

사익스 국장은 시장조사 분야의 석사 학위를 가지고 있기에 정보를 발굴하고 수집하는 방법에 대해 어느 정도 알고 있었다. 그래서 온라인 설문조사보다 회사 내부적으로 논쟁거리인 자사의 웹사이트 방문 동기와 관련해 사이트에서 이루어지는 토론을 분석해달라고 의뢰했다. 사익스는 고객들의 토론을 관찰해 고객들이 중요하게 생각하는 게 무엇인지를 알아낼 수 있을 것이라 생각했다.

답을 얻기까지 그리 오랜 시간이 걸리지 않았다. 몇 주가 지나자 고객들의 토론이 '집 꾸미기'라는 주제를 중심으로 이루어진다는 것이 명확해졌다. "정말 다양한 사람들이 질문에 답하고, 사진을 보내고, 조언을 해주고 있었습니다." 사익스는 말한다. "사람들이 저희 웹사이트를 방문하는 주된 이유는 자신의 집을 멋지게 꾸미기 위한 아이디어를 얻으려는 게 분명해졌죠."

궁금증을 해결한 회사는 그에 따라 전략을 수립했다. 이제 웹사이트를 어떻게 구성하고 홍보할 것인지 좀더 분명한 아이디어를 가지고 광고 계획을 짤 수 있었다.

대화분석은 또 다른 사실도 알려주었다. 직원들은 웹사이트 방문자의 60%가 과거에 길드와 거래를 한 적이 없는 사람들임을 알고는 깜짝 놀랐다. 게다가 일단 커뮤니티에 가입하면 이들 중 12%가 고객이 된다는 사실도 발견했다. "모든 사이트에서 이렇게 높은 비율로 고객을 얻을 수 있다면 아주 환상적이겠죠." 사익스가 웃으며 말했다.

길드는 대화를 분석하기 전보다 '집 꾸미기' 쪽에 훨씬 더 많은 노력을 기울였다. 현재 길드는 상시적으로 토론을 모니터링하며 새로운 통찰력을 얻고 있다. 이 회사의 사례가 증명하는 것은 고객의 말을 단지 경청하는 것만으로도 좋은 결과를 얻을 수 있다는 것이다.

이런 사례가 비즈니스 세계를 휩쓸면서 고객 대화분석을 중심으로 새로운 사업 분야가 발전하고 있다. 열성적인 고객들에게서 신속하고 실천 가능한 피드백을 얻을 수 있고, 온라인에서 형성되는 포커스 커뮤니티를 활용하거나 심지어 회사의 브랜드를 걸고 관리하는 포럼을 직접 만드는 기업들이 점점 늘어나는 추세다. 불과 몇 년 사이에 사용자들의 대화를 분석할 수 있는 커뮤니티 호스팅 서비스가 많이 등장했으며, 지금도 계속 늘어나고 있다. 그리고 대화분석을 통한 성공 스토리가 업계의 많은 관심을 받고 있다.

애완동물용품을 제조하는 어떤 대기업의 예를 들어보자. 이 회사는 각기 다른 연령대의 사람들이 자기 애완동물에 대해서 어떤 생각들을 갖고 있는지 궁금해했다. 물론 이 회사는 자신들이 드러나는 것은 원하지 않았다. 정보를 얻기 위해 애완동물 애호가 커뮤니티의 대화를 수집하는 과정에서 이 회사의 파트너 움브리아는 흥미로운 사실을 발견했다. 그것은 사람들이 애완동물과 함께 여행할 때 여러 가지 애로사항이 많다는 점이었다.

> **SECRET** 고객들이 당신 회사에 대해서 말하는 걸 듣는 것만으로는 부족하다. 고객들이 토론하는 다른 주제에 귀를 기울이면 통찰력을 얻을 수 있다.

물론 이런 어려움을 직접적으로 토로하는 경우는 많지 않았지만, 이 주제는 여행 사이트나 블로그에서 끊임없이 나오고 있었다고 움브리아의 사장 하워드 코샨스키 Howard Kaushansky 는 말한다. "애완동물용품에 대한 아이디어를 얻기 위해 여행 관련 토론을 눈여겨보는 사람은 없죠. 만일 우리가 포커스 그룹을 설정하고 애로사항을 물어보았다면, 이 점을 발견하지 못했을 겁니다." 그 애완동물용품 회사는 곧바로 애완동물 주인을 위한 여행상품 개발에 착수했다.

## 리서치 혁명

움브리아를 비롯한 새로운 시장분석 회사는 고객이 소셜네트워크에 올린 자발적인 평을 분석하거나, 대규모 고객 그룹에게서 피드백을 얻어내는 시스템으로 포커스 그룹조사와 설문조사 같은 전통적인 리서치 방식을 보강하고 있다. 여기에 드는 비용은 기존의 전화나 대면 인터뷰에 비하면 극히 일부에 지나지 않는다.

지난 몇 년간 대화 모니터링은 큰 인기를 얻었다. 미국 입소문 마케팅협회 WOMMA Word-of-Mouth Marketing Association 와 대화 모니터링 기업들의 후원으로 애버딘 그룹 Aberdeen Group 은 2008년에 대대적인 조사를 시행했다.

그 결과, 성과가 우수한 기업은 그렇지 않은 기업에 비해 고객의 행동예측을 위해 소셜미디어 모니터링 툴을 사용하는 비율이 일곱 배나 높다고 나왔다. 상위 기업의 약 3분의 2가 정식으로 모니터링 프로그램을 실행하고 있으며, 42%가 자사 브랜드에 대한 조기 위험 신호를 발견하기 위해 적극적으로 고객의 의견을 경청하고 있다.

비용대비 효과가 점점 더 분명하게 드러나면서 기업들은 이런 새로운 리서치 채널에 자금을 쓰기 시작했다. 시장분석 비용의 변화를 추적하는 인사이드 리서치에 따르면, 2007년에 미국 기업들은 고객 패널을 사용한 리서치에 이미 500억 원을 투자했고 그 비용은 매년 크게 늘어나고 있다.

커뮤니티 리서치의 장점은 시장 출시 시간을 단축할 수 있다는 점이다. 즉각적인 피드백과 지속적인 대화 덕에 기업들은 준비된 아이디어를 시장에 내놓는 데 걸리는 시간이 현저히 줄었다.

> **SECRET**
> 온라인 커뮤니티는 때로 기업들이 정기적으로 소통만 해도 유지될 수 있다.

델몬트 식품Del Monte Foods은 새로운 애완견용 아침식사 제품에 대한 아이디어를 테스트하기 위해 '아이 러브 마이 독I Love My Dog'이라는 커뮤니티를 이용했다. 400명의 회원에게서 얻은 피드백은 제품에서 베이컨과 계란 맛이 나고 비타민 성분이 추가되었으면 좋겠다는 의견이었다.

델몬트는 스노시지 브랙퍼스트 바이트Snausages Breakfast Bites라는 제품에 이런 피드백을 반영하여 6개월 만에 시장에 출시했다. 《월스트리트 저널》에 따르면 이는 통상적으로 시장 출시에 걸리는 시간의 절반밖에 되지 않는 짧은 시간이다. P&G 역시 고객들의 아이디어를 바탕으로 자사의 돈Dawn 주방세제를 아이들이 재미있게 설거지할 수 있는 디자인으로 만들었다.

## 온라인에서 얻는 통찰력

매사추세츠 주의 워터타운에 소재한 커뮤니스페이스Communispace는 고객과 소통 가능한 개별 커뮤니티를 형성하고, 다양한 종류의 질문에 대해 피드백을 제공하는 이들을 분석하는 회사다. 직원 규모는 약 200명 정도이며 빠른 성장을 거듭하고 있다.

1999년에 창립된 커뮤니스페이스는 원래 소프트웨어 개발 회사였으나, 커뮤니티 활성화에 대한 시장의 수요를 발견하고 방향을 바꾸었다. 현재 이 회사는 고객사가 상품을 포지셔닝하고 마케팅할 때 도움을 주고, 새로운 시장기회를 찾아내는 일을 위해 커뮤니티를 모집, 구축하고 있다. 커뮤니티는 수백 명 규모까지 키울 수 있다. 커뮤니스페이스는 회원들이 올리는 의견을 적극적으로 모니터링하고, 그룹의 생산적인 활동을 위해 토론을 활성화시킨다. 지금까지 이 회사는 300개가 넘는 맞춤형 온라인 그룹을 만들어냈다.

> SECRET
> 정기적인 온라인 이벤트가 있으면 커뮤니티 회원들은 다시 돌아온다.

커뮤니스페이스에 따르면, 커뮤니티 회원들의 약 68%가 가입 48시간 내 참여가 활발하다고 한다. 물론 최소한의 금전적인 보상을 해주는 것이 기본 요인이다. 그러나 사실상 회원들의 참여를 이끌어내는 가장 중요한 요소는 그들의 의견을 듣고 있다는 걸 보여주는 것이다. "많은 소비자들에게 브랜드와 그 브랜드를 만들어내는 사람들과 함께 소통한다는 일은 상당히 흥미로운 경험이죠." 커뮤니스페이스의 본부장인 줄리 위츠 슈렉Julie Wittes Schlack의 말이다. 화요일 밤 채팅방, 주간 설문조사, 이야기공유, 사진공유 같은 활동을 통해 트래픽을 높일 수 있다고 《소셜 웹 마케팅》의 래리 베버는 밝혔다.

크래프트 식품Kraft Foods의 히트 상품 '100칼로리 팩100 Calorie Packs'은 커뮤니스페이스의 커뮤니티 리서치 결과를 바탕으로 탄생한 제품이다. 고객들과 대화를 통해 다이어트를 하려는 사람들은 저칼로리 식품보다는 식사량 조절을 더욱 중요시한다는 사실을 발견했다. 토론의 범위를 좁혀가면서 크래프트사는 커뮤니티 회원들에게 최대 지방, 칼로리 양, 스낵의 종류 등을 정하도록 했다. 그리고 그들에게 샘플과 광고 원형을 먼저 선보였다. 그 결과 100칼로리 스낵은 출시 첫해에 약 1,200억 원의 매출을 기록했다.

글락소스미스클라인 헬스케어GlaxoSmithKline Consumer Healthcare는 2007년 중반 커뮤니스페이스의 그룹을 이용하여 자사의 다이어트 보조제 알라이Alli weight-loss에 대한 고객 기반을 면밀히 조사했다. 글락소의 마케터들은 알라이 제품이 모든 소비자에게 적합하지는 않다는 걸 알고 있었다. 그 제품을 사용하고 체중 감량에 실패한 고객들이 제품에 대해 부정적인 평을 퍼뜨릴 수 있는 가능성도 있었다.

커뮤니스페이스의 개별 온라인 그룹은 타깃시장의 특성을 파악하는 데 많은 도움을 주었다. 이를 통해 파악한 타깃 소비자층은 자신의 체중 감량에 대해 책임을 지고, 진행이 더디더라도 시간을 길게 잡으면서 인내심이 있는 사람들이었다. 제품이 출시된 지 6주 만에 글락소는 약 2천 억 원의 매출을 올렸고, 그후로도 계속 커뮤니스페이스의 리서치와 자문 블로그를 통해 대화를 지속하고 있다.

또한 커뮤니티 분석을 통해 시장의 새로운 부분을 발견할 수도 있다. 움브리아는 텍스트 분석text-mining 기술을 이용하여 한 의류회사의 타깃 고객을 '맞춤족Fit Finders', '개성족Self-Expressives', '할인족Bargain Seekers', '명품족Lable Whores', '스타일족Style Gurus', '반항족Dissenters'이라는 재미있는 그룹으로 나누었다.

예를 들어 맞춤족 그룹은 변화하는 체격을 보완해줄 청바지를 원하는 X세대들을 말하고, 개성족은 청바지를 빈티지 스타일로 만들거나 장식을 붙여서 자신만의 청바지를 만들고 싶어하는 이들을 말한다. 이 의류회사는 이런 세분화된 정보를 활용하여 각 그룹에 맞는 제품을 디자인하고 판매하였다.

한 식품회사에서도 비슷한 프로젝트가 진행되었다. 이 회사는 여성 블로거들을 분석하여 하루의 시간대별로 달라지는 여성의 욕구를 찾아내고자 했다. 분석 결과, 오후는 이른바 '연결 시간'으로 여성들이 주로 친구들과 자신의 이야기나 경험을 공유하는 것으로 나타났다. 이른 아침은 '나만의 시간'으로, 여성들은 이 시간을 바쁜 스케줄을 정리하고 검토하는 데 사용했다. 이 회사는 분석 결과를 토대로, 시간에 따라 제품 홍보를 달리 조정했다. 예를 들어 '나만의 시간'을 따로 표시한 캘린더를 배포했고, 이른 아침 소비를 겨냥한 차 tea 제품을 출시하기도 했다.

> SECRET
> 대화분석을 통해 새로운 고객층을 개척할 수 있다.

## 공개 커뮤니티와 비공개 커뮤니티

비공개 브랜드 커뮤니티 private branded community 는 소셜미디어에서 가장 빠르게 성장하고 있는 분야이다. 이런 커뮤니티가 거의 공개되지 않은 것은 이 커뮤니티의 운영을 위임한 기업들이 이 커뮤니티에서 신상품이나 마케팅 계획 같은 기밀 정보에 대한 토론을 하기 때문이다. 이른바 '화이트 박스(내부에서 벌어지는 일들을 살펴볼 수 있는 시스템)' 소셜네트워크 회사들은 소프트웨어부터 중재자 그룹 서비스에 이르기까지 다양한 옵션을 제공하고 있다.[1]

세부적인 주제를 다루는 커뮤니티를 발굴하는 방법은 여러 가지다. 어떤 기업은 여론에 귀를 기울이기 위해 앞에서 소개한 대화 모

---

[1] 포레스터 리서치의 제레미아 오양은 이런 소셜네트워크 회사들을 소개하는 뛰어난 리스트를 작성했다.

니터링 서비스를 사용하고, 어떤 기업은 자사의 상품을 지원하는 커뮤니티 만들기를 선호한다. 후자의 경우는 주로 기술업체들이 수년간 사용해온 방법이다. 또한 이런 과정을 전문업체에 아웃소싱하는 기업도 있다. 각 옵션에는 아주 다양한 하위 옵션들이 존재한다. 예를 들면, 공개 브랜드 커뮤니티 public brand community 의 경우 제품개발에만 초점을 맞출 수 있고, 또는 기타 전문적인 이슈나 라이프 스타일 관련 이슈를 포괄할 수도 있다.

캐나다 최대의 전자제품 판매회사인 퓨처숍 Future Shop 은 고객과의 대화를 통해 제품 판매를 촉진시키고 있다. 퓨처숍에서는 영업사원들을 고객 자문가로 활동하게 하면서 기술과 감성을 조화시킨 하이터치 모델을 운영하고 있다. 이 회사는 고객들이 온라인에서도 실제 세계 같은 경험을 하게 만드는 전략을 세웠다.

2007년 중반 이후 퓨처숍 홈페이지가 전격 개편되면서 방문자들은 첫 페이지부터 안내를 돕는 영업사원의 영상을 볼 수 있다. 고객들은 홈페이지에서 아바타 영업사원에게 무엇이든지 질문할 수 있으며(심지어 아바타는 고객을 위해 춤도 춘다), 영업사원과 고객이 제공한 방대한 데이터베이스로부터 답을 얻을 수 있다. 퓨처숍은 비디오 영상을 통한 초기화면을 직접 제작하고, 이것을 고객 커뮤니티 솔루션을 제공하는 리튬 Lithium 사를 통해 만든 커뮤니티 포털에 연결시켰다.

"우리는 오프라인과 온라인 경험 사이의 경계를 없애기 위해 노력하고 있습니다." 퓨처숍의 전자상거래 국장 로버트 피어슨 Robert Pearson 은 말한다. "캐나다 최대의 기술 커뮤니티가 되는 것이 우리 목표입니다."

퓨처숍은 이런 목표를 향해 열심히 달려가고 있다. 1년 사이에 회원 5만 명이 가입했다. 미국시장으로 따지면 약 45만 명의 고객회원과 맞먹는 수치다. 그러나 이 커뮤니티는 단순한 토론 포럼이 아니다. 퓨처숍은 리튬사와 랭킹 시스템을 공동 개발하여, 고객들이 서로 댓글을 주고받고 영업사원들이 제공한 정보의 품질에 대해 피드백을 제공하도록 했다. 유용한 정보를 제공한 고객은 할인 혜택과 커뮤니티에서 특별한 지위를 얻는다. 최고 영업사원으로 뽑힌 사원은 현금 포상도 받는다.

또한 페이스북처럼 회원들에게 개인 공간을 제공하고 영업사원의 프로필과 매장 위치를 연결한다. 성공 여부는 브랜드에 대한 고객의 호감도 조사로 결정된다. 2008년 중반까지만 해도 퓨처숍의 이런 프로젝트는 측정 가능한 결과를 창출하기에는 아주 새로운 개념이었지만, 상황이 점점 순조로운 방향으로 흘러갔다. 피어슨은 자사의 서비스를 힘주어 말한다. "캐나다 전체 인구 3,300만 명 중에서 하루에 25만 명이 우리 사이트를 찾습니다. 매장을 방문하는 고객보다 훨씬 많은 숫자죠. 사이트에서 출력한 정보를 손에 들고 매장에서 자신이 찾는 영업사원을 지목하는 고객들도 종종 있습니다."

다음은 영업 목표 달성을 위해 커뮤니티를 이용한 기업들의 예다.

- 모발 염색약 제조업체 레드켄Redken은 2008년 봄 자사의 상품을 사용하는 전문 헤어디자이너를 대상으로 한 '쉐이즈EQ 염색약을 사용하세요?Do you Shades EQ?'라는 이름의 커뮤니티를 만들었다. 이 사이트에서는 염색약 시용법이니 동영상 인터뷰 등을 디운받을 수 있고, 전문 헤어디자이너들이 자신의 작품을 업로드할 수도 있다. 작품이 선정된 이들에게는 레드켄 광고 사진에 참여할 수 있도록 뉴욕여행권을 선물로 준다.
- 디즈니가 만든 '월트디즈니 엄마 전문가Walt Disney Moms Panel'라

는 커뮤니티에서는 10여 명의 엄마들이 디즈니 테마파크와 리조트 시설을 방문하고자 하는 미래의 고객들 질문에 답해준다. 2008년 초, 디즈니는 회원 수를 만 명으로 제한한 '미키맘스클럽 Mickey Moms Club'이라는 커뮤니티를 만들었다.

이 커뮤니티는 디즈니 사이트들 중에서 가장 방문자 수가 많은 사이트가 되었다고 글로벌 PR담당 부사장 던컨 워들은 말한다. 워들 부사장은 불독리포터가 주최하는 미디어 홍보 컨퍼런스에서 이 사이트의 방문자들은 평균 8분에서 10분 동안 머문다고 말하면서, 다른 테마파크 사이트보다 훨씬 높은 수치라고 밝혔다. 또한 방문자들은 비회원들에 비해 휴가비를 더 많이 지출하는 것으로 나타났다.

- P&G는 커뮤니티의 효과에 큰 매력을 느끼고, 다른 기업들에게 입소문 마케팅 솔루션을 제공하는 자회사 트레머 Tremor를 설립하였다. P&G가 운영하고 있는 커뮤니티 중 '카페사 Capessa'는 여성들이 마케팅의 부담을 느끼지 않고 건강, 미용, 자녀교육, 인간관계 등 다양한 주제에 대해 자유롭게 토론하는 곳이다.

커뮤니티의 공개, 비공개를 막론하고 브랜드 커뮤니티 자체는 공식적인 네트워크의 혼란을 우려하는 기업들에게 안성맞춤이다. 물론 공개 포럼에서는 논의되는 주제들을 조정할 수 있는 방법이 없지만(델이 후원하는 페이스북 그룹에서는 '왜 델이 형편없는가'라는 주제로 토론이 진행되기도 한다), 비공개 커뮤니티는 스폰서들이 토론에 좀더 직접적인 영향력을 행사할 수 있도록 도와준다. 이를 통해 정직한 평을 듣고 가장 뛰어난 아이디어에 대한 후속 조치를 취할 수 있는 유연성을 얻을 수 있다.

소셜네트워크 시작은 그리 어렵지 않다. 구글 그룹Google Groups과 야후! 그룹Yahoo! Groups을 이용하면 비용을 들이지 않고도 쉽게 소셜 네트워크를 만들 수 있다. 물론 기능적인 측면에 제한이 있거나, 유지하는 데 시간이 많이 걸리고, 운영자가 통제할 수 있는 수단이 별로 없기는 하다. 닝Ning, 크라우드바인Crowdvine, 커먼게이트CommonGate 같이 무료이거나 저렴한 호스팅 서비스의 경우, 통제력은 뛰어나지만 맞춤 커뮤니티를 제작하기에는 부족한 면이 많다.

이에 반해 고급 서비스를 제공하는 기업들은 비공개 브랜드 커뮤니티를 운영하게 해준다. 이런 서비스를 이용하는 기업은 전문가의 면밀한 조사를 거쳐 선정된 타깃 고객 그룹을 원하는 대기업인 경우가 많다. 이런 서비스는 마케팅에 상당히 도움이 되지만 비용이 만만치 않다. 독자적인 기술 플랫폼부터 커뮤니티를 형성하는 여러 가지 서비스를 포함하면 많게는 수억 원의 비용이 필요하다.

## 어떤 커뮤니티를 선택해야 하는가?

반드시 자사의 커뮤니티를 만들지 않아도 되는 경우도 있다. 규모가 크고 운영이 잘돼 피드백을 꾸준히 제공할 수 있을 만큼 성공적으로 큰 독자적인 그룹이 있다면 굳이 자사의 커뮤니티를 만들 필요가 없다. 세그웨이챗SegwayChat은 회원 수가 약 6,500명, 포스트 수가 16만 5천 개 정도 되는 독립적인 포럼이다. 또한 티보 커뮤니티TivoCommunity는 회원들의 참여가 활발해서, 티보 회사가 이 커뮤니티에 재정적인 지원을 하고 있을 뿐더러 고객 지원의 중요한 소스로 여긴다.

이런 경우 기업 홍보책임자는 이들 커뮤니티에서 이루어지는 대화를 십분 활용할 수 있다. 당신이 커뮤니티를 만들어서 해야 할 일이 이미 다 되어 있는 것이다. "대부분의 경우에는 커뮤니티를 만들 필요 없이 기존의 커뮤니티를 밀어주면 됩니다."라고 베테랑 소셜미디어 마케터인 매기 폭스Maggie Fox는 말한다.

여기서 '밀어준다'는 말은 끼어든다는 의미가 절대 아님을 명심해야 한다. 모든 커뮤니티는 다들 자기만의 색깔이 있다. 커뮤니티 설립자의 스타일부터 운영진의 스타일까지 독특한 특성이 있다. 만일 당신이 이들의 대화에 권위적인 판매자의 태도로 접근한다면, 만나려 했던 고객들을 다 쫓아버리는 결과를 초래한다.

트레오Treo PDA를 만드는 팜Palm사는 많은 고객들이 팜 공식사이트보다 독립적인 웹사이트에서 제품 정보를 얻는다는 사실을 발견하고 독립적인 커뮤니티를 활용했다. 이런 상황이 꼭 나쁜 것만은 아니었지만, 그래도 팜사는 고객들을 자사의 고객지원 웹사이트로 데려오고 싶었다. 그래서 기술지원 대표들을 각 커뮤니티에 보내 유용한 고객지원 창구 역할을 하면서 사람들을 만나게 했다. 각 커뮤니티별로 거기서 쓰는 용어를 사용하게 했다.

"고객을 포섭대상으로 생각하기보다 친구 같은 입장으로 접근했던 것이 고객의 신뢰를 획득하는 데 큰 도움이 되었습니다."라고 팜사를 컨설팅했던 아이크로싱iCrossing의 기업 전략담당 부사장 노아 엘킨Noah Elkin이 말한다. "커뮤니티에 적극적인 관심을 보인 게 브랜드 호감을 높이는 데 큰 도움을 주었습니다."

적극적으로 활동하는 독립적인 사용자 그룹이 이미 형성된 기관은 사실 드물다. 따라서 문제는 과연 브랜드 커뮤니티를 운영할 만한 가치가 있느냐이다. 대부분의 기업들에게 브랜드 커뮤니티는 그만한 가치가 있다. 다만, 다음에 나오는 글처럼 운영방식에서 차이가 있을 뿐이다.

### 브랜드 커뮤니티의 운영방식

#### 1. 고객지원 포럼 Support forum

복잡한 상품을 판매하는 기업에게 잘 어울리는 옵션이다. 고객지원 포럼은 시작도 간단하고, 스스로 유지해나갈 수 있는 추진력이 비교적 쉽게 형성된다. 또한 고객들이 제품지원 때문에 자연스럽게 회사 쪽으로 다가선다. 따라서 대부분의 기업들에게 추천할 만한 가장 쉬운 옵션이다.

#### 2. 특별관심사 그룹 Special interest group

특정제품과 직접적인 연관성은 없지만, 타깃이 되는 고객을 교육하고 지원할 수 있는 관심사를 중심으로 결집력을 형성하는 그룹이다. 십대 소녀들을 대상으로 하는 P&G의 비잉걸 Beinggirl.com 커뮤니티가 대표적인 예다.

#### 3. 고객 커뮤니티 Customer community

고객지원 포럼이 성장하면서 회원들이 토론주제를 공동의 관심사로 확대하여 형성된다. 브랜드네임을 붙여 홍보수단으로 이용되는 고객 커뮤니티도 있다. 고객들이 정보와 사진을 교환할 수 있는 여행 정보 포럼인 '쉐라톤에서 보내는 휴가 아이디어 Sheraton Vacation Ideas'를 예로 들 수 있다.

### 4. 비공개 커뮤니티 Private community

기업에게 고객의 피드백을 제공하는 전속 그룹으로, 일종의 거대한 포커스 그룹 역할을 한다. 소셜미디어에서 가장 빠르게 성장하는 분야지만, 기밀을 유지해야 하는 특성상 많은 관심을 받지는 못한다. 커뮤니스페이스와 스파르타 소셜네트워크 Sparta Social Networks 가 성장가도를 달리고 있는 대표적인 회사이다.

이제 경험 많은 커뮤니티 제공업체들이 밝히는 성공의 비결을 소개한다.

## 커뮤니티 제공업체가 밝히는 성공의 비결
### 1. 목표를 분명하게 인식하라.

사람들이 고객 커뮤니티 회원으로 가입하는 이유는 무척 다양하다. 어떤 사람은 자신이 사용하는 제품에 대한 지식을 늘리려고 가입한다. 어떤 사람은 아이디어를 교환하고 싶어서, 또 다른 사람은 제품의 질을 향상시키거나 새로운 제품개발에 도움이 되려고 가입한다. 한 개의 그룹을 가지고 이 3가지의 목표를 모두 충족시키기란 어렵다. 따라서 고객들의 참여를 주장하기 전에 반드시 당신의 목표를 분명히 해둬야 한다. "만일 당신이 분명한 목표를 갖고 있다면, 그 목표에 이르기 위한 길을 만들어가는 것이 한결 쉬워질 것입니다." 온라인 커뮤니티 개발업체인 네이버후드 아메리카의 모바일 솔루션 부문 부사장 댄 밀러 Dan Miller 의 말이다.

### 2. 그룹을 소규모로 유지하라.

"그룹이 커지면, 참여자들은 소외감을 느낍니다." 커뮤니스페이스의 줄리 슈렉은 말한다. "그룹의 규모가 너무 커지면 하위 그룹으로 나누어 사람들이 거대한 집단의 일부일 뿐이라는 느낌이 들지 않게 해야 합니다."

> **SECRET**
> 그룹이 커지면 하위 그룹으로 나누어라. 그룹은 항상 소규모로 유지시켜라.

커뮤니스페이스는 소규모 그룹일수록 상호작용이 더욱 원활하게 이루어진다는 사실을 발견했다. 2007년에 발간한 백서를 통해 커뮤니스페이스는 항공사 고객들이 같은 주제에 대해 비공개 커뮤니티에 올린 글이 공개 포럼에 올린 글보다 훨씬 길고, 내용도 풍부하며, 건설적이라는 사실을 밝혔다.

### 3. 회원자격의 가치를 강화하라.

이 전략은 특히 비공개 커뮤니티나 브랜드 커뮤니티에서 효과적이다. 이런 커뮤니티에서 적극적인 회원에게는 특별한 지위나 특혜가 부여된다. 그러나 이런 그룹 이외에도 많은 커뮤니티에 동일한 전략을 적용시킬 수 있다. 단순히 회원가입 신청양식과 비밀번호를 추가하는 것만으로 특별한 그룹의 회원자격을 얻었다는 느낌을 심어줄 수 있다. 마케터들은 회원카드를 사용하여 수년간 이런 전략을 구사했다. 이 방법은 온라인에서도 효과가 있다. 커뮤니스페이스 백서에 따르면, '브랜드 커뮤니티는 비브랜드 커뮤니티에 비해 새로운 콘텐츠의 수가 연평균 5천 건 정도 많다'고 한다.

### 4. 회원자격을 부여하는 방법은 공개 커뮤니티에서도 효과적이다.

사람들이 어떤 사이트에 가입하는 것은 그 브랜드와의 관계를 형성하고자 하는 제스처이다. 정기적인 연락을 통해 이런 관계를 돈독

> **SECRET** 회원들이 자신을 특별한 존재로 여기게 하라.

히 유지해야 한다. 예를 들어 P&G의 탐팩스Tampax와 올웨이즈Always 브랜드가 운영하는 커뮤니티 비잉 걸Beinggirl에서는 회원들의 참여를 촉진시키기 위해 매월 샘플과 메일을 보낸다.

### 5. 회원가입을 통해 얻는 장점과 맞바꾸어야 할 단점도 있다는 사실을 기억하라.

당신이 검색엔진에 대한 특별한 노력을 기울이지 않는다면, 회원가입 전략을 구사하는 경우 검색엔진을 통해서 들어오는 트래픽은 저조할 것이다. 회원들만 이용할 수 있는 사이트의 트래픽은 공개적인 웹사이트의 트래픽에 비해 아주 낮다는 사실을 알아야 한다. 따라서 회원가입의 벽을 만들기 전에 반드시 당신의 전략적인 목표를 상세히 검토하라.

## 소셜미디어 마케팅의 공공연한 4가지 비밀

매기 폭스*

전통적인 마케팅에 몸담고 있는 이들과 소셜미디어에 대한 이야기를 하다 보면 '당황'으로 시작해서 '두려움'까지 많은 표현이 등장하곤 한다. 마치 화성에 있는 미지의 땅을 말할 때처럼 소셜미디어라는 주제는 사람들의 반응을 이끌어내는 뭔가가 있다. 아이러니한 것은, 소셜미디어 분야에서 성공하기 위해 필요한 주요 기술은 이미 모든 사람이 가지고 있는 기술이라는 사실이다. 이 기술은 우리가 건강하고 풍성한 삶을 살기 위해서도 꼭 필요하다. 바로 대화를 나누고 다른 사람과 의미 있는 관계를 맺는 기술이다.

우리 회사에서는 4가지 기본 절차를 따르고 있다. 이대로 실천하면 당신은 성공할 수 있을 것이다.

- **1단계: 경청하라.** 갑자기 끼어들거나 주제와 동떨어진 이야기를 꺼내면 대화에 성공적으로 참여할 수 없다. 우리는 사람들이 무엇에 대해 이야기하는지, 그리고 어떻게 해야 우리 고객들이 최상의 부가가치를 얻을 수 있는지를 알아내려고 조사한다(기술과 콘텐츠를 모두 포함해서 말이다). 온라인과 오프라인에서 경청하는 단계 없이 대화를 시작하는 것은 실패의 지름길이다. 하지만 커뮤니티를 활기차게 만드는 것이 무엇인지를 파악한 후 대화에 참여하면 당신은 환영받을 것이다.

- **2단계: 참여하라.** 사람들의 관심사와 커뮤니케이션 방법을 파악했다면 이제 참여해도 된다. 하지만 일회성 참여는 금물이다. 지속적으로 참여해야 한다. '광고'라는 개념을 풍겨서도 안 된다. 시간이 지나면서 고객과의 대화가 발전하여 다른 방향으로 나갈 수도 있지만, 운이 좋다면 대화가 지속될 것이다. 대화를 지속시키기 위해서는 얼마 동안 인력과 예산을 투입하는 노력이 필요하다. 하지만 고객과의 깊은 대화는 직원들에게 힘이 되어 결국 원하던 자료를 얻을 수 있다.

- **3단계: 마음을 얻어라.** 일단 대화에 참여해서 생산적인 시간을 보냈다면 당신은 신뢰를 얻기 시작한 것이다. 당신이 하고 있는 비즈니스 분야와 참여하는 대화에 따라 신뢰를 얻는 데 걸리는 시간이 짧을 수도 있고 길어질 수도 있다. 그러니 참을성을 가지고 기다려라. 일단 참여하면 열매의 싹이 자라기 시작한다. 당신이 마케터가 아닌 중요한 회원이 되는 순간 그 열매는 열린다.

- **4단계: 행동하라.** 위의 3가지 단계를 성공적으로 수행했다면 대화에 영향력

을 미칠 수 있다. 당신이 적극적으로 경청하고 대화하면서 적절하게 참여했다면 사람들은 당신이 행동을 취했을 때 당신의 말에 귀 기울일 것이다.

성공을 위한 확실한 방법은 이 4가지 단계를 기초로 당신의 프로그램을 검토해보는 것이다. 만일 당신의 계획에 이 4가지 요소가 빠져 있다면, 뭔가 잘못된 것이다.

가장 중요한 것은 당신이 다른 사람에게 어떻게 이야기할지 고민하는 것이다. 어떻게 해야 좋은 대화를 나눌 수 있을까? 품격 있고 적극적인 대화는 어떻게 하는 걸까? 당신은 이내 소셜미디어의 신세계에서도 수천 년 동안 인간의 삶을 지배한 사회화의 법칙이 동일하게 적용된다는 사실을 깨달을 것이다.

\* 매기 폭스 Maggie Fox는 웹2.0과 관련된 세계 최대의 마케팅 대행사 중 하나인 소셜미디어 그룹 Social Media Group의 CEO이다. 이 회사의 고객으로는 포드, SAP, 야마하, 델 등이 있다.

### 6. 장벽을 만들지 마라.

잠재적인 고객의 실마리를 만들려고 이것저것 정보를 요구하는 소위 '리드 창출 lead generation'은 고객 참여의 적이다. 물론 어느 정도는 필요악이지만, 커뮤니티를 만들 때 리드 창출을 기준으로 생각한다면 당신은 만나야 할 사람들을 오히려 쫓아내는 꼴이 된다. 리드 창출에만 집착한 마케터는 고객과 고객이 원하는 정보 사이에 너무나 많은 장벽을 만든다. 내 경험으로 보면 클릭이 한 번 더 늘어날 때마다 사람들은 두 배씩 떠난다. 상세 주소나 부서 예산 같은 정보가 정말 필요한가? 꼭 필요한 정보일지도 모른다. 하지만 때가 되면 자연스럽게 고객이 그 정보를 제공한다는 사실을 잊지 마라.

### 7. 소셜네트워크의 일반적인 모델을 따르라.

대부분의 경우 계정을 만들기 위해 필요한 것은 이름과 이메일 주소뿐이다. 만일 사이트가 마음에 들면 고객은 커뮤니티의 일원이 되기 위해 더 많은 정보를 자발적으로 제공한다. 이런 모델은 아주 순조롭게 진행된다. 지금보다 더 많은 마케터가 이 모델을 수용해야 한다.

### 8. 기업이 아닌 사람의 얼굴로 다가서라.

사람들은 기관이나 회사보다 사람과 관계맺기에 더 익숙하다. 경험자의 조언에 따르면 당신의 조직 내 사람들을 참여시키고, 댓글에 대응하고, 새로운 토론을 촉발하는 역할을 담당하게 하는 일이 아주 중요하다. 점차 시간이 지나면서 회사의 직원은 기업의 얼굴이 될 것이다. 그러니 신중하고 지혜롭게 담당자를 선별하라. 이들을 정기적으로 참여시켜라. 최소한 이틀에 한 번은 얼굴을 내밀어야 한다.

### 9. 결코 쉬운 일이 아님을 기억하라.

기업 블로그나 고객 커뮤니티와 관련해 고객들과 일을 해보면, 이 프로젝트를 담당할 내부책임자를 선정하는 것이 가장 어려운 문제임을 깨닫는다. 특히 고참지원들은 이런 일에 자신이 직접 관여할 시간이 없다고 불평하는 경우가 대부분이다. 그렇다고 억지로 참여시키는 게 능사는 아니다. 처음 몇 달은 건성으로 따라올지 몰라도 기회만 주어진다면 언제든 그만두려 할 것이다.

### 10. 담당자를 제대로 대우하라.

> **SECRET**
> 극소수의 회원이
> 대다수의 콘텐츠를 만든다.

더 좋은 방법은 이런 프로젝트에 적극적으로 참여할 수 있는 직원을 발굴하고 그들의 능력을 인정해주는 것이다. 또한 고객대화에 참여해서 얻을 수 있는 인사고과 혜택을 강조하는 게 중요하다. 물론 노골적인 표현을 원치 않을 수도 있지만, 이런 혜택이 있다는 점을 부각시켜 회사 안팎에서 담당자의 위상을 높일 수 있다.

### 11. 99:1의 법칙을 기억하라.

통계적으로 어느 정도 차이가 있겠지만, 경험으로 받아들여지는 법칙은 공개적인 포럼 방문자의 1%가 콘텐츠의 99%를 담당한다는 것이다(비공개 커뮤니티에서는 좀 다를 수 있다).

포레스터 리서치에 따르면, 온라인에서 활동하는 미국 성인들 중 불과 4분의 1만이 소위 기업들이 말하는 '콘텐츠 생산자creators'나 '비평가critics'라고 한다. 즉, 온라인 정보를 적극적으로 창출해내고 다른 이들이 제공한 정보에 대해 적극 비평하는 사람들이 전체의 4분의 1에 불과하다는 내용이다. 대다수가 이른바 '구경꾼'이거나 '소극적인 사람들'이다. 이들은 정보 제공을 거의 하지 않을 뿐더러 참여조차 하지 않는다.

작가인 클레이 서키Clay Shirky는 위키wiki에서 이런 사실을 발견했다. 가장 많이 정보를 제공하는 사람은 두 번째로 정보 제공이 많은 사람보다 약 두 배 이상 참여하며, 세 번째 사람보다는 세 배에 달했다. 이 패턴은 그 아래로도 계속 이어졌다. 그렇다고 당황할 필요는 없다. 대부분의 사람들은 검색을 통해 공개 포럼에 오고, 본인의 궁금증이 해결될 때까지만 머물게 마련이다. 적극적으로 의견을 개진하는 그 1%가 바로 당신의 MVP다. 그들은 당신에게 최대한 많은 특권과 혜택을 받을 만한 충분한 가치가 있다.

### 12. 제품을 직접 만드는 이들도 함께 참여하도록 하라.

온라인 토론은 기존 제품에 대한 피드백을 얻을 수 있다는 점에서 유용하지만, 새로운 기회를 발굴하는 통로가 된다는 점도 매우 유용하다. 따라서 개발자나 엔지니어의 참여가 중요하다. 물론 쉬운 일은 아니다. 엔지니어는 자신들이 고객보다 시장의 요구에 대해 더 잘 안다고 생각하기 쉽다.

그러나 일단 개발자들이 피드백에 귀를 기울이면 그 효과는 '환상적'이라고 커뮤니스페이스의 줄리 슈렉은 말한다. 1장에 소개된 피스카티어 회사의 경험은 그 회사 엔지니어들의 관점을 180도 바꾸었다. 고객들에게서 제품 찬사를 듣는 것만큼 멋진 일이 있겠는가. 그러나 개발자들이 문제를 해결하는 데 고객의 부정적인 피드백만큼 큰 자극이 되는 것도 없다. 만일 마케터만 고객의 소리를 듣고 있다면, 기업은 피드백에 효과적으로 대응하지 못하는 꼴이다.

세레나 소프트웨어 Serena Software 는 페이스북 프라이데이 Facebook Fridays 라는 일정을 정해놓았다. 이 회사의 900여 명의 직원들은 매주 금요일미디 페이스북에 있는 회사 그룹에 가서 고객들과 대화한다. 또한 세레나는 페이스북을 이용해 직원을 채용하기도 한다. 세레나 사의 부장은 《네트워크 월드》 잡

> **SECRET**
> 마케터가 고정관념에서 벗어나, 개발자와 고객이 직접 소통을 하게 만들면 최선의 결과를 얻을 수 있다.

지 인터뷰에서 이렇게 말했다. "그 누구와도 소통할 수 없는 엄청난 벽이 존재하는 회사에 취업하려는 구직자는 없을 겁니다."

### 13. 통제하겠다는 욕심을 버려라.

토론을 장악하려는 생각부터 버려라. 참여자들이 자유롭게 말할 수 없다면 커뮤니티는 곧 텅텅 비게 된다. 포레스터 리서치의 애널리스트 제레미아 오양은 2008년 2월 보고서에서, 통제 문제는 성공적인 커뮤니티를 구축할 때 가장 큰 장애가 된다고 말했다. "그냥 그대로 두자……. 손님을 초대한 주인같이 행동하라. 경찰 노릇은 금물이다." 그는 자신의 블로그에 이렇게 경고했다.

그러나 통제 욕심을 버린다고 해서 최소한의 통제까지 완전히 포기한다는 의미는 아니다. 온라인 커뮤니티는 취약한 점이 많고 스패머와 악플러들에게 공격받을 수 있다. 예를 들어 많은 투자 관련 게시판을 보면 시비조로 목소리를 높이는 이들이 게시판을 장악하는 것을 심심찮게 볼 수 있다. 이런 모습을 보고 일반투자자는 놀라서 도망치고 만다.

많은 유즈넷Usenet 뉴스 그룹은 이런 점에서 스팸메일의 온상지다. 당신의 브랜드가 이런 이미지와 연관되는 것을 바라진 않을 것이다. 극단주의자나 스패머가 당신의 커뮤니티를 장악하려는 낌새가 보인다면 당장 개입하여 차단하라. 그들이 다시 한 번 시도한다면 아예 접근을 막아야 한다. 어쨌든 이 커뮤니티는 당신 구역이다.

포레스터 리서치는 P&G의 비잉걸 사이트의 경험을 소개했다. 이 사이트는 십대들의 부적절한 평이 문제가 된 적이 있었다. 그러자 회사가 바로 개입하여 모든 리뷰들을 검열했다. 관련 조항을 읽어야만 신규회원 자격을 허락했다. 그 결과 대화의 질이 현격히 향상되어 현재는 모든 글들이 사용자가 등록한 원문 상태로 올라온다.

## 14. 독창적인 방법으로 질문하라.

조사분석 전문가들은 사람들이 항상 자신의 본심을 말하지는 않는다는 걸 알고 있다. 익명으로 조사를 실시할 때도 마찬가지다. 포커스 그룹은 한두 명의 적극적인 회원의 영향을 받는 경향이 있다.

> **SECRET**
> 독창적인 질문을 던져라. 사진, 퀴즈, 이야기를 통해 곤란하거나 어려운 주제를 해결하라.

수치나 번호를 고르게 하는 정량조사 Quantitative survey 는 응답자들의 진짜 의견을 반영하고 있지 않은 답안을 강요하기도 한다. 따라서 이런 도구는 나름의 가치가 있지만 완벽하지는 않다.

때로는 간접적인 질문을 통해 더 효과적인 답을 얻기도 한다. 커뮤니스페이스의 줄리 슈렉에 따르면, 글락소스미스클라인은 과체중인 사람들에게 본인의 이미지에 대한 질문을 던지면서 이런 접근법을 사용했다고 한다.

'자기 자신을 부를 때 뭐라고 하나요?' 커뮤니티 회원들에게 이런 주관식 질문을 던지고, 자신의 비만이 가장 후회스러웠던 사진을 올리도록 했다. 이에 대한 반응을 통해서 과체중 사람들이 일상생활에서 소외되는 걸 아주 싫어한다는 사실을 알아냈는데, 이는 질문지 조사로는 절대 알아낼 수 없는 답이다.

한편, 아주 직접적일 때 더 효과적인 질문도 있다. 커뮤니스페이스의 한 직원은 흑인들이 자사의 제품을 이용하지 않는 이유를 알고 싶어했다. 프로젝트의 진행자는 커뮤니티에서 단도직입적으로 질문을 던졌다. 그러자 효과가 있었다. 이 차이점은 무엇인가? 사람들은 추상적인 질문에 대답하기가 더 힘들다고 느낄 때가 많다. 따라서 느낌과 관련된 사진이나 이야기를 이용하는 것이 효과적인 경우도 있다. 그러나 비공개 커뮤니티의 회원들은 자신의 발언이 영향력이 있다고 생각하는 경우 아주 분명한 태도로 나온다.

### 15. 피드백에 대답하라.

커뮤니티의 소통을 끊어버리는 가장 빠른 방법은 제안을 무시하는 것이다. 회사 대표가 피드백을 요청받았다면, 그는 피드백에 반응을 보이고 후속 행동을 약속해야 한다. 후속 행동은 최대한 고려하겠다는 의사표시 정도도 상관없다. 반드시 무슨 아이디어를 시행해야만 한다는 의미가 아니다. 사람들이 바라는 것은 대단한 게 아니다. 그저 자신의 생각이 상대방에게 진지하게 받아들여지기를 원한다.

### 16. 임원급의 참여를 도모하라.

회사의 최고경영자와 소통할 수 있다는 것은 참여를 유발하는 강력한 동기부여가 된다. 다행히도 이런 일의 가치를 알고 있는 고위 임원이 있다면 분기에 한 번만이라도 대화에 참여시키고, 그 이벤트를 커뮤니티에 홍보하라. 많은 CEO들에게도 고객의 솔직한 의견을 듣는 기회는 큰 도움이 된다.

### 17. 인센티브를 이용하라.

하지만 아주 가끔씩만 하라. 만일 비공개 네트워크나 엘리트 고객 커뮤니티를 구축하고 있다면, 티셔츠나 조그만 소품, 블로그 장식용 배지같이 작은 선물을 하자. 이 선물은 회원들에게 소속감을 주는 중요한 도구가 될 것이다. 그렇다고 너무 무리할 필요는 없다. 게다가 너무 자주 선물공세를 펼치면 회원들은 할 말이 없는 경우에도 왠지 뭔가 말해야 할 것 같다는 부담감을 느낄 수 있다.

### 18. 제품개발에 회원들을 참여시켜라.

고객들은 신제품이나 새로운 시장개발에 대한 중요한 아이디어를 제공하기도 한다. 언론 보도나 광고에서 고객들의 아이디어를 인정하라. 어떤 회사는 회원들에게 신제품 아이디어를 공모하여 우승자의 아이디어를 가지고 실제 제품을 개발하기도 했다.

### 19. 여러 가지 도구를 섞어 사용하라.

훌륭한 소셜네트워크는 쓸 수 있는 도구를 모두 사용한다. 토론, 채팅, 웹캐스트, 동영상, 사진, 애니메이션, 팟캐스트, 설문조사, 게임, 가상세계 등이 그것이다. 사람들은 다양한 방식으로 소통한다. 따라서 그들에게 최대한 많은 도구를 제공하라. 이런 도구들은 그리 많은 비용이 들지 않는다. 대부분의 경우 소프트웨어나 저가의 아웃소싱을 통해 제공할 수 있다.

#### 고객이 참여하는 개발

2000년 P&G CEO로 임명된 A. G. 라플리 A. G. Lafley 는 야심찬 목표로 비즈니스계를 깜짝 놀라게 했다. 바로 2010년까지 P&G의 신제품과 신기술의 절반을 회사 외부에서 가져오겠다는 목표였다. 이 글을 쓰는 시점에서 P&G는 이미 목표의 상당 부분을 성취해냈다.

하지만 사실 이런 목표를 달성할지 여부는 그리 중요하지 않다. 중요한 것은 라플리 사장이 새로운 트렌드로 부상할 게 무엇인지 파악하고 있다는 것이다. 그것은 바로 고객에게 혁신을 아웃소싱하는 것이다.

배리 리버트Barry Libert와 존 스펙터Jon Spector가 2007년에 출간한 책 《나보다 똑똑한 우리We are Smarter than Me》에 나와 있듯, P&G는 실제로 그 계획을 실행에 옮긴 것이다.

P&G는 첨단 기술기업가들과 나인시그마NineSigma 같은 오픈 커뮤니티들로 구성된 국제적인 네트워크를 시작했다. 그리고 유어앵콜YourEncore 소속인 퇴직 과학자들과 엔지니어들, 지적재산권시장인 옛투닷컴Yet2.com까지 이 네트워크에 포함시켰다. 또한 P&G는 175개국 출신 12만 명의 기술자들이 아이디어를 제공하고 현금 보상을 받을 수 있는 네트워크인 이노센티브Innocentive에까지 네트워크를 확장시켰다.

P&G는 이른바 '과학 문제science problems'에 대한 해결책을 얻기 위해 이 커뮤니티의 도움을 요청했다. 문제 중에는 내부 R&D 연구원들이 도저히 해결할 수 없는 것도 있었고, 때로는 경쟁사의 제품의 특징을 자사 제품에 적용해달라는 요청도 있었다. 커뮤니티가 제시한 해결책들은 P&G에 아주 많은 도움을 주었다. 예를 들어 이노센티브의 경우, 열 개의 문제들 중 3분의 1이 해결되었다.

이런 성공적인 초기 크라우드소싱crowdsourcing(생산과 서비스 과정에서 소비자 혹은 대중이 참여할 수 있도록 개방하여 생산효율을 높이고, 수익을 참여자와 공유하는 방법)의 가장 최근 예를 들어보자. P&G 제품 중 하나인 프링글스Pringles 감자칩에 글자를 프린트하는 방법을 알아내기 위해 애쓰던 중 커뮤니티 내에서 이 일을 할 수 있는 이탈리아의 한 빵집을 찾아낸 사례가 있었다.

연구개발 비용이 증가하면서 기업들이 자금 부족 문제로 고민하는 경우가 많아졌다. 이런 상황 속에서 일부 기업은 참여율이 높은 고객들로 구성된 커뮤니티를 활용해 내부 회의에서 얻는 것보다 더 훌륭한 아이디어를 발굴하고 있다.

대기업 역시 이런 접근법을 적극적으로 채택하고 있다. 델은 아이디어스톰 Ideastorm이라는 웹사이트를 통해 신제품과 서비스에 대한 고객의 의견을 접수하고, 제시된 의견에 대해 고객들이 직접 투표하도록 하고 있다.

포레스터 리서치는 '생긴 지 불과 3개월 만에 아이디어스톰은 5천 건 이상의 아이디어와 2만 건이 넘는 평가 글, 35만 개의 아이디어를 접수했다고 발표했다. 이 사이트는 델이 자사의 신제품에 MS 윈도우 대신 오픈소스 운영 시스템인 리눅스를 이용하겠다는 야심찬 발표를 했을 당시, 불과 며칠 만에 10만 명의 반응을 이끌어내는 놀라운 성공을 거두었다.'라고 전한다.

이제 고객의 아이디어를 성공적인 비즈니스로 연결시킨 네 개의 회사를 소개한다.

### 사례 1  고객이 만드는 옷 – 트레드리스

시카고 소재의 의류 제조업체인 트레드리스 Threadless는 고객 참여 문화를 보여주는 전형이다. 2000년에 자본금 130만 원으로 시작한 이 회사는 사이트 방문자에게 티셔츠 디자인을 공모하고, 이 중 제품으로 개발된 티셔츠를 디자인한 사람에게 상금을 주고 있다. 이 회사는 이런 방식으로 2007년 25억 원에 달하는 매출을 올렸다.

트레드리스는 제품개발을 커뮤니티의 열성회원들에게 효과적으로 아웃소싱한 것이다. 매주 고객들이 응모한 700여 개의 디자인 중에서 6개를 선정한다. 그리고 커뮤니티 회원들의 투표를 거쳐 1등 당선자에겐 상금으로 약 250만 원을 준다. 회원들의 투표는 트레드리스에게 시장조사를 위한 고정패널 같은 역할을 한다. 이 회사는 일주일에 1,500장 이상의 티셔츠를 판매하며, 개당 평균 마진은 약 13,000원 정도다.

이 회사는 커뮤니티 운영의 최고수라 해도 과언이 아니다. 매주 당선자들의 사진이 회사 웹사이트에 게시되고, 당선자 클럽에는 역대 당선자들의 사진이 게시되어 있다. 방문자들이 이 회사 제품을 입은 자신의 모습을 담은 사진을 올리면 할인쿠폰이 제공된다. 비용을 거의 들이지 않으면서 훌륭한 효과를 얻을 수 있는 마케팅 아이디어다. 또한 스트리트 팀 Street Team 이라는 명칭으로 이 사이트를 다른 이들에게 소개하면 구매할 때 적립금을 제공해주는 이벤트를 실시하기도 했다.

이 온라인 매장의 언어와 디자인은 최신 유행을 선도하는 창립자의 이미지를 그대로 반영한다. 비즈니스 2.0 Business 2.0 의 프로필에 따르면, 매주 40만 명의 고객들에게 뉴스레터가 발송되는데, 그들 중 4분의 3이 트레드리스 뉴스레터를 읽는다고 한다.

### 사례 2  로봇청소기 혁명 – 룸바

룸바 Roomba 는 시장에서 획기적인 이정표가 된 제품이다. 2002년에 출시된 이 제품은 최초로 성공한 로봇 가전제품으로, 땅딸막하고 디스크같이 둥그렇게 생긴 진공청소기다. 룸바는 소파나 구석에 있다가 설정된 대로 움직이면서 방을 청소하고 다시 지정된 위치로 돌아가도록 프로그램 되어 있다.

매사추세츠 주 벌링턴에 있는 이 제품의 개발 회사인 아이로봇은 고객들이 룸바를 좋아해주기를 바랐다. 하지만 이렇게까지 사랑받을 줄은 상상도 못했다. 고객들이 마치 애완동물 부르듯 룸바에 대해서 말한다는 고객서비스부 대표의 보고를 들었을 때 임원들은 깜짝 놀랐다.

"고객들은 룸바를 부를 때 '그', '그녀'라는 표현을 쓰고 있었습니다."라고 아이로봇의 마케팅 상무인 낸시 듀설트 Nancy Dussault 는 말한다. "직접 이름을 지어준 사람들도 많이 있죠."

이뿐 아니라 룸바는 기술에 관심이 많은 고객들의 독창적인 아이디어를 자극하기도 했다. 이들은 룸바의 프로그램을 살짝 바꾸어 룸바가 원래의 청소기능 대신 묘기를 부리거나 게임을 할 수 있도록 했다. 이들은 룸바가 마치 애완고양이처럼 그들과 재미있게 노는 동영상을 온라인에 올리기 시작했다.

어떤 회사는 이런 일이 있을 때 이를 경고신호로 인식하기도 한다. 예를 들어 도요타의 경우 프리우스Prius 모델의 마일리지를 갤런당 100마일 이상으로 조정해놓은 고객 때문에 골치를 앓았다. 그러나 아이로봇의 경우에는 자동차 회사와는 달리 책임이나 안전성의 문제를 그리 염려하지 않아도 된다. 사람들은 거기서 기회를 발견했고, 아이로봇은 고객의 혁신을 장려한 것이다.

아이로봇은 스킨잇SkinIt이라는 다양한 장치에 쓰이는 커버나 스킨을 개발하는 회사와 계약을 맺어 룸바를 위한 여러 가지 스킨을 제작했다. 또한 아이로봇은 개발자들을 위해 특수제작한 룸바 버전을 출시하기도 했다. 웹사이트에 고객들의 빛나는 아이디어가 게시되었고, 이 중에서 최고 아이디어로 선정되면 약 600만 원의 상금을 주기로 했다.

고객 커뮤니티의 열정을 이용하여 아이로봇은 연구개발의 일부를 고객들에게 효과적으로 아웃소싱할 수 있었다. 이 회사는 최근 저수지나 도랑을 청소하는 로봇과 매장 바닥의 오물을 청소하는 로봇을 출시했으며, 심지어 원격으로 컴퓨터와 연결하여 집안을 살펴볼 수 있는 모델까지 선보였다. 고객의 혁신적인 아이디어가 제대로 활용만 된다면 가능성은 무궁무진하다.

### 사례 3 무엇이든 혁신할 수 있다 – 시그

미국의 친환경 알루미늄물병 제조업체인 시그Sigg USA사는 소셜네트워크를 이용하여 상품 디자인에 도움을 얻었다. 시그는 고객들이 쓰고 버리면 매립해야 하는 플라스틱병 대신 재활용이 가능한 물병을 만드는 회사이다.

이 회사는 고객들이 자사의 제품을 더욱 친근하게 느끼도록 고급 소셜미디어 마케팅사인 골드 그룹Gold Group과 함께 '환경친화는 당신에게 무슨 의미입니까?'라는 콘테스트를 열어 물병 디자인을 공모했다.

골드 그룹은 환경론자를 대상으로 하는 소셜북마킹 서비스인 휴그 Hugg 등의 사이트를 대상으로 홍보를 펼쳤다. 또 환경친화에 관심이 많은 디자인과 건축 전문가들의 커뮤니티인 인하비타트 InHabitat를 후원하는 계획도 진행했다.

인하비타트 후원은 환경보호 블로거들의 눈에 띄었고, 결과적으로 이 콘테스트가 100개 이상의 사이트에 소개되는 효과를 얻었다. 이를 통해 검색엔진을 통한 트래픽도 향상되었다. 응모된 디자인은 시그 직원들과 파타고니아 Patagonia 같은 다른 환경친화 브랜드에서 고용한 이들이 검토하였다.

총 160개의 디자인이 응모되었고, 우승 작품은 시그 상품라인에 포함되었다. "두 달이 안 되는 기간 동안 8천 명에서 9천 명의 순방문자가 사이트를 방문했습니다." 골드 그룹의 제프 그린 Jeff Greene은 말한다. "얼마 안 되는 숫자 같지만, 이들은 친구들에게 적극적으로 이 사이트를 소개해주는 적극적인 방문자들입니다."

## 사례 4  돈도 벌고 명예도 얻는 콘테스트 – 탑코더

컴퓨터 프로그래머는 코드 쓰는 것을 좋아하고 문제를 해결하거나 프로그램의 속도를 향상시킬 수 있는 새로운 아이디어를 내는 것에 자부심을 가진다. 역설적인 점은 소프트웨어 개발자들을 고용하고 유지하는 데는 정말 많은 비용이 들지만, 그들은 자신의 최고 작품을 기꺼이 공짜로 나누어줄 준비가 되어 있다는 것이다.

탑코더 TopCoder는 대기업들을 상대로 맞춤프로젝트를 제공하는 소프트웨어 개발회사이다. 이 회사는 비즈니스를 구축하면서 비용을 줄이기 위해 자사의 프로그래밍 포럼에 참여하는 이들로 구성된 커뮤니티를 운영했다.

탑코더는 회원들이 정해진 시간 내에 풀거나 다른 회원들과 경쟁하여 난해한 프로그래밍 문제를 해결하는 콘테스트를 정기적으로 실시한다. 이 콘테스트의 인기는 날로 높아져서 요즘은 응모 수가 1,000개가 넘을 때도 있다. 최상의 솔루션에게는 상품으로 현금을 지급하며, 어떤 개발자는 이 콘테스트에서 억대의 상금을 받기도 했다. 탑코더는 최고 아이디어로 뽑힌 솔루션을 등록하여 자사의 맞춤개발 프로젝트에 사용한다. 하지만 비용은 정식직원 채용 때보다 훨씬 적게 든다.

"현금상품으로 동기를 자극하고 있습니다만, 어디까지나 경쟁이고 평가와 랭킹을 유지하는 것이 더욱 중요한 요소입니다." 탑코더의 COO Chief Operating Officer 인 롭 휴즈 Rob Hughes 는 말한다. "참가자들은 콘테스트를 통해 많은 것을 배우고 코딩 능력을 키울 수 있습니다." 우수한 콘테스트 참가자는 훌륭한 성적을 거두어 이를 통해 다른 회사의 컨설팅 프로젝트를 따내기도 하고, 탑코더 콘테스트 우승 경력으로 자신의 이력서를 돋보이게 하기도 한다.

가장 중요한 성공 요인은 콘테스트 참가자들의 성과를 온라인의 개인 프로필과 연결시킨 것이었다. 회원의 공간에는 과거 참가 성적과 현재 포인트 점수에 대한 정보가 입력되어 있다. 탑코더는 이런 콘테스트와 현금상품을 계속 진행하고 있다. 회원들이 난해한 알고리즘 문제를 해결하거나 혁신적인 웹사이트 디자인을 고안하는 특별 이벤트도 있다. 라스베이거스에서 매년 열리는 탑코더 오픈 TopCoderOpen 은 최고 프로그래머에게 3억 원의 상금을 제공한다.

탑코더는 현재 1,100개 이상의 재사용이 가능한 소프트웨어 라이브러리를 보유했으며, 필요한 경우 언제든지 이것을 사용할 수 있다. "이제는 코드 개발 속도가 고객의 수요를 능가하는 수준까지 올랐습니다."라고 휴즈는 말한다.

탑코더는 심지어 대규모 기술기업들을 위한 맞춤 콘테스트를 운영한다. 참가자의 60% 정도가 미국 이외의 국가 출신으로 특히 중국이나 동유럽 개발자들이 선전하고 있다.

물론 이런 아이디어가 모든 산업에 다 적용되는 것은 아니다. 예를 들어 변호사나 회계사는 프로그래머처럼 자신의 아이디어를 선선히 내어주지 않는 편이다. 그러나 탑코더는 자신의 일을 사랑하고 동료의 인정을 받고 싶어하는 이들을 대상으로 커뮤니티 혁신의 맥을 발굴한 것이다.

## 솔직한 대화에서 배우기

비행기 이륙이 지연되어 공항 게이트 근처에 앉아 있으면, 어김없이 끔찍했던 여행 경험담을 나누는 사람들의 대화를 들을 수 있다. 대부분의 사람들에게 여행은 아주 개인적인 경험이고, 이 같은 아주 사소한 경험(좋든 나쁘든)이 고객충성도에 영향을 미치는 것이다.

바로 이런 이유로 서비스업계에서 사소한 부분까지 세심하게 신경쓰는 것이다. 그들은 베개 위에 올려놓은 초콜릿 하나, 무료치약 한 개가 뜨내기 손님을 열광적인 팬으로 둔갑시킬 수 있다는 사실을 잘 알고 있다. 호텔 체인점은 모든 종류의 시장조사를 이용하여 고객만족도를 측정하려 애쓰지만, 전통적인 방법으로는 입소문 마케팅의 가장 강력한 소스가 되는 실제 상황을 파악하기 힘들다.

힐튼호텔Hilton Hotels Corp, HHC은 전통적인 조사의 이런 한계점을 파악했지만, 2년 전까지만 해도 고객 경험 활용법을 찾지 못했다. "우리는 광고 평가나 돌발인터뷰 같은 전통적인 형태의 정성조사Qualitative Research를 수없이 했지만, 현재 실제로 진행되는 생생한 삼자간 커뮤니케이션에는 성공하지 못했습니다." HHC의 고객조사담당 국장인 크리스틴 하이트Christine Hight의 말이다.

이 회사는 온라인 커뮤니티 서비스 제공업체를 활용하여 고객만족도 측정과 이해 방법을 완전히 바꾸었다. HHC의 정책상 해당 업체를 밝힐 수 없음을 양해해주길 바란다.

힐튼 가의 호텔 사업은 중산층 여행자 중심의 햄프턴부터 최고급 워도프 아스토리아 컬렉션Waldorf-Astoria Collection에 이르는 아홉 개의 브랜드가 포함돼 있다. 각 프랜차이즈의 고객들은 각기 다른 취향이지만, 한 가지 공통점이 있다고 하이트는 말한다.

"고객들은 모두 서로, 그리고 우리에게 이야기하고 싶어합니다."

## 전문가의 도움

비록 처음에는 비용이 많이 드는 온라인 커뮤니티 서비스 상품을 이용하는 것에 대해 조심스러운 입장을 표명했지만(이 서비스 제공업체는 커뮤니티 공간을 만들어주는 것뿐 아니라 관리까지 해준다), 힐튼 가는 2006년 과감하게 테스트 프로젝트를 실시했다.

결과적으로 전문적인 커뮤니티 중재자의 조언은 매우 유용했다. 커뮤니티 회사의 연구원들은 고객을 모집하고, 질문의 틀을 잡고, 토론을 붙여 정보를 얻기 위한 새 방법개발에 많은 도움을 주었다. 당시 고객대화에서 얻은 유용한 정보들은 힐튼 가가 현재까지 사용하고 있는 전통적인 시장조사의 기반으로 큰 역할을 하고 있다.

이런 노력으로 얻은 성과 중 하나가 빠른 속도이다. 정량조사와 포커스 그룹은 테스트하고 해석하는 데 몇 달이 걸린다. 그러나 고객대화는 특정 이벤트 후 단 몇 분 안에 구체화시킬 수 있다. 하이트는 교통안전위원회가 2006년 비행기 탑승시 액체물질 반입금지 결정을 내린 일을 예로 들었다.

이 정책이 발표된 날, 회원이 300명 정도 되는 힐튼 가의 커뮤니티에서 회원 한 명이 토론을 시작했다. 토론이 시작된 지 얼마 되지 않아 이런 금지조치가 여행을 자주 하는 사람들을 매우 불편하게 만들 거라는 의견이 주를 이루었다.

호텔은 비행기 반입이 금지된 물품들을 객실서비스로 제공하여 이런 여행자 고객들을 도와주는 서비스를 착안했다. 또한 어떤 회원들은 힐튼의 경쟁 호텔들이 이미 제공하고 있는 편의서비스에 대한 정보도 제공했다. 이는 빠르게 진행되는 이슈에 대해서 경쟁사의 동향을 파악하는 아주 중요한 정보였다.

힐튼의 연구원들은 커뮤니티 회원들을 각각의 용도로, 각각의 브랜드별로 활용할 수 있는 상임 포커스 그룹으로 여겼다. 회원가입은 통제되고 회원의 프로필이 보고된다.

2008년 봄, 연구원들은 여성 여행객이나 비즈니스 호텔과 최고급 호텔에 투숙하는 사람 같은 특정 고객들을 대상으로 하는 질문들을 추가했다. 커뮤니티 회원들은 힐튼의 멤버십 프로그램의 포인트를 받거나 온라인 상품권을 받을 수 있지만, 전반적으로 이런 인센티브가 큰 역할을 하는 것은 아니다.

## 일대일 대화

커뮤니티의 또 다른 독특한 특성은 일대일로 친구나 동료 간의 토론이 이루어진다. 하이트는 회원들이 별 다른 동기 없이도 종종 커뮤니티를 통해 그들끼리의 대화를 시작한다고 말한다. 그러나 이런 대화는 회사가 제시한 이슈들에 대한 직접적인 피드백을 위해 활용될 수도 있다.

예를 들어 라이벌 호텔인 메리어트가 흡연을 금지시켰을 때, 한 회원이 흡연을 금지한 바로 당일에 이 문제에 대한 토론을 시작했다. 힐튼은 회원들에게 힐튼도 같은 정책을 실시해야 하느냐는 질문을 했다. "10시간도 안 되는 사이에 우리는 굉장히 많은 피드백을 얻었죠." 하이트는 말했다.

힐튼은 많은 고객들이 담배 연기가 없는 호텔을 바라는 반면, 흡연자들의 권리와 편익에 대한 우려도 많이 한다는 사실을 알게 되었다. 이들은 오랜 시간 동안 힐튼을 이용한 고객을 홀대할 수 있는 가능성을 제기했고, 호텔이 어떻게 그런 정책을 실시할 수 있는가에 대해서 의문을 제기했다. 커뮤니티에서 얻은 정보와 기타 정보들을 종합하여 힐튼 가는 자사의 모든 호텔에서 금연 정책을 실시하지 않기로 결정했다. 물론 힐튼은 정기적으로 이 이슈를 재검토하고 있지만 말이다.

이외에도 여러 가지 소득이 있다. 멤버십 포인트를 사용해서 숙박을 예약하는 것에 대한 좋은 아이디어를 얻기 위해 회원들에게 최근 멤버십 포인트로 숙박을 한 경험이 담겨 있는 사진과 글을 올려달라고 요청했다. 또 다른 조사에서는 회원들에게 그들이 미리 예약한 다른 상품이나 서비스에 대해서 도착 전에 미리 제공받은 정보가 있었다면 공유해달라고 요청했다. "마치 성인들이 모여서 물건 빨리 모으기 게임을 하는 것 같았죠. 회원들이 좋아했습니다."

하이트는 지난 경험을 바탕으로 다음의 성공비결을 알려주었다.

- 커뮤니티를 전선조사라고 생각하라. 커뮤니티에서 얻은 피드백은 정량조사의 기초로 유용하게 사용할 수 있다. 물론 각각의 가치는 다르지만 말이다. 또한 회원들의 이야기는 통계자료로 만들어져 임원 프레젠테이션에서 효과적으로 활용할 수 있다.
- 그룹 규모를 너무 크게 잡으면 안 된다. 커뮤니티의 힘은 친밀성

에서 나온다. 힐튼 가는 고객 그룹을 400명 이상으로 늘리는 계획을 세운다면, 회원들의 대화가 소규모로 깊이 있게 진행되도록 하기 위해서 하위 단위로 그룹을 나누는 계획도 함께 진행할 것이다.

- **경청하고 인정하라.** 회원들은 자신들의 평이 진지하게 받아들여진다는 점을 알게 되면 매우 관대해진다. 반대로 회원들의 평에 신속하게 반응하지 않으면 그들을 잃을 수도 있다. "우리는 단순히 질문 하나를 던지는 것이 아닙니다. 우리가 내리는 결정과 관련되어 있는 한 파트를 진행하는 것입니다." 하이트의 말이다.
- **계속 대화가 오고가야 한다.** 회원들에게 그들이 제공한 정보의 결과로 어떤 행동이 취해질 것인지를 알려주어라.

BASICS OF SOCIAL MEDIA CONTENT

CHAPTER
10

# 소셜 콘텐츠의
# 기본에 충실하라

10장에서 13장까지 고객들이 유용하고 참여할 만하다고 생각하는 콘텐츠를 만드는 방법을 설명한다.

"의미 없는 표현을 가장 애용하는 이들은 B2B 기술회사인 것 같다. 기술회사의 마케터들은 제품이 고객들의 문제를 어떻게 해결해줄 수 있는지를 설명하는 게 아주 어려워 보인다. 정말 제품이 고객들의 문제를 어떻게 해결해주는지를 모르는 것인지, 아니면 구매자들을 위해 설명을 해주는 것이 귀찮아서인지, 그들은 제품이 어떻게 작동하는지 장황하게 설명한 후 애매모호한 기술 용어를 가미한다. 그러고는 결국 '업계 최고'의 솔루션이라는 이야기로 마무리한다. '비즈니스 프로세스를 효율화'한다거나, '비즈니스 목표를 달성'한다거나, 또는 '기업의 자원을 보존'해준다는 주장과 함께 말이다. 어떤가? 고객이 이해할 수 있겠는가?

– 데이비드 미어먼 스콧, '의미 없는 표현 없애기' 중에서 –

**BASICS OF SOCIAL MEDIA CONTENT**

클러터 컨트롤 프릭 Clutter Control Freak 블로그에 가면 집 정리에 대한 수많은 아이디어를 배울 수 있다. 시간이 날 때마다 실행에 옮길 수 있는 1분 정리법 목록도 있고, 서랍에 있는 잡동사니 물건으로 장식 소품을 만드는 방법부터 여성용 지갑을 정리하는 요령까지 아주 다양한 글들이 있다.

 이 블로그는 꼼꼼한 주부가 운영하는 걸까? 아니면 마사 스튜어트

Martha Stewart(가정생활 관련 책으로 시작해서 사업으로 발전시킨 미국의 여성기업인) 지망생? 사실 이 블로그는 스택스 앤 스택스 Stacks & Stacks 라는 회사가 운영하는 블로그이다.

2007년 8월에 만들어진 이 사이트는 오픈 몇 개월 만에 이미 매일 수천 명이 방문하는 훌륭한 성과를 거두었다. 콘텐츠는 자원 블로거 팀이 제공하는데, 이들은 유용한 정보를 제공하는 대가로 블로거로서 인정받고 가끔 회사의 상품권도 받는다. 방문자는 자신의 아이디어를 제출할 수 있으며, 서로의 아이디어에 대해 투표권도 행사할 수 있다. 아이디어가 선정되면 상품권을 선물로 받는다.

클러터 컨트롤 프릭은 뉴욕을 중심으로 활동하는 소셜미디어 마케팅 전문가 B. L. 오크먼이 만든 성공적인 블로그 중 하나이다. 또 따른 성공작은 윤리실종 EthiscsCrisis.com 이다. 방문자들이 익명으로 자신의 도덕적인 위반사항을 밝히고 다른 방문자들의 평가를 받는 사이트로, SRF 글로벌 번역 서비스 SRF Global Translation 의 후원을 받았다.

《아내는 숨 가쁘다 Wife in the Fast Lane》라는 책을 홍보하는 프로젝트에서 사람들에게 다음의 문장을 완성하게 했다. "내가 정말 숨 가쁘게 살고 있다고 느끼는 때는 ○○○이다." 사람들은 750여 개의 재치 있는 문장과 에세이, 동영상을 제출했고, 그 내용은 우스운 것부터 감동적인 것까지 아주 다양했다(우승 문장은 "애완견 밥그릇에 두 살배기 아들이 먹을 시리얼과 우유와 스푼이 가득 차 있어서 식탁 쪽을 보니, 아들녀석이 호기심에 찬 표정으로 신기한 '밥'을 맛보고 있을 때"였다).

방금 열거한 세 개의 프로젝트 모두 콘텐츠 개발비를 거의 들이지 않고도 성공적인 결과를 얻었다. 자원 블로거들의 경우, "이들을 자극하는 인센티브는 그들의 청중을 늘릴 수 있다는 것이었습니다."라고 오크먼은 말한다.

윤리실종 사이트의 인기는 바이러스처럼 퍼져나갔다. 이 블로그 덕에 이전에는 인터넷에서 존재감이 약했던 SRF의 위상이 달라졌다. 외부에서 연결되는 링크의 숫자가 구글 검색에서 850개 이상을 기록할 정도로 인기가 높았다.

## 놓치기 쉬운 핵심

콘텐츠는 소셜미디어 마케팅 캠페인의 성공을 결정짓는 중요한 요소이다. 동시에 콘텐츠는 수수께끼처럼 알 수 없고 이해하기 힘든 요소이다. 인터넷에 엄청난 양의 콘텐츠가 쏟아져 나오는 시대에 창조적이면서 지속적인 캠페인 방법을 찾아내기란 점점 어려워지고 있다. 비즈니스 블로그는 너무나 일상적이고, 판에 박히거나 유행에 뒤떨어진 문구들로 가득 채워져 있는 경우가 많다. 하지만 접근법만 바꿔도 좀더 설득력 있는 메시지로 변신할 수 있다.

> **SECRET**
> 접근법을 바꾸면 평범한 콘텐츠도 흥미롭게 변한다.

기업들이 대화를 시작하기 전에 말하려는 의도가 무엇인지 좀더 신중히 생각한다면 지원들의 업무량을 줄일 수 있고, 검색엔진과 외부 링크를 통한 트래픽도 향상시킬 수 있다. 게다가 즐거운 경험까지 할 수 있다. 수천만 개의 블로그와 수백 개의 소셜네트워크가 이미 존재하는 실정에서 특색 있는 콘텐츠는 경쟁력의 핵심이다. 앞으로 이 책의 내용을 통해 알게 되겠지만, 이런 특색 있는 콘텐츠를 제공하는 것은 생각만큼 어렵지 않다.

# 꼭 소셜미디어여야 하는가?

소셜미디어 채널을 사용하기 전에 소셜미디어가 최선의 선택인지 반드시 점검하라. 어떤 사업 분야에서는 적합한 채널이 아닐 수도 있다. 누구나 인터넷을 사용하지는 않는다. 아직 구글 검색을 모르는 사람들도 많다. 페이스북 가입자가 많은 것 같지만 미가입자도 여전히 많다.

대부분의 선진국에서는 대다수의 사람들이 인터넷을 사용하지만, 이들 중 블로그나 토론 그룹, 소셜네트워크 등에 콘텐츠를 올린 경험이 있는 사람은 그 중 1% 미만이다. 주로 쇼핑 때문에 인터넷을 쓰는 사람들도 있는데, 이들 대부분은 상품조사를 하거나 결정이 끝난 상태에서 구입만 하기 위해 인터넷에 접속한다. 소셜미디어는 이런 사람들과 거리가 있다. 다시 말해서 이런 사람을 목표고객으로 삼았다면, 소셜미디어에 투자하는 걸 다시 따져봐야 한다.

무엇보다 먼저 고객의 목적을 정확하게 파악하고 소셜미디어 사용이 효과적일지 판단해야 한다. 개인금융, 기술, 자동차, 엔터테인먼트, 소비재 상품시장의 경우에는 이미 블로거와 온라인 커뮤니티가 중요한 영향력을 미치는 사례가 아주 많다. 이런 시장이라야 소셜미디어가 제격이다.

그러나 다른 시장의 경우에는 조금 지켜봐야 할 때도 있다. 중공업, 농업, 제조업, 일부 B2B시장의 경우 온라인 문화가 상대적으로 부진하다. 물론 속단하지 말고 확인해볼 필요는 있다.

최근 나는 트럭업계에 종사하는 고객을 위해 일한 적이 있다. 온라인 영향세력들이 혹시 있나 찾아보려고 중점적으로 관찰했는데, 트럭 기사들이 아주 활발하게 블로그 활동을 하는 걸 발견하고는 깜짝 놀랐다. 그들은 오랜 시간 운전을 하면서 끊임없이 생각하고, 그 생각들을 컴퓨터 앞에 앉아서 자유롭게 풀어놓고 있었다!

## 어떤 목표를 갖고 있는가?

소셜미디어 마케팅이 당신에게 가치가 있다는 결정을 내렸다고 가정해보자. 이제 당신은 블로거에게 영향력을 미치는 것부터 독자적인 커뮤니티 시작까지 다양한 방식 중에서 선택해야 한다. 그러기 위해서 당신의 목표를 거꾸로 진행시킬 필요가 있다. '많이 파는 게 나의 목표이다'처럼 말이다. 하지만 어떤 경우에는 그렇게 단순하게 목표를 잡기 어렵다.

예를 들어 온라인으로 자동차나 주택을 구매하는 사람은 별로 없기 때문에 자동차 마케터나 부동산 중개업자는 좀더 현실적인 목표를 세워야 한다. 이를 테면 고객을 메일링 리스트에 가입시키거나 전화통화를 목표로 잡을 수도 있다. 대학교를 결정하는 일두 인터넷으로 하지 않는 일 중 하나이므로, 대학 입학처 관계자는 장차 예비 입학생들에게 입학신청서를 다운로드하라고 권장하거나 입학담당자와 전화통화 주선을 목표로 잡을 수 있다.

### 온라인 마케팅의 목표들

- 판매 향상
- 판매자 연락 정보 요청
- 추가 정보 요청
- 유용한 백서 다운로드
- 상품 상세설명서 다운로드
- 신제품 인지도 향상
- 기존 제품에 대한 인지도 개선
- 새로운 가능성 발굴
- 기존고객에게 업그레이드 통보
- 브랜드 이미지의 창조 또는 수정
- 부정적인 평판에 대응
- 경쟁업체에 대항
- 광고 수익 창출
- 투자자들의 인식 제고
- 미디어 인지도 제고

목표에 따라 콘텐츠 전략의 차별화가 필요하다. 예를 들어 블로그는 인지도나 브랜드 이미지를 향상시키고, 부정적인 평판에 대응하거나 경쟁업체에 대항할 때 효과적이다. 그러나 직접적으로 판매를 촉진시켜야 하는 경우라면 이야기가 달라진다. 그때는 콘테스트를 개최해 우승자를 특별할인 페이지로 안내하는 방식이 블로그보다 훨씬 효과적이다.

대부분의 소셜미디어는 여러 목적에 두루 적용 가능한 유연성을 갖고 있다. 문제는 어떻게 이용하느냐이다. 예를 들어 회원들에게 교육적이거나 오락적인 경험을 제공한다면 소셜미디어는 브랜드 구축을 위한 도구로 손색이 없다. 한편으로 소셜네트워크의 활동이 매물과 연계되어 있다면, 잠재고객의 접점을 찾는 것은 물론 판매까지 촉진시킬 수 있다.

또한 여러 개의 소셜미디어 채널을 연결하여 각기 다른 구매 단계에 있는 고객에게 다가갈 수도 있다. 유튜브 동영상을 통해 구매자들을 일단 웹사이트로 불러들인 다음 정보를 내려받게 할 수 있다. 동영상 시리즈를 만들면 구매 사이클의 각 단계에 있는 고객들을 상대할 수 있다. 때로는 동영상 시리즈를 샅샅이 보는 사람에게 인센티브나 상품을 제공하는 방법도 있다.

콘텐츠 전략을 수립하려면 목표로 잡은 사람들이 어떤 구매 단계에 있는, 어떤 고객층인지를 파악하는 것이 급선무이다. 또한 이를 바탕으로 어떤 홍보 채널을 활용할지 결정해야 한다. 대개 각 구매 단계에 있는 고객별로 다른 콘텐츠를 원하는 경우가 많다. 각 그룹별로 다가서려면 콘텐츠, 키워드, 프로모션 전략을 각각 다르게 세워야 한다.

신제품 발표 내용을 떠올려보자. 주로 기존고객이 관심을 가질 내용을 포함시킬 수 있고, 해당 분야에 관심은 있지만 아직 구매 결정을 내리지 못한 일반고객 전체를 목표로 삼을 수도 있다. 고객층 분류에 따라 콘텐츠와 프로모션 전략이 달라진다.

이 책에서는 검색엔진 마케팅에 대해서는 다루지 않을 것이다. 마케터라면 누구나 관련이 있고 다룰 내용이 다양한 분야이지만, 이 책의 주요 주제가 아니기 때문이다. 대신 책 한 권을 소개하겠다. 《검색엔진 마케팅 전략 Search Engine Marketing, Inc》[1]이라는 책인데, 마이크 모란 Mike Moran 과 빌 헌트 Bill Hunt 가 공동저술한 것으로 마케터라면 꼭 읽어봐야 한다.

　수많은 옵션의 범위를 좁히는 가장 빠른 방법은 구매자별로, 그리고 구매 과정의 각 단계별로 어떤 목표를 추진할 것인지 결정하는 것이다. 마케팅 캠페인을 제대로 유지하고 관리하려면 각 부분별로 나누어 관리해야 한다.

> ### '바이러스 효과'란?
>
> 　소셜미디어 마케팅에서 '바이러스 효과'는 최고의 성공으로 평가받는다. 바이러스 효과란 광고(여기서 광고란 꼭 시각적인 광고뿐 아니라 여러 가지 형태를 포함한다)가 스스로 생명력을 가지게 되어 이메일 포워드, 블로거들의 링크, 북마크 공유 등을 통해 퍼져나가는 것을 뜻한다.
>
> 　이 책에서 이런 바이러스 효과를 창출한 여러 캠페인 사례를 소개했다. 이피버드의 다이어트 콜라와 멘토스 실험, 조나 페레티의 나이키 노동자착취공장 이야기, 블렌텍의 '이게 갈릴까요?' 등이다.
>
> 　마케터와 학자 사이에는 바이러스처럼 퍼져나가는 마케팅 캠페인을 예측하고 제작하는 게 가능한지에 대해 열띤 토론을 벌이고 있다. 물론 아직까지 확답이 나오지는 않았다. 개인적인 생각으로는 그 누구도 확실하게 답을 내릴 수 없을 것 같다. 바이러스 현상에는 너무나 많은 요소들이 작용하며, 이 현상에 대한 정의 자체에 대해서도 논쟁이 있기 때문이다. 사실 중요한 것은 바이러스 효과의 완벽성이 아니다. 그보다는 입소문을 이용하여 적은 비용으로 최대한 많은

---

[1] 2008년에 출판되었고, 한국의 상황과는 차이 나는 부분이 많지만 이 분야에서 손꼽히는 책 중 하나이다. 검색엔진 마케팅과 관련된 정보는 SSMMBook.com(또는 SocialMediaSecrets.net)에서 참고할 수 있다.

사람에게 접근할 수 있다는 사실이 중요하다.

이론적으로 보면 한 사람이 평균 두 사람 이상에게 메시지나 이야기를 전달하는 경우에 바이러스 효과가 생긴다. 짧은 시간 내에 엄청난 숫자의 사람들에게 퍼지는 것이다. 만일 한 사람이 다른 두 사람에게 전달한다면, 스무 번째에 가서는 50만 명이 넘는 사람들에게 전달이 되고, 스물다섯 번째 전달이 되면 그 숫자는 대략 1,700만 명으로 증가한다.

하지만 실제 상황에서는 이 이론이 그대로 적용되지는 않는다. 어떤 이는 여섯 명에게 전달하는 반면, 어떤 사람은 아예 전달을 하지 않을 수도 있다. 또는 각자 평균 한 사람 이하에게만 전달하게 되면, 결국 얼마 지나지 않아 이 메시지 고리는 끊어지고 만다.

그렇다고 해서 실망하지는 마라. 1.5명에게만 전달이 돼도 스무 번째가 되면 2,200명, 스물다섯 번째가 되면 1만 7천 명에게 전달되는 셈이다. 정확히 말해 바이러스 효과까지는 아니지만, 그렇다고 나쁜 성과라고 볼 수는 없다.

영향세력에 대한 반대의견을 가진 던컨 와츠의 이론에 따르면, 바이러스 마케팅은 전통적인 마케팅 수단의 지원을 받았을 때 그 효과가 극에 달한다고 한다. 전통적인 홍보계획을 정기적으로 점검, 수정하면 바이러스 효과에 새로운 물결을 촉발시킬 수 있다. 반드시 바이러스 효과의 극대화까지는 아니더라도 홍보 과정에서 새로운 자극을 주는 노력은 적은 비용으로 빠른 효과를 창출해낸다. 어느 정도 성공을 거둔 후에는 새로운 자극을 통해 고객의 관심을 다시 환기시키는 것도 좋은 방법이다.

# 오래된 습관

소셜미디어 마케팅에서는 고객과 나누는 상호작용을 위해 기존과 다른 접근법을 채택해야 한다. 중간에 끼어드는 것보다 함께 참여하는 것이 더 중요하다. 전통적인 마케팅은 고객을 도중에서 가로채는 방법에 의존했다. 주로 고객이 뭔가 다른 일을 하고 있을 때 그들을 사로잡을 만한 메시지를 보내는 방법이다.

이렇게 무작정 메시지를 던지는 방식에서는 메시지의 간결성과 매력이 강조된다. 소위 '엘리베이터 피치 Elevator Pitch(잠재고객과 엘리베이터에 같이 탑승했을 때 함께 있는 30초 동안 상품을 설명하는 것)'와 '무료 체험 free trial'의 결합이다. 이런 방법은 주의를 끄는 효과는 있지만 머물게 하는 힘은 없다.

소셜미디어 콘텐츠는 엘리베이터 피치의 장점과 지속가능한 상호대화의 장점을 모두 가지고 있으며, 마케터보다는 출판인의 특성이 더 강하다. 따라서 소셜미디어로 성공을 거두려면 단순히 마케터의 입장에서만 생각해서는 안 된다.

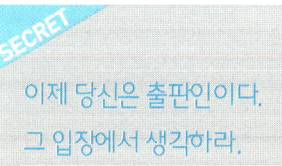

이제 당신은 출판인이다. 그 입장에서 생각하라.

소셜미디어로 성공을 거두려면 출판인의 자세로 생각해야 한다는 게 중요한 핵심이다. 개인적으로 이 개념은 인터넷이 가져온 가장 혁명적인 효과이다. 이제는 누구나 출판을 할 수 있다. 다시 말해 성공적인 홍보를 위해서 지난 200년 동안 출판사와 출판인들이 고객들과 상호작용하기 위해 사용했던 전략들을 배워야 한다.

### 출판인의 성공 전략

- 고객을 찾아낸다. 그들은 정보를 얻기 위해 강렬하고 지속적인 욕구가 있으며 지갑을 여는 사람이다.
- 이런 고객을 사로잡을 수 있는 주제를 한 가지 이상 선정하여 독특한 목소리와 권위를 개발한다.
- 고객의 요구에 절대적으로 포커스를 맞추고, 이들의 관심사에 지지를 보낸다. 그러면서 개별적이며 독특한 마케팅 메시지를 전달한다.
- 고객의 요구를 제대로 충족시켜주는지 지속적으로 피드백을 한다.
- 변화하는 요구를 충족시키기 위해 지속적으로 콘텐츠를 조정한다.
- 일관성을 유지하고 항시 노력한다. 권위를 형성하려면 시간이 필요하다.

마지막 사항은 단기간의 홍보로 즉각적인 효과를 올려야 한다고 훈련받은 마케터를 실망시킬 수도 있다.

하지만 이런 전략을 제대로 활용하려면, 반드시 장기적인 안목을 가져야 한다. 출판이 지구상에서 가장 오래 유지된 비즈니스 중 하나라는 사실을 잊지 마라. 지난 50년간 지속되고 있는 출판 브랜드의 숫자를 생각해본다면 출판인의 성공 전략을 제대로 활용할 때 얻게 될 가치를 깨달을 것이다.

# 홍보 욕심을 버려라

> **SECRET** 물건을 팔지 말고 관계를 형성하라.

가장 먼저 버려야 할 것은 홍보하려는 마음이다. 고객들은 그런 말을 듣지 않을 뿐더러 오히려 경멸한다. 새로운 스타일의 마케팅은 고객과 상호작용하기다. 이 말은 유용하고 의미 있는 정보를 교환하여 잠재고객과 관계를 형성하는 것이다. 일회성 판매가 아닌 장기적으로 반복되는 비즈니스를 이끌어내는 힘은 바로 관계 형성에서 시작한다. 장기적인 관계 유지는 언제나 일회성 거래 이상의 결과를 창출해낸다.

물론 홍보하려는 태도를 한순간에 포기하는 것은 힘들다. 우리는 이런 태도에 익숙해져 있고 나름대로 그 효과도 알고 있다. 수년 동안 엄청나게 많은 비용이 들어가긴 했어도 최소한 합리적으로 예측 가능한 반응을 얻을 수 있다는 인식하에 다양한 홍보 기술도 개발했다.

하지만 오늘날 고객들은 이런 홍보를 무시해버리는 데 익숙할 뿐 아니라 매우 냉소적이고 비판적이다.

조셉 자페 Joseph Jaffe가 그의 저서 《30초 광고 후의 인생 *Life After the 30-Second Spot*》에서 지적했듯이, 오늘날에는 고객과의 30초를 보장받을 수는 없지만 대신 몇 시간 붙들어둘 기회는 잡을 수 있다.

그래도 30초 광고를 포기하기가 쉽겠는가. 물론 쉽지 않다. 하지만 신경제의 세계는 이 전략을 포기하라고 말한다. 고객과의 커뮤니케이션은 이제 더 이상 높은 비용을 요구하지 않는다. 이제는 비용을 절약하기 위해서 전달 메시지를 줄이고 또 줄이는 일을 하지 않아도 된다. 구글은 광고가 전혀 없는데도 세계 최강의 브랜드 자리를 지키고 있다는 사실을 언급하며, 우마르 하크Umair Haque는 이렇게 말했다.

"산업화 시대의 경제학에서는 브랜딩이 대세였다. 상호작용에 비용이 많이 드는 시대였기 때문에 소비로 얻을 수 있는 장점에 대한 메시지를 슬로건, 캐릭터, 로고 같은 형태로 압축한 30초짜리 TV나 라디오 광고로 전달할 수밖에 없었다. 예를 들어 코르벳Corvette(시보레의 자동차 모델 중 하나)에 대한 복잡한 설명은 예쁜 여자들과 탁트인 도로, 눈부신 햇살로 압축되었다.

그러나 상호작용에 드는 비용이 적어지면서 형세는 역전되었다. 상호작용에 드는 비용이 줄어들수록 소비자들은 서로 긴밀하게 연결되어 대화를 나누고, 결국 기업들의 공허한 약속에는 점차 귀를 기울이지 않게 된다.

이런 식으로 통상적인 브랜드에 대한 경제 논리는 점차 설 자리를 잃게 된다. 예상 비용과 기대효과에 대한 정보가 반드시 로고나 슬로건, 광고, 칼럼 등에 압축되어야 할 필요가 없어지는 것이다. 대신, 소비자들이 놀라울 정도로 상세하게 예상 비용과 효과에 대해 토론할 수 있게 된 것이다."

다시 말해, 마케팅과 광고를 생각할 때 우리는 대다수 고객의 관심을 끄는 것이 거의 불가능하기 때문에 기회를 잡았을 때 무조건 열심히 팔아야 한다고 전제하는 경우가 많았다. 그러나 소셜미디어의 콘텐츠를 만들 때는 이런 과거의 생각에서 벗어나야 한다.

소셜미디어 마케팅은 우리가 모르는 새로운 세계가 아니다. 소셜미디어는 대화의 기술이며, 관계 구축의 방법이다. 툴은 이미 많이 나와 있다. 중요한 것은 전혀 다른 관점으로 생각하기다.

칵테일파티에서 새로운 사람들과 만나는 경우를 생각해보라. 당신이 파티장에 처음 도착했을 때는 그곳에서 아는 사람은 몇 명 안 된다. 그러나 시간이 지나면서 새로운 사람들과 인사하며 말을 섞기 시작한다. 처음에는 좀 어색하지만 대부분의 경우 새로운 사람들과 공통의 화제를 찾아내어 본격적인 대화에 돌입한다.

누구나 좋은 대화의 비결을 잘 알고 있다. 대화란 양쪽이 서로 말을 주거니 받거니 하는 것이다. 좋은 대화란, 서로를 존중하고 돕는 것이다. 다시 말해 다른 사람의 말을 경청하고, 이에 대해 피드백을 해주면서 신뢰를 쌓는 것이다. 자기 이야기만 잔뜩 늘어놓는 사람을 만났을 때 우리는 그것을 묵묵히 듣고 있는 사람의 기분이 어떤지 너무나 잘 알고 있다. 자신의 얘기만 늘어놓는 사람을 한마디로 얼간이나 푼수라고 부른다. 그 사람과는 대화를 나눌 수 없다. 하지만 대부분의 전통적인 마케팅 원칙들은 바로 이런 접근법에 기초해 있다.

개인적인 경험을 예로 들어보겠다. 2년 동안 기술 분야 마케터들에게 자신만의 웹캐스트와 팟캐스트를 제작해주는 비즈니스에 관여했었다. 이 분야는 기본적으로 질문과 답변 중심의 토론이기 때문에 대화 마케팅을 위한 완벽한 기회였다. 나는 2년 동안 100개가 넘는 방송을 만들었다.

나와 함께 일했던 대부분의 마케터는 이런 대화가 사람들에게 유용한 정보를 전달하기 위해 이루어진다는 사실을 잘 이해했다. 하지만 여전히 많은 마케터들이 이런 기회를 상품 영업으로 이용했다. 이들은 모호하고 과장된 표현과 목소리로 말했다. 또한 '최첨단', '최신식' 같은 아무 의미 없는 단어들을 빈번히 사용했다. 때로는 당황스러운 상황에 빠지기도 했다. 이들이 고객의 입장에서 한 번만이라도 생각했다면, 이런 광고 문구들이 얼마나 어리석게 들릴 것인지 알았을 것이다. 분명히 그 마케터는 반드시 고객의 입장에서 생각하라는 업무 지시 같은 걸 받아보지 못했음이 분명하다.

2년 동안 일하면서 그런 식으로 프로그램을 만드는 마케터를 여럿 보았지만, 그 마케터에게 고객평이나 피드백을 해주는 고객은 단 한 사람도 없었다. 그런 프로그램의 목적은 고객이 백서 white paper 를 다운로드하게 만드는 것이었고, 일방적인 대화만 넘쳐날 뿐이었다.

## 소셜미디어 콘텐츠의 기본 원칙

**장기적인 안목을 가져라!** 상호작용이 일어나려면 시간이 걸린다. 따라서 마케터는 30초 광고나 13주 캠페인을 훨씬 뛰어넘는 장기적인 안목으로 대비하는 태도를 가져야 한다. 첫 13주 이내에 성공

> SECRET
> 성공 후를 준비하라. 늘어난 트래픽과 토론을 어떻게 관리할지 미리 구상하라.

을 거두는 소셜미디어 마케팅 캠페인은 거의 없다. 이미 준비된 고객들이 있다 해도 마찬가지다. 텔레비전에서는 슈퍼볼 경기 중의 광고 한 편으로 5천만 명이 광고를 보게 할 수도 있다.

하지만 온라인에서는 입소문, 검색엔진, 이메일 광고, 링크 연결을 통해 고객을 형성해야 한다. 따라서 어떤 경우에는 성공적인 결실을 얻을 때까지 몇 년이 걸릴 수도 있다. 아무리 기간을 짧게 잡더라도 최소 1년 정도는 투자해야 한다.

매기 폭스는 힘든 과정을 거쳐 이런 교훈을 얻었다. 그녀가 운영하는 신생 에이전시에서 할리퀸출판사의 공포소설 《블러드 타이즈 Blood Ties》의 홍보작업을 맡았다. 에이전시는 마이스페이스에 그룹을 만들어 꽤 많은 추종자를 모았다. 그때까지 14주가 걸렸다. 곧이어 예산이 바닥났고, 새로운 콘텐츠가 만들어지지 않았다. 그러자 마케팅 캠페인의 힘도 꺾여버렸다. "말 그대로 시들해졌습니다. 콘텐츠가 바닥났고, 꾸준히 참여하는 사람이 아무도 없었죠." 매기의 한탄이다.

성공적인 마케팅 캠페인을 하려면 캠페인 자체가 스스로 설 수 있을 때까지 힘을 불어넣어주는 노력이 필요하다. 다행스럽게도 커뮤니티 사이트에 일단 인기가 붙으면 독창적인 콘텐츠를 계속 추가하지 않아도 오랫동안 유지될 수 있다. 그렇지만 이렇게 일정 궤도에 올랐다 하더라도 가끔씩 주인장이 얼굴을 비치며, 방문자들의 글과 참여에 감사하다는 사실을 상기시켜주는 게 반드시 필요하다. 방문자들은 새로운 참여 방법이나 이벤트를 기대하는데, 이런 기대를 갖고 있는 그들을 실망시켜서는 안 된다.

오피스맥스 OfficeMax 는 2006년과 2007년에 '요정을 만들어주세요 ElfYourself.com' 캠페인을 벌인 적이 있었다. 방문자가 독창적인 아이디어를 발휘하여 오피스맥스의 요정 Elf 마스코트를 직접 만들어 응모하는 캠페인이었다. 캠페인이 바이러스처럼 번져나가면서 2년째가 되자 트래픽이 4배 이상 증가했다. 6주가 지났을 때 그 사이트를 방문한 이들의 숫자가 무려 1억 9,300만 명에 달했고, 1억 2,300만 개의 요정 마스코트가 탄생했다. 2006년에 실시한 이 캠페인을 통해 오피스맥스는 아직 시작하지도 않은 자사 사이트에 대한 관심을 증폭시켰다고 회사 대변인이 《미디어포스트》에 말했다. "시작도 하지 않은 사이트에 수백만 명의 사람들이 방문했죠."

다음 해, 오피스맥스는 매장 내 전시와 카탈로그 인쇄물을 포함하는 오프라인 캠페인과 함께 홍보를 시작했다. 회사의 대변인은 이렇게 말한다. "당시 우리 회사 홍보가 성공했던 비결은 바로 캠페인 메시지를 단순화시키고, 개인적인 것으로 만들고, 다른 이들에게 전파할 이유를 제시해주었기 때문입니다."

사진 갤러리 역시 독자적으로 유지될 수 있는 경우이다. 신발제조 업체인 컨버스Converse사는 고객들에게 자사의 척 스니커즈Chucks sneakers 관련 사진을 커뮤니티 웹사이트에 올리게 했다. 이 캠페인은 1년이 지난 후에도 지속되었다. 특별히 이를 위해 회사 측에서 추가 홍보를 실시하거나 별도의 관심을 기울이지도 않았는데도, 사진 업로드 활동은 빈번하게 이루어졌다. 이런 커뮤니티는 특별한 관리가 필요하지 않기 때문에 ROI를 훌륭히 달성할 수 있다.

**검색엔진을 중심으로 생각하라!** 20대라면 이미 검색엔진을 사용하는 세대일 것이다. 이들은 효과적인 글쓰기를 위한 몇 가지 기술을 알고 있을 것이다. 눈에 띄는 제목 달기, 예화를 들면서 시작하기, 또는 깜짝 놀랄 만한 요소 넣기, 효과적으로 단락 바꾸기 등이다. 모두 유용한 기술이지만, 인터넷 검색을 중심으로 돌아가는 세계에서는 상황이 다르다.

검색엔진은 수려한 문장에 별 관심이 없다. 사용자가 입력한 검색어와 웹에서 찾아낸 정보들을 비교해 가장 근접한 것을 결과물로 보여줄 뿐이다. 이게 검색엔진이 하는 일이다. 아주 지루하고 기계

> **SECRET**
> 모든 것을 검색에 최적화시켜라.

적인 작업이다. 하지만 놀랍도록 효과적이다.

레드삭스가 2007년 월드시리즈에서 우승했을 때《보스턴 글로브 Boston Globe》와 온라인〈보스턴 닷컴〉의 첫 페이지에 실린 머리기사는 '최고의 승자!'였다. 그럼 이제 다른 방법으로 이를 표현해보자. '레드삭스, 2007년 월드시리즈에서 콜로라도 록키스 대파!' 구글에서 레드삭스 2007 월드챔피언십을 검색할 때 둘 중 어떤 제목이 더 나은 결과를 가져올까? 당연히 두 번째 머리기사이다. 싫든 좋든 이런 방식이 검색엔진에서 훨씬 더 효과적이다.

만약 사람들이 당신의 콘텐츠를 찾을 수 없다면, 온라인 마케팅은 아무런 의미가 없다. 그럼에도 불구하고 검색될 가능성을 최대로 높이는 작업에 서툰 마케터들이 너무 많다. 이 때문에 종종 기업 블로그 계획이 큰 타격을 입는다.

기업이 좋은 아이디어를 생각해내고 내부적으로 좋은 반응도 얻었다. 하지만 정작 블로그 게시물을 올리는 이들은 고객이 사용하는 언어를 감안하지 않는다. 태그도 달지 않고, 다른 사이트와 상호 홍보도 하지 않고, 좋은 글을 추천해주는 서비스에 글을 올리지도 않는다. 그러자 결과는 실망스럽기 짝이 없고 일하던 사람들은 흥미를 잃는다. 블로그에서 가장 쉬운 부분인 검색 가능성에 대한 부분이 가장 자주 간과되고 있다.

구글이 자사의 독자적인 검색 알고리즘에 대해 알려주는 경우는 거의 없다. 그런데 2008년 4월, 과학잡지《대중기술 Popular Mechanics》과의 인터뷰에서 구글의 엔지니어링 부사장인 우디 만버 Udi Manber 는 이렇게 말했다.

"검색되기를 원한다면 다른 사람들이 어떤 식으로 검색할지 좀더 생각하고, 웹페이지를 만들 때 좀더 적절한 검색어를 넣었으면 합니다. 콘텐츠 제공자들은 사용자들이 자신의 콘텐츠를 어떤 식으로 찾아낼지에 대해 심사숙고해야 합니다. (…) 검색하는 사용자들도 자주 실수하는 것이 있습니다. 다른 사람에게 이야기하듯이 검색하는 거죠. 사람이 알아들을 단어는 이것저것 넣으면서도 정작 지금 찾고 있는 콘텐츠에 들어 있을 단어는 넣지 않습니다. 정보를 잘 찾고 싶다면 실제 페이지에 어떤 단어가 나올지를 생각하고, 그 단어로 검색해야 합니다."

사용자들이 어떤 식으로 콘텐츠를 찾을 것인지를 염두에 두라는 것, 결국 만버 부사장은 기업이 고객의 입장에서 생각하라는 조언을 던진 것이다. 고객들이 당신을 이

> **SECRET**
> 검색엔진의 기본 전략은 복잡하지도 않고 비용이 많이 들지도 않는다.

런저런 방식으로 찾았으면 좋겠다는 환상을 버리고, 고객이 실제로 어떤 방법을 사용하여 당신을 찾을 것인지 곰곰이 궁리하라. 이것이 당신이 사용해야 할 검색어다.

앞에서 언급한 마이크 모란과 빌 헌트가 쓴 《검색엔진 마케팅 전략 Search Engine Marketing》은 검색엔진의 비밀을 밝혀내는 데 큰 공을 세웠다. 서치엔진 워치 Search Engine Watch 와 도쉬도쉬 Dosh Dosh 같은 블로그들 역시 이런 주제에 대한 조언과 새로운 소식들을 알려준다.[2]

검색엔진에 잘 나오려면 정보량이 방대한 것도 효과가 있지만, 핵

---

[2] 검색엔진 마케팅과 검색엔진 최적화 정보는 SSMMBook.com(또는 SocialMediaSecrets.net)을 참고하기 바란다.

심적인 요소는 고객이 사용하는 언어를 사용하는 것이다. 너무 당연한 말이라고 무시할지 모르지만, 실제로 많은 마케터가 반대 방향으로 가고 있다. 홍보할 때 '가장 잘 팔리는', '가장 뛰어난', '혁신적인' 이런 모호한 표현들을 사용하라는 이야기를 많이 들었을 것이다. 하지만 이런 단어는 고객에게는 아무 의미가 없다. 확신하건대, 당신의 고객 중 구글에서 '혁신적인' 상품이라고 검색하고 찾아온 고객은 단 한 명도 없을 것이다.

형식에 상관없이 모든 온라인 마케팅 콘텐츠들은 검색엔진에서 고객들이 일상적으로 사용하는 용어들을 포함해야 한다. 다시 말해, 문장을 최대한 단순하게 쓰고, 구체적인 사실을 많이 담고, 수식어가 거의 없는 평서문 형태의 언어를 사용하라는 것이다. 그렇다고 해서 창의성을 버리거나 재미있는 표현을 포기하라는 게 아니다. 하지만 텍스트 어딘가에, 가능하면 가장 위쪽에 적합한 키워드가 들어있어야 한다.

또한 콘텐츠는 구매 사이클의 단계별 고객들을 사로잡을 수 있어야 한다. 아니면 《검색엔진 마케팅 전략》에서 '기초욕구 primary demand'나 '선택욕구 selective demand'라고 표현한 단계에 있는 사람들을 대상으로 삼을 수도 있다. 이 책에서는 제설기 제조회사를 예로 들고 있다. 기초욕구 단계의 고객은 본인이 제설기가 필요하다는 사실을 아직 모르는 사람이다. 이런 고객은 아마 '눈 치우기 snow removal'나 '눈삽 snow shovel'이라는 키워드로 검색할 것이다. 제설기 회사는 이런 용어와 일치하는 콘텐츠를 준비해야 한다.

선택욕구 단계의 고객은 제설기를 사고 싶지만 어떤 기능이 좋을지, 또는 어떤 회사 제품을 골라야 하는지를 결정하지 못한 고객이다. 이들은 검색엔진에 '제설기'나 '최고의 제설기' 같은 검색어를 넣을 것이다. 회사는 이런 검색어와 일치하는 콘텐츠 역시 준비해야 한다.

"연구 결과에 따르면, 검색하는 이들은 제목과 글귀에 검색어와 가장 일치하는 단어가 포함한 결과부터 먼저 클릭하는 경향이 있다." 당연한 일이다. 문제는 과연 당신이 이런 방식으로 콘텐츠를 만들고 있는가 하는 점이다.

데이비드 미어먼 스콧은 이런 점을 강조하는 이들 중 한 명이다. 그는 '의미 없는 표현 없애기 The Gobbledygook Manifesto'에서 포인트가 없는 홍보 문구들을 신랄하게 비판했다. 이 자료는 빈번히 사용되지만 실제로는 아무런 의미가 없는 수식어들로 가득한 홍보 문구를 분석했다. 예를 들면 '유연성 있는', '강력한', '세계 수준의', '사용하기 쉬운' 이런 문구들이다. 그는 다우존스의 팩티바 서비스 Dow Jones Factiva와 함께 38만 8천 개의 보도자료를 분석, 이들 중 20% 정도가 이런 의미 없는 표현을 사용한다는 사실을 발견했다. 이 보도자료들은 기자들을 대상으로 작성한 것이지만(결국 기자들은 읽지도 않지만), 구글 사용자를 고객으로 잡을 수 있는 훨씬 더 큰 기회를 놓쳐버렸다. 스콧은 이렇게 말한다.

"의미 없는 표현을 가장 애용하는 이들은 B2B 기술회사인 것 같다. 기술회사의 마케터들은 제품이 고객들의 문제를 어떻게 해결해줄 수 있는지를 설명하는 게 아주 어려워 보인다. 정말 제품이 고객들의 문제를 어떻게 해결해주는지를 모르는 것인지, 아니면 구매자들을 위해 설명을 해주는 것이 귀찮아서인지, 그들은 제품이 어떻게 작동하는지 장황하게 설명한 후 애매모호한 기술 용어를 가미한다. 그러고는 결국 '업계 최고'의 솔루션이라는 이야기로 마무리한다.

'비즈니스 프로세스를 효율화'한다거나, '비즈니스 목표를 달성'한다거나, 또는 '기업의 자원을 보존'해준다는 주장과 함께 말이다. 어떤가? 고객이 이해할 수 있겠는가?"

과장된 수식어를 없애면 이런 알맹이 없는 표현 문제를 해결할 수 있다. 정확하게 무엇이 제품을 '업계 최고'로 만들어주는가? 구체적으로 어떻게 그 제품이 '비즈니스 목표를 달성'하게 해주는가? 얼마나 많은 시간, 많은 사람들의 노력이 이 '혁신적인' 기술에 투입되었는가? 해당 제품을 만든 사람들이나 제품에 대한 수요를 규명한 사람들과 좀더 시간을 보내면서 이런 질문에 대한 구체적인 답을 찾아보자. 이런 작업을 통해 숨은 진주를 발견하는 경우가 많다. 그러면 당신의 홍보 문구가 한결 설득력을 가질 것이다.

> SECRET
> 구글 앞에서는 모두가 평등하다.
> 당신도 《뉴욕타임스》만큼 중요한 존재가 될 수 있다.

간단히 말하면, 새로운 세상에서는 이제 더 이상 어떤 정보를 보도록 완전히 통제하는 게 불가능하다. 검색엔진이 상황을 그렇게 만들고 있다. 정보를 소비하는 사람들이 직접 단어를 골라서 사용하는 방식이기 때문이다. 기본적으로 구글은 당신이 쓴 기사와 《뉴욕타임스》 기사를 차별하지 않는다. 이렇게 멋지고 공정한 경쟁의 장을 최대한 활용하는 방법은 고객이 쓰는 언어를 사용하는 것이다.

**인간미를 더하라!** 좋은 글이란 대화 같은 글이다. '나' 또는 '여러분' 같은 용어를 사용하면서 평서문 형태로 말하는 글이다. 대부분의 기업 홍보조직은 이런 식의 대화 교육을 받지 않는다. 오히려 인간미를 싹 없애고 아무 관계가 없는 제3자의 어투를 선호하라고 배운다. 공식적인 기업실적 보고서의 경우에는 그런 무미건조한 어투가 적절할지 모르지만, 저자의 이름과 얼굴이 콘텐츠와 함께 보이는 경우에는 적절치 않다. 온라인에서 당신의 고객이나 유권자들과 대화할 때는 한 사람의 입장에서 글을 써야 한다.

> **SECRET** 말하듯이 글을 쓰라. 음성 받아쓰기 소프트웨어를 활용하는 것도 좋은 방법이다.

소셜미디어는 말 그대로 사회적이다. 사람과 대화할 때는 수동태나 3인칭을 사용하지 마라. 온라인 대화에서는 이런 표현을 피해야 한다. 음성인식 받아쓰기 프로그램으로 먼저 글을 쓴 후 표현을 다듬는 것도 좋은 방법이다. 내가 이 책을 쓰면서 활용했던 방법이기도 하다.

대화하는 게 반드시 통제권 포기를 의미하지는 않는다. 넥스트스테이지 에볼루션 NextStage Evolution 의 창립자이자, 고객행동 분석에 대해 20권이 넘는 책을 저술한 조셉 카라비스 Joseph Carrabis 는 대화에서 우위를 점하는 방법에 대해 이렇게 설명했다. 그의 조언은 언뜻 보기에 이해가 안 될 수도 있다. 어느 정도의 통제를 포기하면 결국 신뢰를 얻는다는 내용이니까 말이다. 그의 비결을 살펴보자.

> **SECRET** 통제를 포기하는 것은 대화에서 우위를 점하는 최선의 방법이다.

"블로그 세계에서 권력은 곧 존중에서 나옵니다. 서로의 관계를 건전하게 형성하는 게 가장 기본이 되는 곳이죠." 카라비스는 말한다.

로버트 스코블Robert Scoble과 스티브 루벨Steve Rubel은 이런 교훈의 귀감이 되는 이들이다. 이들의 블로그는 수많은 링크와 다른 블로거들의 기여에 대한 감사 표현으로 가득 차 있다. 이들은 각자의 분야에서 권위를 인정받고 있다. 그들의 영향력은 신뢰에서 비롯되는 것이며, 이런 신뢰는 다른 이들의 전문성을 존중해줌으로써 얻게 된 결과물이다.

**열정을 가져라, 열정적인 사람을 책임자로 앉혀라!** 열심히 해야 한다. 그렇지 않으면 곧 이야깃거리가 떨어진다. 사실 이런 일은 자주 일어난다. 사람들은 자신이 열정을 가진 주제가 있으면 블로그나 팟캐스트를 만든다.

하지만 이내 자신이 그 주제에 대해 할 수 있는 이야기가 한정되어 있다는 사실을 깨닫는다. 만일 당신의 주제가 지나치게 구체적이라면 위험하다. 다른 이들의 열정에 불을 붙일 수 있고 뉴스 미디어로부터 새로운 자료를 꾸준히 얻을 수 있는 주제를 찾아라.

> SECRET
> 열정에 불을 붙일 수 있는 주제를 찾아내라.
> 캠페인을 끌어갈 열정적인 사람을 선택하라.

열정을 반드시 구체적인 상품에 한정시킬 필요는 없다. 추상적인 개념도 가능하다. 아름다움, 단순함, 색깔, 건강, 위대함 같은 추상적인 주제들도 직원과 고객들을 참여시키는 좋은 프로그램의 기초가 될 수 있다.

웰스파고 은행은 샌프란시스코 역사를 블로그와 팟캐스트 시리즈의 주제로 선택했다. 이 은행은 많은 고객들과 함께 샌프란시스코에 대한 애정을 나누고 있다. 한편, 델은 블로그와 페이스북 스폰서 그

### 조셉 카라비스의 대화의 비결

- 상대방을 신뢰하라.
- 당신의 실수를 인정하라.
- 정직하라.
- 대화를 주도하라.
- 모든 것을 설명하라.
- 다른 사람의 권위와 경험을 인정하라.
- 질타를 너그럽게 인정하라.
- 논쟁하지 마라.
- 배우려는 자세를 유지하라.
- 토론을 장려하라.
- 절대 숨기지 마라.

룸에 그린컴퓨팅 green computing 을 선택했으며, 코카콜라의 최초 블로그는 회사의 역사에 관한 자료를 정리하는 데 열정적인 회사 내 문서관리 담당자가 썼다.

소셜미디어에서 어떤 이야기를 선택하든, 열정을 가지고 그 일을 끌어갈 사람을 찾아야 한다. 그렇지 않으면 어딘지 모르게 부자연스럽고, 뭔가 꾸민 것 같은 느낌을 준다. 그런 어색함은 홍보에 가장 치명적이다.

## 비즈니스를 가치 있게 만드는 명분

소규모 소매업체 아난시Annansi는 '소셜미디어+가치 있는 명분=비즈니스 성공'이라는 공식을 파악한 회사이다. 아난시는 브루클린에서 상품을 제조하지만 아프리카를 상징하는 옷을 만든다. 창립자 G. 코피 아난(동명이인인 전 유엔 사무총장 코피 아난과 무관)은 20년 전 아프리카 대륙에서 이민 온 사람이다. 자신의 혈통을 자랑스럽게 여겼던 아난은 미국에는 자신만큼 자부심을 가지고 제품에 민족성을 표현하는 의류업체가 없음을 발견했다.

그는 자신만의 의류 브랜드를 만들었다. 처음에는 직접 입으려고 제작했으나, 나중에 판매를 하게 되었다. 그는 블로그, 동영상, 아프리카 문화에 대한 소셜네트워크를 적극 활용했다. 그는 아난시 크로니클Annansi Chronichles 블로그에서 화제가 되고 있는 이슈들에 대해 '아프리카인의 입장'을 제시하고 있다. 자신의 사업을 홍보하기 위해 블로그를 이용한 게 아니라, 하다 보니 그런 결과를 얻게 된 것이다.

"저의 옷들은 대부분 비하인드 스토리가 있죠." 그는 말한다. "제가 아난시 크로니클을 시작하게 된 것은 대화와 조사를 기록하기 위해서였어요. 사람들이 제 블로그에 와서 아프리카인의 시각을 읽기 시작했죠. 그러고는 회사 소개 페이지로 가서 저희 회사 정보를 살펴보기도 했습니다."

아난의 명분 중 하나는 '죽음의 보석Bling is Dead'이라는 제목의 캠페인으로, 아프리카 광부들을 착취하는 한 회사의 다이아몬드를 사지 마라는 이야기였다. 아난은 이 운동을 홍보하기 위해 로고가 들어간 의류를 제작하고 마이스페이스 페이지도 만들었다. 또한 음악가와 영화제작자와 손을 잡고 예술영화 제작에 뛰어들기도 했다. "패션이나 트렌드 이상의 그 무엇을 깨달아야 한다는 걸 보여주는 영화였죠."라고 그는 말한다.

아난시의 의류 웹사이트는 일반적인 판매 사이트와 차이가 현격하다. 단순한 디자인의 홈페이지는 잘생긴 흑인 청년의 흑백 영상을 보여준다. "해외에서 아프리카인들이 어떤 경험을 하고 있는지 보여주기 위해 이런 비디오를 만들었습니다. 우리 고객들이 어떤 정체성을 가진 분들인지 그리고 이들이 일상생활에서 우리 옷을 어떻게 입고 있는지를 보여주는 영상입니다."

아난시는 작은 기업이다. 2007년 매출이 4억 원에 불과했지만 사업이 빠르게 성장하고 있다. 아난은 마케팅에 돈을 써본 적이 없다. 그럴 여유도 없었다. "웹사이트와 양방향 툴이 없었다면 이 브랜드를 만들 수 없었을 겁니다. 우리는 사람들에게 메시지를 전달하고, 그 다음에 일어난 모든 일들을 그저 지켜보기만 했죠. 처음 접촉을 한 후, 사람들과 상호작용을 지속적으로 유지하는 회사는 많지 않습니다."

PICKING YOUR SPOTS

CHAPTER
11

# 콘텐츠의
# 포인트를 찾아라

정보 포장법에 관한 내용이다. 온라인에서 독창성을 유지하는 첫 단계인 주제, 어조, 접근법, 매체 등을 전략적으로 선택하는 방법을 소개한다.

"당신이 무슨 말을 하는지 당신 자신은 몰라도,
고객은 알아듣도록 해야 합니다."

– 밥 호이, IBM 메인프레임 영업팀 총담당자 –

11장과 12장에서는 단어와 이미지를 통해 자신을 표현하는 방법에 대해 자세히 살펴보자. 그리고 콘텐츠, 게임, 리뷰 분야에 대한 소셜 미디어의 새로운 기회에 대해서도 알아보겠다. 그러면 주제를 정하고 내용을 명확하게 전달할 수 있는 방법을 익힐 수 있을 것이다.

20여 년간의 저술과 작가관리 경험에서 내가 직접 터득한 지식을 바탕으로 글을 어떻게 써야 하는지 말하겠다. 나는 사진촬영과 편집

업무를 긴 시간 동안 경험했기에 시각적 표현에 대해서도 언급하겠다. 동영상 제작이나 세부적인 프로그래밍에 대해서 나보다 더 훌륭한 전문가들이 있다. 그 전문가들이 알려준 지혜를 따라 동영상도 내용에 포함시킬 것이다.

어떤 매체를 고르든 콘텐츠를 만들 때 반드시 고려해야 할 5가지 사항이 있다. 바로 목표, 주제, 목소리, 접근방법, 그리고 매체다. 이제 각각에 대해 살펴보자.

## 콘텐츠를 만들 때 고려해야 할 5가지

### 1. 목표

이 책의 2장에서 비즈니스 목표를 정하는 것이 사용할 툴을 선택하는 것보다 우선이라고 설명했다. 콘텐츠 개발도 같은 맥락이다. 당신의 목표는 회사 인지도를 높이는 것인가? 잠재적인 고객이 미처 깨닫지 못한 문제를 강조하기 위함인가? 고객과 접점을 만드는 것인가? 고객의 인식 문제를 해결하려는 것인가? 기존고객을 지원하기 위해서인가? 마케팅 채널을 알리려는 것인가?

당신의 콘텐츠는 홍보 목표에 따라 유머, 권위, 비판, 최신 유행, 동정심 유발까지 아주 다양한 양상을 보일 수 있다. 동일한 도구가 다른 목표의 달성에 활용될 수도 있다. 먼저 블로그 사례를 살펴보자.

- MS는 블로그를 통해 자사의 이미지 문제를 해결하려 했다. 오랫동안 대부분의 사람에게 MS는 무자비한 기업약탈자 이미지

였다. 2004년부터 MS는 직원 블로그(현재 수천 개 운영중)와 채널 9Channel 9 동영상 사이트를 시작했다. 이를 통해 MS는 사내에서 재능 있는 인재를 발견할 수 있었고, 고객에게 흥미롭고 친근하게 다가가는 데 도움이 되었다. 블로그를 통해 회사가 좀더 인간적으로 보인 것이다. MS 최고경영진의 블로그가 아니었다는 게 중요하다. 이 회사는 최고경영진에게 집중된 관심을 수천 명의 직원들에게로 이동시켰다. 그들이야말로 회사의 제품을 직접 만들고, 판매하고, 유지 보수하는 사람들이었다.

- 미국 동물학대방지협회 The American Society for the Prevention of Cruelty to Animals; ASPCA는 회원 수 증대를 목표로 삼았다. 협회는 웹사이트 회원 한 명이 늘어나는 것은 4만 원의 기부를 받는 것과 같은 가치가 있다는 걸 깨달았다. 그래서 2007년에 회원 수를 늘리기 위해 블로그를 적극 활용했다. 안타깝게도 그 해는 동물학대 사례가 많았다. 엄청난 양의 중국산 애완동물 사료가 리콜되었고, 미식축구 애틀랜타 팰컨스Atlanta Falcons 팀의 쿼터백인 마이클 빅Michael Vick 선수가 투견에 연루된 사건도 있었다. ASPCA는 이 두 가지 사건에 대해서 블로그를 통해 자주 논평하고 조언했다. ASPCA는 타깃 청중들을 계몽하고 교육하는 방법으로 유명세를 더욱 강화했다. 그러자 블로그의 트래픽이 급증했고, 회원 등록도 늘었다.

- GM은 시장 동향에 뒤처진다는 부정적인 이미지를 쇄신하기 위해 노력중이었다. 경영진은 언론의 부당한 보도에 휘둘리고 있으며, 원하는 메시지가 편향적인 영향세력들 탓에 고객에게 제대로 전달되지 못한다고 판단했다. GM은 패스트레인Fastlane 블로그를 통해 자동차 회사의 메시지를 고객에게 직접 전달했다.

블로그에서 개발연구소가 진행하고 있는 최신 기술을 설명하고, 에너지 회의와 환경운동에 대한 회사의 공헌을 강조했다. 이를 통해 GM의 대외적 이미지는 상당히 개선되었다.

이렇듯 여러 사례에서 블로그를 활용한 프로그램이 효과적이었던 이유는 각 회사마다 뚜렷한 목표가 있었기 때문이다. 반대로 회사 사장이나 마케팅 임원이 소셜미디어 캠페인을 하는 게 좋겠다고 떠밀어서 시작한다면 성공 확률은 낮아진다. 뚜렷한 목표 없이 직원들에게 프로젝트에 참여할 것을 강요한다면 그들의 혼란과 무관심이 블로그에 고스란히 반영될 게 뻔하다. 설상가상으로 지금까지 쌓은 모든 수고까지 위태롭게 만들 수 있다.

## 2. 주제

내가 편집장으로 일하던 시절, 기자들의 선생님이라고 불리는 단 프라이Don Fry와 함께 일한 적이 많았다. 단은 큰 그림은 놓친 채 세부 사항에 묶여 쩔쩔 매는 젊은 기자들을 훈련시키는 능력이 탁월했다. 그는 종종 "그게 무엇에 관한 기사지?"라고 질문을 던졌다. 이렇게 간단한 질문에도 신참 기자들은 어쩔 줄 몰라 했다. 단편적인 사실들을 모으느라 자신이 무슨 기사를 쓰려는지, 그 시각을 잃어버린 것이다.

기자들마저 종종 당혹스럽게 만드는 질문이기에 마케터가 어려워하는 건 당연하다. 어떻게 만들어야 하는지에 대한 세부 사항을 준

> **SECRET**
> 사무실 벽에 전형적인 고객의 사진을 붙이고 그가 원하는 정보에 집중하라. 그러면 이야기 주제를 계속 이어갈 수 있다.

비하는 일에만 매몰돼, 정작 처음에 세운 비즈니스 목표를 망각하는 경우가 종종 발생한다.

초점을 맞추려는 노력은 무슨 콘텐츠를 시작하든지 성공의 열쇠다. 고객의 수요와 당신의 목표를 망각한다면 당신의 홍보는 곁길로 새버릴 것이다. 인터넷에서는 무수히 많은 주제가 다루어지고, 무수히 많은 사람들이 참여하고 있다. 하지만 연예, 스포츠, 건강, 환경 같은 주제들은 심도 있게 다루어지는 반면 일부 대규모 시장의 경우는 그렇지 못하다.

예를 들어 데이터마이닝 소프트웨어 data-mining software(데이터 간의 관계를 분석하여 패턴을 찾아내는 소프트웨어)는 수조 원에 달하는 산업이지만, 정기적으로 업데이트하고 있는 블로그는 몇 개 안 된다. 토목공학에 관한 블로그도 많이 있지만, 실제로 활발히 활동하는 곳은 찾기가 힘들다. 따라서 주제에 적합한 초점을 맞추면 빠른 시간 내에 탁월한 결과를 얻게 된다.

주제 정하기는 고객의 요구와 활용할 수 있는 정보, 당신이 주제를 다룰 수 있는 수준 사이에 적절한 균형을 유지하는 작업이다. 어떤 주제 분야에서 이미 활발하게 활동이 이루어진다고 해서 꼭 기회가 없다고 볼 수는 없다.

> **SECRET**
> 인기가 많은 주제일지라도 의견, 접근방법, 매체를 차별화하면 기회를 찾을 수 있다.

콘텐츠를 만들 때 고려해야 할 5가지 중요한 요소들을 적절히 활용한다면 얼마든지 틈새시장을 개척할 수 있다.

당신이 잘 알고 있는 주제를 선택하고, 누가 비슷한 내용을 다루고 있는지 검색하라. 만약 경쟁상대가 많다면 범위를 좁혀라. 당신의 목표는 새로운 분야를 개척하는 것이 아니라 날개를 펼칠 수 있는 틈새 분야와 끊임없이 이야기를 들려줄 고객을 찾아내는 것이다. 초기 검색 과정에서 범위를 좁혀도 여전히 경쟁자들이 있을 수 있다. 하지만 쉽게 포기할 이유는 없다. 거의 업데이트가 되지 않거나 아예 버려진 사이트일 수도 있다. 사실 방치된 사이트가 검색 결과에서 많이 나왔다면 오히려 더 좋은 기회가 될 수 있다.

이미 많은 경쟁자들이 진출해 있는 시장에서도 매력적인 기회를 찾을 수 있다. 마케팅 분야를 예로 들어보자. 마케팅은 대화에서 가장 많이 다루는 주제 중 하나이므로 차별화시키는 노력이 필요하다. 어쩌면 다이렉트 마케팅이나 이메일 마케팅, 바이러스 마케팅 또는 특정집단을 겨냥한 마케팅이 좋은 기회를 제공할 수도 있다. 아니면 고객조사, 웹사이트 디자인, 사용자 상호작용, 마케팅 분야 구인구직에서 차별화를 꾀할 수도 있다. 정면보다는 측면 접근이 다양한 기회를 발견할 수 있는 방법일 수도 있다.

주제는 시작점이지, 족쇄가 아니다. 적극적으로 고객과 상호작용하다 보면 특정주제에서 좀더 강한 반응이 나타나는 걸 포착할 수 있다. 그때 바로 그 주제를 따라가야 한다. 블로그, 팟캐스트, 커뮤니티의 초점은 6개월이 지난 후 완전히 다른 모습으로 변할 수도 있다. 당신이 접근하기를 원하는 이들에게서 얻은 지침이라면, 그 변화가 전혀 문제될 것이 없다.

### 3. 목소리

개인적으로 나는 목소리 voice 가 성공적인 출판에 있어서 가장 중요한 요소 중 하나라고 생각한다. 목소리는 스타일, 변화, 미디어, 개인적 성향 그리고 태도의 혼합이다. 무엇보다 경쟁자들이 득실거리는 시장에서 단연 당신을 돋보이게 해주는 무기다.

테크런치 TechCrunch 는 실리콘밸리 기업들 이야기가 넘쳐나는 블로그 세계에 뒤늦게 합류한 후발주자이다. 하지만 특유의 목소리, 즉 확실한 내부 소식통과 흔들림 없는 자신감의 조합을 보여주었다. 여기에다 통찰력과 다작 능력을 겸비한 작가 블로거, 마이클 아링턴 Michael Arrington 덕에 이 회사는 무명에서 갑자기 주요 언론매체로 등극했다.

> **SECRET**
> 나만의 목소리를 선택하는 것은 콘텐츠를 차별화시키는 가장 중요한 요소이다.

개인이든 조직이든 자신만의 목소리를 가질 수 있다. 투고자가 여러 명인 사이트의 경우, 직원 변동 사항이 있더라도 목소리의 일관성은 지속되어야 한다. 목소리는 개인의 성격과 같아서 소셜미디어의 중요한 장점이다.

목소리는 개인적인 스타일에 관한 것이지만 조직의 가치를 반영할 때 가장 빛을 발한다. 예를 들어 우트닷컴 Woot.com 을 살펴보자. 하루에 한 가지 물건만 파는 이 기발한 소매업체는 블로그, 팟캐스트, 그리고 자주 묻는 질문 FAQ 페이지를 통해 고객과 소통한다.

그들의 목소리는 장난스럽고 파격적이며, 때로는 풍자적이다. '구매하신 물건이 마음에 들지 않거나 마케팅하는 사람들이 말하는 구매자의 후회 Buyer's remorse 상품이라고 생각하신다면 이베이에 되파시기 바랍니다.'라는 문구가 사이트에 적혀 있다. "이렇게 하면 돈도 벌고 모두를 불필요한 싸움에서 구할 수 있습니다." 이런 표현이 모든 이에게 통하는 건 아니지만, 우트의 사이버펑크 cyberpunk 고객들에게는 잘 어울린다. 실제로 이 회사는 '우리는 고객님의 돈을 절약해

드리느라 바빠서 친절해질 시간이 없습니다.'라는 문구도 사용하고 있다. 물론 여기에 윙크 표시도 곁들여져 있다.

많은 마케터가 목소리 문제로 고민한다. 마케터는 보도자료나 연례 보고서의 언어처럼 획일적인 언어에 익숙하다. 하지만 그런 마케팅 전략은 기관투자자에게는 적당할지 몰라도 일반 대화에는 어울리지 않는다. 소셜미디어는 사람들의 세상이므로 마치 대화하듯 자연스러운 목소리를 사용해야 한다.

> SECRET
> 소셜미디어에
> 인간미를 더하라.
> 개인적인 용어를 사용하라.
> 스토리를 말하라.

이런 내용을 담은 좋은 예가 소셜미디어 연구가인 데이너 보이드 danah boyd의 블로그이다. 보이드는 자신의 논문에서, 무겁고 권위적인 논문조의 목소리로 소셜미디어에 대한 주제를 심도 있게 다루었다. 그러나 자신의 블로그에서는 마치 대화를 주고받는 것처럼 자연스럽게 변한다. 격의 없고 친근한 표현들 말이다. 그녀가 사용하는 교묘한 방법은 소문자 사용을 많이 하는 것인데, 인터넷 스타일에 대해 간접적으로 찬사를 보내는 동시에 부조화를 표현하는 것이다. 이렇게 보이드는 연구원과 블로거로서의 두 가지 역할을 각각 성공적으로 소화하고 있다.

소셜미디어는 대부분의 기업들이 행하는 틀에 박힌 목소리에서 탈피할 수 있는 기회다. 그리고 기업의 스타일과 모순될 때 오히려 더 큰 효과를 볼 수 있다.

IBM이 대표적인 예다. IBM은 내부 회의용으로 제작한 익살스러운 비디오를 유튜브에 올렸다. '메인프레임: 영업의 기술Mainframe: Art of the Sale' 동영상은 IBM의 메인프레임 영업팀 총담당자인 밥 호이Bob

Howey가 굳은 표정으로 판에 박힌 말들과 터무니없는 영업기술을 읊어대는 동안 몇 명의 영업사원들이 문을 두드리며 고객을 찾는 모습을 보여준다. "당신이 무슨 말을 하는지 당신 자신은 몰라도, 고객은 알아듣도록 해야 합니다." 호이가 한 장면에서 무표정하게 말한다.

이 우스꽝스런 IBM 동영상 시리즈가 당황스러울 수도 있지만, 호이는 분명한 목표가 있었다. "우리는 메인프레임 분야를 성장시켜야 합니다. 그럴려면 아직 이 가치를 모르는 새로운 이들에게 다가가야 합니다." 그는 《IBM시스템》지에서 이렇게 말했다. "대학생들을 말하는 것입니다. 아직 메인프레임이 무엇인지 모르는 젊은 고객에게 다가가서 '이봐, 여기엔 메인프레임이 있어. 흥미진진하지? 게다가 신나기까지 해!' 이렇게 말하려고 중요하고 가치 있는 수단을 활용한 거죠."

이 동영상 프로그램은 성공을 거두었다. 3개의 동영상이 성공을 거두자 IBM은 6개의 프로그램을 추가했다. 이는 유튜브에서 45만 건 이상의 다운로드를 기록하면서 여론의 주목을 받았다. 메인프레임 블로그의 트래픽은 열 배나 증가했으며, IBM 웹사이트의 메인프레임 부분의 방문 또한 두 배로 늘어났다. 이 시리즈가 성공을 거둔 이유 중 하나는 IBM처럼 보수적인 회사가 이렇게 재미있을 수 있다는 사실이 놀라웠기 때문이다. 아무도 기대하지 않았던 방법이기에 그들의 표현방식은 관심을 끌었다.

그렇다고 해서 당신의 목소리가 꼭 재미있어야 한다는 건 아니다. 당신이나 당신 회사 직원을 주제에 맞게 권위 있는 모습으로 보여줘야 할 경우도 있을 수 있다. 그때는 사려 깊고 신중한 목소리로 접근하는 것이 좋다. 여러 사람이 참여하더라도 반드시 목소리 표현에 일관성을 유지하라. 또한 개인적인 시각을 등한시하지 마라. 일화,

여행 노트, 스냅 사진들은 독자에게 개인적으로 다가가는 데 효과 만점이다.

어떤 목소리로 표현할지를 최대한 명확하게 문서로 정리하는 것이 좋다. 블로거나 커뮤니티 진행자가 여럿 있을 수도 있지만, 한 회사의 목소리 표현은 고정되어야 하고 일관성이 있어야 한다. 이런 문서는 기자들에게 당신의 전략을 설명할 때 유용하다.

### 4. 접근방법

SECRET 편의점 계산대 옆에 꽂힌 잡지들은 콘텐츠를 어떻게 포장하고 홍보해야 하는지를 잘 보여준다.

접근이란 포장에 관한 것이다. 콘텐츠를 만들 때 취하는 접근방법에 따라 독자 수가 크게 달라질 수 있다. 도발적인 방법으로 접근한다면 주제가 더 돋보일 것이고, 더 많은 사람을 모을 수 있다. 이 정도는 상식이다. 편의점 계산대 옆에 꽂힌 잡지를 보라. 이런 잡지의 편집자는 당신이 이 잡지를 사고 싶은 생각이 들 만큼 제목을 잘 고른다. 동일한 원리를 당신의 콘텐츠에 적용하라.

회계서비스 분야에 진출하려고 한다고 치자. 고객에게 다가가려면 콘텐츠를 포장해야 한다. 다음 중 어떤 것이 가장 효과적인 접근 방법일까?

- 무질서의 재앙: 부실한 기록이 과중한 세금을 부른다
- 당신이 모르는 10가지 절세 비법 공개
- 종이에 싸인 황금: 납세 신고서에서 숨은 공제액 찾기
- 전문가가 알려주는 절세 비법

- 나만의 절세 전략 대공개
- 국세청에서 쉬쉬하는 절세 비결
- 내 세금 얼마나 절약할 수 있을까? 간단한 테스트로 알아보기

위의 질문에 꼭 맞는 답은 없다. 고객층과 상황에 따라 각기 다른 접근법을 사용할 수 있다. 개인납세자에게 맞는 패키지가 공인회계사에게는 맞지 않을 수 있다. 비결은 당신의 메시지를 타깃 고객에게 맞추고 그 약속을 꼭 이행하는 것이다.

약속 이행은 아주 중요하다. 자극적인 제목에 속아 기사를 들춰보았지만 별다른 이야기가 없어 실망했던 경험이 있을 것이다. 고객의 관심만 자극해놓고 콘텐츠와 맞지 않는 정보를 제공한다면, 아예 처음부터 고객의 관심을 받지 않는 것만 못하다.

어떤 접근법이 가장 적합한지 찾아내는 데 거창한 미스터리가 있는 것은 아니다. 어떤 것이 당신의 눈길을 멈추게 하고 관심을 끄는지 생각해보라. 톱10 목록, 잘 알려지지 않은 사실, 뜻밖의 지혜, 인간적인 이야기, 콘텐츠, 고통스런 상황에 대한 조언, 흥미로운 사람들……. 모두 주목을 끄는 좋은 주제다.

여성잡지의 편집자는 이런 일에 있어 그 누구보다도 탁월한 능력자이다. 그들의 사업 성공 여부가 편의점 계산대 옆에서처럼 단 몇 초 만에 고개의 시선을 사로잡는 것에 달려 있으니 말이다.

심한 거부감을 주지 않는 범위 내에서 무언가 엉뚱한 일을 시도하라. 래리 웨버는 그의 저서 《소셜 웹 마케팅》에서 튼튼하기로 유명한 보트를 만드는 회사, 젠마 인더스트리 Genmar industries 에 대해 이야기한다.

젠마의 홍보회사는 자동차 트레일러에 보트를 매달고 시골길을

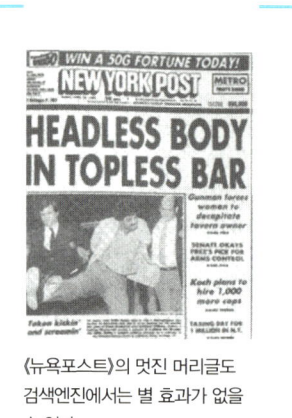

《뉴욕포스트》의 멋진 머리글도 검색엔진에서는 별 효과가 없을 수 있다.

달리는 바람에 보트가 이리저리 부딪히고, 결국 나무에 충돌까지 했는데도 아무 문제 없이 물에 잘 뜨는 모습을 보여주자는 아이디어를 냈다. 이와 함께 또 다른 스턴트 비디오 역시 온라인에서 좋은 반응을 얻었고, 《뉴욕타임스》에도 실렸다. 당신도 자신을 조금 우스꽝스럽게 만든다면 멋진 결과를 얻을 수 있다.

고객이 누구든 속임수는 절대 금물이다. 경우에 따라 이것이 당신 발목을 잡을 수도 있다. B2B 인터넷 회사에서 편집장으로 근무할 때 직원들은 트래픽 때문에 죽기도 했고 살기도 했다. 우리는 콘텐츠나 독자가 올린 일화 그리고 방문자들을 잡기 위한 목록 작성 등 여러 가지 전략을 활용하기 시작했다.

그러나 문제는 우리가 잘못된 고객을 끌어들인다는 것이다. 방문자들은 눈에 띄는 반짝거리는 머리글에 이끌려왔지만, 정작 그 내용은 그들의 일에 도움이 되는 것이 아니었다. 그들은 잠깐 보러 오는 정도였고, 간혹 몇 명이 다시 찾아오곤 했다. 기술 분야의 전문가를 대상으로 중대한 가치를 제안하려는 회사에게 이런 결과는 바람직하지 못했다. 결국 우리는 이런 전략들을 모두 포기했다.

6장에서 사람들의 관심을 유도해서 링크를 더 많이 걸게 하는 '링크베이팅'을 소개한 바 있다. 링크베이팅이 유행하는 이유는 인터넷 사용자들이 정보만 대강 훑어보고 넘어가는 경향이 강하기 때문이다. 사용자는 보통 제목을 보고 결정을 내리는 경우가 많다. 실제 콘텐츠가 제목에서 약속한 정보를 제공하면 링크베이팅은 아무 문제가 없다. 하지만 그렇지 않다면 사용자는 실망하고 화를 낸다.

검색도 염두에 두어야 한다. 흥미로운 머리글이 사람의 관심을 끌 순 있어도 검색엔진의 관심을 끌지는 못한다. 일회성 반짝 문구보다는 검색 조건에 일치하는 단순한 평서문 형식의 머리글이 장기적으로 볼 때 훨씬 효과적이다.[1]

### 5. 매체

오늘날 소셜미디어 마케터는 고객과 교감하는 방법을 결정할 때 그 어느 때보다 선택의 폭이 넓다. 크게 보면 아래와 같이 구분할 수 있다.

- 블로그, 커뮤니티, 인스턴트 메신저를 통한 문자방식
- 팟캐스트나 웹캐스트를 통한 음성방식
- 이미지나 동영상을 통한 시각방식
- 위의 방식들을 모두 조합하는 방식

시간이 지날수록 인기가 높아지는 방법은 마지막 조합방식이다. 보통 여기에 전통적인 마케팅 홍보를 결합시켜서 진행한다. 블로그나 페이스북 그룹은 다양한 방식의 메시지를 담을 수 있는 그릇이다. 블로그나 페이스북에서는 모든 미디어를 지원하고 원하는 도구를 사용할 수 있다. 동영상은 유튜브에 올릴 수 있고 블로그를 통해 보여

---

[1] 그렇다고 해서 검색어만 강조된 무미건조한 제목을 만들라는 뜻은 아니다. 검색어가 포함되어 있으면서 최대한 클릭하고 싶은 문구를 만드는 것이 가장 좋은 전략이다. - 감수자 주

줄 수도 있다.

또한 유튜브는 회사 웹사이트처럼 브랜드 채널을 꾸밀 수 있기 때문에 이런 식으로 양쪽을 활용하면 검색엔진을 통한 트래픽 효과를 두 배로 올릴 수 있다. 각 사이트가 서로 링크를 해주면 고객과 연결되기 편할 뿐 아니라 트래픽도 증가시킨다.

> **SECRET**
> 동영상을 사용한다면 유튜브 같은 서비스에 올리고, 당신의 블로그나 웹사이트에도 올려서 검색 가능성을 최대한 높여라.

모든 종류의 콘텐츠가 모든 미디어에 적합하지는 않다. 강연, 문자, 동영상에 대해서 모든 사람이 똑같은 반응을 보이는 것도 아니다. 당신의 목표와 가장 적합한 매체를 선택하는 것부터 시작하라. 아주 극적이거나 유머러스한 접근법으로 관심을 끌고 싶다면 동영상이 적합하다. 복잡한 개념을 설명하는 경우에는 문자나 음성이 더 효과적이다. 이 두 가지는 자주 결합돼 사용된다.

예를 들면, 기술 문서는 문서의 오디오나 저자와의 인터뷰와 함께 제시된다. 동영상은 블로그에 쉽게 삽입되고 페이스북 프로필에서 RSS를 통해 배포될 수 있다. 좀더 많은 미디어에 메시지를 퍼뜨리면 더 나은 결과를 얻을 수 있다.

다음의 12장에서는 각 매체의 독특한 특징과 이런 매체를 다루기 위한 몇 가지 비결을 소개하겠다.

TELLING STORIES WITH WORDS AND IMAGES

CHAPTER
**12**

# 글과 그림으로
# 이야기하라

단어, 사진, 동영상으로 커뮤니케이션하는 세부 내용을 다룬다. 20년 이상의 편집 경험과 성공 사례를 통해 얻은 여러 가지 유용한 정보를 소개한다.

사람들의 시선을 잡아끄는 AEIOU 법칙
Authentic(진정성)
Entertaining(오락성)
Intimate(친밀성)
Offbeat(파격성)
Unusual(독특성)

- 폴 길린, 《소셜미디어 마케팅의 비밀》 본문 중에서 -

작가의 세계에 들어선 사람들은 독자들이 이야기에 반응한다는 것을 금세 알게 된다. 예화는 이 세상 어느 통계지료도 넘어설 수 없는 강력한 힘을 발휘한다. 전 미국 대통령 로널드 레이건 Ronald Reagon 을 기억하는 연령대라면, 그가 '위대한 커뮤니케이터'라고 불릴 정도로 탁월한 이야기꾼이었다는 사실을 알 것이다.

레이건은 자신에게 불리한 증거가 아무리 많아도 일단 그가 여기에

**SECRET** 그림을 그리듯 써라.

반박하는 예화로 이야기를 시작하면 청중들은 어느새 그의 편이 되었다. 그의 반대자들은 이런 상황 때문에 격분하곤 했다.

나는 빌 블런델Bill Blundell과 일한 적이 있다. 그는 《월스트리트 저널》에서 오랜 기간 몸담은 작문 코치였다.[1] 그가 나에게 해준 한 가지 아주 귀중한 조언은 '그림을 그리듯 써라'였다.

그의 글을 읽으면 이게 무슨 말인지 금세 이해가 된다. 그의 이야기는 강력한 형용사들을 사용하여 머릿속에 풍부한 이미지를 만든다. 그러면서 간결하고 명료하다. 그는 상대방을 감명시키기 위해 거창한 단어를 사용하지 않았다. 그렇다고 해서 '폭락plummet'이 더 선명한 상황에서 '떨어지다fall'를 사용하거나 '우우 야유하며 웃다hoot'가 적합한 상황에서 단순히 '웃다laugh'라고 표현하지도 않았다.

그는 부분적인 인용과 짧은 일화를 사용해 이야기의 요점을 강조했다. 블런델은 한 시간짜리 인터뷰에서 여섯 단어로 된 인용문만 건질 수 있다면, 그리고 그 여섯 단어가 적재적소에 들어가 있다면, 그걸로 그 인터뷰는 충분히 가치 있는 시간이라고 생각했다.

당신의 블로그나 커뮤니티 포럼을 위해서 글을 쓰는 사람들은 전문 언론인이 아닐 것이다. 또한 그들이 그런 식으로 글을 써주길 기대하는 사람도 없다. 하지만 전문 작가의 기술을 우리가 배울 필요는 있다. 소셜미디어는 사람에 관한 것이니 글을 쓰는 사람을 드러낼 필요가 있는 것이다. 그들의 이력이나 사진을 게시하라. 블로거

---

[1] 블런델의 저서 《작문의 기술: 월스트리트 저널 가이드에서 배운다 The Art and Craft of Feature Writing: Based on The Wall Street Journal Guide》는 읽어볼 만한 책이다.

소개 부분은 블로그에서 가장 인기 있는 부분이다.

다음은 몇 가지 기억해야 할 점을 정리해놓은 것이다.

- **1인칭으로 써라.** 1인칭을 사용하면 개인이 말하고 있다는 사실을 확실히 전달하고, 독자들은 글을 더 재미있게 읽을 수 있다. 특정 그룹이나 회사를 지칭하는 경우를 제외하고는 대부분의 소셜미디어의 콘텐츠는 이런 식으로 써야 한다.
- **스토리텔링을 하라.** 개인적인 경험이나 다른 사람의 경험을 이야기할 수 있다. 이야기에 교훈이나 도덕적 내용이 있을 때 더욱 강력한 효과를 발휘한다. 이솝 우화 같은 게 아니더라도 이야기는 핵심을 전달하는 가장 좋은 방법이다. 이야기를 간결하게 만들어 당신이 깨달은 점을 분명하게 전달하라.
- **구어체로 써라.** 이 책의 대부분은 독자에게 이야기하는 식으로 진행된다. 나는 음성인식 프로그램을 이용하여 내 말을 받아 적은 다음 그 원고를 다시 수정하는 작업을 반복했다. 수정을 여러 번 거치면서도 대화체를 유지하려고 노력했다. 물론 다른 방법이 더 적절할 때도 있다. 어떤 사람은 가까운 친구에게 편지를 쓰는 듯한 문체를 선호한다. 또 어떤 이는 일기문 형식을 사용하기도 한다. 어떤 방법을 선택하든지 너무 딱딱하거나 지나치게 진지해지지 않도록 노력하라.
- **간결하게 써라.** 인쇄문을 볼 때는 스크린에 있는 글을 읽을 때보다 집중력이 약해진다. 어쩔 수 없이 글을 길게 써야 한다면 시각적 효과를 높이기 위해 부제나 글머리 기호, 굵은체 등의 텍스트 형식을 사용하는 것이 좋다.
- **통계를 인용하라.** 어떤 주장을 제기하려면 통계 인용이 특히 중

요하다. 물론 논의가 온통 통계 이야기로 가득하거나 통계에 끌려다녀서는 안 된다(장담하건대 이렇게 하면 독자가 금세 도망가버린다). 하지만 자신의 입장을 설명하기 위해서는 통계자료를 요약, 선별적으로 인용해야 한다. 인터넷에서 무료로 많은 정보를 찾아볼 수 있는 요즘 시대에 입증자료를 활용하지 않는 것도 어리석은 일이다.

- **시각 자료를 이용하라.** 주목받을 만한 사진이 없더라도 몇 개의 클립아트나 로고를 사용하면 장식이 가능하다. 그러나 항상 지적재산권 문제를 유념하라. 자유로운 사용이 가능한 CCL저작권 Creative Commons License이 부여된 자료를 사용한다면 로열티나 법적 문제를 염려할 필요가 없다.

- **제목은 평서문 형식으로 달아라.** 제목은 검색엔진 순위에서 중요한 역할을 하기 때문에 기사에서 가장 중요한 부분이다. 재미있는 제목은 독자의 이목을 끌 수 있고 링크베이팅에 도움을 주지만, 검색엔진에는 별 도움이 되지 않는다. 이런 장단점을 감안하라. 검색엔진 최적화를 돕는 프로그램 중 검색엔진을 고려한 제목은 페이지 전체 제목으로 사용하고, 재미있는 제목은 본문 안의 제목으로 쓰도록 하는 것도 있다. 이런 방식도 고려할 만하다.

- **반드시 출처를 밝히고 링크하라.** 누가 맨 처음 사용한 말인지는 모르지만, "링크는 블로그 세계의 화폐다"라는 말은 참으로 지당하다. 당신이 다른 사람의 말을 논평할 때는 그 사람에게 꼭 링크를 해야 한다. 당신이 이에 동의하든 안 하든 상관없이 반드시 해야 한다. 링크를 한다는 것은 당신이 다른 사람의 기여를 인정한다는 의미며, 링크를 하지 않는다는 것은 무례한 행동이다.

- **반응을 구하라.** 소셜미디어는 양방향 대화이다. 따라서 독자들에게 지속적으로 피드백과 의견, 제안 등을 물어라. 그리고 나서 그들이 말한 것에 다시 답변하라. 사람들이 댓글을 달았는데도 그냥 방치해서는 안 된다. 당신이 독자에게 신경쓰지 않는다는 신호로 비춰지기 때문이다.

## 이미지, 소리 없이 들리는 이야기

나는 지금보다 많은 블로거들이 카메라를 사용하길 바란다. 카메라를 사용하면 그들의 블로그에 깊이가 더해질 테니까. 요즘의 디지털카메라는 다루기 쉽고, 가격도 저렴하며, 결과를 즉시 확인할 수 있으므로 쓸 만한 사진을 찍지 못했다는 변명은 더 이상 통하지 않는다.

> **SECRET**
> 사진을 찍을 때는 클로즈업하고, 비표준 렌즈의 왜곡현상을 활용하라.

고객의 비즈니스 블로그를 만들 때 내가 제일 먼저 주장하는 것이 어딜 가든지 카메라를 들고 가라는 것이다. 전시회, 회사 미팅, 전문학회 아니면 고객이나 동료와의 미팅 등 당신의 이야기를 사진으로 멋지게 꾸밀 수 있는 이 모든 기회를 무시해서는 안 된다.

또한 사진은 플릭커나 페이스북과 같은 소셜네트워킹 사이트에서 새로운 용도로 사용되어 사람들을 더 모을 수 있으며, 검색엔진을 통한 트래픽을 위해 태그를 붙이는 데 사용될 수도 있다. 디지털카메라를 100%로 활용하는 몇 가지 팁을 소개한다.

### 디지털카메라 100% 활용하는 법

#### 1. 좋은 SLR single-lens reflex 카메라에 투자하라.

전자동카메라는 휴대하기 좋고 편리하지만, SLR로 잡을 수 있는 이미지를 잡아내지 못한다. SLR은 부피도 크고 가격도 주머니에 넣고 다니는 작은 카메라보다 비싸지만, 렌즈의 질이 높고 교환 가능하다는 장점이 있다. 게다가 아주 평범한 풍경을 좀더 재미있게 만들 수 있는 여러 가지 옵션이 있다.

휴대용 카메라는 다양한 줌zoom 기능을 자랑하지만, 이런 효과는 대부분 디지털로 완성되는 것이다. 최고의 효과를 내는 것은 단연 렌즈이다. 와이드앵글 렌즈wide-angle lens는 흥미로운 물체에 다가가 자세하게 클로즈업할 때 특히 유용하며, 동일한 샷에서의 배경화면을 잘 보여준다. 개인적으로 가장 선호하는 렌즈는 28mm, 세미와이드 앵글semi-wide angle 이다.

#### 2. 가까이 다가가라.

사진은 독자가 일반적으로 보지 못한 이미지를 잡아낼 때 진가를 발휘한다. 그렇기 때문에 풍경사진이 흥미를 덜 유발하는 것이다. 색이 선명하거나 풍경이 뛰어나지 않다면 같은 장면의 풍경사진은 거의 비슷하다. 하지만 자세히 들여다보면 차이가 엄청나다. 뛰어난 색채의 나뭇잎 한 장 사진이 파노라마로 엮인 가을의 뉴잉글랜드 시골풍경보다 더 뛰어나다. 이런 사진을 찍으려면 같은 장면에 대해 다른 접근법을 사용하는 노력이 필요하다. 한 샷에 모든 것을 담으려는 대신 가까이 다가가서 작은 것들을 찍어라.

이것은 사람을 촬영할 때도 해당된다. 경험이 적은 사람들은 전신사진을 찍으려는 경향이 있다. 하지만 굳이 타인의 발을 보고 싶어하는 사람은 없다. 얼굴 쪽으로 가까이 다가가 그 사람만의 개성적인 표정을 담아라. 많은 사진을 찍어라. 마음에 드는 사진을 찾을 때까지 계속 찍을 수 있다는 게 디지털카메라의 장점이다.

### 3. 각도를 실험해보라.

가장 흥미 없는 사진 중 하나가 부동자세로 서 있거나 앉아 있는 모습을 찍은 것이다. 이 접근법은 대부분의 사람들이 세상을 보는 방식이므로 새로움이 느껴지지 않는다. 재미있는 사진을 만드는 아

> **SECRET**
> 재미없는 사진을 재미있게 만드는 가장 쉬운 방법은 특별한 각도에서 찍는 것이다.

주 손쉬운 방법은 한쪽 무릎을 구부려 앉거나 계단에 올라가는 것이다. 나무 밑에서 사진을 찍거나 열린 문 사이로 보이는 장면을 담는 방법도 사용해볼 수 있다.

### 4. 빛을 의식하라.

사진 전문가는 늘 빛의 상태를 확인한다. 빛은 색과 대비 그리고 심도에 영향을 주고, 스토리텔링에서 중요한 역할을 담당한다. 천장의 형광등 불빛으로 낼 수 있는 효과는 그리 많지 않을 것이다.

하지만 야외촬영을 할 때는 아침이나 저녁에 나가서 최대의 효과를 노려라. 아침의 빛은 선명한 색과 세부 묘사를 살려주고, 저녁의 빛은 부드러운 색감을 표현해준다.

### 5. 플래시를 버려라.

플래시는 꼭 필요할 때만 사용하라. 플래시는 색감을 왜곡하고,

배경을 없애버리기도 하며, 적목현상으로 사람들의 눈을 빨간 점으로 만든다. 좋은 SLR 카메라를 구입한 후 가장 먼저 할 일은 플래시 끄기를 배우는 것이다. 다행히도 요즘 디지털카메라는 필름 속도가 ASA1600 이상 가능하기 때문에 빛이 적은 상황에서도 사진을 찍을 수 있다. 외다리monopod나 삼각대를 이용하거나 벽에 등을 대고 사진을 찍을 경우 종종 30분의 1초 이하의 속도로 찍을 수도 있으므로 사진이 훨씬 선명해진다. 자연광 덕에 색이 풍부해지고 심도가 더욱 깊어진 이런 이미지는 플래시를 사용해서는 절대 얻을 수 없다.

좋은 SLR 카메라는 대부분 1초에 3장에서 5장의 사진을 찍는다. 이 기능을 이용하면 연속적으로 움직이는 대상을 찍어 그 중 최고의 장면을 골라낼 수 있다. 50장을 찍어서 그 중 최고의 한 장을 얻는다면 당연히 그렇게 해야 한다. 계속 셔터를 눌러서 손해 볼 일은 없다.

### 6. 사람을 포함시켜라.

아무리 무미건조한 느낌의 제품 사진이라도 사람이 들어가면 더 좋아보인다. 소비자는 사진 속 인물의 느낌이나 표현을 통해 제품을 쉽게 이해하고 연관성을 찾기도 하며, 어떤 상황인지 대번에 눈치를 챈다.

## 오디오, 진정한 대화

웹캐스트와 팟캐스트는 웹마케팅의 주요 산물이다. 청취자의 지속적인 집중이 필요하지도 않고, 글로써 표현하기 힘든 오디오만의 개성을 창출하기에 시간대비 효율성이 뛰어난 매체다. 이들은 라디오 프로그램처럼 연속물로 연재될 수 있고, 시간이 지나면서 청취자가 늘어나는 효과도 거둘 수 있다.

> **SECRET** 팟캐스트는 B2C 마케팅보다 B2B 마케팅에 더 효과적이다.

물론 환상적인 것만은 아니다. 뉴옥스포드 아메리칸 사전에서 팟캐스트를 2005년의 단어로 선정했을 당시에는 팟캐스트의 청취자를 측정할 수 있는 신빙성 있는 방식이 없었다. 대부분의 휴대용 음악 플레이어에서 팟캐스트 파일 관리는 형편없는 수준이었다. 어떤 플레이어에서는 마지막에 무슨 음악을 들었는지조차 찾을 수 없었다. 파일 크기는 너무 컸고 팟캐스트에 적합한 애플의 아이튠즈 사용법은 일반 사용자에겐 너무 어려웠다.

이런 이유 때문에 팟캐스트를 실패작으로 간주하는 이들도 있었다. 특히 B2C와 오락시장에서의 반응이 그랬다. 그러나 팟캐스트는 콘텐츠에 깊은 관심을 가진 이들 사이에서 다시 한 번 각광을 받았다. 미국 광고주협회와 《B2B 매거진》의 후원으로 2008년 출간된 〈뉴미디어 플랫폼 활용〉 보고서에 따르면 팟캐스트는 B2C시장보다 B2B시장에서 더 큰 성공을 거두었다. 이 보고서에서 B2B 마케터의 21%가 팟캐스트의 효과를 인정한 반면, B2C 마케터의 비율은 13%에 불과했다.

이런 반응이 나온 까닭은 정보는 많이 필요하지만 시간이 부족한 청취자들이 자투리 시간에 이용할 수 있는 팟캐스트 같은 매체의 효율성을 높이 평가했기 때문이다. 이 사실을 생각하면 팟캐스트의 성공 포인트를 찾을 수 있다. 재미를 추구하는 것은 동영상으로 족하다. 팟캐스트는 유용성이 생명이다.

오디오를 이용한 프로그램에서 효과가 좋은 3가지 기본 방식은 다음과 같다.

### 1. 프레젠테이션 Presentation

칠판을 사용하는 전형적인 강연의 오디오 버전이다. 오라일리 미디어 O'Reilly Media 와 애드텍 ad:tech 같은 컨퍼런스 개최자들은 각 세션 녹음과 향후 행사 홍보에 팟캐스트를 적극 활용한다.

> SECRET
> 팟캐스트에 가장 알맞은 길이는 15분에서 20분 정도이다.

팟캐스트를 올릴 때는 방송이 잠시 중단된 부분이나 잘 들리지 않는 청중의 질문 부분을 꼼꼼히 편집해야 한다. 가능하면 발표자가 팟캐스트 녹음을 위해 질문을 반복해주는 게 좋다. 또한 발표자가 파워포인트의 시각적인 부분에 지나치게 의존하지 않도록 요청해야 한다. 팟캐스트로 발표를 듣는 이들을 짜증나게 만들 수도 있으니 말이다.

### 2. 질의응답 Q&A

내가 녹음한 대부분의 기업 팟캐스트는 이 방식을 사용했다. Q&A 방식은 간단하고 효과적이며 제작이 수월하다. 그간 터득한 몇 가지 비결을 곧 소개할 '돈 안 드는 방송국－팟캐스팅'에 정리했다. Q&A는 다른 콘텐츠와 함께 사용하면 아주 효과적이다.

예를 들면 신규 백서와 저자 인터뷰를 결합시킬 수 있고, 1시간짜리 웹캐스트를 20분짜리의 팟캐스트와 함께 제공할 수도 있다. 길거리 인터뷰 경우를 제외하고는 3명 이상의 목소리가 동시에 들려서는 안 된다. 누가 말하는지 알 수 없기 때문이다.

### 3. 공동진행 Co-hosted

이것은 말하는 라디오이다. 서로 의견에 논평을 할 수 있고 편안하게 대화를 주고받을 수 있는 두 명의 명석한 진행자를 쓰는 방식이 훌륭한 접근법이다. 두 명의 진행자가 어떤 형식으로 이야기할지 미리 의논하여 상대방의 말을 가로막거나 어색한 침묵이 흐르지 않도록 조절하는 게 필요하다.

팟캐스트를 잘 포장해서 전문적인 느낌이 들게 할 수도 있다. 음악을 이용한 소개, 사전 녹음된 전화 청취자 그리고 음향효과 모두 유용하다. 인기 있는 프로그램을 다운로드하여 좋은 아이디어를 구상하라.

---

**돈 안 드는 방송국 – 팟캐스팅**

나는 2006년부터 2007년까지 IBM, MS, SAP 등의 다국적 기업의 100여 개의 팟캐스트를 제작했다. 대부분의 경우 25만 원선의 오디오 하드웨어와 소프트웨어를 장착한 일반 데스크톱 컴퓨터에서 녹음과 믹스를 하는 방식이었다. 팟캐스트를 제작하는 전문 장비에 수백만 원을 들일 수도 있겠지만, 사실 그럴 필요는 없다.

나는 오픈소스 오디오 편집소프트웨어인 오다시티Audacity와 라디오색Radio Sack에서 구입한 7만 원짜리 마이크를 이용해 녹음했다. 대부분의 프로그램 제작에는 연설자와 전화 인터뷰가 필요했기에 이를 위해 인터넷전화 스카이프Skype나 기즈모Gizmo를 사용했다. 이 두 서비스 모두 상대방에게 같은 소프트웨어만 있으면 무료로 사용할 수 있고, 그렇지 않다고 해도 일반전화보다 비용이 훨씬 저렴하고 음질도 뛰어나다. 인도에 있는 연설자와 인터뷰를 진행한 적이 있었는데 마치 스튜디오에서 같이 녹음하는 기분이 들 정도였다.

녹음에는 약 2만 원 정도 하는 MX 스카이프 레코더MX Skype Recorder를 사용했다. 스카이프 대신 파멜라Pamela를 써도 된다.

이런 프로그램들을 이용하면 대화를 두 개의 다른 트랙으로 저장할 수 있다. 즉, 전화통화 내용은 MX 스카이프 레코더로 녹음하면서 내 목소리는 따로 오다시티를 이용해서 녹음한다. 녹음 후 내 목소리를 대화 내용에서 삭제하고 별도로 녹음한 내용으로 바꾼다. 이렇게 하면 최상의 음질을 유지할 수 있다. 오다시티를 이용하면 대화 내용을 쉽게 편집할 수 있고 음악을 섞을 수도 있다. 그러고 나서 전체 프로그램을 MP3로 저장하면 된다.

> **SECRET** 25만 원 미만의 투자로 고품격 팟캐스트를 제작할 수 있다.

## 성공적인 팟캐스트 제작을 위한 6가지 비결

### 1. 발음이 정확한 사회자를 선택하라.

사회자는 프로그램 전체를 진행하는 사람이므로 방송이나 연설 경험이 있고, 목소리에 힘이 있으며, 문장 구사력이 뛰어난 사람이

> **성공적인 팟캐스트 제작을 위한 6가지 비결**
>
> 1. 발음이 정확한 사회자를 선택하라.
> 2. 이야기의 요점을 기억하되 대본은 만들지 마라.
> 3. 간결하게 짜라.
> 4. 지나치게 편집하지 마라.
> 5. 음악을 사용하라.
> 6. ID3 태그를 기입하라.

어야 한다. 믿기 어렵겠지만 이런 능력을 두루 갖춘 사람을 찾기란 쉽지 않다. 오디오에서는 말하는 사람의 특이한 버릇이 두드러지게 들린다. 그러니 발음이 정확한 사회자가 내용 전달도 정확하게 할 수 있다.

### 2. 이야기의 요점을 기억하되 대본은 만들지 마라.

균형감각을 유지해야 하는 부분이다. 대화가 너무 대본 같으면 듣는 사람이 어색하다. 그렇다고 아무 대본도 없다면 목표 없이 중구난방 흘러가기 십상이다. 사회자나 연설자는 이야기의 요점을 짚어줘야 하지만, 가능하다면 대화하듯이 자신의 말투로 이야기해야 한다.

### 3. 간결하게 짜라.

많은 사람들이 나에게 적절한 프로그램의 길이에 대해 질문하곤 한다. 내 대답은 청취자가 흥미를 유지할 수 있는 만큼이다. 75분이나 되지만 너무나 흥미로운 팟캐스트도 들어보았고, 15분밖에 안 되지만 참을 수 없이 지루한 것도 들어보았다. 그래도 굳이 언급하자면, 팟캐스트는 20분 정도 진행하는 것이 좋다. 대부분의 사람들은 출퇴근길이나 운동을 하면서 팟캐스트를 듣기 때문에 프로그램의 길이를 기본 운동시간 내에서 조정하는 것이 바람직하다.

### 4. 지나치게 편집하지 마라.

사운드 편집에 욕심을 부리면 대화중에 나오는 "음~" 이런 말이나 다른 소리까지 삭제하려 들 것이다. 하지만 이런 식의 편집은 인터뷰를 아주 부자연스럽게 만들 수도 있다. 지나친 실수가 있다면 삭제하라. 그러나 연사들이 마치 대본을 줄줄 읽는 듯한 느낌이 들 정도로 과도한 편집은 삼가라.

### 5. 음악을 사용하라.

음악으로 프로그램의 시작과 끝을 장식하면 적은 비용으로도 당신의 팟캐스트를 전문적으로 보이게 할 수 있다. 팟세이프podsafe(팟캐스트에서는 자유롭게 쓸 수 있게 허용된 음악파일) 음악이나 CCL이 부여된 음악을 사용하라. 이런 음악은 비용이 저렴하거나 무료인 경우가 많다.

> **SECRET**
> 오디오 파일에 ID3 태그를 기입하라. 이렇게 하면 검색엔진에서 당신을 찾을 수 있다.

### 6. ID3 태그를 기입하라.

디지털음악 파일에는 타이틀과 음악가 이름, 설명 그리고 재생시간을 표시하는 데이터 정보를 기록하는 영역이 있다. 음악 플레이어는 이 정보를 읽을 줄 알지만, 오디오 편집 소프트웨어는 늘 이 정보를 필수로 입력하라고 시키진 않는다. 검색엔진과 사용자들이 많은 목록 중에서 당신의 프로그램을 찾을 수 있도록 이 태그를 반드시 기입하라.

## 동영상, 설득력 있는 이야기

먼저, 좋은 동영상 제작은 쉽지 않다는 것부터 밝혀둔다. 동영상 제작에서는 조명, 카메라 각도, 음질, 스토리보드, 타이틀, 배경음악, 변화 그리고 다른 세부 사항까지도 모두 중요한 요소이다. 또한 동영상 편집은 오디오 편집보다 훨씬 복잡하다. 하지만 잘만 만들면 강렬한 인상과 큰 파급 효과를 볼 수 있다. 블렌텍의 '이게 갈릴까요?' 시리즈나 이피버드의 '다이어트 코크/멘토스' 같은 성공적인 동영상을 한번 보라(13장 참조). 입소문이 퍼진 동영상은 소셜미디어에서 가장 큰 성공을 거두었다고 해도 과언이 아니다.

동영상 제작 전문가는 아니지만 나는 온라인 동영상을 제작한 많은 이들과 이야기를 나누었다. 그들의 조언은 한마디로 'AEIOU' 법칙으로 요약된다. 즉, 진정성Authentic, 오락성Entertain, 친밀성Intimate, 파격성Offbeat 그리고 독특성Unusual을 의미한다.

### 동영상 제작의 AEIOU 법칙

진정성Authentic 의 의미는 실제 상황에 실제 인물을 활용한다는 점이다. 앤호이저 부시Anheuser-Bush (버드와이저를 생산하는 맥주회사)와 고대디 GoDaddy 같은 광고주에 의해 전문적으로 제작된 광고는 TV에서 방송 기간 이후 온라인에서 두 번째 부흥기를 맞았다. 유명한 온라인 동영상 제작자들 대부분은 의도적으로 자신들의 프로그램이 홈비디오의 느낌을 주려 한다고 밝혔다.

사람들은 너무 매끈하게 잘 만들어진 비디오는 마케팅을 위한 작업이라고 생각하고 대부분 부정적인 시각으로 보는 경향이 있다. 입소문을 타고 전해진 가장 인기 있는 동영상 중 하나인 게리 브롤스마 Gary Brolsma 의 누마누마 댄스 Numa Numa dance 는 싸구려 웹캠으로 의자에 앉아 있는 모습을 찍은 것이다.

**오락성** Entertaining 이란 재미를 말한다. 사람들은 웃음을 주는 콘텐츠를 좋아한다. 이런 콘텐츠는 이메일을 타고 빠르게 퍼지는 경우가 많다. 내용이 너무 진지하거나 무거운 동영상은 입소문을 잘 타지 못한다.

《파이낸셜 타임즈》에 따르면, 영국의 사탕회사 캐드베리 슈웹스 Cadbury Schweppes 의 유머를 이용한 TV광고가 입소문을 탄 동영상이 되어 2007년 유튜브에서 가장 많이 찾은 동영상이 되었다.

그 동영상은 생각에 잠긴 듯한 고릴라가 나와 필 콜린스 Phil Collins 의 '인 디 에어 투나잇 In the Air Tonight'에 맞춰 드럼을 연주한다. 카메라가 멀어지면서 물체는 고릴라 옷을 입은 사람이 드럼 세트에 앉아 있는 것 같다. 노래의 특정 부분이 연주되면서 사람인지 고릴라인지 혼동되는 주인공이 음악에 맞춰 완벽하게 드럼을 두드려댄다. 캐드베리의 로고는 90초짜리 클립의 가장 마지막 부분에 잠깐 나타난다.

이런 이미지와 밀크 초콜릿과의 연관성은 없어 보이지만 캐드베리에 따르면 입소문을 통해 넉 달 만에 100만 명이 이 동영상을 보았고, 판매 실적도 눈에 띄게 증가했다고 한다. 이 캠페인의 책임자는 《파이낸셜 타임즈》에서 이렇게 인터뷰했다. "고릴라 옷을 입은 사람과 초콜릿바는 길에서 흔히 볼 수 있는 거죠. (…) 사람들이 이 광고를 봤을 때 어떤 의미를 찾아내기 위해 세밀히 따지고 들지는 않을 거예요. 그들은 아마 다림질을 하거나 럭비 경기 시작을 기다리면서 광고를 보는 중일 테죠. 그 사람들이 원하는 건 재미예요!"

캐드베리는 그 광고에 브랜드를 거의 노출시키지 않는 혁신적인 생각으로 사람들이 쉽게 다운로드해서 패러디를 만들고 파생어를 만들게 하였다. 거의 30개 정도의 고릴라 변형 광고가 유튜브에 등장했고, 이 캠페인은 캐드베리 TV광고가 방송되지 않은 나라에까지 전파되었다.

**친밀성** Intimate 은 사람들 내면에 자리잡은 훔쳐보기 욕구를 충족시켜준다. 동영상은 다른 사람들의 반응을 포함한 한 이야기의 정황을 보여주기 때문에 가장 친밀한 미디어로 꼽을 수 있다. 성공적인 캠페인 중에는 사람들의 꾸미지 않은 모습 그대로를 포착한 것이 많다. 예를 들어, 웨이트 와처 Weight Watchers 는 자사의 다이어트 프로그램을 이용하여 살 빼려고 노력하는 경험을 동영상으로 담은 블로거의 협조를 얻어 그녀의 다이어트 과정을 캠페인에 이용했다.

버거킹 Burger King 역시 이런 접근법을 아주 효과적으로 이용했다. 버거킹은 TV광고와 함께 와퍼 프레이크아웃 Whopper Freakout 이라는 동반 웹사이트를 만들어, 회사 대표제품인 와퍼 메뉴가 중단된다는 말을 들은 손님들의 반응을 몰래 찍은 동영상을 보여주었다. 1분짜리 TV광고도 재미있었지만 8분 정도의 인터넷 동영상은 더 많은 것을 보여주었다. 바이럴 마케팅 블로그 Viral Marketing Blog 의 나이얼 맥페이

> **SECRET** 동영상으로 사람들의 관심을 끌기를 원하는가? 그렇다면 사람들이 전혀 예상치 못한 것을 제공하라.

든 Nial McFadyen은 이렇게 말했다. "가장 흥미로웠던 것은 손님에게 더 이상 와퍼를 주문할 수 없다고 하자, 바로 와퍼에 대한 어린 시절의 기억을 회상했다는 점입니다. 동영상에 등장한 사람들은 어릴 적 부모님이 자신들을 버거킹에 데려갔기 때문에 오늘날까지 버거킹을 이용한다는 사실을 알 수 있죠." 이렇게 한 편의 TV광고가 심리학적 실험이 되기도 했다.

**파격성**Offbeat과 **독특성**Unusual은 함께 움직인다. 사람들은 전혀 기대치 못하던 것에서 놀라고 기뻐한다. 용감하고 약간은 무모한 자세가 도움이 된다. 의류업체인 마크 에코 엔터프라이즈Marc Ecko Enterprise는 스틸프리StillFree(그래도 자유롭다. 당시 뉴욕시의 낙서금지 법안에 항의하는 의미의 슬로건)라는 홍보 콘셉트를 착안해냈다. 전 그래피티graffiti 예술가였던 마크 에코는 미국 대통령 전용기에 스프레이로 '스틸프리'라고 낙서하는 모습을 연출하여 동영상을 찍었다.

이 동영상은 연출한 모습을 비디오로 찍었을 뿐이었으나 회사는 이를 위해 실제 747기를 빌리는 수고까지 감수했다. 그 결과 기존의 사회질서에 반대하는 이미지를 강조한 이 동영상의 다운로드 건수는 1억 건을 훌쩍 뛰어넘었다.

도브Dove의 에볼루션 바이럴 비디오Evolution viral video는 유머러스한 요소는 없지만 파격성을 지녔다. 지극히 평범한 여성이 포토샵을 통해 순식간에 길거리 옥외광고판에 나오는 연예인처럼 아름다운 외모로 변하는 1분짜리 도브 광고는 상상력이 넘쳐나는 스토리보드와 뛰어난 기술력으로 뜨거운 반응을 이끌어냈다. 이 1분짜리 광고는 외모를 중시하는 미국인에게 강렬한 메시지를 보낸다. 이 광고는 어린 소녀들을 대상으로 도브 셀프–이스팀 펀드Dove Self-Esteem Fund[2] 홍보를 위해 제작되었다. 결과적으로 도브의 동영상은 대성공을 거두었다. 유튜브에서 1,000만 번 이상 시청되었고, 수십 개의 패러디가 만들어졌으며, 칸 국제광고제 사이버부문 수상작으로 뽑혔다. 캐나다시장을 대상으로 제작되었던 이 광고는 캐나다 국경을 넘어 전 세계에 소개되었다.[3]

도브와 캐드베리의 사례를 보면 입소문으로 성공을 거둔 동영상이 공통적으로 가진 흥미로운 부작용이 있음을 알 수 있다. 어김없이 패러디된다는 것이다. 저작권에

> SECRET
> 당신의 콘텐츠를 마음껏 활용하고 패러디할 수 있게 하라.

대해 걱정하는 마케터에게는 아주 끔찍한 일이겠지만, 한편으로는 광고에 대한 칭찬이자 동시에 메시지를 전달할 수 있는 또 다른 기회가 될 수 있다. 도브는 아마추어 비디오 예술가들이 자사의 광고를 마음껏 패러디하도록 어떠한 제한도 두지 않았다. 몇백만 명의 시청자가 보게 되는 패러디는 원작 광고를 홍보할 수 있는 또 하나의 방법이기도 하다.

AEIOU 법칙에 B를 추가해야겠다. 바로 간결성Brief이다. 프로그램이 길수록 관객은 줄어든다. 가장 성공적으로 입소문이 난 비디오

---

[2] 청소년들이 외모지상주의에 물들지 않고 자기 외모에 대해 긍정적인 마음을 갖도록 교육하는 일을 위한 기금.

[3] 도브의 모회사인 유니레버(Unilever)는 훗날 자사의 액스(Axe) 디오도란트가 여성을 착취하는 광고 전술을 사용하는 것을 보여주는 동영상이 나와 동영상 마케팅의 희생양이 되기도 했다.

들은 3분을 넘지 않는다.

온라인 동영상 포맷으로 무엇이든 할 수 있지만, 입소문을 타게 되는 광고에는 유머나 모순 또는 독특한 개성이 늘 빠지지 않는다. 자기비하 유머는 비판자들을 잠재울 수 있는 전략이지만 기업 경영자를 설득하기는 쉽지 않다.

다행스럽게도 전통적이고 보수적인 회사들도 점차 빗장을 열기 시작했다. 2006년 말, NBC 방송국이 가을 시즌 드라마를 홍보할 때 유튜브 회원들의 도움을 톡톡히 받았다. NBC는 '광고쟁이 빌'이라는 패러디 동영상을 내놓았다.

빌은 시청자들에게 NBC를 좀 잘 봐달라고 하면서, "내가 그 회사 홍보를 좀 하고 있는데 말이죠······. NBC 사람들도 다 나랑 같아요. 모두 자기 아들을 사립학교에 보내고 딸한테는 집 한 채보다 더 비싼 말을 사주려고 애쓰는 사람들이죠."라고 말한다. 한 블로거는 "이 동영상이 NBC가 제작한 모든 프로그램을 합친 것보다 더 재미있다!"라는 댓글을 남기기도 했다.

다루는 주제가 재미있다면 굳이 고급스러운 동영상을 만들기 위해 비용을 많이 들일 필요가 없다. MIT 대학 물리학 교수 월터 르윈 Walter Lewin이 가르치는 신입생 물리학 수업을 추종하는 온라인 컬트가 만들어지기도 했다. 르윈 교수는 연극적인 기법을 사용하는 설득력이 뛰어난 강연자였기에 그의 온라인 동영상 강의는 아주 인기가 많았다.

유튜브에서 가장 인기 있던 동영상, 저드슨 라이플리 Jud Laipply의 '에볼루션 오브 댄스 Evolution of Dance'는 카메라 한 대와 적은 예산으로 제작된 것이다. 2009년까지 이 동영상을 본 숫자는 1억 명이 훨씬 넘었다.

또한 입소문은 인위적으로 만들려고 해서는 안 된다. 어떤 동영상을 본 사람의 숫자가 100명대에 그친다고 해도 시청한 사람들이 모두 적합한 타깃 시청자라면, 성공적인 결과를 거둔 것이다.

> SECRET
> 아무도 입소문의 공식을 찾아내지 못했다. 공식 찾기에 매달리지 마라.

금융회사 CIT는 2007년 봄 'CIT: 비즈니스의 이면'이라는 교육 동영상 시리즈를 유튜브에 올렸다. 이 동영상은 성공의 비결이라는 주제로 기업가와 CEO들을 인터뷰한 내용을 다루고 있다. 이는 CIT가 성공을 거둔 사업가들과 공조하여 만든 점잖은 방식의 자사 홍보였고 아주 쉽게 제작된 것이었다. 입소문을 타는 수준까지 성장하지는 않았지만, 사실 이 경우에는 그럴 필요도 없다.

CIT의 동영상은 회사가 추구하는 브랜드 이미지를 제대로 반영했고, 유튜브를 통해 TV나 직접적인 우편 홍보보다 훨씬 더 오래 지속되는 효과를 거둔 성공작이었다.

ENGAGEMENT THROUGH INTERACTION

CHAPTER
# 13

# 고객을
# 참여시켜라

게임, 콘테스트, 리뷰 같은 양방향 마케팅 수단을 소개한다.

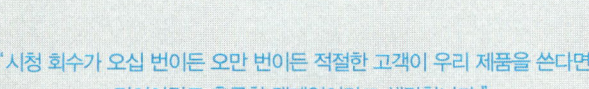

"시청 회수가 오십 번이든 오만 번이든 적절한 고객이 우리 제품을 쓴다면
그것이야말로 훌륭한 캠페인이라고 생각합니다."
— 조지 라이트, 블렌텍사의 마케팅 책임자 —

양방향 미디어의 장점을 가장 잘 활용하는 방법은 방문자가 스스로 콘텐츠를 올리도록 유도하는 것이다. 콘테스트, 게임, 리뷰가 인기를 얻고 있는 고객 참여의 대표적인 방법이다. 적절히 사용하면 가장 효과적인 방법이다. 하지만 잘못하면 아주 당혹스러운 결과나 업무 폭주를 야기하는 단점이 있다. 이제 장단점을 살펴보자.

# 콘테스트

콘테스트는 마케팅의 기본 테마를 활성화시키고 해당 상품에 적합한 미디어로 활용할 때 그 효과가 최고점에 이른다. 콘테스트에 동영상 업로드나 사용자 투표, 비싼 상품이 꼭 필요한 것은 아니다. 큰 비용을 들이지 않고 간단하게 제작할 수도 있다. 너무 큰 욕심을 가지고 덤벼든다면 오히려 시간이 많이 소모될 뿐만 아니라 실망스러운 결과가 나올 수도 있다.

쉽게 참가할 수 있는 콘테스트는 간단하고 비용이 들지 않는다. 캐나다 기차여행과 휴가 패키지 상품을 판매하는 로키 마운티니어 베케이션Rocky Mountaineer Vacations은 방문자들이 휴가 경험과 사진을 공유하고 상품을 타가는 로키 마운티니어 게스트 라운지Rocky Mountaineer Guest Lounge 사이트를 만들었다. 상품은 소박했다. 멋진 손목시계, 탁상시계, 사진첩 같은 것들이다. 대신 이 콘테스트는 참가하기가 쉽다. 자신의 휴가 사진을 올리기만 하면 된다.

2007년, 메이시스Macy's 백화점은 미국의 8개 대학에서 여대생들을 대상으로 패션디자인 콘테스트를 개최했다. 참가자들의 디자인을 아메리칸 랙 캠퍼스닷컴AmericanRagCampus.com에 제출하고, 회사가 심사하는 형식이었다. 우승 작품은 2007년 가을 의류라인에 포함되는 기회가 주어지며, 상금은 130만 원 정도로 많지 않았다. 메이시스는 이 캠페인과 함께 재학생들이 모델로 나오는 아메리칸 랙American Rag 카탈로그 스페셜 버전을 위한 캐스팅을 동시에 진행했다.

P&G는 2008년 슈퍼볼 광고였던 '말하는 얼룩Talking Stain'이 인기를 얻은 후 여세를 이어가기 위해 콘테스트를 사용했다. P&G는 유

튜브에 페이지를 개설하고 참가자들에게 패러디 광고 동영상을 만들게 했다. 우승 광고는 황금시간대에 방송될 것이라는 공지를 넣었다. 100여 명 이상이 참가 신청을 했다. 이 회사는 적은 비용으로(이미 방송 시간에 대한 비용을 지불했으므로) 30초짜리 TV광고의 인기가 수그러든 후에도 캠페인을 오랫동안 유지할 수 있었을 뿐더러 참가자의 혁신적인 아이디어를 향후 광고의 기반으로 활용했다.

VM웨어가 B2B 고객을 대상으로 개최한 동영상 콘테스트 '가상 공간에서 유명해지기Become Virtualy Famous'는 큰 상금을 걸었다. 하지만 VM웨어의 고객들 대부분이 바쁜 기술 전문가들이고 서버 가상화server virtualization(여러 대의 물리적인 서버를 한 대에서 가상적으로 구현하는 기술)를 1~2분짜리 동영상에 담아낸다는 것이 그리 쉬운 일이 아니라는 점을 고려한다면, 그 정도 수준의 상금은 적당하다 할 수 있다. 이 회사는 고객의 참여를 끌어내기 위해서 뭔가 동기가 필요하다고 생각했던 것이다. 상금에 비해서 실제 참가작 수는 50개 미만으로 많지 않았다. 하지만 호기심 어린 방문자들로 인해서 수만 번의 다운로드가 일어났다.

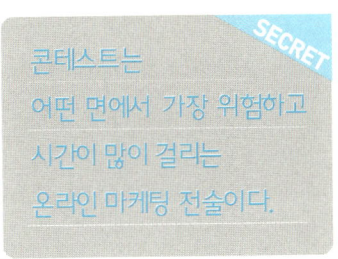

콘테스트는 어떤 면에서 가장 위험하고 시간이 많이 걸리는 온라인 마케팅 전술이다.

물론 콘테스트가 항상 성공하는 것은 아니다. 콘테스트가 마케팅 도구로 인기를 얻으며 우후죽순 개최되자, 이제 더 이상 의미가 없다고 주장하는 전문가도 나왔다. 사실 고객이 만든 콘텐츠의 질은 천차만별이고 대부분 형편없는 경우가 많다. 또한 콘테스트가 별다른 주목을 받지 못하는 경우도 잦다. 2008년 발렌타인데이 직전에 열린 1-800-FLOWERS 동영상 콘테스트의 경우, 참가 신청이 14명에 불과했다. 회사가 이런 홍보에 기대를 걸었을 리 없다.

하지만 콘테스트의 인기가 높을 때는 수천 명이 참가 신청을 하고, 관련 직원들의 업무량이 폭주하는 경우도 종종 생긴다. 웹사이트에 있는 비디오 클립을 편집하여 광고를 만드는 GM의 2006년 셰비 어프렌티스 Chevy Apprentice 캠페인은 2만 2천 건의 참가 접수를 받았다. 이 정도가 접수된다는 것은 동영상을 보고 심사하는 시간만 180시간 이상이 걸린다는 얘기다.[1] 도리토스 Doritos 는 2006년 슈퍼볼 광고 콘테스트에서 1,000건 이상의 참가 신청을 받기도 했다.

《뉴욕타임스》는 "고객이 회사 광고를 직접 만들어 응모하는 캠페인은 직원들끼리 모여서 광고를 만드는 것보다 비용이나 시간 면에서 스트레스가 더 심하다."라는 글을 실은 적이 있다. "출품작이 형편없는 수준은 아니라 해도 특별할 것이 없는데다 이들을 다 검토하려면 시간이 많이 필요하다. 유명한 브랜드의 경우 이런 캠페인을 소비자들에게 알리는 데만 초기에 몇십 억의 비용을 쓴다."

콘테스트가 뜻밖의 결과를 불러올 때도 있다. 《타임스》는 케첩 제조사인 하인즈 Heinz 가 후원한 동영상 콘테스트의 형편없는 결과를 소개한 적이 있다. "어떤 참가자는 하인즈 제품을 통째로 들이켜 마시고, 다른 사람은 케첩으로 이를 닦고 머리를 감으며 얼굴을 씻었다. 케첩이 양념이라기보다 피처럼 보이는 경우가 더 많았다."

맥주 제조사 몰슨 Molson 은 페이스북에서 사진 캠페인을 실시했으나 몇몇 캐나다 대학에서 무책임한 음주 홍보라고 항의하자 캠페인

---

[1] GM이 셰비 타호(Chevy Tahoe) SUV를 홍보하기 위해 NBC의 '어프렌티스(The Apprentice)' 프로그램과 함께 진행한 이 마케팅 캠페인은 많은 화제가 되었지만, 동시에 셰비 타호에 대한 부정적인 동영상이 올라오는 곤혹스러운 상황이 등장하기도 했다. —감수자 주

을 중단할 수밖에 없었다. 그 캠페인은 학생들에게 '캐나다 최고의 학교 파티'라는 제목의 사진을 응모하는 것이었는데, 학교 관계자들은 맥주회사가 군이 부추기지 않아도 이미 통제불능 상태인 대학생들의 술파티는 학교의 골칫거리라고 주장했다.[2]

콘테스트는 사람들의 경쟁심을 자극하고 유명세를 탈 수 있는 기회를 주기 때문에 소셜네트워크와 잘 맞아떨어지는 측면이 있다. 하지만 위험요소도 있다. 해당 브랜드가 고객들의 뜨거운 반응이나 독창성을 끌어내지 못한다면, 또는 고객이 참여할 능력이나 시간이 없다면 콘테스트가 오히려 공개적인 망신을 사고 끝날 수 있다.

고객들이 기꺼이 장시간을 투자하여 사진을 찍고 동영상을 편집해서 콘테스트에 참여할 만한 브랜드는 사실상 그리 많지 않다. 따라서 동영상 콘테스트가 적합하지 않을 경우에는 사진이나 글쓰기 콘테스트가 더 바람직하다.

## 게임

인기 소셜네트워크 중 게임을 적극 활용하는 사이트가 있다. 온라인 게임은 웹만큼이나 역사가 오래 되었다. 게임의 인지도를 높이고 사용자의 주목을 끄는 일은 언제나 어려운 일이다. 하지만 소셜네드

---

[2] 학교 파티 홍보는 몰슨사에게 수치스러운 사건으로 여겨지지만, 이 콘테스트를 기획했던 광고회사 헨더슨 바스(Henderson Bas)의 CEO 도나 헨더슨(Dawna Henderson)에 따르면 몰슨사는 이 홍보 캠페인의 성공을 자신했다고 한다. "우리는 다음에는 하지 말아야 할 것이 무엇인지 확실히 배웠습니다."라고 도나는 말한다.

> **SECRET**
> 컴퓨터 게임 중 이윤을 남기는 것은 5%에 불과하다. 게임을 이용한 마케팅을 생각한다면 반드시 이 점을 감안하라.

워크에서는 이미 사용자가 존재하고 있기에 훌륭한 어플리케이션은 회원들 사이의 연결고리를 타고 빠르게 전달될 수 있다.

페이스북에 있는 수만 개의 서드파티 어플리케이션들은 대부분 선의의 경쟁이나 회원 간의 비교와 관련돼 있다. 콤스코어에 따르면, 플릭스터 무비 어플리케이션 Flixster's Movies application 은 불과 7개월 만에 전체 페이스북 사용자의 18%에게 보급되었다고 한다. 회원들은 이 어플리케이션을 이용하여 서로 영화 취향을 비교할 수 있다. 열아홉 살의 버클리 대학생이 퀴즈 어플리케이션을 만들어서 1억 원이 넘는 광고수수료를 벌었다는 기사가 《비즈니스 위크》지에 실린 적도 있었다.

페이스북에서 가장 주목할 만한 게임 중 하나는 2명의 인도 프로그래머가 스크래블 Scrabble(철자 바꾸기와 십자말풀이를 혼합한 놀이)을 가지고 개발한 '스크라브러스 Scrabulous'이다. 날리지앳와튼 Knowledge@Wharton에 따르면 스크라브러스는 2007년 7월에 시작되어 2008년 1월까지 매일 50만 명이 사용하였으며, 개발자는 광고 수익으로 매달 3천만 원 이상의 수입을 올렸다.

놀라운 사실은 스크래블을 만든 해스브로 Hasbro사가 페이스북에 해당 어플리케이션을 당장 내려달라고 주장하면서 저작권 위반으로 법적 조치를 취하겠다고 위협했다는 사실이다. 해스브로는 "우리는 스크래블 브랜드를 만들기 위해 엄청난 시간을 투자했다. 스크라브러스는 명백한 저작권 침해다."라는 성명을 발표했다.

만약 해스브로가 이 게임을 사들여서 브랜드화시키고, 이 기회에

온라인과 소매로 판로를 뚫었다면 결과는 어땠을까? 기업들은 가끔 어리석은 판단을 내린다.³

게임은 특히 젊은 이들 사이에서 반응이 좋다. 어린이책 출판업체인 비콘 스트리트 걸즈Beacon Street Girls는 소위 '트위너스tweeners (10~12세 사이의 어린이)'나 9~15세 소녀들을 대상으로 삼았다. 이 회사는 마케팅에 그리 많은 투자를 하지 않고도 매달 50만 명의 방문자 수를 확보하고 있다.

이 웹사이트의 대표적인 특징이라고 할 수 있는 드레스업dress up 게임은 소녀들이 모델에게 다양한 패션아이템을 적용하고 색상을 바꾸기도 하며 다양한 세팅을 선택하는 방식으로 진행된다. 또한 완성된 디자인을 친구에게 이메일로 보낼 수도 있다.

모회사인 비트윈 프로덕션B*tween Production의 마케팅 책임자 바비 칼튼Bobbie Carlton은 이메일 옵션이 이 게임의 성공비결이라고 말한다. 이메일을 받은 친구가 디자인을 구경하려면 다시 웹사이트를 찾아와야 하기 때문에 비콘 스트리트는 이를 통해 연락 정보를 얻을 수 있는 기회가 생긴다(이 회사는 어린이 온라인 정보보호법의 지침을 충실히 지키고 있다). 드레스업 게임은 입소문을 통해 트래픽의 85%를 차지하게 되었다. 그 덕에 비트윈은 전통적인 광고에 그리 많은 투자를 할 필요가 없어졌다.

그러나 모든 경우에 게임이 능사는 아니다. 게임을 운영하기 위해서는 기술적인 전문성, 창조성 그리고 타이밍이 필요하다. 또한 게임은 어린 고객을 대상으로 할 때 더욱 효과적이다. 페이스북은 커

---

3 결국 스크라브러스는 이름을 렉슬러스(Lexulous)로 바꾸고 처음부터 다시 서비스를 시작해야 했다. 양사 모두 손해를 본 셈이다. - 감수자 주

뮤니티를 이용하여 선의의 경쟁을 유발하는 여러 가지 게임 옵션을 제공하고 있다. 그럼에도 불구하고 분명한 사실은 페이스북 게임 대부분이 거의 사용되지 않는다는 것이다.

컴퓨터 게임시장은 크게 히트한 상품만 살아남는 정글 같은 시장이며, 5% 미만의 게임만 수익을 내고 있다. 업계 수익의 절반이 전체 게임 제작사 중 상위 1%에게 집중된다. 소셜네트워크도 비슷한 상황이 적용되기 때문에 게임에 대해서는 신중히 접근해야 한다.

## 리뷰 Reviews

몇 년 전만 해도 정상적인 마케터라면 고객의 리뷰를 검열 없이 웹사이트에 올리는 것을 절대 허용하지 않았을 것이다. 그러나 이제 기준은 변하고 있다. 일부 혁신적인 기업은 고객의 부정적인 리뷰도 판매에 도움이 된다고 생각한다.

분명한 사실은 고객들이 리뷰를 원한다는 점이다. 2007년 말, 포레스터 리서치는 미국 인터넷 사용자가 웹사이트의 기능 중에서 가장 원하는 사실이 평가나 리뷰 작성 기능이라고 말했다. 64%가 그렇다고 응답했다. 뒤를 이어 61%가 특가판매나 쿠폰을 원한다고 대답했고, 그 다음이 가격이나 제품 비교 기능이었다. 흥미로운 사실은 게임이나 사용자 제작 UCC는 가장 낮은 순위를 차지했다는 것이다.

레이저피시 Razorfish 는 미국 온라인 쇼핑에서 가장 많이 사용되는 기능이 사용자 비평이라고 발표했다. 또한 2008년 이마케터가 실시한 조사에 따르면, 미국 온라인 구매자의 65%가 구매를 결정하기 전에 상품평부터 읽어본다고 한다. 고객들 역시 상품평을 쓰고 싶어한다. 래리 웨버는《소셜 웹 마케팅》에서 "새로운 마케팅에서는

> **SECRET**
> 고객이 회사의 웹사이트에 상품평을 쓸 수 있게 하면 신뢰를 주면서 단골로 만들 수 있다.

크루즈 여행부터 주방용품에 이르는 모든 분야에서 고객이 투표하게 될 것이다."라고 말했다.

토이저러스Toys R Us, 스테이플스Staples, 아마존Amazon, 브룩스톤Brookstone 그리고 릴리안버논Lillian Vernon 같은 소매업체들은 상품평을 통해 소비자들이 많은 정보를 확보한 상태에서 물건을 선택할 수 있게 한다. 물론 여러 브랜드를 파는 소매업체에게는 별로 어렵지 않은 일일 수 있지만, 개별 업체가 자기 브랜드 상품에 대한 평을 고객들로부터 듣는다는 것은 만만한 일이 아니다. 그러나 고객만족을 확신하는 업체에게는 아주 강력한 판매 포인트가 될 수 있다.

구글에 인수되기 전, 음성메일 서비스업체인 그랜드센트럴 커뮤니케이션Grand Central Communications은 고객들에게 상품에 대해 어떤 평이든 쓸 수 있는 섹션을 만들고 링크를 연결해준 적이 있었다. 수천 명의 고객들이 이것을 이용했는데, 정말 놀라울 정도로 열성적이었다. 가끔씩 등장하는 혹평은 오히려 이 코너가 조작된 게 아니라 있는 그대로를 보여주려는 업체의 노력을 더욱 돋보이게 했다.

의류업체 자키 인터내셔널Jockey International은 그린마운틴 커피 로스터Green Mountain Coffee Roasters와 엘엘 빈LL Bean과 같은 업체처럼 고객들이 자사의 사이트에 평을 남기도록 장려했다. 고객이 올린 평은 게시되기 전에 검열 과정을 거치긴 했지만, 익명으로도 평을 올릴

수 있도록 했다. 오늘날 이런 방식을 선택하는 유명 회사는 매우 드물다. 기업들은 대부분 자사의 제품이 이런 공개 논평에 노출되는 걸 불편하게 받아들인다. 그러나 블로그를 시작한 회사라면 사실 고객평에 문을 연 것이나 다름없다.

당신의 웹사이트에 고객 리뷰를 쓰도록 장려하는 방법이 바람직한 까닭은 이 방법으로 불만을 제기하는 고객과 접촉하여 이들을 만족도 높은 고객으로 바꿀 수 있기 때문이다. 또한 제품에 대한 부정적인 경험 때문에 다시는 사용하지 않겠다고 마음먹은 고객에게 다가갈 수 있는 기회를 얻는 것이다. 여러 사례를 보면 부정적인 평이 다소 있는 게 무조건 나쁜 것만은 아님을 알 수 있다. 어떤 기업도 모든 고객을 100% 만족시킬 수 없다. 이 사실을 솔직하게 인정하는 기업은 그 투명성에 대한 선물로 고객의 신뢰를 받는다.

만약 당신에게 고객을 만족시킬 훌륭한 제품이 있다고 확신한다면, 고객 스스로 당신을 위해 그 제품에 대한 이야기를 할 수 있도록 하는 게 어떨까? 다소 부정적인 평이 있어도 개의치 마라. 오히려 그런 평들 덕에 당신의 고객평가는 더욱 신뢰를 얻는 것이다.

## 멘토스와 콜라로 만든 환상적인 분수

메인 주 벅필드에 세계적인 명성을 자랑하는 엔터테인먼트 팀이 있을 것이라고 생각하는 사람을 별로 없을 것이다. 주민 수가 겨우 1,723명인 이 도시는 사람들이 비공식적으로 동부 메인과 서부 메인으로 구분하는 경계선에 위치해 있다. 피자가게 하나와 작은 식료잡

화점이 있으며 자동차 정지신호도 없는 곳이다. 이곳에서 제일 큰 회사는 나무못 제조업체다.

그러나 벅필드에는 오드펠로우스Oddfellows 극장이 있다. 이 극장은 규모는 작지만 독특한 공연으로 뉴잉글랜드 전역에 팬층을 형성할 정도로 유명세를 누리고 있다. 인터넷 시대 최고의 바이러스 마케팅을 만들어낸 두 사람, 스티븐 볼츠Stephen Voltz 와 프릿츠 그로브Fritz Grobe를 함께 모이게 한 곳이 바로 오드펠로우스였다.

볼츠와 그로브는 둘 다 타고난 연기자였다. 샌프란시스코에서 성장하여 이제 나이 쉰 살에 이른 볼츠는 저글링과 불 먹는 쇼를 배워 피셔맨스 와프Fisherman's Wharf 근처에서 공연을 하던 사람이었다. 후에 그는 보스턴 지역의 유능한 변호사가 되기 위해 서커스에 대한 야망을 접었다.

마흔 살의 그로브는 특이한 예술가로 전문 저글러였다. 1993년 국제 저글러스 페스티벌에서 개인 부분 챔피언을 차지했을 뿐만 아니라 그 외에도 여러 페스티벌에서 네 번이나 수상한 화려한 경력의 소유자이다. 그는 서커스에서 일하면서 기업 행사나 파티 공연으로 생활했다.

이들은 연기에 대한 열정뿐 아니라 강한 호기심을 가졌다. 2005년 여름, 그들은 화학적 현상인 결정핵생성nucleation 실험을 시작했다. 이 실험은 과학 분야 용어로 액체가 가스로 과포화되어 있을 때 물체와 접촉하면 기포기 생성되는 현상이다.

그들의 실험 대상은 다이어트 코카콜라와 목캔디인 멘토스Mentos였다. 멘토스를 다이어트 콜라에 넣으면 엄청난 거품이 뿜어져 나온다는 것은 이미 알려진 사실이었다. 그러나 볼츠와 그로브는 여기서 한발 더 나아가 콜라병과 사탕 여기저기에 구멍을 내고 여러 가지 방법을 추가하여 거품이 5미터 가까이 뿜어져 나오게 했다.

2006년 6월, 이들은 자신들이 만들어낸 결과물을 세상에 공개하기로 결심했다. 비디오카메라로 다이어트 콜라 101병과 멘토스 523알이 만들어내는 탄산 마술 장면을 녹화한 것이다. 거의 폭발하는 듯한 콜라의 탄산 장면을 담은 이 동영상은 라스베이거스의 상징인 '벨라지오 분수'라는 이름으로 유명세를 톡톡히 탔다.

흰색 가운을 입고 심드렁한 말투로 이야기하는 두 남자 때문에 수십 개의 콜라 병에서 동시에 뿜어져 나오는 거품 장면은 더욱 재미를 더했다. 배경음악으로 사용된 오디오바디 AudioBody 의 음악은 메탈릭한 백비트 backbeat 효과를 냈다. 이 3분짜리 동영상은 볼츠와 그로브가 탄산가스 가득한 축배를 마시다가 뿜어내는 장면으로 끝이 난다.

배꼽 빠지게 우스운 동영상이었지만, 동영상 주인공들조차 앞으로 어떤 놀라운 일들이 그들 앞에 펼쳐질지 그때는 몰랐다.

## 엄청난 폭풍이 불다

6월 3일, 볼츠는 자신들이 이피버드닷컴 Eepybird.com 이라 이름 붙인 웹사이트에 이 동영상을 올렸다. 사이트 이름은 친구가 만든 캐릭터 이름에서 따온 것이다. 그는 샌프란시스코에 사는 형에게 동영상을 보라며 이메일을 보냈다. 형은 재미있는 링크 소개 사이트로 유명한 파크닷컴 Fark.com 에 알렸고, 불과 몇 시간 만에 수천 명의 방문객이 이피버드닷컴을 찾아왔다.

이 동영상은 아주 빠른 속도로 입소문을 타고 번져나갔다. 〈데이비드 레터맨의 나이트쇼〉의 스태프 한 명이 우연히 블로그를 통해 이 동영상을 발견했다. 그리고 월요일 오후, 볼츠와 그로브는 〈레이트 나이트쇼〉와 〈투데이 쇼〉에서 실험을 보여달라고 초대받았다.

> **SECRET**
> 개인이 직접 만든 동영상이라는 느낌이 들게 하라.
> 그러면 좀더 진실해 보인다.

그후 모든 것이 엄청난 속도로 진행되었다. 두 사람은 단 이틀 만에 미국 전역에 방송되는 두 프로그램에 아무런 준비도 없이 단 한 번 해본 실험을 재현하기 위해 출연했다. 다행히도 TV출연은 성공적이었다. 이피버드 관계자는 "《월스트리트 저널》에 기사가 실렸고, 《롤링스톤》은 그들을 마법사라고 불렀으며, 《뉴욕타임스》에는 '너무 우습다'라는 기사가 실렸어요. 심지어 《GQ》에까지 실리게 되었죠."라고 말했다.

"우리는 〈미스버스터스 Mythbusters〉라는 과학 프로그램에 두 번이나 출현했고 HBO방송국의 〈코미디 페스티벌 The Comedy Festival〉을 위해 라스베이거스에 있는 시저스 팰리스 Ceasar's Palace 호텔에서 라이브 공연도 했습니다."

당시 멘토스의 제조사인 이탈리아의 펠페티 Perfetti Van Melle는 경쟁이 치열한 미국 사탕시장에서 브랜드를 알리기 위해 고군분투중이었는데, 이들 덕에 엄청난 홍보 효과를 얻었다. 자사 홈페이지의 큰 부분을 할애하여 이 실험을 보여주기도 했다.

《미디어포스트》의 기사에 따르면, "벨라지오 분수 동영상은 2천만 번 다운로드됐고, 만 개 이상의 모방 비디오가 온라인에 올라왔다. 그 효과는 가히 폭발적이었다. 멘토스라는 이름은 지난 9개월 동안 TV, 인쇄물 또는 라디오에서 2억 1,500만 번 등장했으며, 이런 공짜 홍보의 가치는 이 회사의 1년치 마케팅 예산의 절반에 해당하는 약 120억 원의 가치가 있다."고 한다. 매출 역시 20%나 상승했다.

하지만 애틀란타에 있는 코카콜라 본사는 그리 열광하지 않았다. 이 회사의 변호사들은 아마추어 화학자들이 이 실험을 따라하면서 생기는 책임문제가 제기될까봐 초조해했다. 《월스트리트 저널》이 코카콜라 회사에 논평을 요청했을 때, 대변인은 이렇게 말했다.

"멘토스에 대한 열광은 저희 브랜드 성격과 맞지 않습니다. 저희는 소비자들이 다이어트 콜라를 가지고 실험을 하기보다 그냥 마셔 주기를 바랍니다."

## 코카콜라도 동참하다

그러나 코카콜라 회사의 인터랙티브 마케터들은 황금 같은 기회임을 감지했다. 처음에는 별 반응이 없었던 다이어트 콜라 매출이 5%에서 10% 정도 상승했다고 회사의 인터랙티브 책임자가 《미디어포스트》에 말했다. 8월에 그들은 이피버드에게 더 많은 실험을 할 수 있는 방법을 문의했다. 그동안 인근 지역의 모든 소다를 사모아야 했던 볼츠와 그로브는 아주 기쁘게 제안을 받아들였다.

10월, 그들은 후속편 '도미노 효과 The Domino Effect'를 선보였다. 이 속편에서는 211병의 콜라와 1,500개가 넘는 사탕이 올가미 철사와 도르래와 노즐에 연결되어 안무에 맞춰 여러 방향으로 거품이 분출되는 장면을 담았다.

속편이 나오자 인터넷이 들썩거렸다. 구글과 야후가 홈페이지에

이 동영상을 올렸다. 볼츠와 그로브는 자신들의 첫 실험에 도움을 주었던 몇몇 블로거에게 연락해서 최신 비디오를 링크하라고 말해주었다. 이피버드의 홈페이지 트래픽은 폭주했고 언론매체에서 계속 연락이 왔으며, 카지노와 기업의 공연 요청도 쇄도했다.

코카콜라 회사는 실험을 위한 음료를 무제한 제공하고 구글 광고를 샀으며 볼츠와 그로브를 심사위원으로 하는 콘테스트를 주최했다. 코카콜라는 이로 인해 15억 번의 광고 노출에 해당하는 효과를 얻을 수 있었다.

코카콜라는 확신할 수 있었다. 회사 비디오 홈페이지의 트래픽도 두 배나 늘었다. 코카콜라는 판매 실적을 정확히 밝히지는 않았지만, 펠페티는 보고서를 통해 동영상 덕에 실적이 20% 늘었다고 말했다.

2007년, 볼츠와 그로브는 코카콜라 본사에서 환호하는 몇천 명의 직원들 앞에서 공연을 했다. 여름까지 코카콜라는 자사 웹사이트에 소다병에서 뿜어져 나오는 기포들을 다양한 색으로 로고화시켜 다시 선보였다. 또한 이피버드는 9월에 네덜란드에서 900개의 거품을 내뿜는 실험을 진행하여 세계기록을 갱신하기도 했다. 볼츠에 따르면 12월까지 동영상 다운로드 건수가 4천만 번에 달했다고 한다.

바이러스처럼 빠르게 전파된 동영상 덕에 볼츠는 변호사 일을 그만두고 이피버드에 상근하게 되었다. 그로브는 현재 다양한 프로젝트 진행을 위해 코카콜라와 논의를 진행중이며, 아직 공개할 수는 없지만 또 다른 멋진 실험을 준비중이리고 밝혔다.

이피버드는 흥행 위주로 가는 것을 지양했다. 그로브는 "우리 두 사람은 그저 메인 주의 숲속에서 우리만의 방법으로 탐구하는 사람일 뿐이고, 바로 이것이 우리가 정말 좋아하는 일입니다." 그들은 성공의 비결이 동영상의 진정성이라고 여겼다. 그로브는 이런 말을 덧

> **SECRET**
> 콘셉트를 정하거나 스토리보드 작업을 할 때는 전문가의 도움을 받아라.

붙였다. "사람들이 보고 싶어하는 게 바로 이런 진정성이라고 생각합니다. 실제 사람들이 만든 어떤 것이죠."

그들은 자신들의 실험을 영화로 만들자는 제의를 거절했다. 볼츠는 자신들의 성공비결 중 하나가 아마추어적인 친근함에 있다고 설명했다. "우리는 이야기를 전하기 위해 최대한 잘 만들고 싶지만, 과도한 욕심은 이야기를 전할 때 오히려 방해가 될 수 있습니다." 그들은 실험을 계속 일반 비디오카메라로 찍고 있다.

아마추어같이 자가 방식으로 제작한다고 해서 준비를 소홀히 하는 것은 아니다. 볼츠와 그로브는 새로운 실험을 준비하는 시간에만 몇 달을 투자한다. 연기의 달인인 그들은 자신들의 무표정과 서로 통하는 감정이 성공에 지대한 역할을 했다는 것을 정확히 파악했다. 그래서 볼츠는 준비 단계에서는 전문가들과 함께 아이디어와 대본에 대해 의논하면서도 동시에 집에서 만든 동영상인 듯한 느낌을 주도록 노력한다.

그들은 실험에서 브랜드가 드러나지 않도록 애쓴다. 볼츠의 말이다. "코카콜라의 브랜딩에 대해서 많은 논의를 했습니다. 우리가 우려한 것은 코카콜라 자체가 아니라 시청자에 대한 것이었습니다. 만일 우리가 전형적인 TV광고 장면을 사용했다면 사람들은 별 관심을 보이지 않았을 겁니다."

그로브는 이 실험의 성공은 바이러스 홍보의 힘을 여실히 보여주었다고 말한다. "무대에서 20년을 일했기 때문에 입소문이 얼마나 중요한지 잘 알고 있습니다. 입소문은 마케터인 당신을 최고의 자리로 이끌어주는 힘이죠."

## 톱밥에서 찾은 황금

이 아이디어는 실험실 바닥에 굴러다니는 톱밥뭉치에서 나왔다. 15개월 후, 이 아이디어는 한 회사를 완전히 바꾸어버렸다.

2006년 가을, 조지 라이트George Wright는 블렌텍의 마케팅 책임자였다. 블렌텍은 유타 주의 오렘에 있는 작은 전자제품회사로 식당용 믹서기를 생산했다. 이 회사의 제품들은 힘이 강하고 내구성이 튼튼하기로 유명했다. 회사의 창립자이자 기술 책임자인 톰 딕슨Tom Dickson은 이런 명성을 유지하기 위해 엄청난 노력을 기울여 왔다.

요식업체를 대상으로 한 블렌텍의 사업 성과는 훌륭했다. 하지만 딕슨 사장은 요리하기를 좋아하는 개인이 점점 더 요식업체 수준의 제품을 원하는 것을 보면서 일반 소비자시장 진출에도 눈을 돌렸다. 라이트가 맡은 업무는 바로 이 전략을 실행에 옮기는 것이었다. 문제는 어떻게 실행에 옮기느냐였다. 블렌텍의 마케팅 부서는 작고 예산이 많지 않았다. 브랜드 역시 요식업체 대상이 아닌 일반 소비자시장에서는 잘 알려지지 않았고, 유명한 경쟁업체가 너무 많았다. 과연 이 많은 장애물을 어떻게 넘을까?

바로 그때, 조지 라이트가 톱밥을 발견했다.

딕슨 사장은 직접 일을 진두지휘하는 스타일이었고 회사 제품의 성능을 늘 직접 시험해보곤 했다. 그는 종종 믹서기에 단단한 물체를 넣어 고장이 나는지를 확인했다. 사장은 15년간 믹서기를 만든 사람이었고, 시장에서 가장 힘이 좋고 든든한 제품을 만들기 위해 언제나 열정을 불태웠다. 여러 가지 가재도구로 스트레스 테스트stress-test(극한의 상황까지 밀고 나가서 결과를 보는 실험)를 해보는 것은 그의 일상이었다. 문제의 그날, 그는 정사각형의 송판을 갈고 있었다.

마케팅 전문가인 라이트의 눈에는 그 톱밥더미가 마치 황금처럼 보였다. 그는 딕슨에게 지금 하고 있는 스트레스 테스트를 비디오로 찍게 해달라고 부탁했다. 준비를 마친 딕슨은 5~6만 원 정도의 집안 물건들을 갈기 시작했다. 얼음그릇, 구슬, 부지깽이, 닭고기 그리고 맥도날드 세트메뉴까지. 비디오를 찍는 블렌텍의 직원은 간단한 세트를 만들어 2분 미만의 짧은 비디오를 5개 찍었다. 각 비디오테이프에는 딕슨이 흰색의 실험가운과 안전안경을 착용하고 태연하게 쇼핑가방에 들어 있는 물건들을 갈아버리는 화면이 담겨 있었다.

딕슨은 구슬뭉치를 가루로 만들었고, 닭고기를 코카콜라와 함께 갈아 혼합음료를 만들어 "코치킨CoChiken"이라고 소개했다. 라이트는 이 혼합음료의 맛을 보며 "이거 정말 맛있는 코치킨이야!"라고 감탄했다. 비디오 제작팀은 음악도 곁들이고 자막도 넣어서 5개의 비디오를 만들어냈다. 그리고 그것을 이제 막 떠오르고 있던 신생 동영상 사이트인 유튜브에 올렸다.

그 다음 이야기는 입소문 마케팅의 역사로 남아 있다. 블렌텍은 홍보를 위한 예산을 따로 책정하지 않았기에 직원들을 통해 가족이나 친구, 고객에게 이 비디오에 대해 이야기하는 방법을 택했다. 라이트가 근무하던 작은 마케팅 부서에서는 딕 같은 소셜뉴스 사이트에 URL을 보내고, 요리기구 전문 블로거 몇 명에게 이 동영상을 알렸다. 이제 나머지는 시청자에게 달려 있었다.

그런데 일주일도 안 되어 유튜브에 올린 동영상이 100만 건 이상의 다운로드 건수를 기록했다. 다른 여러 가지 제품도 갈아보라는 시청자들의 제안이 빗발치기 시작했다.

블렌택은 시청자의 의견에 따랐다. 몇달 후, 딕슨 사장은 원두커피나 신용카드처럼 평범한 물건부터 퍼비인형 Furby 이나 기타 영웅3 게임 Guitar Hero III 까지 갈았다. 각 비디오는 동일한 형식으로 구성되어 있었다. 인자한 할아버지 같은 딕슨이 카메라 앞에서 부드럽게 미소 지으며 기구나 운동용품을 무자비하게 갈아버리는 것이다. 대학살이 끝나면 딕슨은 남아 있는 가루를 그릇에 담아 재치 있는 농담을 한마디 던진다. 시청자는 더 많은 시리즈를 원했다.

블렌택은 스스로 히트작을 만들면서 흐름을 계속 이어갔다. 애플의 아이폰이 검은 그을음을 내면서 터지는 모습의 비디오는 유튜브와 레버 Revver 에서만 다운로드 회수가 500만 건 이상이었다. 이는 아이폰을 갈아보라는 수천여 명의 주문을 만족시킨 영상이었다. 하지만 아직도 쌓여 있는 아이디어에 비하면 시작에 불과했다. 라이트에 따르면 10만 건이 넘는 아이디어가 이미 접수돼 있다고 한다.

15개월이 지나지 않아 '이게 갈릴까요? Will It Blend?' 시리즈는 전설이 되었다. 딕슨은 미국 공영방송의 황금시간대 프로그램에 출연했으며 대부분의 주요 신문에도 등장했다. 마케터들은 더 이상 새로운 비디오를 홍보할 필요가 없었다. 이제는 적극적인 팬들이 스스로 소문을 내고 있었다. 영업 실적이 5배 이상 껑충 뛰었다.

라이트는 성공을 예감하긴 했으나 이 정도일 줄은 몰랐다며 놀라워했다. "정말 깜짝 놀랐습니다." 2007년 말, 이 시리즈는 단 1초의 텔레비전 광고도 없이 7천만 건의 다운로드 회수를 기록했다.

블렌택 비디오는 완벽한 입소문 마케팅 캠페인에 가장 근접한 사례다. 비디오는 짧고 재미있으며 이해하기 쉽다. 또한 간단하고 재생에 드는 비용도 저렴하며 학회나 전시회에서도 쉽게 선보일 수 있다. 라이트는 웃으며 "사람들이 갈아달라고 요청하는 물건이 존재하는 한 우리는 그 물건을 믹서기에 넣고 갈 것입니다."라고 말했다.

더욱 중요한 것은 그 비디오와 회사가 추구하는 브랜드 이미지가 일치한다는 점이다. 딕슨은 믹서기를 작동시킬 때마다 강하고 단단한 제품을 만드는 회사 이미지를 강조했다. 블렌텍은 유튜브에서 자사의 비디오를 흉내 내는 많은 열혈팬들에게 실험 진행에 안전을 강조하면서도 무언의 지원을 보냈다. "어머니가 쓰시는 믹서기를 가지고 여동생의 바비인형을 가는 비디오를 찍어 유튜브에 올리는 사람들도 있습니다. 그럴 때마다 사람들은 블렌텍을 언급하죠."

또 한 가지 놀라운 사실은 이 비디오로 수입까지 챙겼다는 사실이다. 여러 회사가 블렌텍에게 돈을 지불하고 자사 합병을 홍보하는 특별 비디오를 주문했다. 어떤 라디오 방송국은 새로운 혼합음악 프로그램을 축하하기 위해 CD를 갈아달라는 비디오를 주문했다. 레버닷컴Revver.com에서는 블렌텍 시리즈로 벌어들인 광고수익을 매달 보내준다.

이 모든 것들이 블렌텍에게는 뜻밖의 횡재다. 하지만 이 모든 성공이 갑자기 생긴 것은 아니다. 라이트가 말한 입소문 성공비결은 다음과 같다.

**계획을 세워라.** '이게 갈릴까요?' 시리즈의 인기는 가히 폭발적이었지만, 모든 캠페인이 그런 식의 성공을 거두는 것은 아니다. 라이트는 맨 처음 비디오를 제작하기 전에 어떤 순서로 찍을지 그리고 어떻게 홍보할지 마케팅 계획에 들어갔다. 몇백만 건의 다운로드 기록을 목표로 삼지는 않았다. 그보다는 제품에 적합한 고객을 찾아내는

> **입소문의 성공비결**
>
> 1. 계획을 세워라.
> 2. 화려하게 하지 마라.
> 3. 창의적인 홍보방법을 사용하라.
> 4. 성공했을 경우에 대한 계획을 세워라.

것을 중요시했다.

라이트는 "믹서기를 사려는 고객이 즐길 수 있고 우리 제품을 홍보할 수 있는 방법이 무엇인지 찾고 싶었습니다. 시청 회수가 오십 번이든 오백만 번이든 적절한 고객이 우리 제품을 쓴다면 그것이야 말로 성공한 캠페인이라고 생각합니다."

**화려하게 하지 마라.** 블렌텍 비디오의 소박하고 홈비디오와 같은 느낌은 사전에 계획된 것이었다. 시청자들은 입소문 비디오의 진실된 모습을 좋아한다. 너무 능숙하고 매끈한 비디오에 대해서는 의구심을 품는 경향이 있다. 비디오의 화질은 인터넷 연결상의 조건과도 조화를 이루어야 한다. 파일 크기는 이메일로 전송할 수 있을 만한 크기로 제한해야 한다.

**창의적인 홍보방법을 사용하라.** 마케터들은 '이게 갈릴까요?' 비디오를 요리 애호가에게 홍보하는 당연한 전략에서 한 걸음 더 나아갔다. 그들은 딕슨 사장이 골프공을 갈 때 골프 블로거들에게 연락했고 슈퍼볼 특집을 기획할 때는 풋볼 전문작가나 기자에게 연락했다. 약간은 빗나가는 듯한 대상에게 홍보하는 것도 높은 트래픽을 유발시키는 방법 중 하나이다.

**성공했을 경우에 대한 계획을 세워라.** '이게 갈릴까요?' 시리즈가 떴을 때, 블렌텍은 이런 성공을 활용하기 위한 만반의 준비가 되어 있었다. 이 말은 주요 언론과 공식행사 취재에 대해 미리 준비를 했다는 것이다. 또한 더 많은 시리즈물을 신속하게 만들기 위해 일정에 박차를 가했다는 얘기도 된다.

'이게 갈릴까요?' 시리즈는 블렌텍을 완전히 변화시켰다. 블렌텍은 주요 언론광고에 돈을 쓰지 않고도 소비자에게 아주 친숙한 이름이 되었다. 뿐만 아니라 비디오 시리즈로 구축된 긍정적인 회사 이미지는 미래의 신제품에도 영향을 주고 있다.

라이트는 이렇게 말했다. "우리 엔지니어 부서에 있는 장비들을 보시면 아마 깜짝 놀라실 겁니다. 우리는 튼튼하고 질 좋은 제품을 만드는 회사로 인식되고 있습니다. 덕분에 신제품 출시가 훨씬 용이해졌지요."

PROMOTE THYSELF

CHAPTER
14

# 콘텐츠를 퍼뜨려라

콘텐츠 홍보에 대한 자세한 내용을 다룬다. 아무리 훌륭한 콘텐츠를 만든다 해도 사람들이 그 콘텐츠를 찾을 수 없다면 아무 소용이 없다. 14장에서 콘텐츠를 소개하고 퍼뜨리는 다양한 방법을 배워보자.

이제 브랜드 옹호자는 고객이다.
마케터가 아니다.

- 캐롤 크루즈, 코카콜라 글로벌 인터랙티브 마케팅 대표,
2007년 11월 《USA투데이》에 기고한 글 중에서 -

소셜미디어는 새로운 홍보의 장을 넓게 펼쳐놓았다. 너무 다양해서 마케터는 어디서부터 시작해야 좋을지 모를 정도이다. 블로그는 클릭만 하면 자동으로 여러 소셜북마킹 사이트에 콘텐츠를 등록해주는 아이콘들로 꾸며져 있다. 보잉보잉 BoingBoing과 파크 Fark 같이 인기 있는 링크모음 사이트들은 불과 몇 시간 안에 한 사이트로 수십만 명의 방문객을 몰아줄 수 있다.

일부 기업은 트위터 같은 그룹 인스턴트 메시지 서비스를 시류에 민감한 상품판매 홍보에 실험적으로 사용한다. 많은 PR프로그램에서 블로거의 활동은 점차 빼놓을 수 없는 요소가 되고 있다.

방법이 너무 많아서 머리가 어지러울 지경이다. 구글알리미를 '소셜미디어 마케팅'으로 설정해보라. 하루에도 수십 개씩 올라오는 블로그 게시물들을 보게 될 것이다. 미디어포스트, 이마케터, 아이미디어커넥션, 마케팅셰르파 그리고 입소문 마케팅협회 같은 서비스에 뉴스레터 구독을 신청하라. 그러면 읽을거리가 수십 개는 더 생길 것이다.

마케터는 종종 소셜미디어 마케팅 정보가 너무 많이 쏟아져 도저히 따라잡을 수 없다며 힘들어 한다. 그런 푸념을 들을 때면 나 역시 같은 생각이라고 답해준다. 이런 주제에 시간을 많이 투자하는 다른 이들 역시 마찬가지다. 소셜미디어 마케팅에 대한 완벽한 공식을 가진 사람은 없다. 공식을 만들고 모든 정보를 따라잡으려고 애쓰는 것은 어리석은 시도이다.

14장에서는 당신이 에너지를 한곳에 모을 수 있도록 도와주겠다. 당신의 회사와 고객을 위해 최선의 결과를 얻을 수 있는 방법을 선택하는 지침을 일러주겠다. 또한 쏟아지는 정보에서 살아남는 몇 가지 요령도 소개할 것이다.

## 블로거 홍보

시장에서는 현재보다 한발 앞선 이야기들이 나오기 때문에 실제 상황을 잊을 때가 많다. 대부분의 기업은 여전히 블로거들과 일하는 방법 같은 기본적인 문제로 씨름하고 있다. 새로운 영향세력인 블로거들은 소셜미디어 홍보에서 새롭고 중요한 유권자 같은 존재이자, 성공적인 바이러스 마케팅 프로모션의 원동력이다. 그런데도 그들과 교감하는 게 정말 꼭 필요한 일인지, 또는 그래야 한다면 어떻게 해야 하는지 결정하기란 녹록치가 않다.

블로거에게 홍보를 하기 위해서 제일 먼저 해야 할 일은 그들을 끌어들이는 것이다. 어떤 대기업은 이 첫 단계를 밟아야 하는지부터 고심하고 있다. 내가 일했던 어떤 큰 회사는 회사제품을 전문적으로 다루는 블로그와 팬사이트가 10개가 넘는데도 블로그 세계와 교감하는 공식적인 채널이 없었다. 그 회사는 긍정적인 이미지와 탄탄한 고객 기반을 가지고 있다. 하지만 블로거들이 회사의 중대 발표를 미리 '특종보도'하는 바람에 회사의 홍보 프로그램을 망친 경험이 몇 번이나 있었다. 설상가상으로 주류미디어에서 이 블로거들을 신뢰할 만한 독립 소식통으로 계속 인용하기도 했다.

홍보전문가들은 공식적인 프로그램에서 유명 블로거들을 인정해주면, 결국 주류미디어의 원칙 따위는 신경 쓰지 않는 영향세력의 정통성을 더욱 강화시키는 것이 아니냐며 불안해했다. 하지만 블로거 앞에서 침묵한다고 능사는 아니다. 침묵이 오히려 블로거를 한층 자유롭게 풀어주는 상황으로 변할 수 있다.

블로거와의 관계가 복잡한 문제를 야기하는 경우도 있다. 달리스 매버릭스Dallas Mavericks 팀의 구단주인 마크 큐반Mark Cuban은 2008년에 한 신문사 블로거에게 매버릭스 라커룸 출입을 금지시켰다. 그 바람에 감정적인 논쟁이 일어났다.

큐반은 선수들의 라커룸이 모든 블로거들을 수용하기에는 너무

좁다면서 자격을 갖춘 언론에만 출입을 허용한다고 발표했다. 출입 금지 명령을 받은 블로거는 신문사 웹사이트의 블로거였지만, 기자가 아니라는 이유로 출입을 금지당한 것이다.

본인 스스로가 인기 블로거인 큐반은 이런 선언을 통해 자신이 주장하는 바를 분명히 밝히려 했다. 그는 모든 블로거에게 동일한 대우를 제공하고 싶었던 것이다. 물론 이것이 그들에게서 동일하게 특권을 빼앗는 것으로 끝났지만 말이다. 수천 명의 스포츠 블로거들이 이미 온라인 출판을 하고 있는 시대에 그의 정책은 결국 이렇게 어려운 결정을 낳게 되었다.

개인적인 생각으로는 A급 리스트 블로거의 경우에는 주류미디어와 동일한 대접을 받아야 된다고 생각한다. 그러나 모든 블로거에게 해당되는 말은 아니다. 소규모 주간지 기자들이 대통령 기자회견에 참석할 수 없는 것처럼 일반 블로거는 자신보다 유명하고 우수한 블로거와 동일한 대접을 기대해서는 안 된다. 제한된 수의 영향력 있는 블로거들과 적극적으로 소통하겠다는 생각은 좋은 결정이다. 가장 이상적인 방법은 명백한 기준을 정하고 공개적으로 운영하는 것이다. 현실적이면서 공개적으로 사용할 수 있는 기준들을 소개하겠다.

> **SECRET** 블로거들을 주류미디어처럼 대우하라. 그러나 모든 블로거에게 동일한 대우를 해줄 필요는 없다. 일반적으로 사용되는 측정기준을 사용하여 접근 수준을 차등화시켜라.

- 블로거 활동 기간
- 블로그 게시물(빈도와 양)

- 외부에서 연결된 링크 수
- 블로그 검색엔진의 순위(테크노라티, 블로그라인, 블로그펄스 등)
- 댓글 수
- 미디어 인용회수

이들 중 어떠한 기준도 완벽하다고 할 순 없지만, 모두 측정 가능한 기준이다. 가장 최선의 접근법은 여러 가지 기준들의 중요도를 판단하여 가중 평균치로 산출하는 것이다. 대안적인 출판 플랫폼이 많아지면서 이 작업이 더 난해해졌다.

예를 들어 블로거 한 사람이 트위터에서 1,000명의 활동적인 추종자를 갖고 있고, 페이스북에서도 비슷한 수의 친구가 있지만, 그 영향력이 블로그에서는 전혀 나타나지 않을 수도 있다. 또한 많은 블로거들이 여러 개의 블로그를 운영하거나 여러 개의 블로그에 기고하고 있다. 이 말은 그들의 영향력을 모두 합치면 어느 한곳의 영향력보다 훨씬 크다는 것을 의미한다. 이런 혼란을 줄이기 위해서 사람들이 블로그에서 공개하는 프로필을 보아야 한다. 프로필에는 그들이 다른 서비스에서 사용하는 아이디가 나와 있는 경우가 많다.

커뮤니티는 또 다른 변수를 제시한다. 많은 사람들이 여행이나 음식을 주제로 삼아 뜨거운 관심을 보이지만 블로그를 운영하는 수준까지 가지는 않는다. 그들은 부Boo나 푸드 크리틱스FoodCritics 같은 추천엔진을 사용하여 의견을 공유하고, 또 어떤 이들은 이렇게 해서 나름대로 꽤 많은 추종세력을 모으기도 한다.

소셜네트워크는 가장 활동적인 회원을 주목하고 이들에게 보상을 해줌으로써 이런 현상을 더욱 촉진시키고 있다. 사실상 이들은 블로깅을 하는 것이지만, 본인의 메시지를 전달하기 위해 한곳에 자신들의 글을 집중시키기보다 공유된 네트워크 리소스를 사용하는 것이다. 3장에서 우리는 이런 영향세력을 찾아내는 방법에 대해 이야기한 바 있다.

통합계정을 만들기 위해 다양한 기준이 제시되기도 했지만, 가까운 미래에 이런 기준들이 큰 영향을 미칠 것 같지는 않다. 온라인의 영향세력에 대해선 언론과 동일한 자격을 적용시키는 게 무방하다고 본다. 만일 그들이 진지한 대우를 원한다면 당신의 부탁 몇 가지는 기꺼이 들어줄 것이다.

어떤 접근 기준을 선택하든지 블로거의 참여에 대한 정책을 명확히 규정하라. 이들의 의견을 무시하는 방법은 장기적으로 현실성 없는 선택이다. 당신이 참여하든 안 하든 대화는 이루어질 것이고, 그때 당신이 그 자리에 없다면 부정적으로 인식될 것이다.

대부분의 경우 비판자들을 직접 상대하는 것이 최선의 방책이다. 물론 모든 경우에 무조건 그래야 하는 것은 아니지만, 온라인에 제기된 문제에 대해서는 공개적으로 직접 이야기하는 것이 최상의 방법이다.

몇 년 전, 듀폰Dupont이 자사의 테플론Teflon 제품과 암의 연관성에 대해 제기된 근거 없는 주장에 성공적으로 대처한 경우가 대표적인 예라 하겠다. 듀폰은 그들과 맞붙어 목소리를 높이기보다 테플론과 건강문제를 명백히 규명해주는 웹사이트를 만드는 방법을 택했다. 회사의 주장이 이 웹사이트를 통해 전달되자 술렁이던 여론은 즉시 잠잠해졌다(결국 제기된 주장은 근거 없는 것으로 판명되었다).

> SECRET
> 블로거를 참여시키지 않더라도 블로거 정책은 문서화해야 한다.
> 이제 와서 외면하기에는 블로거 세력이 너무 커졌다.

## 작은 노력, 큰 효과

블로거 홍보를 통해 대부분의 기업은 플러스 효과를 얻을 수 있다. 만일 당신의 브랜드와 상품이 시장에서 낯선 이름이라면, 영향력 있는 열성 블로거들이 당신에게 유명세를 안겨줄지 모른다. 또한 이미 애호가 커뮤니티가 존재한다면, 그들은 당신의 신제품에 대해 알고 싶어할 것이다. 노키아는 지난 3년간 자사의 고급 휴대전화에 대한 블로거 캠페인을 예닐곱 번이나 진행했다.

현재 노키아는 선별된 몇몇 휴대전화 블로거에게 아무런 조건 없이 신제품을 보내고 있다. 또한 이 블로거들이 직접 사용하면서 쓰게 하는, 제품 리뷰 게시판 웹사이트도 운영한다. 블로거들은 제품에 대해 긍정적인 리뷰뿐 아니라 부정적인 리뷰도 올리지만, 90% 정도가 긍정적인 어조이다. 이처럼 기술적으로 전문성 있는 커뮤니티의 독립적인 평가는 노키아에게 매우 중요하다. 카메라 제조업체 니콘 역시 유사하다. 니콘은 유명한 사진 블로거들에게 신제품 평가용 제품을 보내고 그들의 리뷰를 링크했다.

> **SECRET**
> 블로거에게 신제품 샘플을 보내는 것은 저렴한 비용으로 입소문 마케팅을 할 수 있는 기회다.

블로거들과 협력하는 것은 주류미디어와의 협력과 크게 다를 바 없다. 하지만 중대한 차이점이 존재한다. 유명 블로거는 그들이 다루는 주제에 대해 열정적이며, 전문지식의 수준이 기자들을 능가하는 경우가 많다는 것이다. 그들에게 홍보를 하는 경우 지적이고 날카로운 질문에 대비해 준비를 해야 한다. 제품 전문가를 대기시켜야 한다.

또한 블로거는 기자에 비해 PR을 직접적으로 부탁하는 것에 반감이 강하다. 기자들은 이런 홍보 부탁이나 보도자료를 접해본 경험이 많아서 이미 요령을 터득했지만, 블로거는 그런 경험이 많지 않다. 이들은 자신의 관심 분야에 딱 들어맞는 개인적인 접촉을 원한다. 만일 자신이 당신의 목록에 포함된 많은 사람 중 한 명일 뿐이라고 생각하면, 별로 달갑지 않은 반응을 보일 수 있다.

그리고 허락을 얻기 전에는 언론 목록에 블로거를 절대 추가해서는 안 된다. 또한 목록에서 삭제해달라는 요청이 오면 신속히 대응해야 한다. 만일 블로거들을 2등급인 것처럼 취급한다면 모든 노력이 수포로 돌아간다.

주간 팟캐스트 미디어블래더MediaBlather에 내가 소개해놓은 모범 사례를 참고하면 도움이 될 것이다. 이 팟캐스트는 기술 분야의 베테랑 기자인 데이비드 스트롬David Strom과 내가 합작으로 만들고 있다.

## 영향세력과의 만남

블로거와 협력하는 방법은 상황에 따라 다양하다. 공개적으로 적대적인 태도를 보이는 블로거와 대화할 때와 당신의 회사에 대해 전혀 모르는 사람과 만날 때는 접근법이 달라야 한다. 상식에 어긋나지 않게 행동하고 기자들에게 PR홍보를 하듯이 진행해야 한다. 언제나 이성적으로 행동하라. 뭔가 유용한 것을 준다면 대부분의 사람들이 당신의 제안을 환영할 것이다.

일단 뿌리고 보는 식의 '묻지마' 홍보 시대는 끝났다. 주류미디어든 뉴미디어든 영향세력에게 마케팅할 때는 개인적인 접근법을 써야 한다. 이런 방법은 전통적인 마케팅에 대해 의구심을 가지고 있는 소셜미디어 세계에서 특히 중요하다. 몇 가지 팁을 소개한다.

**영향세력에 대한 정보를 습득하라.** 검색의 시대다. 만나고자 하는 사람에 대해 전혀 모른다면 말이 안 된다. 구글 검색만으로도 그들의 과거 활동사항을 알 수 있고, 줌인포Zoominfo, 스포크Spok, 링크드인LinkedIn 같은 서비스를 검색하면 상세한 정보를 얻을 수 있다.

> SECRET
> 접촉하려는 영향세력에 대한 정보를 습득하라. 검색엔진을 이용하면 쉽고 빠르게 정보를 얻을 수 있다.

소셜미디어 애용자들은 다양한 영역에서 활동적인 경향이 있기 때문에 정보를 찾는 일이 그리 어렵지 않다. 그들이 쓴 최근 게시물을 몇 개 읽고 칭찬을 준비하라. 너무 지나친 미사여구를 사용할 필요는 없다. 하지만 글을 꼼꼼히 읽었다는 것을 보여주어야 한다. 이것이 호전적이고 방어적인 사람의 무장을 해제시켜 친구로 만드는 가장 빠른 방법이다.

**가치 있는 것을 주어라.** 영향세력은 중요한 사람으로 인정받고 싶어한다. 따라서 그들이 그렇게 느낄 만한 가치 있는 것을 제공해야 한다. 간단하게는 흥미로운 기사에 대한 링크라든가, 웹캐스트 청취 초대, 새로운 서비스에 대한 무료체험 등을 들 수 있다. 꼭 값비쌀 필요는 없지만 뭔가 특별한 것이어야 한다.

너무 호사스런 제안은 오히려 역효과를 낳는다. 2006년 말, MS가 몇몇 우수 블로거에게 윈도우 비스타 운영시스템이 탑재된 고급 노트북을 보냈던 것이 대표적인 예다. 회사의 재력이 이미 분노를 사고 있는 상황에 이런 뇌물성 홍보는 상당한 부작용을 낳았다. 결국 MS는 원래 계획을 취소하고 블로거들에게 노트북을 다시 반송하거나 자선단체에 기부하라고 권고할 수밖에 없었다. MS의 시장지배에 대한 부정적인 여론 역시 도움이 되지 않았다.

독창적인 아이디어가 돈을 들이는 것보다 더 좋은 결과를 얻을 수 있다. 소프트웨어 개발업체인 알티리스 Altiris 가 2006년 SVS Software Virtualization Solution (소프트웨어를 가상환경에 설치해서 좀더 안정적이고 효과적으로 사용하게 해주는 프로그램) 제품을 출시할 당시, 이 회사의 홍보 대행사는 특별한 라벨이 붙은 사과주스 상자를 400여 명의 블로거에게 보냈다. 기자들은 우편으로 받아보는 이런 방식의 홍보를 항상 무시하기 일쑤지만, 블로거에게는 신선한 접근이었다. 이 일이 블로거들 사이에서 화제가 된 덕에 신제품에 대한 관심을 높였다고 홍보전문가 셰릴 스냅 코노 Cheryl Snapp Connor 는 말했다.

**도움을 주어라.** 영향세력에게 확실하게 보여줘야 할 것이 있다. 당신이 제품과 시장을 이해하는 데 도움이 되는 정보원이 될 것이며, 회사에 접근할 수 있는 통로가 될 수 있음을 분명하게 보여줘라. 이런 제안이 사실임을 보여주기 위해서 휴대전화 번호나 인스턴트 메시지 주소를 알려주고, 도움이 필요하면 언제든지 연락할 수 있도록 초대하라. 어떤 상항에서든 진실한 자세로 대하라. 만일 당신이 연락 정보를 주고 그들의 질문에 답하지 않으면 모든 노력이 헛수고가 된다.

**특종 기사를 이용하라.** 나는 항상 주류미디어 세계에서는 한 언론사에만 특종을 몰아주거나 몰래 귀띔을 해주어서는 안 된다고 조언한다. 하지만 블로그 세계에서는 이야기가 달라진다. 주류미디

> **SECRET**
> 블로거들에게
> 특종 기사를 제공해도 된다.

어에 대해 그렇게 조언하는 이유는 기자들의 속성 때문이다. 기자들은 경쟁이 심하고 때로 이기적이기 때문에 마케터가 언론사 간에 차별을 두는 것을 이해하지 못한다. 특종을 기자 한 명에게만 주는 것은 수많은 적군을 만드는 것과 다름없다.

그러나 블로그 세계에는 이런 문화가 존재하지 않는다. 몇몇 아주 유명한 사이트를 제외하고, 블로거들은 자신들이 테크크런치나 엔가젯Engadget이 아님을 알고 있으며, 동일한 대접을 바라지도 않는다. 실제로 이런 사이트에 게시된 소문은 블로그를 떠들썩하게 만들어 발표하기 전에 기대감을 높인다.

2007년 아이폰 3G가 출시되기 전에 이런 식의 추측이 난무해서 애플이 큰 도움을 얻었다. 1,000여 명의 블로거들이 엔가젯과 기즈모도Gizmodo에 게시된 소식에 대해 열광적인 반응을 보였고, 이로 인해 형성된 기대가 주류미디어에까지 전달되었다. 애플은 이런 소문을 자신들이 퍼뜨렸다는 걸 인정하지 않았지만 효과는 대단했다. 아이폰은 역사상 가장 빨리 팔린 전화기로 등극했을 뿐만 아니라, 서드파티 확장 제품을 통한 생태계를 만들고 열정적인 추종세력을 만들었다.

**피드백을 받아라.** 사람들은 누가 자신의 의견을 묻는 걸 좋아한다. 당신의 회사, 시장 입지, 제품의 특징 등 영향세력에게 익숙한 여러 주제에 대한 피드백을 구하라. 가능하다면 그들이 특별한 사람이라

> **SECRET** 영향세력을 제품개발 과정에 초대하는 것은 부정적인 의견을 무마시키는 가장 빠른 방법이다.

는 사실을 재차 강조하기 위해 기술 전문가나 임원과의 만남도 주선하라.

이 방법은 부정적인 시각을 가진 영향세력에게 효과적이다. 일단 그들을 제품개발 과정에 초대하면, 그들은 주체의식을 갖게 된다. 사람들은 보통 본인이 제작에 일조한 것에 대해서 비판하기를 꺼린다. 이런 전략을 성공적으로 실천하려면 당신의 조직 내부에서 영향세력을 인정해야 한다. 왜냐하면 그들이 자신의 제안이 무시되거나 생색내기용으로 받아들여졌다고 느낀다면 오히려 화를 내며 더 거세게 대항하기 때문이다.

**지속적으로 대응하라.** 미디어 홍보에서 흔히 저지르는 실수가 관계를 만들자고 일단 대화를 시작해놓고 메시지가 전달되고 나서는 연락이 끊기는 일이다. 이런 실수 탓에 마케터가 얄팍하고 성의 없는 사람으로 찍힐 수 있다. 절대 금물이다.

그리고 일단 대화를 시작하면 공유할 소식이 전혀 없더라도 3~4개월에 한 번씩은 점검이 필요하다. 특별한 주제가 없어도 가끔 연락을 주고받는다는 사실만으로 당신의 이미지를 긍정적으로 만들 것이다. 소셜네트워크를 이용하면 어렵지 않다. 앞에서 설명한 대로 블로거들과 '친구 관계'를 맺으면 아주 쉽게 지속적으로 연락을 유지할 수 있다.

# 온라인 홍보

10장에서 우리는 콘텐츠 개발에서 검색의 중요함을 살펴보았다. 이 장에서는 검색 가능성이 모든 홍보 노력의 기초가 되어야 한다는 점만 말하겠다. 물론 온라인에서 눈에 띌 수 있는 방법이 검색엔진만은 아니다. 소셜북마킹 서비스, RSS피드, 위젯 역시 트래픽을 유발할 수 있고 때로는 이런 방법들이 더 효과적일 때도 있다. 각각 어떻게 돌아가는지 알아두자. 하지만 언제나 전체적인 관점에서 파악하는 것이 중요하다.

웹에서 링크 교환, 추천엔진, 독창적인 콘텐츠 등을 통해 트래픽을 유발하는 수많은 방법을 찾아볼 수 있다. 2010년 1월, 블로거 타마 웨인버그 Tarmar Weinberg 는 그녀의 테크피디아 techpedia 블로그에서 2009년 최고의 인터넷 마케팅 관련 블로그 포스트 250여 개를 소개했다. 그녀가 소개한 기사를 읽는 데만 며칠이 족히 걸릴 것이다. 게다가 이 목록은 연말연시에 나온 다른 여러 목록 중 하나이다.

이런 포스트 중에는 각종 소셜북마킹 사이트에 콘텐츠를 등록하고 트래픽을 증가시키는 방법에 대한 조언이 많다. 트래픽을 최대화하기 위해 제목을 잘 쓰거나 콘텐츠를 재활용하는 방법을 소개하는 포스트도 있다. 이런 식으로 링크를 늘려서 트래픽을 올리라는 것이다.

소셜북마킹 사이트는 단기적으로 트래픽을 이끌어내는 데 효과적이다. 스텀블어폰에 글을 보내면 하루에도 수백 명, 심지어 수천 명의 방문자들이 생긴다. 딕에 몇 개의 글이 올라오면 이보다 훨씬 더 많은 방문자 수를 기록할 수 있다.

> **SECRET** 링크베이팅은 분명 효과가 있다. 하지만 트래픽을 분석해서 방문자들이 오자마자 머물지 않고 휙 가버리는 것은 아닌지 확인하라. 만일 방문자들이 사이트에 머물지 않고 금세 떠난다면 큰 소득이 없는 것이다.

링크베이팅 자체가 소규모 사업으로 빠르게 인기를 얻으면서 남용될 소지가 다분하다. 실제로 저렴한 비용의 인력으로 구성된 해외기업에 의뢰하여 최대한 많은 사이트에 댓글과 링크를 달게 하는 기업들도 있다.

2007년 11월, 댄 액커먼 그린버그Dan Ackerman Greenberg가 테크크런치에 기고한 글 때문에 논쟁이 일어났다. 그의 글은 자신의 회사가 무작위 계정, 가짜 추천, 소셜북마크 투표함 조작 등의 방법으로 고객들의 동영상에 엄청난 트래픽을 유발하는 방법에 대한 것이었다. 절대 이런 방법을 추천하고 싶지는 않지만, 트래픽이 어떻게 조작될 수 있는지 알아보는 차원에서는 흥미로운 글이다.

다른 사람들이 보고 링크하거나 투표하는 곳에 최고의 게시물을 올리는 것이 좋다. 하지만 앞에서 말한 것처럼 트래픽을 위한 트래픽은 무용지물이다. 링크베이팅을 통해 끌어들인 방문자의 대다수는 다시 돌아오지 않을 사람들이다. 만일 그들이 애당초 당신의 사이트에 들어온 것 자체가 잘못이라는 느낌을 받으면 짜증을 낼 수도 있다. 방문 경로, 사이트 체류 시간, 재방문 여부 등을 알아내서 이런 서비스로부터 얻은 트래픽을 분석하라. 이렇게 하면 트래픽이 유용한 것인지를 판단할 수 있다.

장기적인 안목을 가지고 10장에서 13장에서 설명한 콘텐츠 개발 지침에 따라 콘텐츠를 만든 후, 적절한 홍보 전략과 결과 분석을 이어가면 좋은 성과를 얻을 수 있다.

## 온라인 홍보의 기초

온라인 전초기지가 웹사이트든, 블로그나 팟캐스트나 동영상이나 사진이든, 또는 이들의 혼합이든 상관없이 몇 가지 기본적인 홍보 전략을 적용할 수 있다.

### 온라인 홍보의 기본 전략

#### 1. 검색을 염두에 두어라.

10장에서 말한 대로, 당신의 잠재고객들이 사용하는 단어나 문구를 사용하면 검색엔진을 통한 트래픽을 향상시킬 수 있다. 이런 단어를 제목이나 본문 머리글, 웹사이트의 왼쪽 상단에 사용하면 효과적이다. 멀티미디어 콘텐츠에는 반드시 태그를 달아야 한다. 그렇지 않으면 검색엔진이 콘텐츠를 찾을 수 없다.

#### 2. 자주 업데이트하라.

검색엔진은 웹사이트가 얼마나 활발히 움직이는지 모니터하고, 이에 따라 자료 수집 일정을 조정한다. 사이트에 콘텐츠를 자주 추가할수록 수집도 자주 이루어지는 것이다. 글을 짧게 쓰고 자주 써야 하는 이유 중 하나가 이것이다.

#### 3. 사이트맵을 등록하라.

종종 간과하는 전략이지만 사이트맵 관리로 검색엔진을 통한 트래픽을 크게 향상시킬 수 있다. 대부분의 검색엔진은 당신의 사이트에 있는 모든 페이지를 찾으려 하지 않고 다른 페이지와 링크되어

> ### 온라인 홍보의 비결
>
> 1. 검색을 염두에 두어라.
> 2. 자주 업데이트하라.
> 3. 사이트맵을 등록하라.
> 4. 태그를 달아라.
> 5. 링크를 적극적으로 교환하라.
> 6. 당신이 관리하는 모든 사이트에서 링크를 교환하라.
> 7. 모든 곳에 등록하고 배포하라.
> 8. 소셜북마킹 사이트를 이용하라.

있는 페이지에 집중한다. 다른 페이지와 연결되어 있지 않은 페이지(예를 들면 '지난 글 모음')가 많은 사이트는 검색엔진에서 잘 드러나지 않을 수 있다. 사실, 당신 사이트의 약 4분의 1정도는 검색엔진에 전혀 노출되지 않았을 가능성이 높다.

사이트맵을 등록하는 것은 사이트의 모든 페이지를 검색엔진에 알리는 것이다. 대부분의 웹호스팅 회사와 검색엔진 회사들은 사이트맵 등록 방법에 대한 안내서를 제공하고 있다.[1]

### 4. 태그를 달아라.

많은 검색엔진이 태그를 면밀히 분석해서 자신들이 분류한 내용

---

[1] 여기에서 말하는 사이트맵이란, 웹사이트 메뉴에 있는 일반적인 사이트맵을 말하는 것이 아니라 검색엔진 수집을 위해서 별도로 만들어 등록하는 URL 목록 파일을 말하는 것이다. 이에 대해서는 SSMMBook.com(또는 SocialMediaSecrets.net)을 참고하기 바란다. - 감수자 주

에 맞게 검색 결과에서 각 사이트마다 적절한 위치를 주고 있다. 콘텐츠에 태그를 달면 비슷한 태그가 달린 다른 사이트 자료들과 함께 분류될 수 있다. 테크노크라티나 딜리셔스 사이트에 가서 콘텐츠에 어떤 태그를 달아야 할지 참고하라. 태그의 힘에 대해 더 자세히 알고 싶다면, 데이비드 와인버거가 쓴 《혁명적으로 지식을 체계화하라》를 권한다.

> **SECRET**
> 태그를 잘 사용하면, 태그 기반의 정보수집 사이트에서 높은 순위에 오를 수 있다.

### 블로그 상태 점검 테스트

블로그를 통해 최상의 효과를 얻고 있는가? 성공적인 블로깅은 결국 인지도 향상, 단골 방문자, 검색엔진 노출, 외부에서 연결된 링크로 드러난다고 할 수 있다. 다음의 테스트를 통해 블로그 상태를 점검해보라. "예"는 1점, "아니오"는 0점을 더하여 합계를 내보자.

1. 당신에게 중요한 검색어가 포함된 도메인 이름을 사용하고 있습니까(예컨대, '포토프로페셔널 photoprofessional')?[2] 그게 아니라면 블로그가 당신의 도메인 안에 위치하고 있습니까(예컨대, 'photofinishing.com/blog')?

---

[2] 영어권 검색에서는 검색어가 도메인 이름에 들어가 있으면 검색 순위에 영향을 준다. 하지만 우리말 검색에서는 도메인 이름과 검색 순위 사이에 큰 관련이 없다.– 감수자 주

2. 블로그 제목이 블로그 주제에 대한 설명을 포함하고 있습니까?

3. 일주일에 3회 이상 게시물을 올립니까?

4. 게시물의 길이가 짧을 때도 있고 길 때도 있습니까?

5. 게시물에 태그를 달고 있습니까?

6. 작업한 태그들을 알파벳순이나 태그 구름 형태로 한자리에서 볼 수 있습니까?

7. 머리글이 간결하면서도 매력적입니까?

8. 방문자들이 RSS피드를 구독하기 쉽습니까?

9. 정기적으로 사진을 올립니까?

10. 정기적으로 스트리밍 오디오나 동영상을 올립니까?

11. 1인칭으로 글을 씁니까?

12. 자료 출처를 공개하거나 링크합니까?

13. 블로그롤 Blogroll 이 있습니까?

14. 회사 웹사이트와 관련된 개인 웹사이트로의 링크가 포함되어 있습니까?

15. 때로는 전문적이고, 때로는 개인적인 주제를 다양하게 다루고 있습니까?

16. 참석한 회의나 이벤트의 보고서를 자주 올립니까?

17. 방문자들의 댓글을 권장합니까?

18. 방문자들의 댓글에 반응합니까?

19. 댓글 수가 게시물 수보다 많습니까?

20. 당신에 대한 정보를 제공하는 글쓴이 소개 페이지가 있습니까?

21. 블로그 어딘가에 당신의 사진이 있습니까?

22. 독자들이 당신에게 연락할 수 있는 방법을 제공합니까?

23. 검색 옵션을 제공합니까?

24. 게시물이 딕, 딜리셔스, 스텀블어폰 등 소셜북마킹 사이트에 북마크하기 쉽습니까?

25. 저작권이나 CCL 표시가 있습니까?

점수 합계
- 20~25점: 블로그 마스터!
- 15~19점: 충실한 블로거!
- 10~14점: 《링크의 경제학》을 볼 것!
- 5~9점: 아직 블로깅을 한다는 게 놀라움!
- 0~4점: 당신은 사람이 아니라 스팸 로봇이 분명함!

### 5. 링크를 적극적으로 교환하라.

당신의 기사와 블로그에 관심사가 동일한 커뮤니티 사람들에게 접근하는 링크를 걸어두어라. 그리고 그들에게 가서 내 쪽도 링크해 달라고 요청하라. 당신이 올린 콘텐츠에 진정 관심을 보이는 사람들에게 링크 요청 이메일을 보내는 것은 전혀 부끄러운 일이 아니다. 당신의 진심을 보여준다면 그들도 성의를 표할 것이다.

### 6. 당신이 관리하는 모든 사이트에서 링크를 교환하라.

예를 들어 회사에 15명의 블로거가 있다면 한 사람도 빠짐없이 서로 링크를 교환하도록 하라. 회사 웹사이트의 관련 페이지를 서로 링크하도록 하는 것도 물론이다. 만일 외부에서 블로깅을 하는 직원

> **SECRET**
> 검색 결과 향상만을 위해 무더기 링크모음을 만들면 검색엔진의 블랙리스트에 오를 수 있다.

이 있다면 그들에게도 링크를 부탁하라. 링크가 많을수록 검색엔진 성과는 향상된다. 하지만 어떤 상황에서도 링크를 형성하려는 목적만

으로 웹사이트를 만들어서는 안 된다. 이런 식의 무더기 링크모음link farm은 나쁜 방법으로 취급당할 뿐만 아니라 주요 검색엔진의 블랙리스트에 올라가서 당신을 검색 결과에서 사라지게 할 수도 있다.

### 7. 모든 곳에 등록하고 배포하라.

사이트에서 정기적으로 업데이트하는 모든 부분은 RSS를 통해 접근이 가능해야 한다. RSS는 이제 단순히 컴퓨터 마니아의 전유물이 아니다. AOL 홈페이지부터 휴대전화에 이르기까지 모든 곳에 들어가 있다. RSS피드 구독이 아주 쉬워졌다. 웹콘텐츠 전략가인 샐리 팰코우Sally Falkow는 "검색엔진과 뉴스수집 사이트는 RSS를 정말 좋아한다."고 말했다.

또한 RSS피드는 페이스북 프로필이나 웹사이트 위젯 같은 대안채널을 통해 당신의 콘텐츠를 전해주는 출발점이다. RSS피드는 위젯에 쉽게 포함시킬 수 있으며, RSS피드를 효과적으로 사용하면 트래픽을 몇 배나 증가시킬 수 있다. 당신이 개발한 모든 콘텐츠가 이런 방법으로 전달될 수 있도록 하라.

### 8. 소셜북마킹 사이트를 이용하라.

당신의 북마크 모음을 만들 수 있는 딜리셔스, 디고, 클립클립clipclip, 펄furl 같은 몇몇 서비스에 가입하는 것이 좋다. 콘텐츠를 이런 사이트에 등록해서 손해볼 것은 전혀 없다. 다른 사람들이 당신을 발견할 수 있도록 도와준다.

하지만 딕, 스핀, 레딧 같은 커뮤니티 북마크 사이트는 조심해야 한다. 이런 사이트에서는 회원들이 제출된 콘텐츠에 대해 투표를 한다. 그래서 재미없는 콘텐츠를 반복해서 등록하는 사람을 스패머로 간주한다. 놀랄 정도로 소수의 사람들이 이런 사이트의 결정을 좌지우지한다. 이들에게 나쁜 인상을 주고 싶은 사람은 없을 것이다.

또한 사람들이 선호하는 북마크 사이트를 사용하여 당신의 콘텐츠에 쉽게 투표하도록 해야 한다. 블로그나 웹사이트에 버튼을 추가하여 방문자들이 한 번의 클릭으로 페이지를 북마크할 수 있게 하면 된다. 자세한 설명을 보려면 각 사이트를 방문하거나 소셜서브미트SocialSubmit 같이 동시에 여러 개의 북마킹 사이트에 동시 제출할 수 있는 서비스를 사용하면 된다.

### 위젯 마케팅은 어떤가?

위젯 마니아들이 2007년 마케팅 세계를 휘어잡으면서 위젯은 온라인 마케터의 필수품이 되었고, 이 과정에서 과포화 상태에 이르렀다. 위젯은 관련된 블로거와 웹사이트를 통해 콘텐츠를 보여주는 저렴하고 손쉬운 방법이다. 위젯은 줄줄이 달린 사탕에 비유할 수 있다.

가장 역사 깊고 인기 있는 위젯 중 하나로 아마존어소시에이트 위젯Amazon Assoiciate widget을 들 수 있다. 사이트 소유자는 선택한 책을 홍보하고, 아마존은 발생한 매출에 대해 소액의 수수료를 지불하는 방식이다.

"위젯은 어떤 사이트와 열린 창문을 함께 쓰는 것이라고 할 수 있습니다. 아니면 배너 광고에 비유할 수도 있고, 사용자들이 배너를 퍼가서 자신의 사이트에 달아놓는 대신 광고 내용을 조정하게 해주는 방식이라고 부를 수 있습니다." 데스크톱 위젯 개발회사 퍼블리싱 다이나믹스Publishing Dynamics의 전략서비스 부사장인 마이클 레이스Michael Leis는 〈아이미디어커넥션iMediaConnection〉에 기고한 글에서 이렇게 말했다.

위젯은 저렴하고 추적이 가능하기 때문에 마케터의 사랑을 받고 있다. 애호가들은 위젯으로 자신의 블로그를 꾸미기도 하고, 선호하는 브랜드에 대한 애정을 과시하며 콘텐츠를 추가한다. 마케터는 사람들이 위젯과 어떻게 상호작용하는지 실시간으로 볼 수 있고, 위젯이 블로그에 달려 있는지 아니면 페이스북 프로필에 달려 있는지도 알 수 있다.

또한 사용자가 다른 이들에게 판매나 회원가입 등을 추천했을 때 보상을 해주는 프로그램과 연계하여 사용할 수도 있다. 일단 과정이 매끄럽게 진행되면 효과가 좋다. 하지만 원활히 돌아가지 않는다 해도 큰 손실은 없다.

상업적인 성격을 가진 모든 블로깅 서비스는 HTML과 자바스크립트를 이용하여 손쉽게 위젯을 추가할 수 있다. 마이스페이스와 페이스북 같은 소셜네트워크에서 제공되는 어플리케이션들을 위젯이라고 하는 경우도 있다. 또한 위젯은 데스크톱 어플리케이션으로 제공될 수도 있고, 구글 데스크톱 등을 통해서 제공될 수도 있다.

인터넷 분석회사인 이마케터에 따르면, 미국 기업들은 2008년에 위젯에 약 500억 원을 투자했다고 한다. 이는 전년도 투자금액의 3배 수준이다. 전체 금액이 크지 않은 것은 투자비가 적게 든다는 것을 의미한다. 이와 동시에 많은 기업들이 자사의 웹사이트나 페이스북을 통해 위젯을 홍보한다는 사실을 보여주는 것이기도 하다. 주피터 리서치는 위젯에 대한 사용자들의 인식 수준이 한 해 동안 5%에서 40% 수준으로 껑충 뛰었다고 발표했다. 또한 콤스코어는 2008년 6월, 총 6억 1,500만 명의 인터넷 사용자들이 위젯을 보았다고 발표했는데, 이는 전체 인터넷 인구의 62%에 해당한다.

일반적으로 위젯은 규칙적으로 업데이트하는 정보를 전달하기 위해 사용된다. 뉴스, 블로그 게시물, 비디오, 보도자료가 될 수도 있고 방명록이나 채팅창 같은 간단한 서비스가 될 수도 있다. 콘텐츠를 만들 수도 있고 협력사에게서 라이선스를 얻을 수도 있다.

야후! 위젯Yahoo! Widgets과 위젯박스Widgetbox에는 수많은 예가 포함되어 있다. 이외에도 클리어스프링Clearspring, 슬라이드닷컴Slide.com, 앱스새비

AppsSavvy, 뮤즈스톰MuseStorm, 아이라이크iLike, 락유RockYou 등의 위젯 엔진이 있다. 씽크데스크톱ThinkDesktop은 데스크톱 위젯을 전문으로 한다.

데스크톱에서 오랫동안 사용되었던 위젯으로는 웨더버그Weatherbug와 사우스웨스트 항공사의 딩Ding!이 있다. 딩은 사우스웨스트 항공사에 혁혁한 공을 세웠다. 사용자들에게 특가상품 정보를 제공하는 이 간단한 애플릿이 거의 2천억 원에 달하는 항공권 판매 매출을 올려줬으니 말이다.

위젯을 성공적으로 이용하려면 독창성과 재미가 핵심이다. 이제 거의 모든 기업들이 위젯을 받아들이고 있다.

- 포드는 위젯을 이용하여 휴대전화와 디지털 뮤직 플레이어용 음성인식 인터페이스인 싱크Sync를 홍보했다. 이 위젯은 무료음악과 동영상 다운로드, 제품에 대한 상세 정보를 볼 수 있는 링크를 제공한다.
- 데이팅 사이트인 이하모니eHarmony는 데이팅에 대한 질문과 대답들을 돌아가며 보여주는 위젯을 운영한다. 자기소개만 제출하면 사용할 수 있다.
- 제지업체인 킴벌리 클락Kimberly Clark은 데스크톱 위젯을 통해 시간과 돈을 절약할 수 있는 비결을 알려주는 스콧 생활상식 캘린더Scott Common Sense Calendar라는 위젯을 운영하고 있다.

위젯의 인기가 상승하면서 예측대로 무분별한 경쟁이 심화되고 있다. 시장이 포화 상태에 이르면서 위젯을 통해 의미 있는 마케팅 효과를 창출할 수 있는 가능성이 점차 줄어드는 실정이다. 그러나 비용이 저렴하고 상대적으로 접근하기 쉬운 점을 고려할 때 위젯은 앞으로도 오랫동안 사용될 것이다.

## 소셜미디어 보도자료

소셜미디어 보도자료는 미디어 세계의 로드니 데인저필드Rodney Dangerfield(미국의 코미디언겸 배우로, 독특한 캐릭터로 욕을 먹으면서도 인기를 얻었다)라 할 수 있다. 기자들은 물론이고 심지어 보도자료를 만들어내는 PR종사자에게도 욕을 먹지만, 여전히 기업과 기업의 상품 소식을 배포하는 가장 일반적인 방법으로 애용된다.

소셜미디어가 등장하면서 100년 가까이 사용되던 보도자료의 형식을 바꾸어 온라인 세계에 더욱 적합한 보도자료를 만들기 위한 노력이 시작되었다. 그러나 지금 이 글을 쓰는 순간에도 이런 노력이 과연 성공을 거둘지는 미지수이다. 딱딱한 비인칭 어투를 사용하고, 틀에 박힌 문구 인용에 일방적인 관점을 전달하는 보도자료는 이제 구시대의 유물이라는 사실에 많은 이가 동의하고 있다. 그러나 누구나 인정할 만한 대안은 아무도 내놓지 못한 상태다. 게다가 기업 감독기관들이 기업에게서 보고를 받을 때 전통적인 보도자료를 제출할 것을 요구하는 실정이기도 하다. 이런저런 이유로 구시대적인 보도자료 형식이 계속 유지되는 상황이다.

2006년 초, 쉬프트 커뮤니케이션Shift Communications은 텍스트, 피드, 태그, 스트리밍 미디어, 수많은 링크를 포함하는 유연성 있는 템플릿 형식의 소셜미디어 보도자료를 고안해냈다. 기본적인 개념은 뉴미디어에서 정보가 소통되는 형식을 인정하고, 이런 정보를 전달하기 위한 다양한 기능을 가진 수단을 마련하는 것이다.

소셜미디어 보도자료는 아직 성공 여부를 확실히 가늠하기 힘든 단계에 있다. 시스코Cisco, 포드, 버라이즌Verizon, 게토레이, 코카콜라 등 여러 PR조직들이 소셜미디어 보도자료를 가지고 실험중이다. 특히 GM와 일렉트로룩스Electrolux는 소셜미디어와 연계된 온라인 뉴스룸을 마련하기도 했다.

그러나 다른 한편으로 일부 전문가는 소셜미디어 보도자료는 문서 형식의 전통적인 보도자료보다 훨씬 더 많은 작업을 요하며, 결과 자체도 들인 공에 반드시 비례하지 않는다고 비판한다. 하지만 이런 신개념 보도자료는 이를 옹호하는 팬들의 성원으로 지속적으로 발전하고 있다.

"제대로만 만들어진다면, 소셜미디어 보도자료는 뉴스메이커들과 이해관계자들 간에 직접적인 대화를 이끌어낼 수 있다"라고 쉬프트 커뮤니케이션의 토드 데프런은 말한다. "이에 대한 요구가 지속될지는 아직 두고 봐야 할 일이다. 그러나 애플이 자사의 뉴스룸 내에서 사용자들이 의견을 개진할 수 있게 한다고 생각해보자. 엄청난 관심을 끌 것이 분명하다."

2008년 초, 토론토에 위치한 소셜미디어 그룹 Social Media Group 은 이른바 소셜미디어 보도자료 버전3으로 불리는 템플릿을 발표했다. 이 회사는 "새로운 포맷을 통해 사진, 동영상, 오디오 클립, 그래프, PDF, 원문 텍스트, 기타 가능한 업데이트 방식 등 멀티미디어를 복합적으로 사용하는 방식으로 스토리를 업데이트할 수 있다"고 말했다. 또한 이 모델은 콘텐츠를 유튜브나 플릭커 같은 사이트에서도 볼 수 있어서 검색엔진과 커뮤니티에 추가로 노출되는 효과도 얻을 수 있었다. 쉬프트 커뮤니케이션 역시 새로운 버전의 템플릿을 발표했다.

앞으로도 한동안 소셜미디어 보도자료에 대한 논란은 계속될 것이다. 또한 문서 형식의 전통적인 보도자료 역시 여러 가지 단점에도 불구하고 오랫동안 지속될 게 분명하다.

## 성공적인 콘텐츠 배포

조디 드비어 Jody DeVere 는 애스크패티 AskPatty 를 '작지만 뭐든지 할 수 있는 블로그'라 부른다. 2년간의 더딘 성장 끝에 조디가 이 사이트를 입소문 마케팅 장치로 변신시켰다는 사실을 생각하면 아주 적절한 표현이다.

나는 《링크의 경제학》에서 애스크패티에 대한 내용을 다루었다. 이 사이트는 여성 운전자의 권익 증진에 힘쓰는 사이트로 혁신적인 블로깅의 대표적인 예다. 조디는 자동차 구매를 결정할 때 여성들의 영향력이 제대로 인정받지 못한다는 생각에서 이 사업을 시작했다. 애스크패티의 목표는 자동차 영업사원이 여성고객을 상대하는 방법을 훈련하고, 자동차에 관심이 있는 여성들이 회원인 사이트를 만드는 것이었다.

2006년 말, 이 회사가 공식적으로 출범할 당시 그녀를 처음 만났는데, 그후 정말 많은 변화가 생겼다. 오늘날 애스크패티는 수백 명의 영업사원들을 훈련하고 있으며, 영업 이외의 다른 분야에서도 문의사항이 수천 건이나 쌓여 있다.

처음엔 조그만 블로그로 시작된 그녀의 사업은 이제 전문가의 조언, 커뮤니티 토론, 소프트웨어 어플리케이션 등 다양한 자료의 혼합체로 발전하고 있다. 50명의 여성 자동차 전문가 패널이 블로그와 팟캐스트를 통해 회원들의 질문에 답해준다. 회원들이 자동차 구매 결정을 내릴 때 사용할 수 있는 상품 설정과 엔진 비교도 제공되며, 자동차 서비스를 받을 시기가 되면 회원들에게 알림서비스를 제공해주는 캘린더도 있다. 이 사이트의 트래픽은 매달 두 자리 비율로 성장을 거듭하고 있다. 주류미디어의 광고 없이 약간의 인터넷 광고만 이용하고도 이런 성공을 거둔 것이다(조디는 '돈 낭비하지 마라'라고 말한다).

비결은 콘텐츠를 주변에 열심히 퍼뜨리는 것이다. 조디 드비어는 콘텐츠 배포syndication, 북마크, 이메일, 전통적인 네트워크를 적극 활용하여 수천 개의 애스크패티의 기사를 웹 전체에 퍼뜨리는 데 있어서 따라올 자가 없는 달인이다.

> **SECRET**
> 모든 곳에서 콘텐츠를 배포하라.

여기서 배울 수 있는 소중한 교훈은 당신의 웹사이트에 콘텐츠를 게시하는 것은 단지 시작에 불과하다는 점이다. 콘텐츠 배포 파트너와 대안 채널들을 통해 이를 효과적으로 홍보하면 메시지를 열 배 또는 스무 배나 많이 전달할 수 있다. 심지어 주류미디어에까지 전달할 수도 있다.

우먼코프WomenCorp, 마미톡Mommytalk, 패뷸러스리40Fabuously40, 쿨맘픽스CoolMomPicks, 디바인 캐롤라인DivineCaroline 등의 여성전문 사이트에 가면 애스크패티가 자동차 전문가의 역할을 담당한다는 걸 알 수 있다. 신문들도 애스크패티의 자료를 배포하기 시작했다. 조디는 이런 콘텐츠 배포에 아주 관대하다. 보통 그녀는 배포의 대가로 링크만 요구한다. 하지만 그녀만의 비결이 있다.

먼저, 이런 콘텐츠 배포 협상은 전혀 비용이 들지 않는다. RSS피드는 자동적으로 애스크패티에 게시된 새로운 자료를 협력 네트워크 사이트로 보내준다. 대부분의 소셜네트워크 회사들은 새로운 콘텐츠가 많으면 많을수록 좋아한다. 왜냐하면 이를 통해 검색엔진에서의 트래픽 성과를 향상시킬 수 있으며, 방문자를 끌어들일 수 있기 때문이다. 그들의 상호 링크는 또한 애스크패티에 대한 검색엔진 노출 효과를 더욱 높여주고, 이로 인해 트래픽도 함께 증가한다. 이는 결국 콘텐츠 배포 수요를 더욱 증가시키는 것이다. 이런 식으로 계속 트래픽이 증가하는 놀라운 효과를 거둔다.

또한 조디는 온라인시장에서 확실한 틈새를 공략했다. 만일 그녀의 사이트가 단지 차에 관한 사이트라면 넓디넓은 백사장 속의 작은 모래알 같았을 것이다. 그러나 애스크패티는 여성을 겨냥한 자동차 사이트이다. 이것이 바로 검색엔진에서 자석 같은 역할을 하면서 애스크패티가 만드는 주제, 태그, 피드에 독특한 색깔을 불어넣어준다. 틈새시장의 힘을 간파한 조디는 이렇게 말한다.

"기본적으로 우리는 여성들이 차에 대해 궁금해하는 질문들을 널리 배포합니다. 그래서 동일한 질문을 하는 다른 사람들로부터 생기는 엄청난 검색 트래픽의 효과를 보고 있죠. 우리는 전문적이고 키워드가 풍부한 콘텐츠를 만들어서 여성고객들이 쉽고 자연스럽게 우리를 찾을 수 있도록 하는 전략을 유지할 것입니다."

컴퓨터의 달인이라면 일하는 데 많은 도움이 된다. 조디는 가능한 한 많은 바이러스 홍보 전략을 시도해보았다. 새로운 여성전문 소셜 북마크 사이트, 스커트Skirt는 새롭게 발견한 그녀의 선호 사이트이다. 또한 그녀는 스텀블어폰의 열광적인 팬이며, 자신의 친구들과 비즈니스 파트너들이 만든 콘텐츠를 홍보하기 위해 많은 노력을 기울인다.

그녀는 또한 정기적으로 스퀴두Squidoo, 딜리셔스, 넷스케이프 북마킹 사이트에 새롭고 흥미로운 콘텐츠를 올리고 있다. 페이스북, 마이스페이스, 트위터, 자이쿠Jaiku에도 애스크패티 프로필이 있다. 애스크패티는 심지어 모토어빌리티Motorability라는 이름으로 세컨드 라이프SecondLife에 섬을 가지고 있다. 모토어빌리티를 통해 그녀는 자신이 좋아하는 자선단체인 유나이티드 스파이널UnitedSpinal.org과 자동차 문화에 대한 인지도를 높이기 위해 노력하고 있다. 또한 카페인과 자동차Caffeine and Cars라는 이름으로 정기적인 채팅을 운영한다.

"우리는 실질적인 파워를 가지고 있는 인터넷 사용자는 세컨드라이프에 있다는 사실을 알게 되었습니다."라고 그녀는 말한다.

조디의 회사는 자체적인 소셜네트워크도 구축했다. 카블래버 CarBlabber는 여성이 여성고객을 대상으로 쓴 자동차에 대한 리뷰를 제공한다. 여성들이 차에 대해서 남성과는 다른 시각을 가지고 있다는 사실을 알려주는 곳이다. "남자들은 차를 볼 때 즉시 덮개 hood를 열어보죠. 하지만 여자들은 차를 전체적인 관점에서 봅니다. 여성들은 '아이가 넷인데 어떻게 다 태울까?' 이런 질문을 던지죠." 카블래버는 이런 질문을 진지하게 다룬다.

애스크패티의 온라인 홍보 계획이 효과를 발휘하는 까닭은 조디가 온라인 미디어의 원리를 간파했기 때문이다. 그녀는 블로거들과 네트워크 회사들이 저렴하면서도 자주 업데이트하는 콘텐츠를 좋아한다는 사실을 알고 있다. 또한 그녀는 전통적인 미디어가 점점 블로거들을 전문 소스로 활용하며, 재정난에 허덕이는 신문사들 역시 내용의 질과 가격이 적절하다면 블로거의 콘텐츠를 기꺼이 받아들인다는 사실도 잘 알고 있다.

그녀의 사업은 빠른 속도로 성장하고 있다. 매주 두세 건의 미디어 인터뷰를 처리하고 블로그에 언급되는 일이 거의 일상생활이 되었다. 그녀는 답변을 달고 콘텐츠를 정리하는 키보드 작업이 너무 많아서 저녁이면 손에 얼음마사지를 할 때가 있다고 했다. 하지만 점점 콘텐츠와 서비스를 제공하는 자원자들이 늘어나서 여유가 생기고 있다고 한다. 그녀의 조언은 바로 이것이다.

"틈새를 공략하고 사수하라. 그리고 경쟁력 있는 대화를 준비하라."

MEASURING RESULTS

CHAPTER
15

# 효과를 측정하라

소셜미디어 결과 측정에 대한 상식적인 접근법을 알려준다. 무조건 숫자를 가지고 왈가왈부할 게 아니라 당신에게 의미 있는 숫자에 집중해야 한다.

"표준이 되는 측정방식은 존재하지 않는다.
당신에게 중요한 것을 측정하라."

– 케이티 페인, 온라인 측정 분야의 선도자로 '성과측정에 관한 회의' 창설자 –

온라인 마케터는 역설에 직면해 있다. 인터넷은 지금까지 등장한 매체 중 가장 측정하기 좋은 매체다. 하지만 동시에 보편적으로 인정할 만한 측정기준이 부족해서 마케팅 계획을 추진할 때 걸림돌이 된다.

온라인 성과 측정방식에 대한 논란 때문에 전문가들이 어려움을 겪고 투자가 보류되기도 한다. TV와 라디오 홍보의 결과를 측정하는 것은 온라인 마케팅의 측정보다 훨씬 더 어렵지만, 대신 오랜 시간에 걸쳐 쌓인 기존 자료들이 있다. 전통적인 미디어는 오랫동안 홍보에 사용되었기에 경영자들은 이런 자료를 큰 거부감 없이 받아들인다. 그러나 인터넷은 한치 앞을 내다보기가 어렵고, 소셜미디어의 신세계는 아직 혼란스러운 곳이다.

바로 이런 점이 마케터들을 어려운 상황에 빠뜨리는 것이다. 뉴미디어에 대한 실험을 권장받는다 해도 실제로 돈을 받는 것은 예측 가능한 결과에 근거해야 한다. 따라서 많은 소셜미디어 계획들이 일시적이고 불확실해 보이는 게 어찌 보면 당연하다.

효과 측정방식이 마케터들의 온라인 미디어 선택을 가로막는 가장 큰 장벽이라는 견해가 많다. 맥킨지 컨설팅이 410명의 마케팅 임원들에 대해 조사한 보고서에 따르면, '효과 측정방식의 불충분'이 온라인 투자를 망설이게 하는 첫번째 요인이라고 한다.

2007년 말, 디지털마케팅 컨설팅회사 사피언트Sapient가 120명의 마케팅 전문가를 대상으로 조사를 실시했다. 그랬더니 응답자의 51%가 다양한 채널을 통해 실시간으로 이루어지는 캠페인의 효과를 측정하는 자신들의 능력에 대해 '약간 확실' 또는 '전혀 확실하지 않음'이라고 답했다. 심지어 35%는 소셜미디어가 가장 확신 없는 분야라고 대답했다.

사람들이 측정방식을 놓고 논쟁하는 와중에도 측정방식은 점점 다양하고 정교해지고 있다. 불과 10년 전만 해도 오로지 히트 수hit만이 측정의 표준이었다. 오늘날에는 페이지뷰, 순방문자 수, 방문경로, 참조 URL, 재방문 수, 검색엔진 경로를 비롯해 최소 20여 개의 측정방식들이 사용된다. 각각의 측정방식은 나름대로의 가치와 약점을 동시에 가지고 있다.

측정기준으로는 훌륭하지만 웹사이트 트래픽과 직접적인 연관이 없을 수도 있다. 예를 들어 블로그 참조 수, 언론 언급, 딕 추천 수 등이 늘어나고 브랜드 인지도가 향상된 것으로 볼 때 소셜미디어 캠페인이 성공적이라고 측정되어도 실제 방문자 수는 늘지 않을 수도 있다.

일반적으로 인정받는 측정방식 또한 그릇된 판단을 이끌어낼 위험이 있다. 2008년 초, 미디어 대행사 스타콤USA Starcom USA, 광고 네트워크 타코다 Tacoda, 조사분석 회사 콤스코어가 공동으로 실시한 조사에서 몇 가지 놀라운 사실이 발견되었다.

> **SECRET**
> 조사에 따르면 인터넷 사용자들 대다수는 광고를 클릭하지 않는다.

이 조사를 통해 온라인 광고를 많이 클릭하는 소위 '헤비 클릭커 heavy clickers'가 존재한다는 사실이 밝혀졌다. 그들은 온라인 인구의 6%에 불과하지만, 광고 클릭 회수에서는 무려 50%를 차지하고 있다. 또한 다른 10%가 광고 클릭의 30%를 추가로 차지한다는 사실도 확인되었다. 결론적으로 온라인 사용자의 6분의 1도 안 되는 사람들이 전체 광고 클릭의 80%를 차지한다는 것이다.

더 유용한 조사 결과도 있다. 인터넷 인구 이용자 중 68%는 광고를 단 한 번도 클릭하지 않는다는 것이다. 헤비 클릭커는 주로 젊은 사람들이고 가계 수입이 연 5,000만 원 미만이다. 또한 다른 사용자들보다 4배나 많은 시간을 온라인에서 보내며 경매, 도박 그리고 구인구직 사이드를 많이 이용하는 경향을 보인다.

조사 결과가 사실이라면 측정방식에 대한 논쟁은 더 복잡해진다. 마케터들은 광고도달률과 빈도수 reach-and-frequency, 시청자 점유율 Share of Audience 같이 영업 실적으로 연결될 수 있는 단순한 수치를 선호한다. 클릭 수가 방문자 활동을 반영하지 않는다면, 도대체 무엇이 방문자 활동을 반영하는가?

이 장에서 사용자 참여 정도를 측정하는 여러 방식들을 살펴보자. 물론 측정방식 자체에 대한 업계의 논란은 앞으로도 한동안 지속될 것이다.

## 기본으로 돌아가라

> **SECRET** 관계자들이 모두 합의한다면 측정방식의 종류는 상관없다.

목표와 관련됐다면 어떤 측정방식이라도 가치가 있다. 따라서 성공적인 측정의 첫 단계는 가장 정량적이지 않은 것부터 출발한다. 먼저 전략에 대한 이야기부터 시작하라. 마케팅팀, 경영 그리고 모든 외부대행사가 무엇을 측정할지 합의한다면 측정기준에 대한 논란을 최소화시킬 수 있다.

케이티 페인Katie Paine은 온라인 측정 분야의 선도자이다. 그녀는 PR 성과측정 블로그PR Measurement Blog를 만들어 글을 쓰며 이 분야를 이끄는 행사인 '성과측정에 관한 회의Summit on Measurement'를 창설했다. 그녀는 순방문자 수와 페이지뷰를 비교하며 논쟁하지 않는다. "표준이 되는 측정방식은 존재하지 않는다. 당신에게 중요한 것을 측정하라." 이것이 그녀의 주장이다. 《PR효과 측정하기Measuring Public Relationships》라는 저서에서 자신만의 7단계 측정 프로그램을 소개했다.

### 페인의 측정 프로그램 7단계

- **1단계**: 당신이 소통하고자 하는 대상을 정의하라. 홍보전문가는 이 부분에서 합의점을 못 찾을 때가 많다. 특히 대기업에서 심하다. 홍보부 내부에서조차 고객층을 제멋대로 생각한다. 어떤 캠페인이 시작되기 전에 책임자들이 한자리에 모여 누가 캠페인의 대상자인지 규정해야 한다.

- **2단계**: 각 대상에 대한 목표를 명확히 세워라. 인지도 구축, 고객 접점 만들기, 매출 증대, 대중 교육, 위기관리 등이 목표가 될 수 있다. 페인은 이런 목표별로 순위를 매긴 후 측정 가능한 성공 기준을 부여하라고 주장한다. 언론의 언급 비율 25% 증가처럼 말이다.

- **3단계**: 측정기준을 명확히 잡아라. 기준이 구체적일수록 성과로 연결시키기 쉽다. 회사가 언급된 머리기사의 25% 증가나 경쟁 회사대비 언론 언급 비중의 증가를 예로 들 수 있다.

- **4단계**: 출발점을 명확히 밝혀라. 어느 정도 개선되었는지 측정할 기준선을 의미한다. 기본적인 출발점은 종종 경쟁사대비 마인드 점유율 mind share (소비자가 특정 브랜드를 경쟁 브랜드에 비해 먼저 떠올리는 정도)이나 명확하게 정의되어 있는 이전의 성과 등급과 관련이 있다.

- **5단계**: 측정도구를 선정하라. 성공 여부를 측정하는 기준은 웹사이트 트래픽과 밀접히 관련돼 있으며, 기사 스크랩, 조사분서, 블로거 인용 또는 경쟁사대비 마인드 점유율 등이 포함된다. 페인은 온라인 설문조사 같은 전통적인 측정도구도 다른 것과 확실히 비교할 수만 있다면 적절한 방법이 될 수 있다고 강조한다.

- **6단계**: 데이터를 분석하고, 행동에 옮길 결론을 도출하여 권고안을

마련하라. 좋든 나쁘든 모든 결과를 분석해서 바꿔야 할 것을 결정하라. 당신이 제어할 수 있는 요소에 초점을 맞춰라. 시장상황이나 경쟁자를 바꾸는 것은 당신이 주도할 수 있는 일이 아니다.
- 7단계: **변화를 추진하고 재측정하라.** 훌륭한 측정은 일회성으로 끝나지 않는다. 시간이 갈수록 가치가 높아지는 지속적인 프로세스이다. 조급하게 단편적인 현상에만 매달리지 마라. 전체적인 맥락 없는 단편적인 측정값들은 아무런 의미가 없다.

페인은 측정의 대상을 3가지 주요 요소로 나누어 요약한다.

- **결과물** Outputs  홍보 노력의 결과로 만들어진 동영상, 미디어 등장, 블로그 언급 등.
- **인식 정도** Outtakes  결과물을 접하고 사람들이 메시지를 이해하는 정도.
- **최종성과** Outcomes  사람들의 행동이 실제로 바뀌는 정도.

그녀는 어떤 것이든 측정 가능하기 때문에 도구만 결정하면 남은 것은 측정을 실행하는 것뿐이라고 주장한다.

페인은 언론인, 블로거, 행사고객, 지역고객들에서 심지어 내부 직원들까지, PR담당자가 만족시켜야 하는 다양한 사람들을 상대하면서 측정은 몇 가지 기본 사항들에 대해 집중하는 것이라고 계속해서 강조한다. 페이지뷰와 순방문자 사이의 선택 문제가 아니라, 각자의 상황에 적합한 측정방법을 선택하여 철저하게 적용하는 것이다.

스쿠데리 Scuderi 그룹은 2006년 초 에어하이브리드 블로그 Air Hybrid Blog를 만들 당시, 회사 안팎의 다양한 요소들을 자세히 조사했다. 회사의 목표는 독성물질 배출은 줄이면서 연료 효율을 3배 이상 개선한 혁신적인 내연기관 엔진의 인지도를 높이는 것이었다. 스퀴데리의 홍보대행사 토파즈 파트너 Topaz Partners의 팀 앨릭Tim Allik은 이렇게 밝혔다. "일인칭 문체를 많이

> **SECRET**
> 성공 여부를 가늠할 가장 유용한 기준들은 무형의 결과인 경우가 많다. 새로운 지식의 습득이나 아이디어 테스트처럼 말이다.

쓰지 않고 좀더 많은 뉴스피드를 만들기로 했습니다. 우리는 블로그를 통해서 선별된 대상에게 회사 뉴스를 전달합니다."

스퀴데리는 블로그를 전략적으로 사용하여 주요 간행물에 실리거나 블로거들에게 언급되는 것 같은 외부적 요소의 측정을 고려했다. 또한 유튜브에서 데모 동영상을 상영하고, 팟캐스트와 이메일 뉴스레터를 제공하면서 시청률과 개봉률을 모두 모니터한다.

"우리는 이런 방식을 전 세계적인 비디오와 오디오 무료상영으로 여깁니다. 이렇게 해서 뭔가를 밖에 뿌리는 대신 고객을 끌어모으는 것이죠." 이상이 앨릭의 말이다.

## 진짜 성공이 무엇인지 생각하라

포레스터 리서치의 애널리스트 제레미아 오양은 2008년 블로그에 올린 글을 통해서 성공의 측정기준을 추상적인 부분까지 확대시켜 좀더 긴 안목에서 봐야 한다고 말했다. 그는 너무나 많은 고객들이 툴 자체에만 집중하고, 정작 툴을 통해서 구축할 목표에 대해서는

소홀하다고 지적했다. 따라서 기업은 궁극적으로 이루고자 하는 목표를 가지고 성공의 측정기준을 만들어야 한다고 주장한다. 그는 성공의 기준으로 다음의 예를 들었다.

- 이전에 몰랐던 고객에 대하여 뭔가를 배울 수 있었다.
- 우리의 이야기를 고객에게 전달했으며, 고객이 이것을 다른 사람과 공유하도록 했다.
- 블로그에 고객 댓글이 게시물보다 많았다.
- 온라인 커뮤니티를 통해 고객이 서로 돕고 비용을 절약했다.
- 실험적인 프로젝트로 성공적인 미래 프로젝트의 토대를 마련했다.
- 양방향 소통을 새로운 방식으로 접해보는 경험을 얻었다.
- 이전에는 접근하지 못했던 몇몇 고객과 접촉하여 피드백과 지식을 교환했다.
- 고객으로부터 이전에는 몰랐던 뭔가를 배웠다.

오양은 만일 회사 고위 관리자가 이런 큰 목표를 승인해준다면 마케터의 성공 확률이 훨씬 높아진다고 주장했다. 소셜미디어 캠페인에서는 시장의 급속한 변화나 새로운 개념을 허용해주어야 한다. 너무 단기적인 측정방식에 집중하는 것은 실패의 지름길이다. 앞에도 언급했듯이 성공적인 캠페인들은 1년 이상 공을 들여야 인지도 상승과 커뮤니티 구축 효과를 볼 수 있는 경우가 많았다.

## 기본에 충실하라

높은 수준의 목표가 이상적이긴 하지만, 현실적으로 많은 캠페인들은 분명한 측정기준과 단기적인 측정기준에 매일 수밖에 없다.

오늘날의 프로젝트에는 과거의 마케팅 프로그램보다 훨씬 풍부한 측정기준이 적용되어야 한다. 그 이유 중 하나는 소셜미디어 캠페인은 당신의 사이트뿐만 아니라 다른 사이트에서 일어나는 일에 의해서도 영향을 받기 때문이다. 과거에는 순방문자 수, 페이지뷰, 체류 시간 등이 성공의 척도였다. 그러나 오늘날에는 아래의 요소들까지 고려해야 한다.

> **SECRET**
> 소셜미디어 성과 측정 기준에는 다른 사이트에서의 활동이 포함되어야 한다. 때로 측정하기 어려운 점이 있더라도 그렇게 해야 한다.

- 검색엔진 순위
- RSS 구독자 수
- 소셜북마크 활동
- 당신의 사이트와 다른 사이트에서의 댓글
- 외부에서 오는 링크
- 블로그 언급
- 토론 그룹 게시물
- 소셜네트워크 회원
- 블로그 검색엔진 순위(테크노라티, 블로그라인 또는 블로그펄스)
- 주류미디어 언급

- 추천 링크
- 알렉사나 컴피트Compete 순위
- 검색엔진을 통한 트래픽
- 긍정·부정적인 반응 분석
- 동영상 시청률
- 콘텐츠에 대한 매시업Mashup(콘텐츠를 조합해서 다른 창작물을 만드는 것)
- 모방이나 패러디 동영상
- 콘테스트 참여 수

각각의 요소들을 경쟁사의 성과와 비교해서 측정할 수 있어야 한다. 성과를 측정하는 방법이 많기 때문에 어떤 한 가지 측정방식이 다른 것들에 비해 뛰어나다고 지목할 수 없다. 이런 이유 때문에 목표를 분명히 세우는 것이 중요하다.

만약 목표가 브랜드 인지도 구축이라면, 소셜미디어나 전통적인 미디어에서의 언급 정도를 경쟁사와 비교하면 유용하다. 만약 고객 접점 만들기가 목표라면, 정보제공 동영상에 대한 외부에서의 참조 트래픽이 효과적일 것이다. 또한 매출 올리기가 목표인 경우에는 상품설명 주문서에 대한 참조 URL을 추적해보는 것이 좋다.

웹 분석도구는 갈수록 정교해지고 있다. 옴니추어Omniture, 웹트렌즈WebTrends, 코어메트릭스Core Metrics 같은 전문 도구들은 다양한 종류의 콘텐츠와 전달 포맷 등이 통합된 캠페인을 관리할 수 있도록 도와준다. 불과 몇 년 전만 해도 거금을 들여야 했던 기능을 이제는 구글 애널리틱스Google Analytics와 스탯카운터StatCounter 같은 무료 툴 덕에 공짜로 사용할 수 있다. 하지만 내부·외부 측정치를 한곳에서 모두 제공하는 서비스는 없다.

측정에 대해 심도 있게 다루는 훌륭한 블로그와 웹사이트를 몇 개 소개한다. 히트와이즈 인텔리전스Hitwise Intelligence, 오캄스 레이저 Occam's Razor, 캡틴 블랙빅스 블로그Captain Blackbeaks Blog, 퓨처나우 FutureNow 등이다. 모든 온라인 마케터가 알아야 하는 기본적인 전술을 여기 소개한다. 이런 간단한 방법이 얼마나 자주 무시되는지 생각하면 놀라울 뿐이다.

## 온라인 마케터가 알아야 할 기본 전술

### 1. 추적코드를 사용하라.

외부로 전달되는 모든 것에는 그것만의 추적코드tracking code가 딸려 있어야 한다. 인쇄물, 이메일, 웹사이트 무엇이나 마찬가지다. 이렇게 해야 캠페인 분석의 핵심인 트래픽 출처를 쉽게 찾을 수 있다.

### 2. 독자적인 랜딩 페이지를 사용하라.

수준 있는 웹마케터조차 광고로 생긴 트래픽을 그냥 웹사이트 메인페이지로 보내고 있다는 사실을 보면 놀라지 않을 수 없다. 이런 식으로는 이메일 홍보로 트래픽이 생겨도 추적이 불가능하다.

> **SECRET**
> 방문자 경로와 재방문자는 중요하면서도 과소평가되는 요소이다.

이메일 마케팅에 연결된 독자적인 랜딩페이지 URL을 이용하면 이런 문제를 피할 수 있다. 단지 이메일에서만 효과가 있는 것이 아니다. 만일 방문자가 이메일 메시지에 있는 일반적인 링크를 소셜북마크 사이트에 북마크하고 다른 사람들과 공유한다면 참조 URL은 결국 소셜북마킹 사이트가 될 것이다. 주소를 독특하게 만들어 원래 캠페인에 대한 성과를 추적할 수 있도록 만들자.

### 3. 확실한 곳에 집중하라.

분석을 해보면 방문자를 끌어들이는 데 월등히 효과적인 몇몇 참조 URL을 찾을 수 있다. 이 URL은 당신의 웹사이트에 있는 것일 수도 있고, 다른 사람의 웹사이트에 있는 것일 수도 있다. 이 URL에 집중하라. 이곳의 트래픽을 증가시키는 데 온 힘을 기울여야 한다. 해당 사이트의 광고를 사거나 링크를 교환하는 것도 좋은 방법이다.

이런 페이지에 대한 정보를 함께 일하는 블로거나 웹마스터와 정기적으로 업데이트하고 공유해서 링크를 연결할 수 있는 모든 기회를 잡아라.

### 4. 검색어에 주의를 기울여라.

분석도구를 통해 어떤 검색어가 효과적인지를 알 수 있다. 이 검색어에 대한 검색광고 집행을 고려하고, 일반 웹문서 검색 결과 순위를 향상시키기 위해 당신의 사이트에서 이 검색어를 자주 사용하라.

### 5. 재방문자를 세밀히 조사하라.

이 표준적인 측정지표는 가장 적극적인 사람이 누구인지 알려주기 때문에 아주 효과적인 방법이다. 단골손님들이 당신의 사이트를 항해하는 방법에 대한 모델을 만들기 위해 접속 페이지와 방문자 경로 그리고 참조 URL을 면밀히 분석하라.

### 6. 방문자의 이동 경로를 분석하라.

종종 간과되었던 방문자 경로 분석은 방문자가 당신의 사이트에서 어떤 페이지를 보았는지를 보여준다. 대부분의 방문자는 한 페이지만 보고 떠나버리는 반면, 어떤 이는 계속 머무르면서 여기저기를 둘러본다. 그들의 이동 패턴을 살펴보면 어떤 링크가 당신에게 효과적인지 알 수 있다. 특히 궁극적인 목표 페이지로 사람들을 이끄는 링크 즉, 다운로드를 발생시키거나 리드를 유발하거나 또는 매출을 일으키는 링크를 살펴보아라. 그리고 이들을 더욱 원활하게 전파할 수 있는 방법을 연구하라.

가장 중요한 것은 당신과 임원들이 중요시하는 측정방식을 선택하는 것이다. 이것이 앞에 나온 케이티 페인의 측정 프로그램 7단계에서 규정된 목표 중 일부가 되어야 한다.

당신이 중요시하는 측정방식은 목표에 따라 달라진다. 예를 들어, 웹프로뉴스WebProNews의 리 오든Lee Odden은 아래처럼 블로그의 특성에 따라 각기 다른 측정방식을 선호한다고 말했다.

- 광고 수입이 목표인 블로그 순방문자, 페이지뷰, 가입자.
- 고객 접점이 목표인 블로그 질문, 체류 시간, 재방문자.
- 검색엔진 최적화가 목표인 블로그 검색어 순위, 링크, 참조 트래픽.
- 선도적 리더십이 목표인 블로그 미디어 언급, 유명한 블로거로부터의 링크, 가입자, 분야별 최고 목록에 포함 여부.

## 개인적으로 선호하는 측정기준

나는 개인적으로 관리하는 몇몇 웹사이트와 블로그에 대해서 다음의 측정방식을 중요시한다.

- **페이지뷰** 사이트의 성적이 어떤지를 신속히 검토하는 방법으로 이만큼 간단하고 효과적인 게 없다.
- **재방문자** 눈여겨볼 만한 가장 중요한 요소이다. 재방문자가 많다는 것은 그만큼 '고착성 stickiness'이 강하다는 것으로, 사람들이 사이트를 북마킹하고 주목한다는 뜻이다.
- **방문당 페이지 수** 이 숫자는 변동이 거의 없는 경우가 많지만, 수치가 지속적으로 상승세라면, 방문자에게 흥미로운 콘텐츠와 유용한 정보를 제공하고 있음을 의미한다.
- **RSS구독** 나의 목표는 광고 수입을 창출하는 것이라기보다 노출을 유지하는 것이다. 사람들이 콘텐츠를 보기만 한다면 사이트를 방문하든 말든 상관하지 않는다. 그렇기 때문에 RSS구독은 일일 방문자 수만큼이나 중요하다.
- **참조 사이트** 다른 사람이 당신의 사이트를 링크했다는 것을 알게 되면 참 기쁘다. 그리고 그 링크로 트래픽이 유발되는 것은 더욱 기쁜 일이다. 참조 사이트들을 내 블로그롤에 링크하거나 그 사이트의 소유자에게 이메일로 내 뉴스레터를 구독하기를 원하는지 묻는 게 도움이 된다.
- **검색엔진 순위** 구글의 검색 결과 첫 페이지에 등장하면 트래픽을 지속적으로 증가시킬 수 있다. '영향세력 influencers'이라는 검

색어로 구글에서 검색했을 때 《링크의 경제학》 웹사이트가 상위 10개 안에 들자 트래픽이 3배로 늘어났다.
- **검색어** 어떤 검색어가 트래픽을 유발하는지를 알게 될 때 무릎을 탁 치게 되는 경우가 많다. 어쩌면 그 검색어는 의외의 단어일 수도 있다. 이를 바탕으로 검색어와 태그 사용을 최적화시킬 수 있다.

무엇보다 집중의 중요성을 강조하고 싶다. 가장 기본적인 분석 툴에서 제공되는 엄청난 수의 측정방식을 모니터하느라 정신없이 허둥댈지도 모른다. 여러 개의 측정기준을 피상적으로 이해하기보다 몇 개라도 정확히 파악하는 것이 바람직하다.

## 새로운 측정방식의 부상

측정방식에 대한 논란이 계속되는 한 사람들은 더 나은 기준을 찾으려 애쓸 것이다. 측정방식 중 인기 있고 단순하면서도 인정받고 있는 개념이 바로 고객충성지수 NPS, Net Promoter Score 이다. 프레드 라이켈트가 그의 저서 《1등 기업의 법칙》에서 처음 소개한 이 지표는 민족고객의 수에서 불만족고객의 수를 뺀 점수이다. NPS는 최고의 방법이 아닐 수도 있지만, 문제가 있다는 사실을 알려주는 훌륭한 지표이다.

> **SECRET**
> 고객충성지수 NPS 는 단순하지만 강력한 측정방식이다.

《소셜 웹 마케팅》에서 래리 웨버는 GE헬스케어사가 NPS를 사용하여 유럽에서의 영상진단장치 사업이 제대로 진행되고 있지 않는다는 점을 규명한 사례를 소개했다. 심층조사 끝에 회사의 고객지원시스템에 문제가 있음을 발견했고, 이 문제가 시정되자 해당 부서의 NPS가 즉시 회복되었다.

라이켈트는 대부분의 기업에서 만족고객의 수가 불만족고객의 수보다 약간 많으며, NPS가 경영 성과와 직접적인 연관성을 가지고 있다고 주장한다. 이런 측정방법을 블로거 샘플링에 적용하는 것은 비교적 간단하다.

델컴퓨터의 사례가 라이켈트의 주장을 뒷받침해준다. 2006년, 델이 블로거들을 모니터하기 시작했을 때 부정적인 블로그 댓글의 비율이 거의 50%에 달했다고 델의 리차드 빈해머는 말했다. 델은 즉시 개선의 노력을 기울였다. 18개월이 지난 후 부정적인 댓글의 비율은 20%에서 멈추었고, 그후 계속 이 수준에 머물고 있다.

정치계에 몸담은 경력이 있는 빈해머는 그 20%가 영구불변일 수 있다고 생각한다. 그에 따르면 미국 인구의 20%는 후보자와 관계없이 같은 정당에 표를 던지고, 기업이 가진 고객의 40% 정도는 회사를 열정적으로 지지하거나 끝까지 부정적인 태도를 보인다고 한다. 결국 마케터가 뛰는 무대는 그 중간에 존재한다는 말이다.

뷰포인트Viewpoint Corp는 사용자참여 인덱스User Engagement Index라는 온라인 광고 효과 측정방식을 사용한다. 이 인덱스는 '마우스 움직임, 배너 확대, 전체화면보기 클릭, 데이터 캡처, 바이러스 효과' 같은 메시지 전달 요소를 분석한다. 뷰포인트는 가장 효과적인 메시지가 무엇인지 알아내기 위해 모든 광고에서 이런 요소들을 추적하고 분석한다. 이런 측정방법의 많은 부분이 소셜미디어 채널이나 플래

## 온라인 영향력을 측정하는 2가지 새로운 접근법

영향력 측정에는 많은 변수가 존재하므로 몇몇 독창적인 PR전문가는 여러 가지 방법을 짜맞추는 방식으로 나름대로의 측정방법을 고안해낸다.

에델만 유럽의 CEO인 데이비드 브레인 David Brain 은 소셜미디어 인덱스 Social Media Index 를 고안하여 2007년 블로그에 게시했다. 이 인덱스는 구글 페이지랭크 PageRank, 테크노라티 랭킹, 게시물 빈도, 댓글 수, 페이스북 랭킹, 트위터 친구, 딕 점수, 블로거의 인기뿐만 아니라 다른 미디어에서의 활동을 평가하는 기타 여러 가지 요소들을 조합하여 가중 산출하는 방식이다.

인덱스 결과를 통해 활동적인 블로거들은 다른 미디어에서도 활발히 활동하며, 개인의 활동이 기업에 비해 특히 성적이 좋다는 사실을 알 수 있었다. 데이비드 브레인의 게시물에 달린 수백 개의 댓글은 이와 같은 종합적인 랭킹에 대한 관심이 높음을 증명한다.

PR블로거 브랜든 쿠퍼 Brendan Cooper 역시 테크노라티 순위, 외부에서 오는 링크, 구글과 블로그펄스의 인용을 기간별로 조합하여 종합적인 평가를 시도했다. 그는 산출된 종합 순위를 기본적인 테크노라티 순위와 비교하여 테크노라티가 전반적으로 영향력 측정을 잘 수행하고 있음을 알게 되었다. 또한 그는 야후에 의해 측정되는 링크는 권위를 가늠하는 지표 중 가장 신빙성이 떨어지는 지표라고 결론내렸다.

시 또는 자바 프로그램에서만 사용할 수 있다. 만일 당신의 사이트가 이런 툴을 사용한다면, 특화된 측정방법을 이용해서 방문자들의 행동에 대해서 놀라운 통찰력을 얻을 수 있을 것이다.

이제 결론을 내려보자. 마케터들은 앞으로도 수년간 측정방법의 세세한 부분까지 논쟁할 것이다. 모든 사람이 기준에 합의할 때까지 마냥 기다리는 것은 의미 없는 일이다. 왜냐하면 상황마다 다른 기준이 적용되기 때문이다. 이미 유용한 방법들이 제공되고 있다. 어떤 것이든 선택해서 먼저 시작하는 것이 합의만 기다리며 허송세월하는 것보다 낫다.

CELEBRATING CHANGE

CHAPTER
# 16

# 변화를 즐겨라

끊임없이 변화하는 소셜미디어 마케팅 분야의 향후 5년을 내다본다. 새로운 미디어 세계에서 용서받을 수 없는 두 가지 죄는 두려움과 행동하지 않는 것이다. 어렵다고 포기하지 말고 언제나 최선을 다하려는 마케터에게 격려의 메시지를 보낸다.

미디어 세계는 지난 5년 동안 이전 50년의 변화보다
훨씬 더 큰 변화를 경험했다.
앞으로의 5년도 그런 변화가 계속될 것이다.
- 2008년 2월 12일, 웬다 해리스 밀라드, 마사 스튜어트 리빙 옴니미디어 미디어국 사장 -

미디어 세계에서 지난 500년 동안의 변화보다 더 큰 변화가
지난 5년간 일어났다.
- 피터 호란, 미디어&애드버타이징, IAC -

지금으로부터 10년 후 사람들은 이 책의 제목을 보고 아주 의아하게 여길지도 모른다. 고객대화가 단지 마케팅 부서에만 배당된다는 것에 대해 우리 후대는 당혹스러워할 것이다. 그때가 되면 상호작용이 비즈니스의 모든 부분에 속속들이 파고들어서 이전에는 도대체 어떻게 비즈니스를 했을까, 의심을 품을 것이다. 마치 오늘날 우리가 이메일에 대해 생각하는 것처럼 말이다.

초기에는 소셜미디어가 마케팅에 위임되었다는 게 별로 놀랍지 않았다. 결국 마케팅이 메시지를 다루게 되었고, 소셜미디어는 또 하나의 커뮤니케이션 채널처럼 보였다. 그러나 소셜미디어는 그 이상의 것이다. 온라인 커뮤니티는 기업이 고객과 소통하는 방식을 근본적으로 변화시킬 것이다. 마케팅은 그러한 변화를 선도해갈 기회를 잡았다.

산업혁명 이후 비즈니스를 규정했던 일방적인 커뮤니케이션은 마치 베를린 장벽처럼 점점 무너져가고 있다. 이런 커뮤니케이션 방식은 고객, 미디어, 주주, 그리고 다른 영향세력들의 목소리에 귀를 기울이는 대화 방식의 커뮤니케이션에게 그 자리를 내주고 말 것이다. 마케팅은 이런 대화에서 한 부분을 담당할 뿐이다. 앞으로는 기업과 고객 간의 모든 연결 포인트에 고객의 피드백을 구하고, 이를 수용하기 위한 구조가 포함될 것이다.

사실, 이런 새로운 개념은 많은 사람들을 두렵게 만든다. 특히 명령과 통제 구조로 되어 있는 전통적인 비즈니스 시스템에서 성장한 이들에게 이 개념은 더욱 생소하다. 권위적인 구조에 기초한 대부분의 조직에서는 몇몇 상부 사람들의 기대에 부응하는 능력에 따라 개인의 발전이 결정된다. 이런 과정에 대중의 지혜가 끼어들게 되면 엄청난 변화가 일어날 것이다.

예를 들어, 상품에 대한 고객의 피드백을 상품관리팀의 성과 리뷰에 반영시키거나, 엔지니어의 새로운 아이디어를 내부평가단 대신 고객위원회 앞에서 테스트했을 때의 효과를 생각해보라.

고객들이 기업의 노동관행이나 환경정책 때문에 힘을 합쳐 시위를 펼친다면 세상은 어떻게 변할까? 기업의 주주총회가 진행되는 동안 주주들이 트위터로 어떤 합의에 이른다면 주주총회는 과연 어떻게 변화할 것인가? 이는 단지 마케팅에 국한된 문제가 아니다.

그러나 나는 소셜미디어에 대해 동료들과 사뭇 다른 관점을 가지고 있다. 이 분야의 저자들과 컨설턴트들은 대부분 홍보기관이나 기업에서 수년간 경험을 쌓은, 치열한 경쟁을 경험한 전문 마케터 출신이다.

나는 정보기술 기자 출신이다. 나의 이런 독특한 배경은 장점이자 단점이다. 단점은 내부의 정치적인 요소를 포함해서 마케터가 경험하는 일상적인 도전들에 대한 경험이 부족하다는 것이다. 혹시 내가 이런 문제들을 얼버무리거나 관련된 질문을 무시한 부분이 있다면 정중하게 사과한다.

한편, 장점은 내가 겪었던 배경 때문에 현재 진행되는 변화에 대해 차별화된 관점을 지녔다는 것이다. 바로 이런 이유 덕에 새로운 대화방식의 영속성과 이로 인해 생겨날 엄청난 변화에 대해 확신하는 것이다.

## 규칙이 바뀌고 있다

정보통신시장의 베테랑들은 이 업계가 10년 단위로 판도가 바뀌나는 것을 잘 알고 있다. 쿨리넷 소프트웨이 Cullinet Software와 로터스 Lotus Development Corp가 한때 MS보다 훨씬 강자였다는 사실, 그리고 왕연구소 Wang Laboratoroes가 한때 워드프로세서시장의 지배자였다는 사실이 믿기지 않는 사람도 있을 것이다. 디지털 이큅먼트 Digital Equipment와 아폴로 컴퓨터 Apollo Computer 같은 기업들은 업계 선두주자로 군림

하다가 2~3년 후에 자취를 감추어버리기도 했다.

이런 기업들 대부분은 몰락하거나 인수되기 3년 전에 최대의 수익을 올린다. 난공불락 같았던 그들의 지배적 우위는 시장의 규칙이 바뀌면서 삽시간에 무너졌다. 발전의 어느 한 단계에서 거둔 성공은 다음 단계로 넘어가면서 유지하기가 힘든 것이다. 클레이 크리스텐슨Clay Christensen은 그의 저서 《혁신자의 딜레마 The Innovator's Dilemma》에서 이런 현상을 탁월하게 설명한다.

소셜미디어가 규칙을 바꾸고 있다. 하지만 우리가 역사를 통해 알고 있는 사실은 앞으로 어떻게 변할지 작은 것조차 속단하기 어렵다는 것이다. 기업들은 그들이 하는 모든 일에 고객대화를 통합하는 법을 배우게 될 것이다. 과거에는 고객의 요구를 예측하고 적절하게 대응하는 것이 성공의 비결이었다. 그러나 미래의 성공이란, 지속적인 피드백 고리를 따라 이어지는 끊임없는 혁신과 뛰어난 고객서비스의 부산물이 될 것이다.

우리는 어느 기업의 빛나는 아이디어를 외국에 있는 경쟁사가 재빨리 복제하여 절반도 안 되는 가격에 판매하는 세상에 살고 있다. 이제 시장에는 진입장벽 따위는 존재하지 않는다. 혁신과 서비스만이 지속가능한 무기다. 다시 말해, 이제 기업은 시장과 끊임없는 접촉을 유지해야 살아남을 수 있다.

대기업은 종종 겉으로는 변해야 한다고 떠들면서도 정작 거의 변하지 않는 모습을 보여준다. 그들의 문화와 투자자들은 그런 사치를 허용하지 않는다. 미디어 회사들은 변화를 시도하지 않은 끔찍한 결과가 무엇인지 인식하고 있다. 신문사들은 그들의 가치를 규정하던 정보의 희소성이 사라져버리면서 이제 서서히 몰락의 길로 접어들고 있다. 음반회사들은 그들의 가치를 규정하던 자산, 레코드 미디어와 이를 배포하는 네트워크가 디지털 다운로드 시대에는 무용지물이라는 사실을 힘겹게 깨닫고 있다. 희소성에 대한 기대를 기반으로 구축된 비즈니스 모델은 풍요의 시대에 그 의미를 잃어가고 있다.

고객 행태의 변화로 모든 기업들은 가치와 문화를 재검토하게 될 것이다. 비밀과 고립성을 중요시했던 기업들은 새로운 개방의 문화에 적응하기 위해 애를 먹을 것이다. 반면, 활발하고 정직한 교류를 바탕으로 성장한 기업들에게 새로운 온라인 채널은 아이디어와 혁신을 얻을 수 있는 금광과 같은 역할을 하게 될 테다.

## 마케팅은 고객관계로 이루어진다

마케팅이 이런 변화를 선도할 수 있다. 먼저 자신의 관점부터 바꿔야 한다. 소셜미디어 관련 계획을 주관하는 부서로서 마케팅은 이제 고객관리를 중심으로 그 가치를 재정의해야 한다. 마케팅 최고책임자 Chief Marketing Officer 는 이제 대화 최고책임자 Chief Conversation Officer 가 되어야 한다. 대부분의 전문가들이 CMO의 평균 임기가 18개월 정도라고 하니 변화는 자연스러울 수도 있다. 하지만 내부의 정치적인 마찰과 많은 재교육 과정을 수반할 것이다.

고객판세를 소유하는 것은 모든 마케터에게 신망의 대상이다. 하지만 이를 위해서는 커뮤니케이션에 대해서 다르게 생각할 수 있어야 한다. 고객은 이제 원하는 것을 얻는 데 방해가 되거나 불편한 사항들을 참지 않는다. 짜증이 나면 다른 곳으로 가버린다. 이렇게 옮기는 것이 너무나 쉬운 시대다.

불만을 가진 고객들은 이제 더 이상 불만을 표시하기 위해 고객센터에 전화하지 않는다. 그들은 블로그나 트위터를 하고 페이스북 펀스페이스 FunSpace에 불만사항을 바로 올리거나 옐프에 리뷰를 올리고, 컨슈머리스트에 이메일을 보낸다. 이런 방법으로 문제가 해결되지 않을 수도 있지만, 그들은 다른 방식에서는 무시되고 말 자신의 메시지를 다른 사람들과 공유하면서 만족감을 얻는다.

많은 면에서 소셜미디어 마케팅은 기본적인 원칙으로의 회귀라 볼 수 있다. 대화 마케팅은 인간관계만큼이나 역사가 오래된 것이다. 에릭 레이몬드 Eric Raymond는 소프트웨어시장에 대한 글 《성당과 시장 The Cathedral and the Bazaar》에서 시장 거리의 혼돈과 성당의 완고한 질서를 비교하고 있다. 성당의 대주교는 다른 사람들을 희생시켜 권력을 누리며 이를 변화시킬 어떤 이유도 없다. 반면, 시장에서는 혁신의 움직임이 시작된다.

비즈니스의 세계는 지금 성당에서 시장으로 이동하는 중이다. 진입장벽이 무너지고 부의 창출과 몰락이 그 어느 때보다도 빠른 속도로 이루어진다. 고객들과 지속적으로 소통하고, 양쪽 모두 윈윈할 수 있는 거래를 모색하는 마케터가 성공을 거둔다. 사람 사이의 관계와 접촉이 성공을 결정하는 시대인 것이다.

우리는 어렸을 때부터 인간관계의 중요성을 배운다. 하지만 우리 기업들은 메시지 전달과 세일즈 포인트를 위해 이를 무시하라고 가르친다.

우리는 완벽하지 않은 것에 대해 본능적으로 친밀감을 느낀다. 완벽하지 않은 모습이 사람을 더욱 사람답고 매력적으로 만든다. 그러나 비즈니스에서는 새로운 시도가 실패로 끝났다는 이유로 해고될 수 있다.

우리는 광고가 부자연스럽다는 사실을 알고 있다. 광고는 어떠한 반응을 기대하지 않는 일방적인 메시지 전달이다. 우리가 이런 방식으로 마케팅하는 이유는 아주 최근까지도 그렇다 할 만한 대안이 없었기 때문이다. 하지만 이제는 생겼다.

우리는 데이터마이닝 공식과 스프레드시트로 마케팅 프로그램의 성공을 측정한다. 그보다는 열정과 노력이 성공적인 고객관계에 더욱 중요한 요소라는 것을 본능적으로 알고 있으면서 말이다. 문제는 지금까지 매출 성과에서 고객의 열정을 측정할 수 있는 방법이 거의 없었다는 것이다. 하지만 이제는 다르다.

전통적인 마케팅과 주류미디어에도 미래가 있다. 하지만 앞으로는 인간관계를 기반으로 구축된 다양한 툴과 함께 동반하면서 지금보다 축소된 역할을 수행할 거라 예상한다.

## 변화는 결국 모두를 위한 것이다

지난 몇 년간 소셜미디어에 대해 들었던 말 중에서 가장 인상 깊었던 상황은 어떤 컨퍼런스에서 점심을 먹으며 동료가 해준 말이었다. 얼마 전까지 그 동료는 재미있고 유용한 정보를 얻기 위해 신문사나 텔레비전 방송국의 기자들에게 의존했다.

그러나 이제는 기자들 대신에 친구 네트워크를 통해 끊임없이 흥미로운 정보를 얻고 있다고 자랑했다. 이들은 그가 이미 알고 있고 신뢰하는 사람들이기에 그곳에서 얻은 정보는 그 동료에게 더욱 가치가 있다. 주류미디어와 결별한 뒤로 그는 잃은 것도 있지만, 대신 얻은 것이 더 많다고 했다.

이는 우리에게 일어나고 있는 변화를 수용하는 데 아주 중요한 사실이다. 25년간 정보기술업계에 몸담으면서 배운 것이 있다면, 그것은 새로운 기회를 얻기 위해서는 구시대의 전제를 버려야 한다는 것이다. 이는 인간의 본성과 배치된다. 사람들은 과거의 맥락에서 미래를 보는 경향이 있다. 그래서 변화를 꺼린다. 우리는 변화로 얻게 되는 열매보다 현재의 손실에 더 연연해한다.

미디어 세계가 경험하는 혼란에 대해 말할 때마다 사람들은 잃어버린 것에 대한 한탄을 늘어놓는다. 사람들은 이제 그들이 읽는 사실들이 이미 엄격한 검토과정을 거쳤다거나, 신뢰할 수 있는 브랜드가 그들의 관심 분야를 잘 정리해줄 것이라고 확신할 수 없다. 사람들은 이제 이런 역할이 자신에게 떠맡겨졌다는 사실을 두려워한다. 아무런 준비가 되어 있지 않다면서 우려의 목소리를 높인다.

나는 이런 상황을 좀 다른 시각에서 볼 수 있다고 생각한다. 미래에는 분명 전통적인 모습의 정보 문지기 gatekeeper 숫자는 줄어들 것이다. 그러나 새로운 서비스가 출현하여, 과거에 그들이 하던 일을 좀더 개인적인 차원에서 수행해줄 것이다.

정보가 여과되지 않을 수도 있고 예전 방식처럼 정보 해석이 이루어지지 않을 수도 있지만, 대신 우리가 선택한 정보를 얼마든지 가질 수 있게 될 것이다. 텔레비전 방송국이나 지역 신문사의 관심을 받진 못하겠지만, 우리를 위한 이벤트가 커뮤니티 웹사이트를 통해 제공될 것이다. 우리는 오디오나 동영상 녹화를 통해 직접 이벤트를 보거나 참여자들의 블로그 게시물을 통해 여기에 대한 정보를 읽을 수도 있다. 진실에 대해서 다른 사람들의 이야기를 듣는 대신 우리 스스로 진실을 볼 수 있게 된다.

이보다 더 확실하고 더 믿을 만한 게 어디 있겠는가?

## 행동하라, 그리고 변화를 즐겨라

나는 기업이 변화에 직면할 때 겪게 되는 어려움을 이야기하며 이 책을 시작했다. 그리고 동일한 주제로 이 책을 마무리지으려 한다. 지난 5년 동안 우리는 기업과 고객의 관계에 엄청난 변화가 시작되는 모습을 지켜보았다. 이런 엄청난 변혁 속에서는 사람들이 새로운 질서를 규정하기 위한 싸움을 벌이면서 많은 낭비와 불확실성이 생기게 된다. 이것은 아주 정상적인 과정이다.

우리는 이 새로운 무대 질서를 창조할 수 있는 특권을 부여받았다. 불확실성의 시대일수록 사람들은 다른 이들은 모두 해답을 가지고 자기보다 앞서간다고 생각하기 쉽다. 하지만 그렇지 않다.

지난 몇 년간 나는 소셜미디어에서 가장 영향력 있는 인물들과 함께하는 영광을 얻었다. 그들 대부분은 맥주 몇 잔을 마시고 나면 본인 역시 현재의 변화가 어디로 흘러가게 될지 모른다는 사실을 인정했다. 그러니 너무 걱정할 것 없다.

현재의 상황에서 용서받을 수 없는 죄가 딱 두 가지 있다. 첫번째는 두려워하는 것이다. 두려움은 발전과정에 있는 모든 것들을 중단시킨다. 또한 과거에 매달리거나 변화가 사라지기만을 바라며 시간과 자원을 낭비하도록 만드는 주범이다. 이는 결국 용서받지 못할 또 다른 죄, 태만을 야기한다. 격변은 풍부한 실험의 기회다. 그 누구도 바른 길이 어디인지 모를 때야말로 모험의 부작용이 가장 적을 때라고 할 수 있다.

바로 이것이 내가 권하는 것이다. 아직 그 누구도 시험하거나 시도하지 않은 아이디어를 찾아보아라. 비용이 적게 들고 비교적 파장이 작은 아이디어를 찾아서 모험을 해보자.

7장에서 소개한 네트워크 중 하나를 선택하여 소셜미디어 마케팅의 달인이 되어 보라. 블로그를 시작해서 계속 유지하라. 트위터에서 500명의 추종자를 만드는 걸 목표로 삼아라. 구글 지도로 매시업을 만드는 법을 배워라. 컴퓨터 마니아가 아니더라도 생각보다 큰 재미를 느낄 것이다. 이제, 이 책을 끝까지 읽은 당신은 다른 이들보다 한 발 앞서게 될 것이다. :-)

**감수자의 말**

# 소셜미디어의 위기와 기회 앞에서

 2010년 6월 2일 지방선거에서 패한 여당 국회의원의 입에서 "트위터로 당했다"는 말이 흘러나왔다. 적지 않은 사람들이 이에 고개를 끄덕였다. 전통적으로 투표율 자체가 낮고 젊은 유권자들이 무관심한 지방선거에서, 보수적인 여당이 큰 패배를 맛보았기 때문이다. 놀랍게도 6월 2일 선거의 최종 투표율은 우리나라 지방선거 사상 두 번째로 높았고, 젊은층의 투표율도 눈에 띄게 높았다.
 트위터가 선거승패의 결정적인 요소였는지에 대해서는 의견이 다를 수 있다. 하지만 트위터가 새로운 선거 문화를 만들어냈다는 것에는 다들 의견이 일치한다. 스마트폰과 트위터로 무장한 유권자들이 지인들의 투표를 독려하고, 투표소에 다녀오는 장면을 사진으로 찍어 경쟁적으로 올리고, 시시각각 변하는 투표 상황을 알려주는 등 말 그대로 선거 혁명이었다.
 트위터를 비롯한 소셜미디어의 위력은 많은 사람들을 당황하게 만든다. 특히 기존에 독점적인 권한을 행사하던 소수 권력자들에게는 더욱 그렇다. 기존 언론, 정치인, 기업 등이 모두 여기에 포함된다. 높은 강단에 서서 일방적으로 호령하는 식의 이야기는 더 이상 통하지 않는다. 독자와 독자, 유권자와 유권자, 고객과 고객이 기존의 권력자를 배제한 채 그들만의 대화를 나누고 대화를 통제하는 시대인 것이다.

고객은 더 이상 앵무새 같은 답변만 늘어놓는 고객센터에서 애태우지 않는다. 세상에 외치고 동지들을 모을 수 있는 채널과 장비와 지혜를 소유하고 있다. 고객센터에 가는 대신 고객들만의 광장에 모인다. 광고를 보는 대신 상품에 대한 대화를 주고받는다. 소셜미디어는 결국 고객미디어인 셈이다.

이런 상황 속에서 마케터들은 어떻게 해야 하는가? 사실 소셜미디어의 시대라는 말은 더 이상 뉴스거리도 아니다. 하지만 막상 기업들을 만나보면 어디서부터 어떻게 접근해야 할지 막막해하는 경우가 많다. 소셜미디어 '현상'에 대한 이야기는 무성하지만, 소셜미디어 '전략'에 대한 이야기는 듣기 어렵기 때문이다.

이 책의 매력과 존재 이유가 바로 거기 있다. 이 책은 시시각각 변하는 현상에 호들갑을 떨지 않는다. 많은 책들이 새로운 서비스 소개와 변화에만 열을 올리고 있다. 현상은 물론 중요하다. 하지만 훨씬 더 중요한 것은 그 근본의 원리를 파악하고 전략을 세우는 것이다. 그렇지 않으면 서비스 사용법만 배우면서 우왕좌왕하기 쉽다. 공들여 사용법을 배워도 서비스는 변하고 시장은 달라지게 마련이다.

저자는 소셜미디어의 속성과 마케팅적 특성을 체계적으로 분석한 후에 마케터가 지켜야 할 원칙과 전략을 풀어간다. 서비스와 사례는 그 다음이다. 시간이 흐르고 지역이 달라져도 쉽게 변하지 않는 접근 방식이다. 그래서 이 책에 해외 사례나 서비스가 등장하는 부분이 많이 있음에도 불구하고 우리나라 상황, 우리나라 전략으로도 잘 연결된다.

소셜미디어는 전통적인 미디어의 세계와는 많이 다르다. 하지만 그렇다고 해서 아무도 모르는 신비의 세계는 아니다. 오히려 우리가 기술적 성취에 매몰되어 한동안 잊고 있었던, 사람 사는 세상의 관계와 기쁨이 웹을 통해 구현된 것이라고 볼 수 있다. 《내가 정말 알아야 할 모든 것은 유치원에서 배웠다》는 어느 책 제목처럼 우리가 이전부터 알고 믿어왔던 것들이, 비록 완벽하지는 않지만, 검색과 스마트폰의 날개를 달고 소셜미디어란 이름으로 펼쳐진 것이다.

물론 이 책에 아쉬움도 있다. 그 중 하나는 나오는 사례 대부분이 영어권 이야기이고, 상황이 빠르게 변하기 때문에 갈수록 지난 이야기가 되어간다는 것이다. 이것은 IT 서적이라면 어쩔 수 없는 부분일 수 있다. 그래도 독자들에게 최대한 좋은 내용을 전하기 위해 지난 통계자료나 정보들은 가능한 최근 것으로 대체했다.

그리고 SocialMediaSecrets.net 웹사이트를 통해 이 책과 관련된 이야기를 계속 이어갈 예정이다. 책에 나오는 주요 링크와 웹문서들을 쉽게 찾아볼 수 있을 것이다. 또한 한국적인 상황에서의 사례와 최신 정보도 공유할 것이다. 물론 영어 원서의 웹사이트도 있지만, 우리나라 상황을 반영해서 운영되는 것이므로 의미가 있을 것이다.

끝으로, 소셜미디어 마케팅의 좋은 길잡이가 될 책을 써준 저자에게 감사의 마음을 전한다. 또한 보통의 번역서보다 좀더 많은 수고와 시간이 들어간 과정들을 기다려주고 지원해준 멘토르출판사에도 깊은 감사를 드린다.

우리는 지금 모두 소셜미디어가 만든 위기와 기회 앞에 서 있다. 위기도 공평하고 기회도 공평하다. 하지만 우리의 반응에 따라 길이

갈라진다. 머뭇거리거나 외면하는 사람들에게는 위기의 땅이고, 과감하게 발걸음을 내딛는 사람들에게는 기회의 땅이다. 여러분이 지금 이 책을 들고 있다면 기회의 땅으로 인도할 좋은 나침반을 가진 것이다.

이제 함께 여행을 떠날 시간이다.

검색엔진마스터 대표<br>
전병국

## 용어정리(가나다 순)

**가상세계(Virtual world)** 실제 생활을 모방한 3차원 이미지로 경험하는 소셜네트워크의 일종. 사용자들은 '아바타'라는 대리자를 통해 다른 사람이나 환경과 상호작용함.

**그룹 블로그(Group blog)** 정기적으로 기고하는 사람이 두 사람 이상인 블로그.

**기업 블로그(Company blog)** 기업의 소식이나 특정 이슈에 대해 글을 올리기 위해서 기업이 운영하는 블로그. 일반적으로 여러 명이 글을 올리는데 대부분 기업에서 고용한 직원임.

**뉴스 피드(News Feed)** 페이스북에서 친구 네트워크에 속한 회원들의 활동, 메시지, 추천 목록. 지속적으로 업데이트해줌.

**대역폭(Bandwidth)** 한곳에서 다른 곳으로 주어진 시간 내에 이동시킬 수 있는 데이터의 양.

**대화(Conversation)** (1)소셜미디어에서 쓰일 때는 블로그와 개인적인 출판 도구에 의해 이루어지는 양방향 의사소통을 말함 (2) 마케팅에서 쓰일 때는 메시지나 판촉 활동이 고객과의 토론으로 발전하는 것을 말함.

**댓글(Comment)** 블로그에서 독자가 블로거의 글에 공개적으로 의견을 달 수 있도록 해주는 기능. 댓글을 달면 자동으로 올라갈 수도 있고, 사람이나 컴퓨터 프로그램에 의해 걸러질 수도 있음.

**딕(Digg)** 소셜북마킹 서비스의 작동 방식 중 하나로, 다른 사람이 올린 북마크에 의견을 달고 투표하는 것을 말함. 이를 통해서 인기 있는 아이템일수록 사이트에서 좋은 자리를 얻게 됨. 딕 인기도는 북마크된 콘텐츠가 그만큼 인정받고 있다는 증거로 사용되기도 함.

**딕닷컴(Digg.com)** 사용자가 온라인 콘텐츠를 올리고 투표하는 사이트. 스스로 '소셜뉴스 사이트'라고 지칭함. 웹페이지의 인기가 많을수록 사이트에서의 위치가 더 좋아짐.

**딜리셔스(Del.icio.us)** 회원들이 좋아하는 웹페이지를 웹에 저장하고, 분류하고, 주석을 달고, 공유할 수 있게 해주는 소셜북마킹 사이트.

**롱테일(Long tail)** 출현 빈도를 나타내는 차트에서, 일반적으로 세로축에 절대다수가 몰리는 것과 달리 가로축을 따라 빈도가 점점 줄어들면서 길게 이어지는 유형을 말함. 이 용어는 와이어드에서 온라인 소매상의 비즈니스 모델을 설명하기 위해서 처음 사용한 것으로, 소량 생산 상품들이 수입의 큰 부분을 차지하는 형태를 말함.

**링크드인(LinkedIn)** 비즈니스 전문가에게 인기를 얻고 있는 소셜네트워크. 회원들은 비즈니스 가치 창출을 목적으로 직·간접적인 연락망을 통해 관계를 구축함.

**링크베이팅(Linkbaiting)** 검색엔진 트래픽과 다른 사이트로부터의 링크를 얻기 위해 벌이는 다양한 활동을 총칭하는 용어. 부정적인 의미로 쓰이는 경우가 많기는 하지만, 사용자의 주의를 끌기 위해 매력적인 머리글을 사용하는 것부터 콘테스트나 무료경품까지 다양한 방법을 포괄하고 있음.

**링크블로그(Link blog)** 다른 웹사이트에 대한 링크가 주를 이루는 블로그. 가장 인기 있는 블로그 가운데 몇몇은 링크블로그임. 하지만 광고하고 싶은 사이트에 트래픽을 일으키기 위해서 스패머들이 만드는 경우도 있음.

**마이스페이스(MySpace)** 인기 있는 소셜네트워크 사이트. 회원들이 개인적인 공간에서 친구들과 선택적으로 정보를 공유할 수 있음. 원래는 열정적인 음악가나 밴드 등이 음악이나 콘서트 일정 따위를 공유하는 사이트였지만, 이제 인터넷에서 가장 인기 있는 곳이 되었음. 2005년 뉴스 코퍼레이션 News Corp 이 인수함.

**마이크로블로그(Microblog)** 짧은 내용으로 구성된 블로그의 일종으로 트위터 Twitter 같은 서비스를 말함. 휴대전화 등을 통해 게시물을 올리는 경우가 많음. .

**모블로그(Moblog)** PDA나 휴대전화 같은 모바일 장치로 운영되는 블로그. 이론적으로는 어떤 블로그든 모블로그가 될 수 있음.

**무버블 타입(Moveable Type)** 식스어파트 Six Apart 에서 만든 기업 블로그 소프트웨어. 다른 블로거의 글에 자신의 글을 링크할 수 있게 해주는 트랙백 trackback (일종의 역방향 링크) 기능을 처음 지원한 것으로 유명함.

**바이러스 마케팅(Viral marketing)** 입소문으로 정보를 퍼지게 만드는 모든 마케팅 기술. 구전 마케팅이나 게릴라 마케팅으로 불리기도 함.

**방문자(Visitor)** 사이트를 방문하는 사람이나 로봇 프로그램. 특정한 시간 내(보통은 24시간)에 한 번 이상 방문하는 사람을 순방문자 unique visitor 라고 함.

**배너 광고(Banner ad)** 그래픽 이미지로 된 웹페이지상의 광고. 방문자가 해당 페이지에 와서 광고를 보는 것을 노출 impression 이라고 함. 방문자가 배너를 보고 클릭해서 해당 회사의 사이트로 가는 비율을 클릭률 CTR, click through rate 이라고 함.

**블로거(Blogger)** (1) 블로그에 글을 쓰거나 운영하는 사람 (2) 구글에서 운영하는 무료 블로그 호스팅 서비스 이름.

**블로고스피어(Blogosphere)** 블로그 세계. 온라인상의 블로거 공동체나 그들이 올려놓은 콘텐츠를 말함.

**블로그(Blog)** 웹로그Weblog의 줄임말. 일종의 온라인 일기로 쉽게 사용할 수 있고 자주 갱신됨. 블로그라고 정의할 수 있는 형식은 게시물들이 최신 것부터 먼저 볼 수 있게 연이어 올라오는 웹사이트임.

**블로그 운집(Blogswarm)** 수천 명의 블로거가 똑같은 이야기나 사건에 대해 말하는 현상. 일반적으로 강한 주장들이 오고감. 이런 현상은 블로고스피어나 주류미디어 모두에서 그날의 화제가 될 수 있음.

**블로그펄스(BlogPulse)** 닐슨The Nielsen Company사에서 운영하는 블로그 검색엔진. 트렌드 분석과 데이터 마이닝 도구로 유명함.

**비디오블로그(Vlog, Video blog)** 동영상 콘텐츠로 구성된 블로그. 또는 동영상과 텍스트가 함께 올라오는 블로그.

**서버(Server)** 클라이언트 프로그램client program(사용자 프로그램)들의 요청을 기다리고 있다가 요청을 수행하는 프로그램. 예를 들어 단순한 클라이언트 프로그램인 웹 브라우저가 HTML 파일을 요청하면 웹서버가 그 파일을 보여줌.

**소비자생성 미디어(Consumer-generated media)** 사용자생성 미디어user-generated media나 UCCuser-created contents(주로 한국에서 부르는 이름) 등으로도 불림. 블로그, 게시판, 리뷰 사이트 등에 올라온 콘텐츠를 지칭하는 광범위한 용어로 글과 사진, 음성 녹음, 동영상 등을 포함.

**소셜네트워크(Social network)** 회원들이 공통 관심사에 대해 이야기를 주고받을 수 있는 온라인 커뮤니티. 소셜네트워크는 회원들이 개인 프로필 페이지를 만들 수 있고 다른 회원들과 '친구 관계'를 형성할 수 있다는 점에서 일반적인 토론 그룹과 구별됨.

**소셜북마킹(Social bookmarking)** 소셜네트워크의 일종으로, 회원들은 인터넷에서 찾은 정보를 저장하고 공유하고 주석을 달고 설명이나 댓글을 남길 수 있음.

**소셜쇼핑**(Social shopping) 상품에 대한 추천이나 의견을 공유하는 소셜네트워크의 일종.

**쇼노트**(Show notes) 팟캐스트나 비디오캐스트에 대한 텍스트 요약. 때에 따라서 추가적인 정보를 제공하기도 함. 콘텐츠의 특정한 부분을 빨리 넘어갈 수 있도록 소요 시간 관련 데이터를 포함할 수도 있음.

**스나키**(Snarky) 20세기 초반 영국에서 사용되던 속어로 '괴롭히다', '헐뜯다' 등의 의미를 가짐. 블로고스피어에서 냉소적이거나 신랄하다는 의미의 형용사로 사용됨.

**스팸 댓글**(Comment spam) 블로그 댓글에 자동화된 로봇 프로그램으로 제품을 홍보하거나 특정 웹사이트의 검색순위를 올리기 위해 올린 메시지나 링크.

**스팸 블로그**(Spam blog) 검색엔진 트래픽을 유발해서 광고를 하기 위한 목적만으로 만들어진 블로그.

**시간이동 미디어**(Time-shifted media) 사용자가 다운로드해서 저장했다가 보고 싶을 때 다시 돌려보는 오디오나 동영상 콘텐츠.

**시민 기자**(Citizen journalist) 주로 블로그나 커뮤니티 웹사이트에 글을 올리는 아마추어 언론인.

**아이팟**(iPod) 애플 컴퓨터에서 만든 인기 있는 휴대용 전자제품. 음악이나 동영상 미디어를 재생해줌.

**알렉사닷컴**(Alexa.com) 아마존Amazo.com 이 운영하는 웹사이트 인기도 측정 서비스. 해당 사이트의 트래픽 유형, 링크 인기도, 경쟁자 등을 알 수 있음.

**애드센스**(AdSense) 구글의 온라인 광고프로그램. 내용상 연관이 있는 광고를 웹사이트에 올려놓고 클릭이나 노출에 따라 광고비를 지불하는 방식. 많은 블로거가 자기 블로그에서 이것으로 수입을 올림.

**여론블로그**(Advocacy blog) 어떤 사안에 대한 관점을 발전시키거나 여론에 영향을 미치기 위해서 운영하는 블로그. 어떤 사안을 위해 모금하는 데 자주 이용되기도 함. 이때 모금 방법으로 파트너십 프로그램이나 후원회, 메시지 전달형 광고, 직접적인 기부 등이 있음.

**옐프(Yelp)** 대표적인 지역 기반 소셜네크워크. 회원들은 특정 지역의 비즈니스, 서비스, 명소 등에 대한 추천과 리뷰를 공유할 수 있음.

**오픈 소셜(Open Social)** 소셜네트워크 사이의 중복 문제를 해결하기 위해 만들어진 프로젝트. 참여한 네트워크들이 정보공유를 위해 사용할 수 있는 공통적인 프로그래밍 인터페이스API, application programming interface를 제공함.

**워드프레스(Wordpress)** 오픈소스 블로그 출판 도구. GNU GPL 라이선스General Public License로 배포됨.

**웹2.0(Web 2.0)** 원래 오라일리 미디어의 설립자이자 CEO인 팀 오라일리가 "웹은 플랫폼The Web as a platform"이라고 정의하면서 시작된 용어. 그후 의미가 더 진보해서 협동작업, 지속적인 개발, 개인 출판, 인터넷을 통해 서비스처럼 배포되는 소프트웨어 등을 포괄하는 기술적인 의미까지 내포하게 됨.

**위키(Wiki)** 사용자들이 서로 협력하면서 웹사이트의 콘텐츠를 만들게 해주는 서버 프로그램. 위키에서는 권한을 부여받은 사용자라면 누구든지 사이트의 콘텐츠를 편집할 수 있으며, 다른 사용자의 콘텐츠 역시 편집할 수 있음.

**위키피디아(Wikipedia)** 가장 큰 온라인 백과사전. 누구나 참여하여 내용을 쓰고 수정할 수 있으며, 이미 수백만 개의 항목이 그렇게 만들어져 있음. 250개 이상의 언어로 출판되어 있으나 그 중 100여 개의 언어는 항목수가 1,000개 미만임.

**유즈넷(Usenet)** 유저네트워크user network의 준말 또는 전자 게시판 모음. 다양한 토론 내용이 주제별로 조직화되어 있음. 각 논제가 하나의 뉴스 그룹으로 구분되며, 뉴스 그룹에 올라간 메시지는 보통 이메일로 그룹 내의 다른 회원들에게 전달됨.

**유튜브(YouTube)** 동영상공유 사이트. 사용자생성 콘텐츠의 성공 사례와 관련해서 자주 언급됨. 2006년 10월 구글에 매각되었음.

**임원 블로그(Executive blog)** 기업이나 조직의 고위 임원이 글을 쓰는 블로그.

**입소문 마케팅(Word-of-mouth marketing)** 고객들이 서로 추천을 하도록 만들어서 브랜드나 상품에 대한 홍보를 하는 마케팅 방법. 입소문 마케팅협회 WOMMA 가 대표적인 입소문 마케팅 관련 기관.

**전자책(eBook)** 전자책 electronic book 을 줄여 부르는 말. 데스크톱 컴퓨터, 포켓 PC, 전자책 리더, 인터넷 가능 휴대전화, PDA, 노트북 등에서 다운로드와 읽기가 가능함.

**주제 블로그(Topical blog)** 특정분야 전문 블로그. 아주 좁은 범위의 주제에 대해서만 글을 올림.

**주류미디어(Mainstream media)** 주요 인쇄와 방송매체를 가리키는 넓은 뜻의 용어.

**추종자(Follower)** 소셜네트워크상의 관계를 나타내는 말로 트위터 때문에 유명해진 개념. 한 회원이 다른 회원의 글과 활동을 모니터하기로 선택한 것을 말함. 다른 회원의 허락 없이도 추종할 수 있게 되어 있음. 대부분의 경우, 추종당하는 회원은 추종자들을 막을 수 있는 기능을 가짐.

**친구(Friend)** 소셜네트워크상에서 정보를 지속적으로 교환하기로 합의한 두 회원 간의 관계를 뜻함.

**카테고리(Category)** 올리는 글을 주제별로 모을 수 있게 해주는 블로그 소프트웨어의 기능. 태그 같은 짧은 설명을 붙일 수 있음.

**커넥션(Connection)** 링크드인에서 사용되는 용어. 두 회원이 서로 개인 정보와 커넥션을 볼 수 있도록 허용한 관계를 말함. 페이스북의 '친구'와 비슷한 개념.

**컨슈머리스트(Consumerist)** 가장 유명한 소비자 보호 사이트 중 하나. 소비자들의 경험을 모아서 재출판하며, 소비자들이 관심을 가지는 뉴스나 자문도 제공함.

**크리에이티브 커먼즈**(CC, Creative Commons)  기존의 저작권과 다른 대안적 저작권을 발전시키기 위한 비영리 조직. 상업적 목적을 위해 재사용하는 것이 아니라면, 합법적으로 활용할 수 있는 창작의 범위를 넓히고 다른 사람과 공유할 수 있게 하기 위해서 노력하고 있음.

**클래스메이트닷컴**(Classmates.com)  최초의 성공적인 소셜네트워크로 인정받는 사이트로 1995년에 시작됨. 옛 동창들을 찾거나 정보를 공유하며 동창회 등의 이벤트를 계획할 수 있게 해줌..

**클릭**(Click)  배너나 텍스트 광고를 마우스로 누르는 행동. 클릭을 하면 동영상이 시작되거나 광고주 사이트에 방문자를 보내주는 등의 결과가 발생함.

**태그**(Tag)  사용자가 온라인 콘텐츠에 붙이는 주제어 라벨. 카테고리 분류, 정보 검색 등에 사용할 수 있으며, 다른 사람들이 관련 콘텐츠를 찾는 데 도움을 주기도 함.

**태그 구름**(Tag cloud)  콘텐츠에 붙은 태그들을 분석하여 웹사이트나 블로그의 콘텐츠 현황을 시각적으로 보여주는 방식. 대개의 경우 많이 사용된 태그를 더 큰 글씨로 보여주며, 방문자가 사이트의 주제를 한눈에 파악하는 데 도움을 줌.

**테그노라티**(Technorati.com)  가장 유명한 블로그 검색엔진 중 하나.

**투명성**(Transparency)  블로그 세계의 용어로 개인의 믿음, 동기, 실천에 대한 정직하고 솔직한 태도를 말함.

**트랙백**(Trackback)  다른 블로거가 나의 콘텐츠에 링크를 걸었을 때 이를 알려주는 인터넷 프로그램용 프로토콜. 이 프로토콜을 지원하는 소프트웨어는 각 게시물 끝에 트랙백 URL을 보여줌.

**포도스피어**(Podosphere)  팟캐스트를 제작하고 사용하는 사람들의 커뮤니티.

**포드세이프**(PodSafe)  원래는 저작권이 있는 콘텐츠이지만, 팟캐스트상에서는 무료로 사용할 수 있게 해주는 것을 말함.

**팟캐스트**(Podcast) 인터넷에서 스트리밍 방식으로 제공되거나 휴대용 장치에 다운로드할 수 있는 디지털 오디오나 동영상 프로그래밍 방식. RSS구독 신청을 하면 스트리밍 방식으로 오디오나 동영상을 제공하는 서비스와는 차이가 있음.

**퍼머링크**(Permalink) 영구적인 링크 permanent link 의 약자. 각 블로그 게시물에 부여된 고유한 URL을 말함.

**페이지랭크**(PageRank) 구글의 순위 알고리즘에 따라 구글 검색 결과에 나타나는 웹페이지의 중요도. 순위를 매기는 상세한 공식은 공개되지 않음. 하지만 페이지 제목, 해당 페이지에 링크하는 다른 사이트의 키워드, 링크 숫자, 중요도 같은 요인이 포함됨.

**페이지뷰**(Page View) 하나의 HTML 문서를 불러오는 요청. 온라인상의 인기도를 측정하는 데 널리 이용됨.

**포스트**(Post) 동사일 때는 온라인 콘텐츠를 게시(발행)하는 행위를 말하며, 명사일 때는 온라인에 게시된 콘텐츠의 개별 항목을 말함.

**피드**(Feed) 웹 콘텐츠를 배포하는 데 사용되는 기술. 사용자들은 수집 프로그램을 통해서 피드를 등록하며, 이 프로그램은 정기적으로 목록에 있는 모든 서버에 요청을 해서 새로운 콘텐츠를 다운로드함.

**하이퍼링크**(Hyperlink) 클릭하면 현재 페이지의 다른 부분으로 가거나 전혀 다른 페이지로 이동하게 해주는 아이콘, 이미지, 텍스트 등을 말함. 대부분의 하이퍼링크는 웹페이지에서 밑줄이 그어져 있거나 밑줄과 색깔이 함께 표시됨.

**호스팅 사이트**(Hosting site) 다른 웹사이트가 운영될 수 있도록 파일을 저장하고 지원하고 관리해주는 웹사이트. '블로거 Blogger'와 '워드프레스 WordPress'는 가장 유명한 블로그 호스팅 사이트임.

**화이트박스 소셜네트워크**(White Box Social Network) 기업이나 기관들이 마케팅, 시장조사, 기타 비즈니스 목적을 위해 자사의 소셜네트워크를 구축할 수 있도록 다양한 기능을 제공하는 서비스.

**A급 리스트**(A-list) 영향력 있는 블로거를 가리키는 용어. 일반적으로 형용사처럼 사용하여 'A급 리스트 블로거' 같은 식으로 말함.

**MP3 플레이어**(MP3 Player) 휴대용 디지털 오디오 장치. 오디오 파일을 저장하고 정리하며 재생할 수 있음.

**RSS** Rich Site Summary(풍부한 사이트 요약)나 Really Simple Syndication(아주 단순한 배포)의 줄임말. 콘텐츠 발행과 구독이 결합된 배포 방식으로 구독자에게 자동으로 정보가 전달됨.

**XML** 확장 가능 마크업 언어 Extensible Markup Language의 줄임말. 공통적인 정보형식을 만들 수 있는 유연한 방법으로, 웹이나 인트라넷 등에서 형식과 데이터를 공유할 수 있게 해줌.

**소셜미디어 마케팅의 비밀**

**초판 1쇄 발행** | 2010년 8월 20일
**초판 3쇄 발행** | 2011년 4월 30일

**지은이** | 폴 길린
**옮긴이** | 전병국·황선영
**감수자** | 전병국
**펴낸이** | 정연금
**펴낸곳** | 멘토르

**기획·편집** | 여성희·이수정·김미숙·문진주
**책임편집** | 여성희
**마케팅** | 이운섭·나길훈
**경영지원** | 이동영·박은정
**제작** | 이동영

**내용문의** | mentor@mentorbook.co.kr

**등록** | 2004년 12월 30일 제302-2004-00081호
**주소** | 서울시 마포구 서교동 366-10 창원빌딩 3층
**전화** | 02-706-0911
**팩스** | 02-706-0913
**ISBN** | 978-89-6305-063-8 (13320)

ⓒ 2010 (주)멘토르출판사
http://www.mentorbook.co.kr
트위터 @mentorbook

- 책값은 뒤표지에 있습니다.
- 잘못된 책은 바꾸어 드립니다.
- 이 책의 전부 또는 일부를 재사용하려면 반드시 사전에 저작권자와 (주)멘토르출판사의 동의를 받아야 합니다.